KB141731

유민영·전성희 편

# 차범석 전집
## 4

### 희곡
### 1970–1974

태학사

**차범석 전집** – 희곡 4(1970~1974)

**초판 1쇄 인쇄** 2018년 11월 23일
**초판 1쇄 발행** 2018년 11월 30일
**엮은이** 유민영·전성희
**펴낸이** 지현구
**펴낸곳** 태학사
**등록** 제406-2006-00008호
**주소** 경기도 파주시 광인사길 223
**전화** 마케팅부 (031) 955-7580~2 편집부 (031) 955-7584~90
**전송** (031) 955-0910
**홈페이지** www.thaehaksa.com **전자우편** thaehak4@chol.com

저작권자 (C) 유민영·전성희 2018, *Printed in Korea*.
이 책은 저작권법에 의해 보호를 받는 저작물이므로 저자와 출판사의 허락 없이
내용의 일부를 인용하거나 발췌하는 것을 금합니다.

값은 뒤표지에 있습니다.

ISBN  978-89-5966-995-0 04680
ISBN  978-89-5966-991-2 (세트)

〈왕교수의 직업〉 포스터

〈왕교수의 직업〉 공연사진

〈왕교수의 직업〉 공연사진

「환상여행」 표지

〈환상여행〉 공연사진

〈환상여행〉 공연사진

〈환상여행〉 공연사진

〈위자료〉 포스터

〈약산의 진달래〉 포스터

〈약산의 진달래〉 공연사진

〈약산의 진달래〉 공연사진

〈새야새야 파랑새야〉 포스터

〈꽃바람〉 포스터

〈새야새야 파랑새야〉 공연사진

〈새야새야 파랑새야〉 공연사진

# 발간사

유민영

차범석 선생은 생전에 감투 쓰는 것에 그렇게 연연하지는 않았지만 그의 비중에 걸맞게 문화예술계 인사들이 오르기 어려운 큰 자리를 모두 거쳤다. 가령 한국문예진흥원장과 대한민국예술원 회장, 그리고 예술대학장 등이 바로 그런 자리였는데, 그 외에도 각종 잘디잔 감투를 누구보다도 많이 썼었다. 그러나 그가 어디에 글을 쓸 때, 붙이는 호칭에는 언제나 극작가라고 적었다. 이처럼 그는 여러 가지 감투는 잠시 지나가는 자리고 자신은 어디까지나 극작가로서 자부하고 있었지 않나 싶다.

그럴 수밖에 없는 것이 그의 평생을 놓고 볼 때 교사, 방송국 PD, 교수, 그리고 문예진흥원장 등 고정월급으로 생활한 기간보다는 극작가로서 원고료를 받고 산 기간이 더 길 것이기 때문이다. 그만큼 그는 자신이 일생을 보내면서 역사 속에 남길 유산은 어떤 자리가 아니라 문화예술계에 던져놓는 방대한 작품이라고 확신했던 것으로 보인다.

따라서 그가 생전에 가장 갈망했던 것은 전집출판이었고, 사후에는 자신의 이름을 딴 희곡상 제정이었다. 그래서 그는 만년에 12권짜리 전집을 발간하려고 목차까지 다 짜놓고 출판사와 접촉하다가 출판사정이 여의치 않아 무산됨으로써 생전의 꿈을 이루지 못하고 소천했지만 사후의 꿈인 희곡상 제정만은 유족과 조선일보사의 협조로 잘 되어 유망한 후진을 계속 양성하고 있다.

저간의 사정을 가장 잘 아는 이는 유족이지만 필자 역시 선생과 가까이 지내면서 그에 관한 이야기를 많이 했던 터라서 항상 숙제를 안고 있었다. 그러다가 이번에 유족 측의 용단과 태학사의 호의로 그의 꿈인 12권짜리 전집을 발간케 되어 숙제를 푼 것 같아 기쁘다. 그런데 이번에 전집을 준비하면서 선생을 잘 안다고 생각했던 필자마저 놀랄 정도로 그가 방대한 작품을 남겼음을 발견케 되었다. 희곡사적으로는 유치진에 이어 소위 리얼리즘극을 심화 정착시킨 작가지만 그의 창작범위는 상상을 초월한다. 즉 희곡을 필두로 하여 무용극본, 오페라극본, 시나리오, 악극대본, 그리고 방송드라마 등에 걸쳐 편수를 헤아리기 어려울 정도로 엄청난 작품을 남긴 것이다. 그가 작품만 쓴 것도 아니고, 자전을 비롯하여 수많은 연극평론과 에세이도 남겼다.

그런데 더욱 놀라운 것은 그 많은 글을 그가 순전히 수작업 手作業으로 해냈다는 사실이다. 선비적인 기질 때문인지 그는 일평생 컴퓨터, 운전, 휴대폰, 카드까지 거부하고 만년필과 볼펜으로 수십만 장의 원고지를 메꾼 셈이다. 문제는 작품이 너무 넘쳐서 12권 속에 모두 주어 담을 수가 없다는데 있었다. 그래서 할 수없이 나머지 작품들은 다음 기회에 별도로 내기로 하였다.

이 전집이 순탄하게 나올 수 있도록 도와준 차범석재단 차혜영 이사장 및 유족, 작품을 열심히 찾아내고 교정까지 보아준 전성희, 이은경 교수, 지방에서 멀리 올라와서까지 도와준 김삼일 석좌교수와 홍미희 목포문학관 학예사, 그리고 박명성 대표 등에 감사하고 태학사 지현구 사장 및 직원들에게도 고마움을 표한다.

# 아버지의 전집 발간에 부쳐

차혜영

사랑하는 아버지!

아버지 가신지 12년이 지났습니다.

세월이 흘러도 아버지는 생전의 그 모습 그대로 카랑카랑한 목소리는 제 가슴에 남아 아버지의 못 다 이룬 이야기들을 들려주시는 듯, 문득 문득 부족한 제 자신에 죄송한 마음이 들곤 합니다.

쓰고 싶은 일 하고 싶은 일이 너무 많아 83년의 시간이 너무나도 부족하셨나요? 바람처럼 살다보니 시간조차 쫓아오지 못해서 늙지도 않는다는 아버지의 욕심이 사단이었나 싶습니다.

아버지 가신 뒤 우리는 그저 무력하게 아무것도 할 수 없었습니다. 그때 저희를 일깨워 준 '신시뮤지컬 컴퍼니'의 박명성 대표의 은혜는 영원히 잊지 못합니다.

머뭇거리지 말고 하루 빨리 '차범석 재단'을 만들어 다음 해 부터라도 아버지를 기리는 일을 해야 한다고 우리를 설득했지요.

참 복도 많으신 우리 아버지! 아버지의 양아들 박 대표는 우리가 해야 할 일이 무엇인지 아버지의 뜻을 알고 있었답니다. 거기에 평생 아버지의 행동대장이시던 어머니는 사시던 집을 팔아 부족하지만 결코 부끄럽지 않은 재단이 탄생되었습니다. 10여 년 재단을 운영하며 아버지께서 가장 안타까워하시던 『차범석 전집』을 숙제처럼 가슴에 지니고 있었습니다. 그러던 지난 2016년 6월 6일 아버지의 10주기 날 저녁 유민영 교수님께서 전화를 주셨습니다.

"『차범석 전집』을 내야지? 오늘 문득 그 생각이 나서 말이야. 더 늦으면 나도 힘들어" 교수님은 그 날이 아버지 기일인지 모르셨다며 놀라셨습니다. 저는 순간 아버지께서 교수님의 생각을 빌어 말씀해 주시는 것 같은 착각에 가슴이 떨렸습니다.

그때부터 유민영 교수님의 기획 하에 전성희 교수님의 집요한 열정은 폭풍처럼 아버지의 여든 세 해의 시간을 무섭게 파고 드셨습니다. 가끔 저는 교수님의 일 하시는 모습에서 아버지의 깐깐한 모습을 보는 듯 깜짝 놀라기도 했습니다.

세월이 지나도 변함없는 의리와 애정으로 저희를 지지 해주시는 포항의 김삼일 교수님, 아버지의 발자취가 모조리 남아있는 목포 문학관의 홍미희 학예사님의 아낌없는 성원, 또한 첫 작업부터 완성까지 무조건으로 힘든 일 함께 해 주신 이은경 교수님, 그리고 저희의 풍족치 못한 재정에 항상 고민 하시면서도 출판을 맡아 주신 태학사 지현구 대표님이 계셔서 꿈같은 『차범석 전집』이 세상에 빛을 보게 되었습니다.


사랑하는 아버지!

『차범석 전집』의 책 커버는 아버지께서 어머니께 선물하신 저고리를 모티브로 어머니의 영정사진에서 전성희 교수님의 기발한 아이디어로 진행되었지만 이 모든 것에서 또 하나의 기적을 보는 듯 합니다. 아버지께서는 저 세상에 계시면서 우리를 총지휘 하시는 것 같은 착각 말입니다. 저희는 아버지라면 어떠셨을까를 항상 염두에 두고 하나하나 조심스럽게 만들어 나갔습니다.

아버지의 흡족해하시는 모습을 훗날 만날 수 있기를 기대합니다.

아버지의 영전에 아버지 여든 세 해의 소중한 작품을 바칩니다.

# 차범석의 생애와 예술

전성희

차범석은 한국연극사에서 최고의 사실주의 희곡작가이며 64편의 희곡을 발표한 다작의 작가다. 한국에서 사실주의 연극의 시작은 유치진에 의해서였지만 찬란하게 꽃을 피운 것은 차범석이다. 그러나 무용, 뮤지컬, 오페라, 국극, 악극에 이르기까지 다양한 예술 분야뿐만 아니라 방송 대본에 이르기까지 전방위적인 활동을 펼쳤던 차범석을 연극계의 인물로만 한정할 수는 없다. 그가 가장 애착을 가졌던 분야는 연극이었지만 그의 뛰어난 극작술과 다양한 예술에 대한 이해는 여러 장르의 대본을 창작할 수 있는 바탕이 되었고 그 결과 연극 이외의 분야에도 많은 작품들을 남길 수 있었다.

차범석은 1924년 11월 15일(음력 10월 19일) 전라남도 목포시 북교동 184번지에서 아버지 차남진(車南鎭) 어머니 김남오(金南午) 사이에서 3남 3녀 중 차남으로 태어났다.

일본 유학생 출신의 아버지는 중농 규모의 할아버지 유산을 잘 관리했을 뿐만 아니라 간척사업에 착수, 농토를 늘려 천석지기 지주가 되었는데 이는 아버지가 진취적이면서도 이재와 치산에 밝았기 때문일 것이다. 그 덕에 차범석은 유복한 가정에서 성장할 수 있었고 이러한 안정적인 가정환경은 차범석이 식민지의 궁핍한 상황에서도 교육과 일정부분 제도적 보살핌을 받을 수 있었다.

차범석은 외향적이며 저돌적인 형이나 소유욕이 강하고 고집스러운 아우의 성정과는 달리 말수도 적었고 자기주장을 하기 보다는 조용히 책을 읽거나 어머니의 곁을 지켰다. 보통학교 4학년 때 교지 「목포학보」에 〈민추〉라는 글을 실어 '예사롭지 않은 문재'가 엿보인다는 말을 듣고 소설가를 꿈꾸기도 했다.

이 무렵부터 차범석은 목포극장과 평화관을 드나들며 영화 관람에 빠졌고 1930년대 전후의 영화를 두루 섭렵, 극예술에 대한 이해를 넓힐 수 있었다. 6학년이 되던 해 그는 최승희의 무용 발표회를 보고 큰 충격과 감동을 받았다. 최승희는 차범석에게 '무대라는 세계, 막이 객석과 무대를 갈라놓은 공간, 보여주는 자와 봐주는 자 사이의 공존의 의미를 깨우쳐 준 첫 번째 예술가'였다.

어릴 적 차범석의 이름은 평균(平均)이었는데 중학교 입시를 앞두고 범석(凡錫)으로 개명, 이후 줄곧 범석이라는 이름으로 활동했다. 광주고등보통학교(후에 광주서중으로 개칭) 진학을 위해 목포를 떠나 광주로 갔지만 소극적인 성격은 변함이 없었다. 호기심이 많았던 그는 책방을 드나들며 하이네나 바이런의 시집, 일본 소설들을 읽고 장차 문학가가 되어야겠다는 꿈을 키웠다. 그러면서도 차범석은 어린 시절 목포에서 그랬던 것처럼 광주에서 보낸 5년 동안 약 4, 50편의 영화를 관람하고 영화 잡지까지 사서 보는 등 적극적으로 영화의 세계에 빠져 들었다. 후에 연극으로 진로를 변경하기는 했지만 극의 세계라는 같은 뿌리의 영화에 마력을 느꼈다. 방학이 되면 목포 본가에 내려가서 골방에 있었던 세계문학 등을 독파했다.

아버지는 차범석이 의사가 되기를 원했지만 그는 의사보다는 문학과 예술에 뜻을 두고 있었다. 아버지와의 불화는 권위적인 아버지가 어린 시절부터 형과 차별 대우를 했던 것에서 비롯, 그를 내성적이고 비사교적인 반면 '회의적이고 반항적이면서 한편으로는 미지의 세계에 대한 도전성과 공격성'을 갖고 있는 사람으로 성장하게 했다.

학교를 졸업하고 진학을 위해 도쿄로 건너가 2년 동안 입시 준비를 하면서도 극장에를 드나들었다. 이 극장은 '예술적인 호기심에다 불붙인 하나의 매체이자 기폭제'였으며 차범석에게 '직접적으로 드라마가 무엇인가를 암시하고 시사하고 터득해 준 교실'이었다. 이 무렵 차범석은 영화뿐만 아니라 일본 연극에도 관심이 생겨 자주 관람했다.

연이어 입시에 실패한 차범석은 재수 준비를 하고 있었는데 전쟁으로 위험하니 귀국하라는 아버지의 명령으로 급히 돌아왔다. 차범석은 귀국하자마자 군대를 가야하는 징집의 위기를 맞았지만 병역면제의 혜택을 받기 위해 1년 과정의 관립광주사범학교 강습과에 입학을 했다. 교육에 뜻이 있었던 것이 아니었기 때문에 현실도피 생활에서 오는 자포자기의 심정과 허무는 그를 술로 이끌었고 이후 차범석의 건강과 삶에 큰 영향을 미쳤다. 교사 발령 4개월 만에 징집, 4개월간의 군대생활 중 해방이 되고 다시 모교에 복직하게 되었다.

그는 1946년 문학공부를 위해 연희전문학교 전문부 문과에 입학, 뒤늦게 사회적 정치적으로 개안을 하게 되었다. 친일세력에 대한 과거청산이 역사적 필연성에 있다는 것과 동학혁명정신이 광주학생독립운동이나 3.1운동 정신과도 맥을 같이 한다는 것이다. 이러한 역사의식의 재확인은 자아각성으로 연결되고 그 결과 문학이나 연극에 대한 인식과 태도도 달라질 수밖에 없었다. 그래서 차범석은 일제 말기에 폐간되었던 문학잡지 「문장」의 전 질을 구해 읽으며 다시 문학공부를 하는 등 문학의 참다운 뿌리를 찾기 위해 노력했다. 자신이 가야할 길이 문학과 연극에 있다는 신념으로 문학서클 '새마을회'에서도 활동하고 '연희극예술연구회'를 조직하기도 했다.

대학 시절 "우리가 처해있는 현실을 그대로 거울 속에 비춰보고 싶다"는 그에게 유치진의 강의는 사실주의에 대한 확신을 갖게 해주었고 이후 자신의 연극관으로 삼게 되었다. 그러면서 차범석은 직업극단의 공연과

차범석의 생애와 예술

연습장까지 찾아다니는 등 점차 연극 세계에 깊이 빠져들어 갔다.

1949년 유치진이 만든 제 1회 전국남녀대학 연극경연대회에 '연희극예술연구회'가 차범석 역/연출의 〈오이디프스 왕〉으로 참가, 우수상을 수상했다. 차범석은 연극경연대회에 함께 참가했던 각 대학의 연극인들을 모아 '대학극회'를 조직하는데 앞장섰다. 그리고 1950년 초 국립극장이 설치되자 당시 유치진 극장장의 배려로 전속단원이 되어 현장에서 활동할 기회를 가질 수 있었다. 그러나 그것도 잠시 한국전쟁이 발발하자 고향으로 피난을 갔던 차범석은 목포중학에서 교편을 잡았다. 교직생활 중에도 습작을 게을리 하지 않으면서도 '목중예술제'를 만들었다. 목중예술제에서 1951년 처녀작 〈별은 밤마다〉를 무대에 올리고 주연까지 맡았다. 이 시기에 〈닭〉, 〈제4의 벽〉, 〈전야〉, 〈풍랑〉 등의 습작품을 정훈잡지에 발표했다.

대학 다닐 때 방학이면 고향에 내려와 목포청년들과 주변의 섬들을 여행하며 얻었던 소재를 바탕으로 〈밀주〉를 창작, 1955년 조선일보 신춘문예에 가작으로 입선하였다. 가작 입상에 만족을 못한 차범석은 이듬해 조선일보 신춘문예에 재도전, 〈귀향〉이 당선되었다. 〈밀주〉는 흑산도, 〈귀향〉은 해남을 무대로 그가 나고 유년시절을 보낸 바닷가 마을이 배경이다. 차범석은 〈밀주〉에서 가난한 어민들의 찌든 삶을 그렸지만 〈귀향〉에서는 가난한 농민을 묘사하면서 그 이유가 사회의 부조리와 모순 때문이라는 것을 지적했다. 이 지점에서 그의 희곡의 특성, 즉 로컬리즘을 바탕으로 한 사실주의 출발을 확인할 수 있다.

신춘문예 당선을 계기로 서울로 이주, 덕성여고에서 교편을 잡고 중앙무대를 향한 열정을 불태우며 창작에 몰두했다. 그러면서도 대학극회에서 같이 활동했던 김경옥, 최창봉, 조동화, 박현숙, 노희엽, 이두현 등과 '제작극회'를 결성, 한국연극에 새로운 바람을 일으켰다. 이 시기에 차범석은 활발하게 희곡을 창작, 문예지에 〈불모지〉, 〈4등차〉, 〈계산기〉, 〈상주〉, 〈분수〉, 〈나는 살아야 한다〉 등을 발표했다. 앞서 발표했던 로컬리즘을 바탕으로 한 사실주의극과는 다르게 고향을 벗어나 전쟁으로 좌절한 사람들을 사실적으로 묘사했다. 특히 〈껍질이 째지는 아픔 없이는〉은 4·19 1주년 기념공연으로 제작되었는데 혼탁한 정치 상황에서 드러난 신, 구세대 간의 갈등을 형상화한 것으로 차범석의 정치, 사회의 비판적 인식을 확인해 볼 수 있는 작품이다.

이러한 창작 경향은 이후에 〈산불〉(1961년)로 절정을 이루었다. 차범석의 대표작이며 '한국 사실주의 희곡의 최고봉'이라고 일컬어지는 〈산불〉은 6·25전쟁을 겪은 작가가 전쟁을 객관화시키는 사유의 시간을 통해 이데올로기가 인간을 어떻게 파괴하는지를 리얼하게 보여주었다. 그러한 점에서 〈산불〉은 한국 사실주의 연극의 수준을 한 단계 끌어올렸다고 할 수 있다. 차범석은 당시의 연극들이 '답답한 소극장 응접실 무대' 위주였던 데에서 벗어나 대숲이 있는 마을을 무대로 "이념의 대립과 갈등이 동족 전쟁을 야기하고 궁극적으로 인간 그 자체를 파괴해 간다는 강렬한 메시지"를 전달, 차범석 전후의 대표작이 되었다.

〈산불〉은 국립극장 초연 당시 큰 인기를 얻었고 이후 영화로, 방송 드라마로, 오페라로, 뮤지컬(〈새도우 댄싱〉)로 다양한 매체의 전환을 통해 관객과 만날 수 있었다. 원 소스 멀티 유즈라는 측면에서 보면 〈산불〉은 원천컨텐츠로서의 가치가 충분한 작품이다.

차범석은 〈산불〉의 성공 이후 신협 재기를 위한 이해랑의 요청으로 〈갈매기떼〉를 집필, 국립극장 무대에 올려 〈산불〉 못지않은 인기를 끌었다. 목포 부둣가에 있는 영흥관이라는 식당을 둘러싸고 벌어지는 정치권력과 조직폭력배간의 갈등, 그리고 그로 인해 무구하게 희생당하는 서민들을 그려냈다.

〈산불〉과 〈갈매기떼〉의 성공으로 고무된 차범석은 전문적인 극단을 창단하기로 마음을 먹었다. 당시 연극계가 동인제 극단시대로 진입하기 시작했고 드라마센터의 개관이라는 연극상황의 변화가 일어나고 있었기 때문에 이전의 아마추어적인 '제작극회'로는 변화에 대처할 수 없을 것이라는 판단에서였다. '제작극회' 다른 멤버들의 반대를 무릅쓰고 1963년 연극의 대중화와 전문화를 지향하는 극단 '산하(山河)'를 창단했다. 현실과 동떨어진 번역극 대신 창작극을 주로 공연했고, 극단 창단 당시 의도했던 대로 지방공연도 가지면서 왕성하게 활동을 이어갔다.

이 무렵 차범석은 MBC로 직장을 옮겨 바쁜 와중에도 극단 '산하'의 일뿐만 아니라 창작에도 매진, 〈청기와집〉, 당시 유명 배우 강효실을 위해 집필, '산하'에 상업적 성공을 안겨준 〈열대어〉, 〈풍운아 나운규〉, 동성애 문제를 다룬 〈장미의 성〉, 〈대리인〉, 정치와 정치인을 풍자한 〈왕교수의 직업〉 등의 희곡 외에도 '산하'의 공연을 위해 여러 편의 각색 작업과 연출로도 참여하였다.

1969년 사단법인 한국연극협회 제 7대 이사장으로 선출되면서 협회 일에 열심을 냈고 원래 하고 있었던 방송국 일과 작품 집필, 극단 운영 등으로 건강에 이상이 생겼다. 1970년 봄 간염으로 병원에 입원, 방송국까지 그만 두었지만 발병 전에 국립극장에서 차기공연작으로 위촉한 장막극 〈환상여행〉을 집필했다. 그는 책임감 때문에 와병 중에도 약속을 지키기 위해 무리를 하면서도 완성을 했다.

차범석이 병원에서 퇴원 후 1년간의 요양생활을 하는 동안 같이 활동했던 사람들이 이런저런 이유로 그의 곁을 떠났다. 그는 인생이 철저하게 외로운 것이며 이 길은 자신이 원해서 가는 것이니 누구도 원망하지 않겠다는 결단을 내렸다.

1972년 차범석은 MBC-TV 요청으로 일일연속극 〈물레방아〉를 집필했다. 〈물레방아〉는 당시로서는 드물게 5개월 동안 방영, 100회를 넘겼으며 이러한 롱런은 MBC-TV 사상 최초였다. 이전에 라디오 드라마와 TBC(동양방송) 단막극, 〈태양의 연인들〉과 같은 특집극을 쓰기도 했지만 TV

일일연속극은 그로서도 처음이었지만 성공적이었다. 드라마의 성공은 차범석에게 경제적 안정을 가져다주었고 그래서 차범석은 연극 현장으로 돌아올 수 있었다.

1974년 6년 동안 맡았던 한국연극협회 이사장직을 이진순에게 내주고 그 해 봄 극단 산하의 사무실도 마련하고 연극현장의 기록이 소실되는 것이 안타까워 〈극단 산하 십년사〉를 펴내는 등 다각적인 연극활동을 펼쳤다. 그런데 1975년 동양극장과 '산하' 간의 전속 계약을 체결, 계약금과 중도금을 지불하고 의욕적으로 공연을 준비하던 차에 동양극장의 매각 사실을 알게 되었다. 속수무책 사기를 당한 차범석은 잔금은 안 털렸으니 다행이라고 스스로를 위로했다. 이러한 차범석의 긍정적 태도는 이후 창작태도에도 영향을 미쳤다.

유신의 시대를 거치면서 유신을 지지하기보다는 오히려 부정적인 시선을 견지하고 있던 그였지만 〈약산의 진달래〉, 〈활화산〉 같은 새마을 극본을 쓰기도 했다. 그렇지만 새마을운동의 찬양이 아니라 "나와 함께 살아가는 이 시대의 이야기"로 가난과 싸우는 농촌여성의 "삶을 리얼하게 묘사함으로써 우리가 안고 있는 퇴영적이면서도 부정적인 행태를 드러내"려 했다. 이 시기에 그의 역사인식은 자연스럽게 개화기를 향했다. 〈새야새야 파랑새야〉에서는 동학도와 같은 민중의 저항을, 〈손탁호텔〉에서는 외세의 압력에도 불구하고 꿋꿋이 자존을 지키기 위해 투쟁하는 서재필과 같은 진보적 청년들의 연대를 그리면서 창작의 지평을 넓혀갔다.

1970년대 중반에 들어서면서 연극계는 상업주의가 팽배하고 있었는데 이것은 '산하'가 지향하는 연극 대중화와는 달랐다. 차범석은 연극에 있어 앙상블을 중요하게 생각했기 때문에 한두 명의 스타에 의존, 웃음을 파는 연극을 극도로 경계했다. 그런데 상업주의가 판치던 당시의 연극현실은 동인제 시스템을 고수했던 차범석에게는 절망적이었다. 그런 상황에서도 문학성과 연극성을 지닌 레퍼토리라면 승산이 있을 것이라고 판단,

1979년 〈제인 에어〉를 무대에 올렸다. 그러나 관객들의 외면으로 흥행에 실패하고 말았다. 일련의 일들로 차범석은 '산하'가 추구하는 대중성에 대한 회의가 일어나고 '산하'의 해산문제까지 생각하기도 했다. 그렇지만 차범석은 유신정권의 횡포와 비민주적 정권욕으로 급격하게 경색되어가는 시대에 연극을 통해서 이야기를 해야겠다는 결심을 했다. 연극대본의 사전심사제로 창작극의 공연이 어렵게 되자 숀 오케이시의 〈쥬노와 공작〉연습에 들어갔다. 1980년 5월 공연을 보름 앞두고 광주민주화항쟁이 일어나자 차범석은 공연중지를 선언했다. 그 이유는 사람들이 총칼에 쓰러지고 있는데 연극을 하고 있을 수 없다는 것이었다.

실의에 빠진 차범석에게 MBC-TV에서 농촌드라마 의뢰가 들어왔다. 옴니버스 형식의 농촌드라마 〈전원일기〉를 1년 동안 총 48회 집필했다. 1980년 10월 22일 '박수칠 때 떠나라'를 시작으로 1981년 10월 20일 '시인의 눈물'까지 꼭 1년을 썼는데 어수선한 시국에 농촌에 대한 향수를 자극해 최고의 드라마로 자리를 잡았고 이후 20년 동안 방송되면서 최장수 드라마로 남았다. 그런데 차범석은 연극을 하기 위해 방송국의 간청에도 불구하고 〈전원일기〉 집필을 포기했다.

'산하'에 돌아와 1980년에 준비하다 중단했던 〈쥬노와 공작〉을 무대에 올려 보았지만 흥행에 참패하고 말았다. 그리고 '산하'의 재기를 위해 옛 멤버들을 규합해 보려했지만 이마저도 여의치 않았다. 결국 〈산불〉공연마저 실패하고 1983년 '산하'를 해단하는 어려운 결정을 내렸다.

그를 무대로 이끌었던 유년시절의 최승희 공연의 영향과 대학시절 춤을 배우러 다녔던 경험 때문이었는지 1982년 조영숙무용단의 〈강〉을 시작으로 최청자무용단의 〈갈증〉 등 무용극으로 창작의 장르를 확대해 나갔다. 이후에 무용극 〈도미부인〉(1984년 국립무용단, LA 올림픽참가공연), 〈십장생도〉(1988년 홍정희발레단), 〈저 하늘 저 북소리〉(1990년 국립무용단), 〈고려애가〉(1991년 국립발레단), 〈꿈의 춘향〉(1992년 서울시

립무용단〉, 〈파도〉(1995년 국립국악원 무용단), 〈오데로〉(1996년, 국립무용단) 등 여러 편의 무용극 대본을 창작했다.

1983년 차범석은 청주대학교의 요청에 의해 연극영화과 교수로 부임했다. 조용한 곳에서 창작의 기회를 가질 수 있다는 점이 그에게 매력적으로 다가왔고 학생들과의 생활이 연극판에서 지친 그에게 활력을 주었다. 그러나 그가 예술대학장직을 맡으면서 휴식은 끝나고 말았다. 당시는 학원민주화 운동이 번지고 있었을 때였다. 누구보다도 민주화를 열망해왔던 그였지만 과격해진 학생들의 기물파괴 등의 파괴적인 행동은 받아들일 수 없었다. 목포 북교초등학교, 덕성여고에서 교사로 재직하고 있을 때 불의를 보면 참지 못하고 투쟁을 했던 그로서도 학생들의 그런 행동은 받아들일 수 없었고 결국 보직에서 물러났다.

그 때 '서울88예술단'이 조직되면서 차범석에게 단장을 맡아달라는 제의가 들어왔다. 단장직을 수락했지만 총체가무극이라는 것이 그가 생각했던 연극의 방향과 맞지 않았을 뿐만 아니라 관의 간섭이 싫었던 그는 창립공연으로 〈새불〉을 올리고 다시 대학으로 복귀했다. 생래적으로 구속을 싫어하고 자유를 추구했던 그로서는 이러한 상황이 견디기 어려웠을 것이다. 오죽했으면 목포북교 초등학교 시절 자신이 담당했던 학급의 급훈이 자유였을까.

대학으로 돌아간 그는 특정사회단체의 요청이기는 하지만 신채호를 다룬 〈식민지의 아침〉, 김대건 신부의 일대기를 그린 〈사막의 이슬〉 등 활발하게 창작활동을 이어갔다. 1989년 학교 측에서 총장으로 추대하려는 움직임이 보이자 교수직을 사퇴하고 이후 서울예술대학의 교수로 자리를 옮겨 창작에 몰두했다. 이 시기에 차범석은 창작방식에 있어 변화가 일어나 이전의 창작방식에서 벗어나 형식과 주제가 다양한 작품을 발표했다.

1992년 징용 노무자의 딸 야마네 마사코의 자전적 수기를 바탕으로

차범석의 생애와 예술

쓴 〈안네 프랑크의 장미〉는 '일본제국주의의 만행을 용서와 화해의 차원에서 접근' 하였으며, 〈통곡의 땅〉은 백범 김구의 삶을 작품화하면서 한국현대사에서 이념문제를, 〈나는 불섬으로 간다〉에서는 소작쟁의와 그로 인해 생긴 연좌제 문제를 제기하기도 했다. 작가적 연륜이 깊어가면서도 차범석의 의식은 언제나 날카롭게 깨어 있어 부당하거나 문제가 있는 것에 대해서는 비판적 태도를 취하는 스탠스만큼은 변함이 없었다. 이색적으로 〈바람 분다, 문 열어라〉에서는 여성들의 변화를, 〈그 여자의 작은 행복론〉에서는 어머니와 아들 간의 근친상간적 욕망을 그려내는 등 소재의 영역도 넓혀갔다.

차범석은 본래 대중예술과 고급예술을 경계 짓는 것에 대해 우려를 해왔다. 어떤 작가보다 사회의식이 있는 작품을 쓰면서도 대중성 또한 중요하게 생각했다. 노년의 차범석은 그 경계를 허물고 〈가거라 38선〉 같은 악극의 대본을 쓰거나 의뢰를 받은 것이긴 하지만 뮤지컬 〈처용〉, 오페라 〈백록담〉, 〈연오랑 세오녀〉의 대본 등을 썼다. 그러면서도 〈옥단어!〉(2003년)와 같은 작품에서는 깊은 사유의 절정을 보여주었다. 이 작품은 '단순한 연극이 아닌 우리의 현대사와 그 아픔을 되돌아보자는 데에 그 의미를' 두고 있다. 차범석은 〈옥단어!〉에서 자신이 '평생 동안 삶의 방식으로 지켜온 자유정신을 투영'시켰으며 떠돌이 옥단이를 통해 인생의 허망함을 보여주면서 한국적 사실주의의 진전을 이루어 냈다는 평가를 받았다.

2006년 세상을 떠날 때까지 차범석은 다양한 장르를 경계 없이 넘나들며 많은 작품들을 발표했던 현역 작가였으며 연극인이었다. 자리에 욕심을 낸 적이 없었던 차범석이지만 한국연극협회 이사장, 한국문예진흥원장, 대한민국예술원회장 등을 지내 예술인으로서 영광도 누렸다.

# 차범석 전집 4

■

## 차례

## 일러두기

* 명백한 오자, 탈자 외에는 가능한 원본을 그대로 수록했음을 밝힌다.

* 신문기사·작품 〈 〉, 책제목 「 」로 표기했다.

* 잘 사용하지 않아 의미가 명확하지 않은 단어는 각주를 붙여서 설명했다.

# 왕교수의 직업 (5막)

- **등장인물**

  왕거미 교수(49세), 경제학 교수

  전영희 여사(38세), 그의 아내

  수다(25세), 장남. 전처의 아들

  수영(20세), 딸. 여대생

  수진(18세), 차남. 고교 3년

  강상구(27세), 왕 교수의 비서

  안나(18세), 식모

  민민자 여사(39세), 전 여사의 옛 친구

  창배(22세), '도라도' 클럽 회원

  지혁(21세), '도라도' 클럽 회원

  프로듀서(25세), ABC방송국 견습 프로듀서

  배달부(19세), 운동구점 점원


- **때**

  현대

- **곳**

  서울, 왕 교수의 집

**무대**

왕 교수의 집. 한국식 건물.

무대 중앙에 위치하는 대청마루가 주무대로 사용된다.

그 좌우에 안방과 건넌방. 그리고 기역자로 꺾여서 부엌과 부엌방.

무대 우편에 대문으로 통하는 통로와 뜰아랫방.

다만 건넌방 앞에 무대 우편으로 연장되는 마루가 있어 그곳에도 방이 있음을 알 수가 있다. 따라서 이 집의 구조는 전형적인 재래식 건물양식을 따르고 있으며 대청마루에 놓인 응접세트며 육중한 책장 등이 이 집의 분위기를 약간 밝게 보일 뿐이다.

대청마루 후면은 탁 트인 유리문이어서 한결 시원해 보인다. 그리고 마루며 토방 아래에 희고 빨간 지붕에 매달린 크고 작은 화분들이 수없이 놓여 있다. 그것들은 최근에 외부로부터 들어온 축하 화분임을 곧 알 수가 있다.


# 제1막


막이 오르면 오전 11시경. 왕 교수가 소파에 앉아서 ABC방송국에서 취재 나온 프로듀서와 인터뷰를 하고 있다. 그가 내민 마이크와 탁자 위에 놓여진 휴대용 녹음기가 유난히도 반짝거린다. 탁자 위에 주스 잔이 두 개 놓여 있다.

저만치 강상구 비서가 서 있다. 그는 비서라는 직임으로 훈련된 민첩한 동작과 눈치와 친절이 넥타이 핀처럼 몸에 붙은 사나이다.

프로듀서는 아직도 서투른 말솜씨와 지나친 조심성에서인지 미리 준비해온 종이쪽지를 보면서 질문을 던진다.

**프로듀서** 왕거미 교수님께서는…… 아니 실례했습니다. 왕 박사님께서는 그동안 상아탑에서 경제학을 전공하시고 또 후진 교육에만 몰두해 오신 지가 얼마나 되십니까? (하며 재빨리 마이크를 왕 교수의 입에다 댄다)

**왕교수** (거만하게) 글쎄…… 이래저래 20년쯤 되나 보죠, 아마……

**프로듀서** 예, 그런데 이번에 교육계를 떠나 경제계로 투신하게 된 동기랄까 계기에 대해서…… 소감을……

**왕교수** 왜 교육계를 떠납니까, 떠나긴! 난 아직도 경제학 교수로 자처하고 있고 또 앞으로도 그렇게 나아갈 작정입니다.

**프로듀서** 그렇지만 우리나라 경제계에서도 제일인자로 손꼽히는 마두희 재벌의 브레인으로 발탁되셨으니 강의를 맡으시긴 힘들지 않을까요?

**왕교수** 물론 쉬운 일은 아니겠지요…… 그러나 나는 지금까지 나의 인생을 하나의 신념으로 살아왔기 때문에 그다지 어렵게 생각지는 않아요.

**프로듀서** 그럼 시간 나시는 대로 계속 대학에서 강의를 하시면서 이 나라 경제개발을 위해서 헌신하시겠다는…… 말하자면 이론과 실제의 양면 작전을 펴시겠단……

**왕교수** 단적으로 말해서 그렇죠…… 다만 이번에 나를 필요로 하게 된 동기는 내가 경제학에 있어서…… 특히 '자본과 상품의 유통문제'에 있어서 이론이 좀 밝다고 해서 인정을 해준 모양 같습니다. 헛허……

**프로듀서** 네…… 듣자하니 마두희 씨와는 학교 동창이시라고……

**왕교수** 중학 동기동창에다가 일제 말기엔 학병으로 끌려가서 생사를 같이 한 사이죠.

**프로듀서** (감탄조로) 네…… 그러니까 하나의 우정이 왕 교수님을…… 아니

실례했습니다. 왕 박사님을 일약 총참모격으로 발탁한 셈이군요……

**왕교수** 그렇다고 세속적인 빽이니 교제니 그런 따위는 아니요……

**프로듀서** 헛허…… 잘 알고 있습니다. 왕 교수님이 얼마나 고지식하고 청렴결백하셨던가는 이미 정평이 있던 걸요……

**왕교수** 천만에…… 그게 훈장의 길이죠…… 교육자가 돈이나 권력의 맛을 알게 되는 날은 마지막이오!

**프로듀서** 그렇지만 세상에서는 반드시 그렇지도 않던데요.

**왕교수** 그야 예외라는 게 있잖소. 어떻든, 나는 마두희 씨와 동기생이라는 개인적 인연에서가 아니라, 보다 높은 차원에서 그 기업체의 합리적인 운영에 이바지하고자 하는 생각뿐이죠……

**프로듀서** 그럼 끝으로…… 가족상황에 대해서 몇 가지…… 자제분은 몇 분이나……

**왕교수** 2남 1녀!

**프로듀서** 이상적이시군요. 듣자니 큰 자제께선 외국 유학 중이시라고……

**왕교수** 네…… 영문학을 한다고 미국에 간 지가 5년 됐습니다. 지난 봄에 구라파를 들러, 여름에 서울에 오겠다고 편지가 왔던데…… 아마 지금쯤 오고 있겠죠.

**프로듀서** 네…… 그럼 따님은?

**왕교수** 대학 교육과에 다니며…… 그 다음 막내동이가 고등학교 3학년이죠……

**프로듀서** 네…… 그럼 끝으로 이 나라 젊은이들에게 각별히 주시고 싶은 말씀이 있으시면……

**왕교수** 젊은이들에게? 음…… 할 얘기가 많지요…… (강 비서에게) 이봐 시간이 어떻게 되었나?

**강비서** (잠에서 깨어난 듯) 예? 예…… (시계를 보며) 열한 시 반입니다.

**왕교수** 누가 시간을 물었나? 강연회 말이야.

**강비서** 네…… 아직 30분은 여유가 있습니다.

**프로듀서** 참…… 명예박사 학위 수여를 기념하는 강연회가 있으시다구요.

**왕교수** (은근히 자랑하며) 이렇게 바빠서야 사람이 살 수 있나…… 글쎄 날마다 강연이다, 세미나다, 심포지엄이다…… 게다가 요즘에 와선 그 결혼식 주례를 부탁하는 등살에 원…… 헛허……

**프로듀서** (따라 웃으며) 그러니까 젊은이들에게 하시고 싶은 말씀을 한마디만…… (하며 마이크를 바싹 들이댄다)

**왕교수** 음…… 그럼…… 한국의 청년들은 좀 더 패기가 있어야겠어! 용광로처럼 이글거리는 패기 말이에요. 우리 학생 시절엔 그렇지 않았거든요. 게다가 요즘 학생들은 독서를 안 해서 탈이에요. 학생 시절엔 책벌레가 돼야 해! 학교 도서관에 의자가 닳도록 말이야! 책 안 읽는 학생은 허수아비예요. 그래서 나는 우리 애들에게도 책만은 물려주겠습니다…… 헛허 이 정도면 되겠죠?

**프로듀서** 예…… 감사합니다. 바쁘신데…… (그는 마이크를 챙기면서 주위를 휘둘러본다) 화분이 좋군요?

**왕교수** 얼마 전에 명예박사 학위를 받았을 때 여기저기서 선사받은 것들이죠.

**프로듀서** 그러고 보니 왕 박사님 신변에는 너무나 갑작스런 변화들이 한꺼번에 들이닥친 것 같군요.

**왕교수** 글쎄요…… 나는 그렇지도 않은데 주변에서들 더 떠드는 게 딱 질색이오…… 난 공연스레 뛰어들었다 싶어질 때가 있어요.

**프로듀서** 헛허…… 그게 다 박사님의 실력이지 뭡니까…… 그럼 이만 실례하겠습니다.

그가 토방 아래 내려서 신을 신자 왕 교수가 마루 끝까지 나온다. 강

비서가 재빨리 뜰로 내려서 대문 쪽으로 간다.


**왕교수**  참 지금 녹음한 건 몇 시에 방송되오?

**프로듀서** (멋쩍게 웃으며) 그게 저…… 시간이 좀 좋지 않아서요…… 네
……

**왕교수**  밤이요?

**프로듀서** 아침입니다. 아침 5시 55분에 나가는 〈이 주일에 만난 손님〉이라
는 프로입니다.

**왕교수**  그럼 아침이 아니라 새벽이지…… 5시 55분에 누가 그걸 듣겠소?

**프로듀서** 네…… 그 그렇지만 방송국 실정이 그렇게 되었습니다.

**왕교수**  방송국 실정이라니……

**프로듀서** 말하자면 상업방송국에서는 스폰서가 안 붙는 프로그램은 새벽
으로 밀려나기 마련이니까요…… 네…… 방송프로도 오늘날은
하나의 상품 구실을 하기 때문에……

**왕교수**  (불쾌해지며) 그럼 뭣 때문에 그런 방송을 하오? 숫제 새벽부터
유행가나 연속극을 방송하지……

**프로듀서** 그렇지만 교양프로가 전혀 없을 수 없다는 게 편성상의 애로가
아니겠습니까…… 이를테면 가게를 차리는데도 안 팔리더라도
구색을 맞추기 위해서 물건을 들여놓는 격이죠…… 네…… 헷
헤……

**왕교수**  아니 그럼 나를 구색을 맞추는 데 쓰기 위해서 이용하겠다는 뜻
이오?

**프로듀서** 그 그런 뜻이 아니라…… 저……

**왕교수**  (호통을 치며) 누굴 어떻게 보고 하는 수작이오? 수작이? 응? 그래
이 왕거미 박사를 일개 상업방송국의 안 팔리는 프로를 메꾸기
위해서 이용하러 왔소? 취소야! 그 녹음테이프 당장 꺼내시오.

**프로듀서** 교수님…… 아니 박사님…… 저…… 그게…… 아니라……

**왕교수** 당신 어느 방송국에서 왔다고 했지?

**프로듀서** (쩔쩔 매며) 중파 5백킬로 사이클 ABC 태평양 방송국입니다.

**왕교수** ABC 태평양 방송? 사장이 누구야?

**프로듀서** 저…… 제갈복 사장이십니다.

**왕교수** 음…… 제갈복? 그랬으면 그렇지!

**프로듀서** 네? 잘 아시는 사이신가요?

**왕교수** 그 친구가 방송에 대해서 뭘 안다고 사장인가 말이야! 그 친구
일제시대에 왜놈이 경영하던 약방 사환으로 있다가 해방 덕에
벼락부자가 된 형편없는 친구 아냐. 그렇지?

**프로듀서** 예? 예…… 그렇습니다…… 아니 잘 모르겠습니다.

**왕교수** 강 군!

**강비서** 예……

**왕교수** 전화 걸게.

**강비서** 예?

**왕교수** 적어도 문화가 무엇이며 매스컴의 사명이 무엇인지나 아는가 하
고 따져…… 그따위 장삿속으로만 놀면 되는가 말이야!

**강비서** ABC 방송국 말입니까?

**왕교수** 물론이지! 자넨 지금 내 얘길 듣고 있나?

**강비서** 혹시 전화번호를 알고 계신지……

**왕교수** (소리를 버럭 지르며) 내가 전화국 교환수야!

**강비서** 예! 예……

**왕교수** 전화번호부를 보면 알 게 아냐……

**강비서** 예! 예……


강 비서가 황급히 전화 있는 쪽으로 가서 전화번호부를 뒤진다.

이때 밖에서 나이에 어울리지 않게 양장을 한 전영희 여사가 등장한다. 풍만한 육체가 터질 것만 같다. 안경 너머로 사람을 훑어보는 눈매가 독수리처럼 날카롭다. 안절부절 못하고 있는 방송국 프로듀서를 보자 고개를 갸웃거린다.

**전여사** 어디서 오셨죠?

**프로듀서** 예? 예…… 저…… 중파 5백킬로 사이클 ABC 태평양 방송국 라디오제작 제3부에 있는 프로듀서 견습(강조하고) 방치기라고 합니다. (그는 깍듯이 절을 한다)

**왕교수** 뭐 견습이라구?

**전여사** (금시 얼굴에 웃음이 피며) 어머…… 방송국에서 나오셨군요?

**프로듀서** 네…… 왕 교수님께서 이번에 마두희 재벌의 브레인으로 등용되신데다가 잇달아 명예법학박사 학위를 받으신 축하프로……

**전여사** 저런…… 제가 일이 바빠서 이렇게 늦었었군요. 호호…… 자 올라오세요…… (왕 교수에게) 여보, 왜 그렇게 서 계셔요. 방송국에서 오셨대요.

**프로듀서** 저…… 녹음은 다 끝났습니다. 네……

**전여사** 어머…… 그래요…… 홋호…… 잘 좀 부탁드리겠어요……

**프로듀서** 네?

**전여사** 우리 집 식구는 모두가 ABC 방송만 듣는답니다. 그저 라디오하면 ABC죠…… 다이얼을 아침부터 밤까지 아니 개국할 때부터 지금까지 라디오는 ABC죠…… 홋호…… 어쩜 프로가 개성적이면서도 재미있고 교양적이면서도 오락적이고 대중적이면서도 고상합니까…… 홋호……

**왕교수** (어이가 없어지며) 아니 뭐…… 고상하다구?

**전여사** 그렇죠…… 여보! 당신 목소리가 전파를 타고 나가면 전국 방방

곡곡에 있는 청취자들이 다 들을 테죠? 홋호…… (프로듀서에게) 우리나라 방송국 중에서도 ABC 방송국의 청취율이 제일 높다죠?

**프로듀서** 예? 예…… 그럼요! 매달 청취율 조사가 나오는데 우리 방송국이 압도적이니까요. 지난번 여론조사에 의할 것 같으면.

**전여사** 그럴 거예요…… 홋호…… 들으나 마나죠 뭐……

**프로듀서** 저…… 그럼…… 이만 실례하겠습니다.

**전여사** 왜 가시겠어요? 맥주나 한 잔 드시고 가시잖구……

**프로듀서** 아 아니올시다…… 그럼 사모님……


그가 황급히 인사를 하며 나가버린다. 전 여사는 시종 흡족한 미소를 띠우며 마루로 올라온다.

그러나 왕 교수는 매우 못마땅한 표정으로 소파에 앉는다. 아까부터 몇 번이고 다이얼을 돌리고 있던 강 비서가 조심스럽게 말을 건다.


**강비서** 저…… 통화중입니다. 박사님……

**왕교수** (크게) 그만 둬!

**전여사** (남편의 심상치 않은 표정을 보고) 아니 왜 그러세요? (강 비서에게) 무슨 일이 있었수?

**왕교수** 사람을 뭘로 보고 하는 소리야!

**전여사** 네?

**왕교수** 당신은 또 뭘 안다고 맞장구질이오?

**전여사** 네?

**왕교수** 라디오하면 ABC? 개성적이면서도 재미있고, 교양적이면서도 오락적이고, 대중적이면서도 고상해? 흥? 백화점에서 화장품 파는 여점원을 닮았군……

**전여사** 아니 여보…… 그 말에 어째서 이렇게 역정을 내세요? 아닌 말로 내가 유언비어라도 퍼뜨렸단 말이오. 허위날조라도 했단 말이오!

**왕교수** 사이비 문화인은 용납 못해요!

**전여사** 제가 사이비 문화인이란 말이에요?

**강비서** 사모님…… 그 그게 아니라요…… 저……

**전여사** 말해봐요……

**강비서** 실은…… 박사님 인터뷰가 방송되는 시간이 새벽 5시 55분이라는 점이 바로……

**전여사** 그게 무슨 상관이오? 방송을 내고 안 내고는 방송국 사정이지 그 시간까지 우리가 어떻게……

**왕교수** 왜 상관없소? 듣지도 않는 새벽시간에 구색 맞추기로 만들어낸 프로에다 왜 나를 이용하는가 말이야…… 그것도 (강조하며) 견습 프로듀서? 망할 자식. 꼭지도 안 떨어진 주제에.

**전여사** 홋호……

**왕교수** 뭐가 우스워?

**전여사** 당신도 어쩜 그렇게 순진하시우?

**왕교수** 이건 인격모독이란 말이야! 강 군. 어서 전화 걸어!

**강비서** 예……

**전여사** 관둬요……

**강비서** 예? (사이에 끼어 어리둥절한다)

**전여사** 그래 그까짓 일로 방송국 사장에게 항의전화를 걸게 되었수? (심각해지며) 당신이 현재 어떤 위치에 계신 분이라는 걸 잊으셨수? 옛날 같은 단순한 대학교수가 아니란 말이에요. 마두희 재벌의 기획위원회 위원장이 어떤 위치를 차지하고 계신지 몰라서 그러세요?

**강비서** 사모님 말씀이 옳습니다…… 그까짓 방송이야 나가건 들어가 건……

전여사   그렇죠…… 방송에서도 당신이 사회적으로 그만큼 각광을 받고
        있으니까 이용하자는 게고 우리도 방송을 이용하는 것뿐이다 하
        고 생각하실 일이지 뭐 그까짓 일로 항의를 하고 말고가 있우?
        아니 지금 그까짓 일에 신경쓰시게 되었우? 요즘 세상은 모든 게
        가는 게 있어야 오는 게 있고 받았으면 갚기 마련이에요…… 당
        신처럼 그렇게 꼬치꼬치 외곬으로 파고들다가 하나도 남을 게
        없어요……

        왕 교수는 말없이 담배를 피워 물고 있다. 스스로의 감정을 가라앉히려
        는 사람 같다. 전 여사는 안방으로 들어가며 식모를 부른다.


전여사   안나야! 안나야!
안나     (부엌에서 나오며) 네…… (그녀는 귀에 낀 트랜지스터의 리시버를 뽑
        는다)
전여사   손님이 다녀가셨으면 차 그릇도 치우고 해야지…… 부엌에서 그
        놈의 연속극을 듣고 있었구나!
안나     아 아니에요…… (하며 찻잔을 챙기고는 급히 부엌으로 퇴장. 이때
        전화벨이 울리자 강 비서 재빨리 받는다)
강비서   예…… 왕 교수 댁입니다…… 예 실례지만 어디십니까? 예? '청소
        년풍기 정화질서확립 추진위원회'라구요?
왕교수   (눈을 감은 채) 오늘은 시간이 없다고 해.
강비서   저…… 오늘은 시간이 안 나실 모양입니다. 예? (사이) 회의가 3시
        부터라구요?
왕교수   (여전히 앉은 채) 부회장에게 일임하라고 그래.
강비서   부회장님께 일임하신다니까 그대로 회의는 진행시키죠! 예……
        예? (사이) 오늘 스케줄이 어떻게 되시냐구요? 잠깐 기다리세요.

(수화기를 귀에 대고 어깨로 붙들고 수첩을 꺼낸다) 1시에 결혼식 주례

가 있으시고요. (사이) 1시 반에 '아세아 금주인 클럽' 대의원과

오찬회가 있구요…… 그리고 3시에는……

**왕교수** '전국 애견가 동우회' 창립총회……

**강비서** (말을 받아서) '전국 애견가 동우회' 총회가 있구요…… 예? (사이)

애견가 동우회가 뭐냐구요? 애견가도 몰라요? 애견가. 예? (사이)

앵경이 아니라 '애견'이에요. 개를 사랑하는 애견, (사이) 예 그렇죠.

요즘 그 몰지각한 사람들이 보신탕이니 뭐니 해서 함부로 개를

잡아먹는 짓은 비문화적이니만큼…… (사이) 뭘요? 보신탕의 효

용은 의학적으로 증명되었다구요? 여보…… 그럼 당신은 보신탕

지지파요? (사이) 회의를 내일로 연기하겠다구요.

**왕교수** (비로소 눈을 뜨고) 뭐 회의를 연기해?

**강비서** (송화통을 가리며) 회장이 안 계신데 어떻게 회의를 하겠느냐는

데요.

**왕교수** (화를 내며) 수화기!

**강비서** 예?


강 비서가 두 손으로 수화기를 들고 굽실하며 내민다. 왕 교수가 수화

기를 받아 든다.


**왕교수** 여보 나야…… 누구요? 총무? 이 사람아? 회장이 없으면 부회장

이 나서서 회의를 진행시킬 일이지 회의를 연기시키다니 그게 말

이 돼? 뭐? (사이) 글쎄 나는 내일도 안 돼요. 내일은 BBC 텔레비

전에서 좌담프로가 있어서 시간을 낼 수 없다니까! (사이) 뭐 그럼

어떻게 하느냐고? (화를 내며) 이 사람아! 그러니까 부회장이 세

사람이니 그 중에서 한 사람이 의장을 맡아서 회의를 진행시켜야

지. 그래 위원을 나오라 해놓구서 나 한 사람 때문에 연기를 하다 니 그게 말이 되는가 말이야! 응? 요즘은 누구나 바빠요. 바쁘니 만큼 그 귀중한 시간을 유효적절하게 쪼개어 이용할 일이지 나 한 사람 때문에…… (따지듯) 부회장이 왜 있나? 정관에도 엄연히 씌어 있지. "회장이 유고시에는 부회장이 이를 대행한다"고 말이 야…… (사이) 알고 있으면 그대로 해야지 왜 말이 많아? 한국 사람은 그게 틀렸어! 시간을 아껴 쓸 줄 모르는 한 문화국민이 되기는 틀렸어! 더구나 자네처럼 보신탕을 먹는 비문화인은 처음 부터 틀렸단 말이야…… (다시 점잖게) 알았어? 그래…… 그래 시 간을 지켜요! 시간을 음……

왕 교수는 일방적으로 전화를 끊고는 숨을 길게 뿜는다.

**왕교수**  왜 모두가 그 모양인지 원…… 이 바쁜 세상에 그런 인간들만 상대해야만 하다니…… 강 군! 녹음기를 내오게…… 오늘 있을 청년문화연맹에서 할 강연 연습을 해야겠어.

**강비서**  (시계를 보며) 저…… 시간이 다 되었는데요……

**왕교수**  그래? 이거 다시 한 번 연습을 할 걸 그랬지……

**강비서**  (아첨을 떨듯) 그만하면 잘 될겁니다. 벌써 세 번째인데요.

**왕교수**  그렇지만 오늘 강연은 여느 때 장소와는 다르잖아…… 명예박사 학위를 수여받은 후로는 처음 자리인데 신중을 기해야지, 젊은 대학생들에게 뭔가 심어줘야 해. 어서 틀어.

**강비서**  예……

강 비서가 마루 한구석에 있는 녹음기 스위치를 튼다. 소리가 낮다.

**왕교수**  볼륨!

**강비서**  예……

강 비서가 볼륨을 올리자 녹음기에서 낭랑한 왕 교수의 목소리가 흘러 나온다. 그는 자신의 음성에 도취되듯 사르르 눈을 감는다.

**왕교수**  (녹음기에서 흘러나오는 소리) 따라서 오늘에 사는 젊은이에게 무엇보다도 필요한 것은 올바른 비판 정신과 결단성이라 하겠습니다. 무질서하게 밀려든 외래풍조를 무조건 받아들일 것이 아니라 그것을 음미 검토하고 받아들여야겠습니다. 그리고 그것이 어떠한 힘을 가졌다 할지라도 우리를 해치고 억압하고 좀먹을 위험성이 있을 때는 과감히 우리의 조상들이 그러했고, 우리의 선배들이 그러했듯이 오직 홍익인간의 애국심에 불타올랐을 때는 일제의 총칼 앞에서도 떳떳했던 그 장벽과 같은……

이때 대문을 열고 배달부가 들어선다. 그의 어깨와 손에 골프 용구를 포장한 큼직한 것이 들려 있다.

**안나**  (부엌에서 나오며) 누구세요. (그녀의 귀엔 리시버가 끼어있고 트랜지스터 라디오는 에이프런 포켓에 들어 있다)

**배달부**  여기가 왕거미 교수 댁인가요?

**안나**  교수가 아니라 박사 댁이에요. 어디서 오셨죠?

**배달부**  이걸 배달하라고 해서 왔는데…… (짐을 부리며) 어디다 내려놓을까요?

**안나**  그게 뭐예요?

**배달부**  글쎄요…… (하며 땅에다 내려놓는다) 나는 그저 배달만 부탁받고 왔으니까…… (호주머니에서 종이를 꺼내며) 여기다 받았다는 도장을 찍어주세요.

안나가 종이쪽지를 받아들고 안방으로 간다.

안나      아줌마! 아줌마!

한복으로 갈아입은 전 여사가 방에서 나온다.

전여사      누가 왔니?
안나      여기다가 도장을 찍어달래요.

안나가 내미는 종이와 배달부를 번갈아 보면서 의아한 표정이다. 그녀는 뜰로 내려선다.

전여사      건강운동구점?
배달부      예, 저 을지로에서 왔는데요…… 이걸 배달해드리라고 손님이 오셨대요.
전여사      손님? 누굴까?
배달부      여자 손님이던데요. 이걸 갖다드리면 아실 거라고…… (하며 명함을 내준다)
전여사      그래? (명함을 받아 읽고는) 민민자? 민민자?

이때 녹음기 스위치를 끄고는 왕 교수가 뜰 쪽을 내다본다.

왕교수      여보! 무슨 일이오?

**전여사**  (약간 당황한 빛을 보이며) 아 아니에요. (안나에게) 애 내 화장대
위에 도장 있을테니 어서 찍어오너라.

**안나**  네……


안나가 종이를 받아들고 급히 안방으로 들어간다.
왕 교수는 뜰에 부려진 짐꾸러미를 보고 의아한 표정이다.


**왕교수**  그게 뭐요?

**배달부**  글쎄 저는 잘 모르겠어요. 펴보세요.

**왕교수**  몰라? 아니 무슨 물건인지도 모르고 가지고 왔단 말인가?

**배달부**  예…… 주인이 배달하고 오래서 그저……

**왕교수**  그 속에 시한폭탄이나 들어있는 게 아니야?

**배달부**  저의 가게는 총포 화약상이 아니라 운동기구점이에요. 헷헤……

**왕교수**  운동기구? 우리 집에서 운동기구를 주문한 적은 없는데…… (전
여사에게) 그렇지? 여보!

**전여사**  네? 네……

**왕교수**  그럼 돌려보낼 일이지 왜 받아…… 받긴……

**배달부**  그렇지만 분명히 왕거미 교수 댁이라던데요. 이것 보세요. 여기
이렇게 약도까지…… (하며 속주머니에서 구겨진 종이쪽지를 꺼내
보이며) 거짓말할 손님은 아니던데요.

**왕교수**  손님이라니? 그게 누구야……

**배달부**  모르겠어요. 우리야 손님한테서 물건 값을 받았으니 물건을 배달
만 해드리면…… 되니까요……

**왕교수**  (화를 내며) 글쎄 우리 집에선 운동기구점에 간 일도 없거니와 주
문한 적도 없네! 그러니 도로 가지고 가게!

**배달부**  도로 가지고 가요? (하며 빤히 쳐다본다)

| 왕교수 | 왜 뭐가 잘못 되었나? |
|---|---|
| 배달부 | 그렇지만 저는 분명히 손님과 주인이 시키는 대로 일을 했는데 어떻게 도로 가져가는가 말이에요. |
| 왕교수 | 이 사람 답답하기가 솜방망이로 가슴치기군…… |
| 배달부 | 답답한 건 바로 손님입니다. |
| 왕교수 | 뭐라구? |
| 배달부 | 배달을 하느라 수고했다고 냉차 한 잔은 주지 못할망정 도로 가져가라니…… 원…… |
| 왕교수 | 이 사람아! 우린 주문 안 했어! |
| 배달부 | 저는 주문을 받았어요! |

이때 안나가 도장을 찍은 인수증을 가지고 나오자 배달부가 재빨리 돌아선다.

| 왕교수 | 여보게…… 이건 안 가지고 가나? |
|---|---|
| 배달부 | 난 물건을 갖다주라는 심부름을 하러 왔지 도로 가져가라는 심부름은 명령 받은 적이라곤 없어요! |
| 왕교수 | 이봐! 젊은이! 이봐! |

그러나 배달부가 뒤도 안 돌아보고 나가자 몇 걸음 뒤쫓던 왕 교수가 돌아선다. 얼마 전부터 포장을 풀고 있던 전 여사의 얼굴에 활짝 밝은 빛이 든다.

| 전여사 | 어머! |
|---|---|
| 왕교수 | 여보! 왜 그건 풀어? 풀긴! |
| 전여사 | 여보 골프예요. |

**왕교수** 골프?

**전여사** 이것 보세요! 멋있네요! (하며 암사슴 다리처럼 쭉 뻗은 골프채를 꺼내 보인다)

**왕교수** 아니 이게 어떻게 된 거요?

**전여사** 어떻게 되긴요. 당신에게 필요한 물건이니까 보내온 거죠.

**왕교수** 누구한테서?

**전여사** 누구한테서 왔건 주는 건 받는 게 인사예요.

**왕교수** 인사?

**전여사** (골프채를 한 번 휘둘러보며) 얼마나 멋있어요! 홋호…… 당신도 이제 생활환경을 바꾸세요. 꾀죄죄하니 낚시질을 간다, 바둑을 둔다 하시지 말고 시간 나는 대로 골프를 치세요! (과장하며) 맑은 공기를 흠뻑 마시며 운동을 하니 첫째 건강에 좋고, 평소 만나기 힘든 분들하고 사귀게 되니 처세 상 좋고, 남들 보기에 여유 있게 보이니 외관상 좋고, 홋호…… 안 그래요? 강 비서?

**강비서** 예? 예…… 지당하신 말씀입니다. 사실 박사님께서는 요즘같이 바쁜 생활을 하시자면 골프가 절대로 필요합니다. 네, 골프는 사치가 아니니까요. 네.


마루로 올라온다. 왕 교수도 따라 올라온다.


**전여사** 그것 보세요. 강 비서도 저와 똑같은 의견 아니에요. 옛날과 같은 고리타분한 훈장님이 아니시라는 걸 이걸로 실감하셔야 돼요…… 안 그래요? 강 비서!

**강비서** 지당하신 말씀입니다. 제가 알기에도 회사 기획위원 가운데서도 골프를 못 치시는 분은 박사님 한 분 뿐인 걸로 알고 있습니다.

**전여사** 그것 보셔요! 당신이 어디가 모자라서 골프를 못 치십니까? 게다가 마두희 회장께서는 골프광이시라는 중평이 있는데 그런 때 서로 자주 만나셔야 할 게 아니에요.

**왕교수** 골프가 무슨 종기에 고약인 줄 아오?

**전여사** 글쎄 요즘은요 혼자서는 못 사는 세상이에요. 거미줄처럼 얽히고 설켜 사는 세상이니까 혼자서만 고고하게 살 수는 없어요. 모두들 골프를 치니까 나도 친다는 게 남의 뒤를 좇는 것이라고 생각하시겠지만 천만에요…… 그게 바로 협동정신이요, 수호정신이지 뭐유? 당신이 늘 말씀하시듯…… (강 비서에게) 마루로 가지고 가요.

**왕교수** 안 돼!

**전여사** 예?

**왕교수** 그게 필요하다면 내 돈 내고 내가 살 일이지 왜 공짜로 얻어! 아니 그것도 누가 보낸지도 모르면서 왜 받는가 말이오!

**전여사** 왜 몰라요. 다 보낼 만하고 받을 만하니까 받는 게 아니에요.

**왕교수** 보낼 만하고 받을 만해?

이때 전화벨이 울린다. 안나가 급히 전화를 받는다.

**전여사** 제가 당신 건강관리를 위해서 진작부터 생각 끝에……

**안나** 아줌마 전화예요.

**전여사** 응…… (남편에게) 전화를 받고 나서 얘기합시다. (하며 전화 있는 쪽으로 가서 수화기를 든다. 이 사이에 강 비서는 골프채를 들고서 폼을 잡고서 스윙을 되풀이한다. 그 모양을 훔쳐보던 안나가 힐쓱거리며 부엌 쪽으로 들어간다. 거만하게) 여보세요…… 네…… 제가 전영희인데요…… 네…… 민민자요? 네? 잘 모르겠는데요? 네? 여학교 동창이라구요? 글쎄요…… 졸업 앨범을 봐야지 목소리만 가지고는…… 네…… 네? 골프요? (금시 친절하게) 어머 그럼 바로 그걸 보내주신 민민자 씨? 홋호…… 어머 내 정신 좀 봐…… 민민자 민민자 하기에 난 매미 우는 소리 같다고 글쎄 내가 깜박 했지 뭐야…… 홋호…… 응…… 글쎄 이제 생각나는구먼…… 민민자…… 그런데 어쩜 그동안 소식 한 번 없었니? 응? 우리…… 그저 그래…… 에그…… 좋긴 뭐가 좋아…… 응…… 응? 할 얘기가 있어? 그래 한 번 와…… 응…… 그래…… 저녁때 이후라야 한다. 낮에는 수영장에 나가거든…… 응? 수영선수가 아니라 글쎄 요즘 어떻게 몸이 나는지 말이야…… 살 좀 빼려고 실내 풀장에 나가고 있어…… 응…… 응…… 글쎄 두 달 동안에 5킬로나 내렸지 뭐야. 홋호…… 응…… 그래…… 응……

어찌나 말이 빠르고 호들갑을 떠는지 다른 사람 말보다 3분의 1 정도의 시간이 절약된다. 그녀는 돌아서자 왕 교수와 시선이 마주친다.

**전여사** 얘기 계속합시다. 그래서 생각 끝에 골프가 중년기의 건강관리에는 가장 좋다기에 운동구점에다가 부탁을 했어요. 왜 잘못인가요? 아내가 남편의 건강을 위해 골프 한 세트 사드린 게 법규에 어긋나는 것인가 말이에요. 말씀해 보세요.

**왕교수** (말문이 막혀서) 누가 그걸 잘못이라고 했소?

**전여사** 그렇다면 왜 돌려보내라고 호령을 하셨어요?

**왕교수** 그야 당신이 주문한 물건이라는 걸 말 안하니까 그렇지…… 요즘 하도 그 뇌물이니 뭐니 하는 말 듣기가 꼴사나워서 말이지……

**전여사** 원 당신도…… 누가 뇌물을 바치는데 골프 세트로 보냅니까? 아니 막말로 저따위 물건을 받고 일을 봐줄 만큼 우리가 굶주렸단 말이오?

**왕교수** (빤히 아내의 얼굴을 쳐다보며) 여보…… 당신 그게 무슨 소리요?

**전여사** 안 그래요? 수표가 들어와도 될까 말까 하는 처지에……

**왕교수** (화를 내며) 여보! 그런 속물근성을 버려요!

**전여사** 속물근성이라구요?

**왕교수** 뇌물이니 수표니 하는 말은 속물들이나 쓰는 말이에요.

**전여사** 흥! 그래 당신의 아내가, 아니 천하의 마두희 재벌의 최고기획위원 왕거미 박사의 부인이 속물이었으면 속 시원하겠수?

**왕교수** 억지소릴랑 말아요!

**전여사** 지금 말씀하시는 게 그런 뜻이 아니고 뭐예요…… 아니 오늘날 당신이 이렇게 확고한 기반을 닦게 된 게 누구의 덕이라는 걸 잊지는 않으셨겠죠?

**왕교수** 물론 당신이 마 회장 사모님과 친분이 있는 덕이라는 것쯤은 알고 있지…… 허지만……

**전여사** 흥! 그것에도 단서가 붙는군요. 그래 허지만 뭐예요? 내가 온갖 창피를 무릅쓰고 마 회장댁 문턱이 닳도록 드나들었을 때의 나는 위신도 자존심도 그리고 염치도 없었어요. 그게 다 누구 때문인 줄 아세요. 네? 당신을 출세시키기 위해서였어요. 말이 대학교수지 보따리장수처럼 책가방을 들고 이 학교 저 학교로 시계불알처럼 싸다니는 신세를 면하게 하기 위해서였단 말이에요. (금방 볼멘소리로) 그런데…… 그 심정도 몰라주고…… 그래 나더러 속물이라니…… 속물 여편네가 싫으시면 하늘나라의 선녀나 모셔다 앉히셔요. 앉혀요…… 흑……

돌변하는 아내의 태도에 몸 둘 곳을 모르는 왕 교수는 저만치서 멍하니 쳐다보는 강 비서에게만 호통을 친다.

**왕교수**  강 군! 뭘 그렇게 멍청하게 쳐다보고 있나…… 시간이 되었잖아.

**강비서**  예…… 예……

**왕교수**  자동차……

**강비서**  예…… 곧 운전수를 불러오겠습니다.

**왕교수**  서둘러…… 시간 없으니까!


강 비서가 급히 방으로 뛰어간다.


**전여사**  (다시 도전적으로) 당신이 자존심이 있다면 저한테도 있단 말이에요! (건넌방을 가리키며) 그러나 저 방을 양식으로 개수하자는 것도 모두가 당신 체면과 위신을 위해서였단 말이에요. 손님이라도 찾아왔을 때 일을 생각해 보세요. 아니 경우에 따라서는 외국 손님도 오게 될 텐데…… 그래서 없는 돈에 나는 방을 넓히자는 것뿐이에요. 이제 구라파에서 수다가 돌아오게 되면 방도 더 있어야 할 거요……

**왕교수**  구라파에서 돌아왔으면 왔지 꼭 양식 생활을 해야만 된다는 법이 어디 있소?

**전여사**  당신에겐 그게 통할지 모르지만 나는 사정이 다르단 말이에요.

**왕교수**  뭐라구?

**전여사**  나는 수영이나 수진이 같으면 이런 생각 않겠어요. 그렇지만 수다는 내가 낳은 자식이 아니기 때문에 그만큼 신경도 쓰이는 법이에요. 아시겠어요? 나는 하느라고 하지만 수다나 주위 사람은 내가 계모 근성을 부린다고 색안경으로 볼까봐서 나대로의 정성을 기울인 거예요. 그런데도 당신은……

**왕교수**  정말 당신은 너무 신경이 가늘어서 말이야. 이제 와서 누가 계모고 누가 실모고를 따지게 되었소?

**전여사**　글쎄 세상이란 그런 게 아니라니까요! 훈장질만 지낸 당신은 몰라요…… 한 구멍만 알았지 도무지……

이때 전화벨이 울린다. 서로가 견제 상태에 있기 때문에 냉큼 전화를 받으려 하지 않는다. 벨이 계속 울리자 왕 교수가 체념이나 한 듯 수화기를 든다.

**왕교수**　여보세요…… 예…… 제가 왕거미인데요…… 예…… 김포공항이요? (약간 긴장하며) 예? 예 왕수다는 틀림없는 제 아들입니다 …… 예…… (놀라움이 역력해지며) 뭐라구요? 그 애가…… 예 …… 예? 알겠습니다. 예……

왕 교수가 전화를 받는 동안 전 여사는 왕수다라는 이름에 전 신경이 곤두선다. 왕 교수는 전화를 끊고는 한동안 멍하니 서 있다.

**왕교수**　(중얼거리며) 환각제를?
**전여사**　환각제라니? 여보……
**왕교수**　(크게) 강 군! 강 군! (하며 윗저고리를 입는다)
**전여사**　여보! 어떻게 된 거예요?
**왕교수**　수다란 놈이 김포공항 세관에서 걸린 모양이야.
**전여사**　수다가 서울에 왔단 말이에요?
**왕교수**　(신경질을 내며) 그럼 수다가 왔지, 유령이 왔단 말이오?
**강비서**　(급히 뛰어들며) 운전수를 대기시켰습니다. 박사님!
**왕교수**　(급히 뜰로 내려서며) 비행장으로 가!
**강비서**　비행장이라구요? 오늘 회의 장소는 워커힐입니다.
**왕교수**　(소리를 버럭 지르며) 김포 비행장이라니까! (하며 휭 나가자 강 비서

도 영문을 모르고 뛰쳐나간다)

**전여사**  수다가 돌아왔어? 한마디 기별도 없이…… 이상하다.


아까부터 안나가 부엌에서 내다보고 있다.


암전

# 제2막

**무대**

전막과 같음. 전막부터 약 다섯 시간 후 저녁때.

수진이가 부엌 앞에서 폭폭 소리를 내며 세수를 하고 있다.

고등학생치고는 체격이 어른스럽게 숙성하다. 러닝셔츠 바람이다. 마루 끝엔 수영이가 걸터앉아서 두툼한 책을 읽고 있다. 긴 머리카락이 어깨에서 흘러내릴 정도다.

체격이 약간 허약해 보인 탓인지 신경질적으로 보인다. 이따금 허공을 쳐다보는 눈이 뭔가 신비로움을 나타낸다.

수진   (수건으로 얼굴을 닦으며) 안나야 안나야……

안나   (부엌에서 소리만) 네!

수진   엄마도 비행장에 나가셨니?

안나   (고개를 내밀며) 잘 모르겠어요. (그녀의 귀엔 리시버가 여전히 끼어 있다)

수진   그럼 아버지만 비행장에 나가셨어?

안나   글쎄요.

수진   넌 집에 있으면서 그런 것도 모르니?

안나   언젠 저한테 어디 다녀오겠노라고 보고하고 나가셨나요?

수진   그럼 비행장에 나가셨다는 건 어떻게 알았어?

안나   주인마님께서 강 비서한테 그러시대요! (흥을 내며) 김포 비행장이라니까 힛히…… (하며 다시 부엌으로 들어간다)

수진   (고개를 갸웃거리며) 이상하다…… 누가 오나? (마루 끝으로 올라오다가 수영을 보자 장난기가 생겼는지 발소리를 죽여 다가와 어깨 너머로 책을 들여다본다. 다음 순간 수진의 눈이 호기심과 놀라움으로 가득 찬다. 책을 읽으며) 결혼 전의 이성 교섭에 찬성…… 39.6퍼센트?

**수영**　(책을 읽는 채) 틀렸어! 49.6퍼센트야.

**수진**　(바싹 다가앉으며) 누나! 그게 무슨 책이야.

**수영**　(담담하게) 「완전한 성생활」.

**수진**　「완전한 성생활」.

**수영**　(신경질적으로 책장을 뒤지며) 신통치 않아…… 신문 광고에선 뭐 선풍적이니 뭐니 해서 사봤더니 이건 선풍이기는커녕 미풍도 못 되는구나. (하며 책 뚜껑을 탁 닫는다)

**수진**　그런 책 읽어도 아무렇잖아?

**수영**　이 책이 어때서…… 상식적인데……

**수진**　그럼 나 좀 빌려줘.

**수영**　안 돼!

**수진**　누나가 읽어서 아무렇지도 않다면 나도 읽을 수 있을 게 아니야?

**수영**　너는 대학에 들어간 다음에 읽어도 늦잖아……

**수진**　헹…… 꼴에 재는 거야. 대학생이랍시고……

**수영**　(권태롭게 한숨을 뱉고) 너한테 재지 않으면 잴 곳이 없으니 나도 따분하단다.

**수진**　누나 우리 학교에 카운슬링 제도가 있는데 말이야.

**수영**　그래 너도 상담을 해봤니?

**수진**　병신같이 누가 거길 간대.

**수영**　그럼 무슨 얘길 하려는 거냐?

**수진**　내 친구가 카운슬링 담당 선생님을 찾아갔었다나.

**수영**　뭐라구?

**수진**　(자리에서 일어서며) "선생님 전 요즘 식욕이 없고…… 잠도 잘 오지 않고…… 모든 게 싫어지기만 하니 무슨 까닭입니까?" 하고 물었더라나.

수영　(흥을 내며) "병원에 가서 의사 진단을 받아봐" 그랬겠지 뭐……

수진　바로 맞았어…… 헛허…… 그래 그 친구가 선생님에게 "선생님은 학생 시절에 이런 경험은 없었나요?" 하고 되물었다나.

수영　정신 집중을 하면 된다고 했겠지!

수진　(신통하다는 듯) 누나! 그걸 어떻게 알았지?

수영　어른들의 대답이란 정식 코스니까!

수진　정식 코스?

수영　응. 말하자면 양식을 먹을 때의 메뉴 같은 거지. 우리가 양식집에 가면 어디 가나 웨이터는 똑같은 질문을 하잖아. (흥내를 내며) 무엇으로 드시겠어요?


두 사람의 대화는 빠르게 진행되어야 한다.


수진　비프 스테이크!

수영　바싹 꿀까요. 아니면 절반만……

수진　바싹 꿔줘요.

수영　스프는 무엇으로 할까요?

수진　무슨 스프가 있지?

수영　야채 스프와 크림 스프가 있습니다.

수진　크림 스프!

수영　빵으로 하시겠어요. 라이스로 하시……

수진　빵!

수영　디저트는요? 아이스크림하고 후르츠 칵테일이 있는데.

수진　후르츠 칵테일 헛허……

수영　(씨익 웃으며) 매사가 이런 식이거든…… 그러니 시키는 손님도 주문 받는 웨이터도 마치 녹음기에서 흘러나오는 식이니……
아…… 현대인은 바야흐로 똑같은 제복을 입은 직공으로 변해가
고 있지 뭐니……

수진 　얘기가 묘한 곳으로 비약하는데…… 훗흐……

수영 　바로 그 점이다! 나도 비약을 하고 싶단 말이다. 새로운 질문에
색다른 답변이 없을까? 양식집에서의 대화 같은 게 아닌 뭔가 아
기자기한 인간적인 대화 말이다.

수진 　그래서 「완전한 성생활」을 읽고 있어?

수영 　글쎄…… 그런 뜻이 전혀 없었던 것도 아니지…… 허지만 이 정
도의 상식은 누구나 다 알고 있으니 신통치가 않단 말이야. (하며
책을 마루에다 내던진다)

수진 　그럼 숫제 누나가 책을 쓰지 그래.

수영 　그렇잖아도 그럴 생각이다. 졸업할 무렵에는 말이야.

수진 　무슨 책인데……

수영 　「체험적인 성생활」.

수진 　「체험적인 성생활」? 음? 팔릴 거야…… 헛허…… 그리고 보면
누나는 전공학과를 잘못 택했지?

수영 　왜……

수진 　교육과를 택할 게 아니라 섹스학과를 택할걸 그랬어…… 훗흐
……

수영 　모르는 소리! 전공학과와 반드시 일치돼야 한다는 법은 없단다.
그 표본으로 아버지를 봐!

수진 　아버지?

수영 　경제학 교수가 장사꾼에게 지혜를 빌려주고 월 30만 원의 보수를
받고 있잖아……

수진 　아버진 예외지?

**수영**  예외가 아니라 그게 통례지. 한국에선 전공과라는 게 있을 수도 없고, 있을 필요도 없어……

**수진**  그럼 대학에 갈 필요도 없게?

**수영**  그렇지. 나도 그걸 후회하고 있으니까. 대학 도서관에 가보면 장관이지! 우리가 필요한 책보다 필요치 않은 책이 더 많으니까.

**수진**  (호기심에서) 그게 정말이야?

**수영**  저마다 도서관에 진본, 귀본이 있는 것을 자랑하지만 말이야. 학생들이 공부하는데 필요한 전공분야의 책은 막상 찾으려고 보면 없거든…… 책 권 수가 많다는 걸 과시하는 데만 급급하고 있으니…… 이건 모대학에서 있었던 일인데 언젠가 문교부에서 학사 감사를 나온다는 통지가 왔다나…… 대학 설치 기준령인가 뭔가에 의해서 여러 가지 시설 면을 조사하기로 했었대. 그런데 그 대학엔 도서실은 있어도 책이라곤 없었거든.

**수진**  그럼 감사에 걸리잖아.

**수영**  그러나 비상한 지혜와 기지를 가지신 학장 선생님께서 묘안을 냈거든.

**수진**  책방에서 책을 빌려다 꽂았겠지.

**수영**  아니.

**수진**  그럼 샀어?

**수영**  그것도 원서로만 책장 가득히 메꾸는 방법이 있었단다.

**수진**  원서를 사자면 굉장한 돈이 들었을 텐데……

**수영**  그런데 아주 헐값으로 살 수가 있었어.

**수진**  외국기관의 원조를 받았나?

**수영**  아니, 서무과 직원을 시켜서 동대문 시장이며 남대문 시장에 가서 근으로 달아 파는 책을 사오랬대.

**수진**  옳지! 그 미군부대에서 흘러나온 책들 말이지?

수영　그래! 그것도 분명히 원서는 원서였으니까……

수진　그렇지만 책 내용이 문제가 아니야?

수영　그런데 내용보다는 겉껍데기가 더 중요한 구실을 하는 세상이니 어떻게 해. 그렇게 사들인 책을 도서실 책장에다 가득히 채워놓고 감사를 받았는데 그 감사 나오신 양반이 뭐라고 했는지 아니?

수진　뭐라고 했기에.

수영　(흉내를 내며) "역시 학장 선생님은 선견지명이 있으십니다. 앞으로 우리 대학생들은 원서를 읽어야 합니다. 일본말 책을 베껴 먹는 시대는 지났죠. 원서를 이렇게 많이 사들이느라고 얼마나 비용이 많이 나셨겠습니까?" 헛허……

수진　헛허……

수영　이런 눈 가리고 아웅 식의 세상이 나를 슬프게 하고 있단 말이다.

수진　그렇지만 누나 혼자서 아무리 발버둥쳐봐야 신경만 피곤하다구요.


이때 밖에 자동차 멎는 소리가 난다.


수진　아버지께서 오시나…… (하며 대문 쪽으로 나간다. 그러나 밖에서 들어서는 전 여사와 마주치자 멈칫 한다. 전 여사의 심각하면서도 절망적인 표정에 수진도 약간 불안해진다. 그러나 수영은 여전히 무관심한 표정이다. 전 여사는 소파에 털썩 주저앉아 길게 한숨을 뱉는다) 엄마 무슨 일이 있었어?

전여사　(넋이 나간 사람처럼) 우린 망했다…… 망했어……

수진　아버지께 인사이동이라도 있었나요?

전여사　(금시 손수건을 꺼내 훌쩍 훌쩍 울기 시작하며) 그러기에 내가 뭐랬어…… 내가. 어이구…… 망했다……

**수진** (수영과 눈짓을 한다) 엄마 너무 염려 마세요.

**수영** 인생이란 게 원래 그런 게 아니에요? 기복이 있고 청담이 있어
…… 무상한 게……

**수진** 무슨 걱정이에요…… 아버지께선 다시 대학으로 돌아가서 강의
를 맡으시면 되는 거지 뭐…… 안 그래? 누나?

**수영** 그럼 아버지의 직업은 원래가 교수지 장사꾼의 앞잡이는 아니었
으니까! 이제 제자리로 돌아온 것뿐이에요.

**전여사** (벌떡 일어서며) 뭐가 제자리에 돌아왔단 말이냐!

**수영** 엄마는 괜히 우리한테 신경질이시다.

**전여사** (악이 받쳐) 신경질 안 나게 되었니? 응? 이런 꼴을 당하고는 신
경질이 안 나게 됐어? 이 에미의 심정은 지금 미칠 것 같다! 미
쳐!

**수진** 아버지는 원래 감투하고는 인연이 먼 분이라고 생각하시면 돼요.

**전여사** 뭐라구?

**수진** 아버지는 대학교수로 족하지 다른 일을 해선 안 된단 말이에요.
자유당 말기 때도 그랬잖아요. 공연히 마음에도 없는 선거 찬조
연설을 했다가 4·19 때 벼락을 맞았잖아요.

**전여사** (크게) 듣기 싫어…… 누가 네 아버지 때문에 그러는 줄 아니?

**수진** 그럼 우리 때문인가요?

**수영** 난 아버지나 어머니를 괴롭힌 기억이라곤 없는데요.

**전여사** 물론 내 아들 딸은 아니지! 아니고말고!

**수영** 아니 그럼 누굴 두고 하는 얘기예요.

**전여사** 애들아…… 글쎄 수다가 오다가 걸렸대잖아……

**수영** 걸려요?

**수진** 저런! 생선을 잘못 먹었군요. 가시가 목에 걸리게……

**전여사** 생선이 아니라 환각제를 가지고 들어오다가 걸렸단 말이야.

**수영**
**수진** (동시에) 환각제?

**전여사** 마리화나인지 매화타령인지를 가방 속에 넣어가지고 오다가 세관에 걸려서 네 아버지가 비행장에 나가셨지 뭐냐.

**수영** 그럼 적당히 되겠죠?

**전여사** 물론 네 아버지의 얼굴을 봐서라도 어떻게 무사히 되겠지만……
(다시 목메인 소리로) 이런 창피가 어디 있으며…… 이런 치욕이
또…… 어이구 분해라 흑……

**수영** 그리고 엄마가 분하실 게 뭐유?

**전여사** 글쎄 왕거미 박사의 아들이 환각제를 가지고 오다가 세관에서
걸렸다는 게 알려지면 우리 위신이 뭐가 되겠니? 난 그게 분하단
말이다.

**수진** 수다 형을 만나보셨수?

**전여사** 아니…… 강 비서한테서 잘 될 거라는 얘기만 듣고 먼저 와버렸다.

**수진** 그럼 곧 오겠군요……

**전여사** (증오에 떨며) 그런 놈은 유치장에 집어넣고 고생 좀 시켜야지.

**수영** 고생은 아버지가 하시게 될 걸요.

**전여사** 뭐라구!

**수영** 수다 오빠가 유치장에 있는 동안은 그만큼 괴로우실 테니까요
……

**전여사** (자리에서 일어서며) 비싼 돈 들여서 미국 유학까지 시켜놓으니까
이제 와서 한다는 게!

이때 밖에 자동차 클랙슨 소리와 함께 자동차 서는 소리가 나자 세
사람은 반사적으로 그것이 수다와 왕 교수가 돌아오는 소리임을 직감
하고는 긴장한다.

이윽고 왕 교수, 강 비서 그리고 수다가 들어선다. 수다의 차림은 전형적인 히피족이다. 어깨까지 늘어뜨린 머리와 콧수염과 턱수염에다 해어진 감색 작업바지와 검정색 스포츠 셔츠. 그리고 가슴과 허리엔 금속으로 된 펜던트와 사슬이 주렁주렁 달려 있고 맨발에 샌들을 신었다. 모든 사람은 수다의 모습에 압도되어 입을 딱 벌리고 있을 뿐이다. 그러나 수다는 태연스럽게 뜰 안으로 들어선다.

안나가 강 비서에게 붙어서 신기한 동물을 구경하듯 넘어다본다. 강 비서가 가방 하나를 들고 있다.

**수다**  (손을 흔들어 보이며) 잘 있었니? (수진의 어깨를 탁 치며) 많이 컸구나…… 아직 고등학교지? 자식…… (그러나 수진은 멍하니 서 있다) (수영의 이마에 입을 가볍게 맞추고) 내 마리안느! 홋흐…… 난 암스테르담에서 꼭 너처럼 생긴 소녀를 만났었지. 잿빛 눈에 금발머리가……

**왕교수**  (마루에서 무섭게 노려보며) 수다야.

**수다**  예!

**왕교수**  올라와!

**수다**  너희들하고는 나중에 얘기하자!

수다는 마루 위로 신을 신은 채 올라간다. 전 여사가 질색을 한다.

**전여사**  그 신…… 신!

**수다**  (그제서야 자기 발을 내려다보며) 미안합니다. 그만 습관이 되어서요…… 헛허……

그는 샌들을 벗고는 마루로 올라온다. 낯선 집에 들어선 사람처럼 주위를 휘둘러본다.


**수다**  옛날 그대로군요…… 변한 거라곤……

**왕교수**  너뿐이다.

**수다**  예?

**왕교수**  거기 앉아!


수다는 빙그레 웃으며 소파에 앉는다.


**왕교수**  아까 오면서 내가 한 얘기 명심했겠지?

**수다**  (가볍게) 예…… 난 별 뜻이 있어서 가져온 게 아니니까요.

**왕교수**  그리고 여보!

**전여사**  예……

**왕교수**  이발사 좀 불러요.

**전여사**  이발사라뇨?

**왕교수**  (화를 내며) 이발사도 몰라? 머리 깎는 이발사……

**전여사**  난데없이 이발사는 또 왜요.

**왕교수**  (수다를 가리키며) 저 꼴을 하고서 어떻게 한 지붕 밑에서 같이
살 수 있단 말이오?

**수다**  제 머리 말씀이군요?

**왕교수**  머리가 아니라 그 수염이다! 수염!

**수다**  (태연하게 수염을 쓰다듬으며) 많이 길었죠? 이게 꼭 2년 걸렸어요.

**왕교수**  이놈아! (어이가 없어지며) 넌 도대체 몇 살이냐!

**수다**  만으로는 스물넷하고 여섯 달인가요?

**왕교수**  이 애비는?

**수다**  글쎄…… (동생들에게) 쉰 넘으셨나?


50                                                 차범석 전집 4

**전여사**  (기가 차서) 맙소사! 자기 수염 기를 줄은 알아도 아버지 연세는 모르다니…… 할 말 다 했지.

**수다**  아! 알았다. 마흔아홉이실 거야. 일제시대에 학병에 가시면서 결혼하셨고 그 다음해에 내가 이 세상에 태어났으니까.

**왕교수**  정확하게도 기억하고 있었군…… 그런데 수다야. 네가 나보다 더 늙어 보이니 이게 무슨 조화냐? 아니 그게 취미냐 학설이냐 아니면 철학이냐!

**수다**  (빙그레 웃으며) 아버진 왜 하나도 해당 안 되는 답만 쓰십니까? 다 틀렸어요.

**왕교수**  그러니까 네가 그 정답을 말해보란 말이다. 그 거지 꼴을 하고 돌아와서 비행장에서부터 애비 얼굴에 똥칠을 하는 이유가 뭐냐?

**수다**  글쎄요. 저는 그저 내가 가진 그대로를…… 아니 공자님의 말씀을 쫓자면 부모님께서 낳아주신 그대로를 간직하고 있을 뿐입니다. 머리 한 가락이라도 손상하지 않는 게 효도의 실마리라는 말이 있죠?

**왕교수**  뭐라구? (왕 교수와 전 여사는 서로 약속이나 한 듯 시선을 마주치고는 길게 한숨을 내뿜는다)

**수영**  오빠 그게 히피족의 철학이죠?

**수다**  홋흐…… 한국 사람은 왜 그렇게 철학이라는 말을 좋아하는지 모르겠더라.

**수영**  철학자가 한 사람도 없었다는 증거겠죠.

**수다**  철학자가 따로 있다는 게 틀렸어.

**수영**  네?

**수다**  난 외국에서도 한국 신문을 계속 받아봤거든. 물론 날짜가 여기 보다는 한 일주일쯤 늦지만 말이야…… 그런데 무슨 세미나가 그리도 많고 심포지엄이 그리도 잦으니? 게다가 거기에 튀어나오는 말엔 반드시 '철학의 빈곤'이라는 단어가 끼어 있더구나. 예술에서도 종교에서도 정치에서도 심지어는 꽃꽂이나 패션쇼에 이르기까지 철학적인 바탕을 찾는 게 한국 사람인 것 같아.

**수진** 그러니까 외국 사람은 그게 아니란 말이죠.

**수다** 생활이 바로 철학과 직결되고 있거든! 철학이 별도로 있지도 않거니와 철학이 그렇게 심오한 것도 신비스런 것도 아닌데 한국 사람은 말끝마다 철학을 나뭇가지 접목시키듯 아무 데나 가져다 붙여주려고 하니 그게 어디 붙니? 철학은 바로 이렇게 (수염을 매만지며) 피부에서 생겨서 자라나 생활의 모든 분야에 밀착되어야 진짜란 말이다.

**왕교수** 그래서 그렇게 예수님처럼 머리와 수염을 길렀니?

**수다** 홋흐…… 아버지께서도 그렇게 보세요?

**왕교수** 뭐라구?

**수다** 비행장에 내리니까 지나가는 사람마다 나보고 예수님 같다잖아요? 나는 지금까지 전혀 그런 걸 의식하지 못했는데 오다가 자동차 안에서 백미러 속에 비친 제 얼굴을 들여다봤거든요. 그랬더니…… 내가 보기에도 예수 그리스도 같구나 하는 느낌이 나더군요. 자신도 모르는 사이에 남들이 나를 예수로 만들어 줬거든……

**수영** 홋흐…… 재미있다!

**수진** 예수께서 이 땅에 강림하시다 헛허…… (세 사람이 유쾌하게 웃는다)

**전여사** 듣기 싫어! 너희들은 뭐가 기뻐서 웃니?

**수영** 엄마는 재미없수?

**전여사** 이건 치욕이다……

**수다** 네? 어머니께서 지금 (하며 수진을 본다) 지옥이라고 하셨지?

**수진** 예? 예…… 그렇다고 볼 수 있죠……

**수다** (전 여사의 손목을 쥐며) 오…… 그래요. 우린 바로 지옥에서 살고 있어요.

**전여사** (손을 뿌리치며) 지옥이 아니라 치욕이란 말이다!

**수다** 치약? 흠 네 사실 전 이빨을 안 닦은 지도 오래 되었죠.

**전여사** 뭐라구? (갑자기 입을 수건으로 가리며) 아이 냄새야…… 어쩐지 아까부터 이상한 냄새가 난다 했더니만 그게 바로…… 아이구 …… (하며 수건으로 입을 막고는 일어선다)

**왕교수** (이제 더 이상의 강압도 설득도 필요 없다고 느껴지자 애원하듯 수다에게 말한다) 얘…… 제발 그 머리 좀 깎아다오!

**수다** 이건 저의 철학입니다.

**왕교수** 그럼 그 수염! 그 콧수염이라도 깎아줄 수 없겠니? 응? 적어도 아버지와 함께 살아갈 아들이라면 그것은 꼭 깎아야 한다.

**수다** 아버지 제 수염이 그렇게도 보기 흉하세요.

**왕교수** 보기 흉한 정도가 아니다. 그건 곰보 얼굴에 왕땀띠가 난 것보다 더 보기 싫다.

**수다** 이상하다…… 그런데 왜 예수님 같다고 했을까요?

**왕교수** 그건…… 너를 비꼬아서 하는 말이지 칭찬하는 말은 아니다. (차츰 흥분하며) 한국 사람은 한국 사람 나름대로의 생활양식이 있고 정서가 있고 윤리가 있어! 네가 5년 동안 외국에서 뭘 보고 듣고 했는지 모르지만 아무리 그런 꼴이 외국 청년들 사이에서 유행하고 있다손 치더라도 이 땅에서는 받아들일 수 없다…… 아니 이 땅에서는 절대로 용납 못해! (하며 책상을 쾅 치고 일어선다)

**수다** 아버지! 냉정하세요. 그까짓 일로 그렇게 흥분하실 필요 없어요. 제가 그렇다고 수염 기르는데 돈 드는 게 아니잖아요. 비료값도 필요 없어요. 헛허……

**전여사** 농담할 때가 아니다!

수다　　어머니까지 열이 오르세요?

전여사　네가 히피가 되건 호피가 되건 다 좋다! 그래 어쩌자고 그 환각제
　　　　는 가지고 와서 말썽이냐?

수다　　밀수하려는 건 아니래두요.

전여사　밀수가 아니라도 만약에 신문사에서 알게 되면 우린 전염병 환자
　　　　처럼 격리되어 꼼짝도 못하게 돼!

수다　　글쎄 그 문제는 비행장에서 제가 본의가 아니라고 사과도 하고
　　　　각서도 썼는걸요. 강 비서도 보셨죠?

강비서　예…… 박사님과 제가 연대보증을 섰습니다! 앞으로는 절대 이
　　　　런 일이 없을 거라고요…… 그리고 오랫동안 외국에 있었기 때문
　　　　에 국내 사정에 어두웠다는 점도 정상참작 해주십사 하고……

전여사　글쎄 그게 문제가 아니라니까!

수다　　그럼 뭐가 문제죠?

전여사　막말로 신문이나 주간잡지에 대문짝만하게 보도되는 날에는 우
　　　　린……

수다　　어머니! 한국에 주간지가 몇 가지나 나오나요?

전여사　뭐야?

수진　　스무 종류는 될걸!

수영　　아냐! 더 많을 거야!

수다　　그럼 30종?

수영　　좀 더 될 거야. 언젠가 신문에서 읽었는데 폐간 처분을 당한 신문
　　　　만도 열 몇 가지더라.

수진　　그게 어디 신문인가? 시시껄렁한 기관지며 주간지, 월간지, 계간
　　　　지, 연간지 기타 다수지! 훗흐……

수다　　그렇게 많아! 그럼 유명해지는 건 문제가 아니군……

수영　　네?

**수다**   현대의 영웅은 주간지가 만들어주는 법이다.

**수진**   실력이 있어야지!

**수다**   실력으로 유명해질 수 있는 사람은 오직 등산가뿐일 거야.

**수영**   등산가?

**수다**   그렇지! 에베레스트나 히말라야 같은 고봉준령을 오르는 건 누가 대신 할 수도 없고 누가 도와줄 수도 없고 속일 수도 없지…… 그렇지만 다른 분야는 어딘가 조금씩은 허술한 맹점이 있다나…… 그러니 주간지에 한 번 나가기만 하면 일약 스타가 되는 게 현대다. 타임이나 뉴스위크지의 표지에 나게 되면 그건 영웅이고…… 아…… 나도 서서히 영웅으로 발돋움해야겠다! (하며 자리에서 일어선다)

**왕교수**   수다야!

**수다**   예?

**왕교수**   네…… 정말 그 수염…… 못 깎겠니?

**수다**   그 문제는 이미 종결이 난 거 아닙니까?

**왕교수**   이놈! (하며 호령을 하기가 무섭게 수다의 수염을 두 손으로 쥐고 잡아끈다)

**수다**   아야…… 아파요…… 아…… (하며 왕 교수의 손을 떼어내려고 하나 아픔에 못 이겨 그대로 질질 끌려 다닌다)

**왕교수**   이놈! 네가 못 깎겠다면 내가 깎아주겠다. (하며 소파에다 밀어 앉힌다) 여보! 면도!

**전여사**   면도! 면도…… 안나야!

**안나**   예…… 예…… (안방으로 뛰어든다)

**수다**   아버지! 이거 놓고 얘기합시다.

**왕교수**   얘기로 안 될 때는 무력이다! 어서 면도기 가져와!

**전여사**   (복창하듯) 어서 면도기 가져와!

**안나**    네…… (하며 방에서 면도칼을 가지고 나온다) 여기 있어요!

**전여사**  (왕 교수에게) 여기 있어요.

**왕교수**  가위를 가져와! 가위!

**전여사**  안나야! 가위!

**안나**    (다시 방으로 뛰어간다. 수영, 수진, 강 비서는 억지로 웃음을 참고 있다)

**수다**    아버지! 정말 이러시기예요? 제가 불효자가 되기를 원하세요?

**왕교수**  히피보다는 불효자를 택하겠다.

**안나**    (방에서 나오며) 가위 여기 있어요.

**전여사**  (가위를 받아서 왕 교수에게 주며) 가위 여기 있어요!

**왕교수**  강 군!

**강비서**  예!

**왕교수**  팔을 뒤에서 붙들게.

**강비서**  예! (하며 엉뚱하게 왕 교수의 팔을 뒤에서 잡는다)

**왕교수**  내 팔이 아니라 수다의 팔을 잡아! 꼼짝 못하게 뒤에서 고개도
          함께.

**강비서**  예! 예! (하며 급히 수다 뒤로 가서 양팔을 비틀어 붙든다)

**수다**    강 비서! 아니 미스터 강! 당신까지 나를 불효자로 만들기요?

**강비서**  아니요! 공적으로는 긴장하고 사적으로는 울고 있는 제 심정을
          이해하십시오!

**수다**    수영아, 수진아! 나 좀 살려라!

**왕교수**  잠자코 있어! 적어도 네가 애비보다는 어리다는 증거를 보여줘야
          하겠다. (왕 교수, 강 비서, 전 여사가 수다를 붙들고 가위로 콧수염을
          자르고 면도로 밀어댄다. 그 광경은 객석에서는 안 보인다)

**수다**    (아픔을 참느라고) 아…… 아파요…… 좀 더 부드럽게 할 수 없소?

**왕교수**  현대의 영웅이 그렇게 부드럽게 되는 줄 아니……

**전여사**  참아라! 참는 게 덕이니라……

수다　아버지! 제발 한 쪽만이라도 남겨주세요.

왕교수　짝이 없는 장갑은 없는 것과 같으니라!

수다　아…… 일년이 한 순간에 사라지는구나!

강비서　시간은 화살과 같다고 하잖아요. 마지막 일년도 잠깐입니다!

수다　아…… 신이여! 신이여! (하며 절규한다)


어느덧 수진과 수영은 저만치서 도살당하는 가축을 보듯 측은한 표정으로 변한다. 잠시 후 왕 교수가 손을 뗀다. 전 여사와 강 비서도 수다에게서 떨어져 선다. 모두들 이마의 땀을 씻고 긴 한숨을 내뱉는다.


왕교수　거울을 갖다 줘.

전여사　(안나에게) 거울!


안나가 벽에 걸린 거울을 가져다가 수다 앞에 내민다. 수다는 콧수염이 없어진 자리에 서서히 손을 대며 중얼거린다.


수다　나의 두 해가 순간에 사라졌구나……

왕교수　이제 시원하니?

전여사　얼마나 보기 좋으냐! 그 머리도 마저 깎아버리면 얼마나 좋겠어요.

왕교수　머리는 내 손으로 어려우니 시간 여유를 주겠다…… 네가 이발관에 가서 깎아! 만약에 깎지 않으면 경찰을 동원해서라도 깎아버릴 테니 알겠니?


그러나 수다는 멍하니 거울 속의 자신을 못 믿겠다는 듯 들여다만 보고 있다.

왕 교수와 전 여사가 안방으로 들어가고 안나는 부엌으로 간다. 강

비서는 뜰로 내려온다.


**수다**  (자랑스러운 듯) 수영아 어떻니?

**수영**  예?

**수다**  예수님 같이 보여?

**수영**  그러고 보니…… 닮은 것도 같아요. 그렇지? (수진을 본다)

**수진**  응…… 콧수염이 없으니까 더 닮아보이는데…… 안 그래? 누나
……

**수다**  (얼굴이 밝아지며) 정말이지?

**수진**  응!

**수다**  그럼 아버지께서 나를 더 유명하게 만드셨단 말이지?

**수진**  부모의 사랑이죠. 그게……

**수영**  이건 고양이를 그리려다가 호랑이가 되어버린 셈이지? 홋호……

**수다**  맞았어! 호랑이를 그리려다가 고양이가 되었다는 건 이미 지난날
의 얘기지? 현대는 바야흐로 기적을 바라고 있거든…… 네 말대
로 고양이를 그리려다가 호랑이가 된 거야! 핫하…… 하……


암전

# 제3막

**무대**

전막과 같음. 전막부터 일주일 후.

오전 열시 경 대청마루엔 전 여사와 민 여사가 마주 앉아 있다. 민 여사는 전 여사와 대조적으로 체격이 말랐으나 말주변이 좋고 눈치가 빠르기로는 전 여사보다 한술 더 뜨는 편이다. 다만 가난과 히스테리가 피부에 절어서 궁상맞다는 게 특징이다.

**전여사** (난처하다는 듯 어깨로 길게 숨을 내뱉고는) 글쎄 그게 가능할지 모르겠어.

**민여사** 왕 박사님의 명함 한 장이면 금계랍*에 학질 떨어지듯 틀림없다니까 그래……

**전여사** 그렇지만 그쪽 대학에 전임강사 티오가 있는지가 문제 아냐.

**민여사** 글쎄 그걸 나도 알아봤는데 그 대학에선 마두희 이사장의 말 한마디면 티오고 케오고 없다는 거야. 그러니 서울 바닥에서 마 이사장을 움직일 수 있는 분이 왕거미 박사밖에 또 누가 있는가 말이야……

**전여사** 아이…… 우리 집 아빠가 무슨 지렛대래 흠……

**민여사** 이봐…… 그러니 한 사람 살려준 셈 치고 다리 좀 놔줘…… (금시 눈물이 글썽해지며) 정말 이번에 이 일이 안 되면 우리 식구는 몰살할지도 몰라.

**전여사** 끔찍스럽게 무슨 소리야.

---

* 염산 키니네, 학질의 특효약.

**민여사** 부끄러운 얘기지만 지난번에 보낸 골프 세트도 빚을 얻어 산 거야.

**전여사** 아니 그렇게까지 해서 왜 그런 걸 보내, 보내긴…… 원……

**민여사** 대학강사의 비애는 누구보다도 잘 알고 있잖아…… 응? 말이 대학 교수지 이건 날품팔이만도 못하다니까…… 일주일에 세 군데나 나가는데 글쎄 한 달 수입이 얼만 줄 알아? 겨우 만사천 원이에요.

**전여사** 만사천 원? (남의 얘기처럼) 그건 너무하다.

**민여사** 그러니 고등학교부터 초등학교까지 다니는 6남매를 무엇으로 가르치며 무엇으로 먹이는가 말이야.

**전여사** 6남매나 뒀어? 가족계획을 안 했구먼 그래. 훗흐……

**민여사** 가족계획? 말도 말아요. 글쎄 어떻게 되어먹은 위인인지 산아제한은 결사반대지 뭐야……

**전여사** 어머! 대학교수께서 그렇게 인식부족이라니 놀랐는데?

**민여사** (한숨을 뱉고) 동기생이요 한 형제 같으니까 하는 얘기지만 말이야…… 그이는 산아제한은 살인이라는 거예요!

**전여사** 그게 왜 살인이야. 나도 세 번이나 했는데!

**민여사** 낳아서 기르는 게 도리지 임신 중절 수술을 한다는 건 인간 생명의 존엄성을 유린하는 비도덕적 행위요, 사회질서를 문란케 하는 범죄의 온상이며, 가정적인 분위기를 흐리게 하는 독소라고 떠들어대거든…… 그러니 아이들 보기가 민망해서도 못 견딘다니까?

**전여사** 아니 양육할 자신이 없으면 애당초부터 안 낳는 게 도리지 그래 개나 돼지처럼 낳기만 하고…… (개나 돼지라는 말에 민 여사의 표정이 굳어지자 약간 눅어지나 다시 흥분하며) 무책임한 부모예요! 아니 무식한 사람이 그랬다면 또 모르지만 적어도 대학 교수쯤 되어가지고서 그런 몰상식한 언사를 내뱉다니 정말 내가 참을 수가 없는데…… 이건 여성 전체를 모독하는 거야!

**민여사** (한숨) 누가 아니래. 그러니 식솔은 많고 수입은 없고 해서 내가 돈벌이로 나섰지 뭐야.

**전여사** 아니 무슨 장사를 했어?

**민여사** (자신을 냉소하듯) 장사? 흥!?

**전여사** 그럼……

**민여사** (내뱉듯) 다방 마담 노릇까지 했다니까!

**전여사** 저런……

**민여사** 시간 강사가 되었건 뭐가 되었건 대학 교단에 서고 보면 동네에 선 누구나 대학교수라고 알아주니 함부로 처신을 할 수도 없고 …… 생각 끝에 친구가 하는 다방에서…… (스스로의 신세가 서글 퍼지며) 그렇다고 그걸 아무데서나 떠벌일 수도 없는 노릇이고 보면…… (울먹거리며) 자존심이 무엇인지…… 그저 속아가면서 살아온 내가…… (그녀는 말끝을 잇지 못하고 손수건을 급히 꺼내어 눈물을 닦는다. 전 여사는 난처해져서 먼 산만 바라보듯 앉아 있다. 그 걸 슬쩍 훔쳐본 민 여사가 바싹 다가앉아 전 여사의 무릎을 흔들며 애원 한다) 응? 그러니까 박사님께서 한마디만 해주시면 그이도 전임 강사가 되고 우리 식구가 살게 된다니까…… 응? 그러니 제발 …… 말씀 좀 잘 해줘……

**전여사** 글쎄 우리 집 아빠는 그런 사적인 인사청탁은 질색이래두…… 그 래서 지난번에 보내준 그 골프세트도 누가 보내왔더라고 말도 안 했다니까! 그걸 알게 되면 더 문제가 뒤틀리게 될 텐데…… 어떻게 한다지?

**민여사** 박사님의 성격이 워낙 강직하시다는 건 세상이 아는 일이지! 또 그것 때문에 마두희 씨한테 인정도 받게 되고 마두희 재벌의 막 후의 인물이라고까지 소문이 났잖아……

**전여사**  에그…… 말도 못해요…… 그 외고집은…… (마음 속으로는 흡족하면서도 건성으로만) 그렇게 청렴결백하기가 백두산 천지물 같은 사람이니 무슨 재미가 있어야지. 아침부터 그저 회의다, 뭐다 하고 법석대니……

**민여사**  그이는 뒤에서 밀어줄 사람이 없어서 10년 가야 시간강사지만 누가 이끌어주기만 하면 그이도 누구 못지않게 해낼 사람이래도…… 응? 왕 박사님 체면 깎이는 짓은 안 할 사람이니 말씀해 줘 응?

**전여사**  그럼…… 직접 얘기해보지……

**민여사**  왕 박사님께?

**전여사**  응…… 역시 그런 일은 당사자가 직접 얘기하는 게 실감이 나고 가부간에 결정이 빨리 나서 시원할 테니까…… 응?

**민여사**  그렇지만 내가 이 꼴을 하고…… (하며 자신의 차림새를 가리킨다)

**전여사**  잠깐만 기다려요…… 아직 계신지 보고 올게.


전 여사가 일어나서 건넌방을 지나 우편으로 퇴장.
민 여사는 어떤 희망에 얼굴이 밝아지며 다 식어버린 커피를 후루룩 마셔버린다.
이때 건넌방 문이 열리며 수다가 고개를 내민다. 잠자리에서 지금 막 일어났는지 머리가 헝클어졌다.


**수다**  (눈을 비비고 나오며) 아…… 잘 잤다.


방에서 파자마 바람으로 나오다가 민 여사와 시선이 마주치자 민 여사는 괴상한 그의 모습에 질겁을 한다. 그러나 수다는 태연하다.

**수다** 안녕하세요? (하며 뜰로 내려서 심호흡을 한다)

**민여사** 네? 네……

**수다** 한국의 하늘은 역시 좋군…… 아…… 이 맑은 공기! 누군가가 그랬다죠? 한국이 자신 있게 수출할 수 있는 것이 무엇이냐고 묻는다면 바로 저 푸른 하늘이라고!

**민여사** 하늘을 수출해요?

**수다** 하려고만 든다면 안 될 것도 없지요.

**민여사** 홋호…… 그런 돈벌이가 있다면야 서로 머리가 깨지겠죠?

**수다** 두고 보십쇼. 머지않아 그런 세상이 올 거예요. 골목마다 "맑은 공기 사려……" "푸른 하늘 안 사시겠습니까?" 하며 외치고 지나갈 날이 올 테니까요! (하며 가벼운 운동을 한다. 그럴 때마다 기다란 머리카락이 마치 낙하산 펴지듯 한다. 이때 우편에서 전 여사가 다시 나오다가 체조를 하고 있는 수다를 보고는 기절초풍을 할 지경이다. 그러나 손님 앞이라 큰소리는 못 지르고 발을 동동 굴린다)

**전여사** 이것 봐 수다야. 수다야……

**수다** (돌아보고) 아버지 나가셨어요?

**전여사** 손님이 오셨는데 그게 무슨 꼴이냐? 어서 방에 들어가서 옷을 입어요!

**수다** 아니 제가 뭐 벌거벗기라도 했단 말인가요?

**전여사** (소리를 죽여) 글쎄 아버지께서 나오신다니까! 어서 방으로 들어가! 벼락이 떨어지기 전에……

**수다** 흥…… 나를 가축처럼 가두어 기르실 셈이시군요? 홋호…… 난 목욕이나 해야겠어요! (하며 부엌 쪽으로 들어간다)

**전여사** 에그…… 이게 무슨…… 꼴이야……

**민여사** 누구예요?

**전여사** 네? 네…… 네…… 저…… 먼 친척 아이야요.

**민여사**  친척이세요? 그런데 웬 목소리가 그렇게 굵어요? 처자 치고는
······

**전여사**  처자라구요?

**민여사**  아니 그럼.

**전여사**  사내란다······ 그래 봬도 어엿한 당년 스물넷 하고도 여섯 달째
되는 대한민국 청년이란다······ 흥······

**민여사**  홋호······ 그런 걸 가지고 나는······ 처녀로만 알았네······ 홋
호······

**전여사**  세상이 옳게 돌아가는지 거꾸로 돌아가는지 요즘 젊은 애들은
알다가도 모를 일이야.

**민여사**  그러기 말이에요. 여자는 남자가 되어가고 남자는 여자가 되어가
니······ (문득 말을 맺고) 참······ 왕 박사님께서는······

**전여사**  네······ 지금 나오실 거야. 오늘도 회의가 있으셔서 나가시겠다
는 걸 단 일분이라도 좋으니 만나보시라고 손이 발이 되도록 빌
었지 뭐야······

**민여사**  미안해서 어떻게 해······ 그 대신 그이가 전임강사가 되기만 하
면 그 은혜는 죽어도 안 잊겠어······


이때 외출 차림을 한 왕 교수가 강 비서를 대동하고 우편에서 나온다.
몹시 바쁜 표정이며 강 비서는 먼저 토방 아래 내려서서 왕 교수의
구두를 바로 놓는다. 그리고는 대문 밖으로 나간다.
왕 교수가 구두를 신으려고 하자 전 여사가 옷자락을 잡아 끈다.


**전여사**  여보!

**왕교수**  또 뭐야······ 난 지금 바쁘다니까······

**전여사**  (눈짓으로 민 여사를 가리키며 낮으나 빠르게) 한마디만 던지세요.

고려해 봐서 선처하겠노라고……

**왕교수** 글쎄 그 애기는 내가 잘라 말했잖아요……

**민여사** 저 초면에 이렇게 말씀드리기가 민망스럽습니다만…… (하며 일어선다)

**왕교수** 네?

**민여사** 저…… 강계철의 아내되는 사람입니다. (하고 방에 닿도록 절을 하자 왕 교수는 자기도 모르게 응례를 하느라고 맞선다)

**왕교수** 예…… 나 왕거미올시다.

**민여사** 저…… 사모님하고는 여학교 동기동창이며 마두회 사장 부인하고도 바로 한 반에서 공부했죠…… 네……

**왕교수** (불쾌감을 억제하며) 그래서요…… 용건이 무엇이죠?

**민여사** (허점을 찔린 듯) 예?

**왕교수** 나를 만나러 오셨다니까 무슨 용건이 있으실 게 아닙니까.

**민여사** 예…… 저…… 실은 제 바깥 주인이.

**전여사** 제가 말씀드렸잖아요. 그 대학의 전임강사 자리 때문에 전부터 여러 차례 다녀간 여학교 동창생이 있었다고……

**왕교수** 말하자면 취직을 부탁하러 오셨단 말인가요?

**민여사** 예! 예? 예……

**왕교수** (단호하게) 잘못 오셨습니다…… 돌아가시오……

**민여사** 예? 돌아가요?

**왕교수** 내가 가장 싫어한 게 세 가지가 있는데 동물에서는 원숭이, 음식에서는 보신탕, 사람 중에서는 자립 정신이 없는 사람입니다.

**민여사** (손을 비비며) 옳으신 말씀입니다.

**왕교수** 오죽이나 못났으면 남에게 일자리를 부탁하러 다닙니까? 우리 사회가 얼마나 일꾼을 필요로 하고 있고 실력 있는 사람이면 숨어 있어도 찾으러 다니는 세상인데 왜 자기 스스로 일자리를 못 찾습니까?

**민여사**  구구절절이 진리요 성현의 말씀입니다…… (하며 수삼 절을 한다)

**왕교수**  집사람과 동창생이라는 인연도 좋고 나를 찾아주신 것도 고맙지만 제발 나한테 그런 부탁만은 삼가해주시오!

**민여사**  예?

**왕교수**  (어느덧 연설조로 변해가며) 모름지기 사람은 스스로 땅을 딛고 살아야 합니다! 남에게 의지하거나 기대어서는 안 됩니다. 그게 바로 사대주의요 패배주의요 열등주의라는 거예요! 나는 오늘날까지……

**전여사**  (주위를 환기시키듯이) 여보! (낮게) 이름이나 물어보시고 선처한다고 한마디만 하시고 나가세요!

**왕교수**  응? 응…… 그래. (눈치를 보며) 바깥어른께서는 전공이 뭐요?

**민여사**  모르는 게 없어요. 윤리, 철학, 독일어, 공민, 도덕, 사회생활 심지어는 전기수리, 아궁이 수리 등등 무엇이든 다 할 줄 안답니다. 네…… 홋호……

**왕교수**  그게 바로 전공이군요?

**민여사**  예…… 그런데 누가 이끌어주는 사람이 없으니 10년이 넘도록 시간강사로 있죠…… 그러나 이런 불공평한 세상이 어디 있습니까! (점차로 따지듯) 왕 박사님께서도 대학에 계셨으니까 잘 아실 테지만 그 강사료가 강사료예요? 한 시간에 5백 원을 받고도 찍소리 못하는 사람들이나 그걸 보수라고 나눠주는 사람들이나 똑같이 오장육부에서 한 가지는 어미의 뱃속에다 잊어버리고 나온 사람들이지 뭡니까…… 네……

**전여사**  (만류하며) 이봐! 민 여사!

**민여사**  (전 여사의 팔을 뿌리치며) 놔요…… 나도 이쯤 되면 염치도 눈치도 없는 악밖에 안 남았어요…… (마치 왕 교수에게 책임을 추궁하듯)

그래 훈장이 무슨 아침이슬 먹고 사는 매미인가요! 자고로……

**왕교수**  (그 위세에 눌려) 글쎄…… 왜…… 나보고 이러십니까? 예?

**민여사**  (울음보를 터뜨리며) 너무하십니다…… 박절합니다, 원통합니다
…… 흑……

**왕교수**  (크게) 강 군! 강 군!

**강비서**  (밖에서 뛰어들며) 예…… 자동차 준비되었습니다.

**왕교수**  자동차가 아니라 이 손님이야.

**강비서**  예…… (하며 울고 있는 민 여사를 가리킨다)

**왕교수**  성함과 연락장소를 메모해 둬요……

**강비서**  예…… (재빨리 수첩을 꺼낸다)

**민여사**  (얼굴을 들고 그게 승낙을 의미한다고 착각하고) 감사합니다! 감사합
니다.

**왕교수**  그럼 난 시간이 바빠서 이만…… (하며 신을 신고 내려선다. 이 사이
에 강 비서는 민 여사에게 몇 마디 묻고 메모를 한다)

**왕교수**  (뜰에 서서) 수다는 집에 있지?

**전여사**  지금 목욕하나 봐요.

**왕교수**  절대로 밖에 못 나가도록 해요. 친구가 집으로 찾아오는 건 어쩔
수 없겠지만 그 꼴을 하고 밖에 나가게 해서는 안 돼요!

**전여사**  염려 마세요. 저도 그만큼 일러뒀으면 느낀 바가 있겠죠……

**왕교수**  그 머리를 깎아버릴 방법 좀 생각해 봐요…… 에이…… (크게)
강 군!

**강비서**  예! 예!


그는 살살 기는 듯 하면서도 민첩하게 밖으로 따라 나간다.
민 여사는 다시 코가 땅에 닿게 절을 한다. 이 사이에 전 여사도 남편
배웅을 하며 퇴장.


왕교수의 직업

잠시 후 자동차 떠나가는 소리가 난다.

혼자 남은 민 여사는 자기도 이제 가볼 시간이 되었다고 느끼자 뜰로 내려선다. 이때 부엌에서 안나가 나온다.


**안나**　아줌마…… 나가셨나?

**민여사**　응? 응…… 지금 대문 밖에……


이때 전 여사가 들어선다.


**안나**　아줌마! 큰 학생이 목욕탕에서 속셔츠 가져오래요.

**전여사**　네가 가져다 줘……

**안나**　네…… (하며 건넌방으로 들어간다)

**전여사**　왜 벌써 가게……

**민여사**　가봐야지! (전 여사의 손목을 꼭 쥐며) 부탁해! 여덟 목숨 살리는 셈 치고 말이야……

**전여사**　비서가 메모를 해뒀으니까 무슨 기별이 가겠지…… 기다려봐……

**민여사**　응…… 그럼 또 올게…… (하며 대문 쪽으로 나간다. 전 여사도 뒤따른다)


이 사이에 안나가 속옷을 가지고 나와 부엌 쪽으로 다시 들어간다. 이윽고 귀찮은 사람을 겨우 떼어버리고 온 해방감에서 전 여사가 다시 등장한다.


**전여사**　어유…… 무슨 여편네가 그렇게도 엉덩이가 무거울까…… 숫제 일어설 줄을 모르고 버티니…… (하다 문득 팔목시계를 본다) 어어 벌써 이렇게 되었네, 내 정신 좀…… 오늘이 김 장관댁 곗날인데…… (급히 방으로 들어가며) 안나야…… 안나야!

안나    (소리만) 예…… 나갑니다.


이때 초인종 소리가 들린다. 안나가 부엌에서 급히 나와 대문 쪽으로 간다.


전여사   또 누가 왔나…… (부엌에서 나오는 안나에게) 주인아저씨 찾으면
        나가셨다고 해! 오늘따라 웬 손님이…… 이렇게 연달아 밀어닥치
        나! 어이고 이 짓도 못해 먹을 짓이구나! (안방으로 들어가려 한다.
        이때 안나가 거의 비명에 가까운 소리를 지르며 뛰어든다)

안나    아줌마! 아줌마!

전여사   웬 수다냐…… 숨넘어가는 소리를 하게……

안나    (겁에 질려) 이 이상하게 생긴 사람들이 큰 학생을 찾아왔어요.

전여사   이상하게 생긴 사람들?

안나    예…… 머리가 이렇게 길고…… 옷도 나팔바지를 입구요……

전여사   수다를 찾아?

안나    예…… 들어오시라고 할까요?

전여사   찾아온 손님이니 들어오시라고…… (이 말이 끝나기도 전에 두 청
        년이 들어선다. 색안경에 장발이다. 전 여사는 순간적으로 경계심을 나
        타내 보인다)

전여사   누, 누구시죠?

창배    (약간 망설이는 눈치더니 앞으로 나서며) 저…… 이 댁이 왕…… (하
        다가 옆에 있는 지혁에게) 이름이 뭐랬지?

지혁    수다! 왕수다!


안나가 급히 부엌으로 들어간다.

**창배**  응…… 왕수다 씨 댁이죠?

**전여사**  (차갑게) 아닌데요?

**지혁**  (의외라는 듯) 예? 아니라구요? 그럴 리가 없는데요. (창배에게) 틀림없지?

**전여사**  그럴 리가 없다니…… 들어오시면서 문패도 못 보셨던가?

**창배**  봤죠!

**전여사**  그렇다면 이 집이 어느 분의 집인가 쯤은 알고 계실 텐데……

**창배**  그러니까 왕수다 댁이 아닙니까?

**전여사**  정확히 말해서 왕거미 박사 댁이죠!

**지혁**  뭐 뭐라구요?

**창배**  구라파에서 일주일 전에 귀국하신 왕수다 씨를 뵙고 싶어 왔습니다.

**전여사**  (두 사람을 훑어보며) 어떤 관계죠?

**창배**  어떤 관계? 헛허……

**지혁**  (따라 웃다가) 우린…… 저…… 친구올시다……

**전여사**  친구?

**지혁**  예…… 친구죠. 세계 어딜 가나 우린 친구로 통합니다.


이때 수다가 목에 수건을 걸치고 나온다.


**수다**  나를 찾아왔다구요?


이 말에 창배와 지혁은 서로 어떤 감동을 느낀 듯 시선을 마주치더니 가까이 가서 악수를 청한다.


**창배**  만나 뵙게 되어서 반갑습니다. 나 창배라고 합니다.

| 수다 | 창배. |
|---|---|
| 지혁 | 난 지혁이요…… 오셨다는 소식을 들었죠. |
| 수다 | 그래요…… 자 올라오세요…… |
| 창배 | 저…… 뭘 하시면 같이 나가실까요? |
| 수다 | 글쎄…… |
| 전여사 | (방으로 들어가며) 수다야! 아버지께서 하신 말씀 잊지 말아야지. 알겠니? |
| 수다 | 알고 있어요…… |
| 지혁 | 나가시죠…… |
| 수다 | 아, 아닙니다. 당분간 몸도 쉴 겸 밖엔 안 나가기로 했습니다…… |
| 창배 | (난색을 보이며) 그래요? |
| 지혁 | 그럼 여기서 얘기할까? |
| 창배 | 그렇게 하지! |
| 수다 | 올라갑시다! 집엔 아무도 없으니까…… (하며 응접세트에 자리를 옮긴다. 이때 외출 차림을 하고 전 여사가 나온다. 그녀는 아직도 두 사람에게 의문을 두는 눈치다) 어디 나가시겠어요? |
| 전여사 | 김 장관 댁에 일이 있어서…… 너 집에 있는 거지! |
| 수다 | 염려 마세요…… 그렇게 못 믿겠으면 쇠사슬로 묶어놓고 나가시지…… 훗흐…… |
| 전여사 | 그럼 믿고 나간다…… 집에서 친구를 만나는 건 좋지만 밖에 나가는 건 절대 금물이야…… 알았지? |
| 수다 | 예…… 예…… |
| 전여사 | 안나야…… 집 잘 봐…… (하며 대문 쪽으로 나가면서 안나에게 어떤 지시를 한다) |
| 안나 | 예…… 알았어요…… 예…… |

전 여사와 안나가 퇴장하자 비로소 해방감을 느낀 듯 세 사람은 명랑한 표정으로 웃음을 터뜨린다.


수다 헛허…… 난 새장에 갇혀 사는 몸이어서……

창배 자유가 얼마나 고귀한 것인가를 더 맛보게 해주려는 애정의 표시겠죠…… 헛허……

지혁 그것도 한국적인 애정의 전형을! 헛허……

수다 그래 나를 찾아온 용건이 뭐요?

창배 (지혁에게 눈짓을 하고) 실은 왕수다 형을 모시고 싶어 왔습니다.

수다 모시다니……

지혁 우리 클럽에서 왕수다 형을 회장으로 추대하기로 했습니다.

수다 클럽?

창배 도라도 클럽!

수다 도라도? 도라도?

창배 흠…… 그게 무슨 뜻일 것 같아요?

수다 글쎄……

지혁 옳게 읽으나 거꾸로 읽으나 도라도죠!

수다 그렇군요. 도라도…… 흠…… 재미있는데요. 계속하시지……

창배 게다가 세상은 모든 게 돌고 있는 하나의 회전목마가 아니겠습니까? 지구가 돌고 있고 계절이 돌고 역사가 돌고 그러다 보니까 인간도 돌고 있는 것 같아요. 안 그래요?

수다 미움도 돌고.

창배 사랑도 돌고.

지혁 그래서 현대인은 모두가 돌아버렸다는 결론이죠!

수다 헛허…… 도라도! 좋은데!

창배 그래서 우리 클럽 회원이 열두 명인데 이번에 왕수다 형께선 히피의 본고장에서 오래 생활하다 오셨다는 소식을 듣고 이 기회에 우리 클럽의 회장으로 모시기로 결의를 봤죠.

**수다** 회장이라는 어감이 속되군…… 우리 주변에 얼마나 많은 회가 있고 회장이 있습니까…… 한국엔 사장이 흔하다지만 그보다 더 흔한 게 회장이 아닌지 모르겠어…… 식상이 날 지경이지!

**창배** 사실입니다.

**수다** 적어도 우리는 그런 세속적인 생활이나 형식을 거부해야 돼요. 세 사람이 모이면 회를 만들고 간판을 내달고 명함을 찍어 가지고 다니며 뿌리는 습성! 이게 바로 우리들의 후진성이죠! 한국사람만큼 명함을 과시하는 국민도 없을 거예요!

창배와 지혁은 어느덧 수다의 말에 매혹된다.

**수다** 종이 한 장으로 직장에서 쫓겨나는가 하면 명함 한 장으로 어디서나 행세하려는 습성이 있는 한 우리는 남의 뒤꽁무니밖에 못 따라가요! 우리에겐 이름만으로 충분해! 아니 어쩜 그 이름조차도 거추장스럽지! 국회의원 선거에 출마하기 위해 작명가를 찾아가 당락 여부를 미리 점치는데도 이름을 내거는 판국이니까 말이야! 인간의 능력보다 이름이 행세하고 작용하는 사회는 이미 병든 거야! 신간서적이 나올 때마다 이름을 빌려주어 추천사를 써주는 명사들! 그 사람들이 좋다는 책이 왜 만인에게 읽혀져야 하는가 말이다! 그 사람에게 맞는 옷이 어떻게 내게 맞는가 말이지! 나는 그게 싫었던 거예요! 자기 나름의 스타일이 없어지는 세계에서 탈출하고 싶었으니까! 하나부터 열까지 유니폼을 입히려는 세계에서는 숨이 막혀요! 유행을 쫓는 경박한 사치심보다는 차라리 원시의 몸부림이 얼마나 솔직한지 모르거든!

왕교수의 직업

**창배**  동감입니다! 그래서 우리들도 그러한 고민을 가지고 있었기 때문에 모아봤고 또 서로의 의견을 나눠보기로 했지만 결국은 우물 안의 개구리지 뭡니까!

**지혁**  우리에게는 어떤 상징적인 인물이 필요해요. 지도적인 역할을 해줄 수 있는 분이 있어야겠다고 전부터 생각을 해왔지만 아직 서울 안에서는 발견을 못했죠……

**창배**  왕수다 형! 그러니 우리 도라도의 회장이 되어 주시오!

**지혁**  아니 회장이 아니라 상징이죠! 제복을 거부하고 잃어버린 개성을 되찾으려는 젊은이의 상징 말입니다!

**수다**  글쎄…… 그 뜻은 잘 알겠지만…… 내게 그런 자격이 있을까요?

**지혁**  도라도는 고민하는 젊은이에게 태양을 쬐주는 모임입니다. 남들은 우리를 히피족이라고 경멸하지만 우린 그런 소리에 귀를 기울일 이유조차 없으니까요.

**수다**  좋소! 해봅시다!

**창배**  고맙습니다. (하며 악수를 한다)

**지혁**  회원들이 쌍수로 환영할 겝니다!

**수다**  그 대신 당분간은 우리 가족들의 귀에 들어가지 않도록 보안조치를 해둬야겠소!

**창배**  염려마세요!

**지혁**  오늘이라도 회원들과 만나주셨으면 좋겠는데……

**수다**  글쎄요. 나는 아직도 감시를 당하고 있어서……


수다는 일어나 뜰을 내려온다. 아까부터 뜰아랫방 툇마루에 앉아서 트랜지스터를 듣다가 어느덧 잠이 들어버린 안나를 보자 빙그레 웃는다. 이 기회에 빠져나가야겠다는 생각이 들자 수다는 급히 방에 들어가 옷을 입으며 나온다.

세 사람 발소리를 죽이며 밖으로 나간다.

잠시 후 전화벨이 요란스럽게 울린다. 그 순간 안나가 소스라쳐 깨어나서 전화를 받으러 간다.

**안나**    예…… 왕거미 박사님 댁입니다…… 예? 박사님은 안 계신데요 …… 사모님도 안 계시구요…… 네…… 지금 집엔 아무도 없어요…… 예? 전화 받는 사람이 있는데 왜 없냐구요? 홋호…… 그야…… 나는 있지요…… 예…… 나요? 안나라고 해요…… 잘 안 들려요? 안나! 예? 영세를 받아요? 아니요! 전 그런 물건 받은 일도 없구요…… 예…… 우리 어머니가 딸만 다섯을 낳았거든요. 그래서 나만 낳고 애기는 안 낳겠다고 안나라고 지었대요 …… 흠…… 예…… 그러고 보면 이름이란 참 이상하죠. 글쎄 그 다음에 아들을 낳았지 뭐예요! 그것도 쌍둥이였어요! 예? 그럼 몇 형제냐구요? 딸 다섯에 아들 둘이니 일곱이지요…… 예…… 홋호…… 몇 살이냐구요? 흠! 왜 물으셔요. 몰라요…… 예…… 예 그럼 안녕히 계세요…… 예…… (하고 전화를 끊는다)

참 이상한 사람도 다 봤지! 내 이름이 그렇게 좋을까? 머리 큰 학생에게 물어봐야…… (하다 말고 비로소 집안에 자기 혼자뿐임을 알자 갑작스레 불안이 치밀어오른다)

아니 아까 그 손님들 어디 가셨을까…… (크게) 큰 학생! 큰 서방님! (하고 건넌방 문도 열어보자 이미 보이지 않는다)

아니 그럼…… 내가 졸고 있는 사이에 나가셨단 말인가? 이 일을 어떻게 하면 좋아…… 꼭 지키고 있으라 했는데…… 어쩜 좋아…… 응…… (그녀는 혼자서 울상이 되어 소파에 주저앉는다)

암전

# 제4막

**무대**

전막과 같음. 전막부터 사흘 후 밤 아홉 시경.

대청마루 창 너머로 휘영청 밝은 달빛이 흘러들고 있다. 그러나 지금 무대 위에는 무겁고 불쾌한 분위기가 납덩어리처럼 가라앉았다. 전 여사는 한 귀퉁이에 쪼그리고 앉아 있고 왕 교수는 마루를 초조하게 서성거리고 있다. 왕 교수의 잔뜩 찌푸려진 표정과는 대조적으로 전 여사의 태도는 냉담하다.

강 비서가 전화를 걸고 있다.

**강비서**   예…… 그럼 다시 연락드리겠습니다. 예…… 안녕히 계십시오 …… (하며 수화기를 놓는다)

**왕교수**   뭐래……

**강비서**   아무 연락이 없었다고 합니다.

**왕교수**   연락이 없었다구? 강군! 안 되겠네. 경찰에 신고를 해서 수사 의뢰를 해야지.

**강비서**   예.

**왕교수**   사흘 동안 소식 하나 없으니……

**전여사**   경찰서에 신고하는 건 좀 더 기다렸다가 하자니까요.

**왕교수**   그러니 내가 뭐랬소? 응? 밖에 나가지 못하도록 잘 지키라고 했잖았나 말이야!

**전여사**   다 자란 아이를 개처럼 잡아매두란 말이에요, 그럼? 제 발로 살짝 빠져나간 걸 날더러 어떻게 하란 말이에요! 내 참!

**왕교수**   아니 당신은 사태가 이렇게 되었어도 상관없단 말이오?

**전여사**  누가 상관없댔어요?

**왕교수**  그럼 왜 아까부터 그런 식의 말만 되풀이하는가 말이오! 제 발로 나갔으니 제 발로 걸어 들어오기만을 기다리자는 얘긴데…… 그게 세상에 알려지는 날엔 내 체면이 어떻게 된다는 걸 몰라서 그러오? 응?

**전여사**  아이구 답답도 해라! 수다가 집을 나간데 대해서 가슴 아픈 건 바로 나예요! 나! (하며 가슴을 쿵쿵 친다)

**왕교수**  그래 그토록 가슴 아픈 사람이 왜 경찰에 신고를 하자고 해도 못하게 하며 또 가만히 앉아서 기다리기만 한단 말이오?

**전여사**  이것 보세요! 그럼 수다는 내가 낳은 자식이 아니니까 모르는 척 하고 있단 말이죠? 네?

**왕교수**  뭐라구?

**전여사**  그렇죠! 수다는 내가 낳은 아들이 아닌 것만은 사실이죠…… 그러기 때문에 이 소문이 밖으로 새어나가면 남들이 뭐라고 하겠어요. 5년 만에 집이라고 돌아왔지만 계모가 못되게 굴어서 집을 나갔다고 수군덕거릴 게 아니에요! 그렇게 되면 나만 죽일 년이 된다는 걸 왜 눈치도 못 차리세요! 네?

**왕교수**  (뜻하지 않은 아내의 실토에 약간 주저하며) 이제 와서 그따위 소린 왜 들추는 거야? 세상에선 수다가 당신 아들인 줄 알지 누가……

**전여사**  흥! 나이가 있잖아요! 나이가…… (한숨) 그래서 계모 노릇 하기가 힘들다는 거예요. 막말로 수영이나 수진이가 이 지경이 되었던들 난 동네 안을 나팔 불고 다니면서라도 찾겠어요. 허지만 수다는 그게 아니란 말이에요. 소문이 퍼지면 누군가가 계모 근성에 시달려서 집을 나갔을 거라고 험담을 할 테니 그렇게 되면 결국 욕은 당신 발등에 떨어진다는 것도 모르세요? 난 적어도 거기까지 생각을 하고 있는데 왜 나만 못살게 굴어요. 굴긴……

내가 무슨 죄냔 말예요? (하며 발악을 한다)

**강비서** 사모님! 진정하십시오! 네?

**전여사** (저절로 울음 터지며) 당신도 너무 하셔요…… 나는 그저…… 자나 깨나 당신 체면에 흙탕물이 튕길 새라…… 그것만 걱정하며 살아왔는데…… 그 공도 몰라주시고…… 내가 고의로…… 수다를 내쫓은 양……

**왕교수** 누가 당신보고 내쫓았댔소?

**전여사** 결국은 그런 뜻이지 뭐예요! 내가 수다를 감시하는데 고의적으로 게을리하고 무관심했다는 게 당신의 판단 아닌가 말이에요!

**왕교수** (말문이 막히자 소파에 주저앉는다. 벽시계가 아홉 시를 알린다. 그것은 두 사람의 마음을 더욱 초조하게 부채질한다) 이 자식이 도대체 어딜 갔단 말이야…… 가면 간다고 말이나 할 일이지…… 그 꼴을 하고 밖에 나다녔을 테니…… 어유…… (하며 길게 한숨을 내뱉는다)

**강비서** 박사님! 너무 상심 마십시오! 수다도 그만한 이성과 지성쯤은 지니고 있을 테니.

**왕교수** 이성이며 지성이 뭐 말라비틀어진 거냔 말일세! 그래 외국 유학을 갔다 온 녀석이 석사학위커녕 고작해서 서양 거지가 되었으니…… (이때 초인종 소리가 난다. 세 사람은 긴장한다)

**전여사** 안나야! 안나야!

**안나** (소리만) 네…… (하며 부엌에서 나온다)

**전여사** 대문 열어! 누가 왔잖아!

그러나 안나는 별로 서두는 기색도 없이 대문 쪽으로 간다.

**왕교수** 아무래도 경찰의 힘을 빌려야지 안 되겠어. 안 돌아왔소?

**전여사** 여보! 조금만 기다려 봅시다……

이때 수진이가 엄마를 부르며 급히 뛰어온다. 그는 고등학교 교복에 손엔 무거운 책가방과 그리고 주간잡지 서너 권을 들었다.


**수진** 엄마! 형이 나왔어! 형이! (하며 마루로 뛰어오른다)

**왕교수** 수다가 나왔어?

**전여사** 어디 있다가 나왔단 말이냐? 응?

**수진** (주간지를 내밀며) 주간지에 대문짝만하게 사진이 실렸어요! 자! 보세요! (한 권씩 차례로 나눠주며) 이건 「주간 서울」, 이건 「주간 스타」, 이건 「주간 쇼킹」!

**왕교수** (책을 받아들고) 아니 그럼 각 주간지에 다 실렸단 말이냐?

**수진** 네! 그 사진 설명을 읽어보시면 아시겠지만 그저께 아라비아 호텔 지하 바에서 정식으로 기자회견을 가졌다잖아요! 헛허…… 형 사진이 멋있죠?


왕 교수와 전 여사는 어처구니없어 입이 딱 벌어진 체다.


**왕교수** (전등불 아래로 가서 읽는다) 한국에 상륙한 히피족…… 도라도 클럽 회장 왕수다 씨의 폭탄적 문명 비평…… 히피는 모든 제복을 싫어한다……


강 비서가 크게 뽑힌 기사 타이틀만 주워 읽자 왕 교수와 전 여사는 마치 최면술에 걸린 사람처럼 자기 손에 든 주간지를 읽기 시작한다. 수진은 마치 자랑스러운 일이라도 되는 양 시종 싱글벙글하며 지껄인다.


**수진** 합승 안에서도 모든 사람이 그 기사만 읽고 있잖아…… 흐흐

…… 그리고는 형보고 미남자라는 거야! 어떤 여학생은 한국에도 이런 개성적인 남성이 있었느냐고 하잖아! 그래 그게 바로 내 형님이라고 해줄까 하다가……

다음 순간 왕 교수가 주간지를 탁자 위에 후려치듯 내던지자 모든 사람이 깜짝 놀란다.

**왕교수**  미친 놈!

**수진**  아버지! 왜 그러세요? 네?

**왕교수**  제놈이 뭘 안다고 까불어…… 기자회견을 해? 아니 이 왕거미 박사도 못해본 기자회견을 제깟 놈들이…… 감히. (크게) 강군!

**강비서**  예?

**왕교수**  각 주간잡지사에 전화를 걸어요!

**전여사**  지금이 몇 신데요…… 아홉 시가 지났는데 웬 전화예요.

**왕교수**  사장 집에 걸어!

**강비서**  예. 걸어서 뭐라고 할까요?

**왕교수**  오늘 발행한 주간지를 일체 시중에 못 나가도록 보류하도록 조치해 달라고 해!

**강비서**  예?

**수진**  아버지! 벌써 시중에서 팔고 있는 걸요.

**왕교수**  그렇지만 그건 일부야! 주간지는 매주 금요일부터 가판하기로 되어 있으니 지금 손을 쓰면 내일부터는 독자 손에 못 들어가게 막을 수 있어! 그리고 지방 발송도 말이야.

**전여사**  여보! 그렇지만 그 사람들도 장사를 하는 판인데 어떻게……

**왕교수**  그 값을 치르면 될 게 아니야? 몇 만 부가 나가는지 모르지만 한 부에 20원씩 해서 만 부면……

**강비서**  (재빨리) 20만 원!

**왕교수**  10만이면.

**강비서**  2백만 원.

**왕교수**  백만 부면.

**강비서**  2천만 원.

**왕교수**  됐어!

**전여사**  여보! 그래 2천만 원을 내고 이 주간지를 모조리 사들이시겠단 말이에요? 그런 돈이 어디 있어요?

**왕교수**  그럼 사야지! 마두희 회장한테 얘기해서 빚돈을 내서라도 시중에 퍼지기 전에 사야지! (광적으로) 이 왕거미의 실력이 어떻다는 걸 보여줘야겠어.

**수진**  한꺼번에 많이 사니까 할인도 해줄 걸요!

**왕교수**  그리고 즉각 변호사를 내세워서 출판물에 의한 명예훼손으로 각 주간지를 고발하겠어!

**전여사**  여보! 지금 무슨 얘길 하고 있는 거예요? 네? 주간지를 사들이는 것도 과한데 고소까지 해요? 당신 지금 잠꼬대를 하고 있소?

**왕교수**  내가 왜 눈이 제자리에 안 박힌 사람 같아? 여기 기사를 읽어보란 말이야…… 여기…… (하며 기사 내용을 손가락 끝으로 꾹꾹 누르듯 지적한다)

**전여사**  뭐라고 씌었기에……

**강비서**  제가 읽죠…… (주간지를 들고 읽는다) 경제학 교수이자 마재벌의 브레인으로 알려진 왕모 교수의 장남이기도 한 왕수다 씨는 이어서 이렇게 말했다. (왕 교수의 눈치를 본다)

**왕교수**  계속해!

**강비서**  예…… (이와 동시에 무대가 어두워지고 한 귀퉁이에 멋진 포즈를 취한 수다가 춤을 추듯 서 있다)

**수다**  우리는 춤을 추는 것뿐입니다. 그렇다고 즉흥적인 춤은 아니고 춤을 추지 않고는 못 견디기 때문에 춤을 춰야 했던 현대 무용의 선구자 이사도라 던컨의 말을 따르고 싶습니다. 던컨은 클래식 발레가 엄격한 규칙과 형식 그리고 억눌린 발레 슈즈를 필수품으로 하는데 반발한 것입니다. 그래서 자유분방한 표현과 무한한 공간으로의 비상과 구속 없는 세계를 지향하는 현대 무용을 고안했죠. 따라서 오늘날 우리 젊은이에게 있어서 가정이나 사회는 고전 발레의 그 딱딱하고 격식화된 발레 슈즈 같은 것입니다. 나는 그게 싫어서 집을 나왔고 우리 도라도 클럽 멤버는 모두가 그런 구속하는 가정에서 뛰쳐나온 탈출자의 모임입니다. (무대 뒤에서 옳소 하는 소리며 휘파람 소리가 들린다)

**왕교수**  (어둠 속에서) 그만! (이와 동시에 무대가 전처럼 밝아진다) 들었지? 우리 가정을 딱딱하고 구속감을 준다고 했단 말이야! 아니! 우리 집안의 어디가 딱딱하며 구속감을 주며 격식화되어 있는가 말이야! 이건 평화롭고 신성한 우리 가정을 모독하고 있는 거야! 아니 이 왕거미의 인격과 명예를 손상하는 악의적이며 고의적인 기사란 말이요! 그러니 나는 고소를 제기하겠어! 내 말이 틀렸나, 강 군!

**강비서**  지당하신 말씀입니다.

**전여사**  여보! 그렇지만 여기엔 (자기가 든 주간지를 가리키며) 그런 얘긴 없어요.

**왕교수**  그러니까 이 기사 내용이 엉터리 날조라는 게 아니오! 기자회견을 했으면 모든 기자가 똑같은 얘기를 듣고 취재했을 터인데 여긴 나고 거긴 안 났다는 자체가 아리송하단 말이에요! 어때 내 의견이, 강 군!

**강비서**  동감입니다.

**왕교수**  도대체가 여자 나체 사진이나 싣고 외국 삼류 잡지에서 외설담이

나 베껴서 팔아먹는 주간지에 우리 집안 얘기가 오르내렸다는 게 용서받지 못할 짓이란 말이야. 그게 사회의 목탁이요 문화의 공기라고 자처하는 언론의 자세인가 말이야! 안 그런가? 강 군.

**강비서** 적절하신 지적이십니다……

**왕교수** 그러니 나는 이 기회에 사회에 일대 경종을 울려주기 위해서도 고소를 해야겠어! 다시 전화를 걸어! (하며 자리에서 불쑥 일어나자 모두들 숙연한 분위기에 휩쓸린다. 그러나 전 여사는 무엇인가 개운찮은 점이 있는 눈치이다)

**전여사** 여보. 고소도 좋고요, 주간지를 도매금으로 사들이는 것도 좋지만요……

**왕교수** 또 단서가 붙어야 하오!

**전여사** 이건 신중히 생각해볼 문제라고 봐요.

**왕교수** 아니 그럼 내가 경솔하단 말이요?

**전여사** 당신이 경솔한 게 아니라 사태가 너무 심각하다는 뜻이죠! 설령 그 주간지를 다 사들인다고 합시다. 그렇게 되면 세상 사람들은 더 호기심이 생겨서 소문은 더 퍼지게 되구요…… 주간잡지사를 걸어서 고소를 한다는 것도 당신의 현재 위치를 생각해서라면 삼가하시는 게 몸에 이로울 거예요.

**왕교수** 몸에 이로워? 아니 지금 당신은 어느 편에 서서 하는 말이요?

**전여사** 물론 당신 편이지요?

**왕교수** 그런데 뭐가 몸에 이롭단 말이요?

**전여사** 마두희 회장의 체면도 그렇구…… 앞으로 당신이 대성하시려면 매스컴 계통에 인심을 잃어서는 안 돼요 안 그래요? 강 비서!

**강비서** 지당하신 말씀입니다.

**전여사** 그리고 수다가 무슨 얘긴가 했기에 기사화되었지 전혀 근거도 없이 기사를 허위날조 할 수가 있겠어요? 기자들도 다 최고 학부를 나온 인텔리들인데…… 안 그래요? 강 비서!

**강비서**  동감입니다.

**왕교수**  (화를 내며) 강 군! 자네는 도대체 어느 편인가?

**강비서**  예? 예…… 저야 뭐…… 항상……

**왕교수**  내가 물어도 지당하다더니 집사람 얘기에도 지당하다고만 하니
…… 자네는 자네대로의 주관도 판단도 없나?

**강비서**  그게 바로 저의 주관이자 판단입니다. 예…… 헷헤……

**왕교수**  못난 사람! 에이……


이때 전화벨이 울린다. 수진이가 전화를 받는다.


**수진**  여보세요…… 아…… 누나야? 나야…… 응…… 형? 아니……
그런데 주간지에 나온 사진은 봤어? 멋있지…… 흐흐…… 응 나
도 보고서 아버지랑 엄마한테 사다 드렸어…… 응…… 엄마 바
꿔? 그래…… 잠깐만……

**전여사**  수영이니?

**수진**  예……

**전여사**  (전화 바꾸며) 수영이냐? 왜 여태 안 들어오니…… 응? 아버지께서
도 일찍 들어와 계시다…… 뭐? (놀라움을 감추지 못해) 집에 들어
오기 싫어졌다고? 애 수영아! 그게 무슨 소리니? 응? 며칠 동안
밖에서 지내겠어? 애 수영아! 그런 소리 하는 게 아니야! 네 오빠
때문에 지금 집안이 뒤집혀서 나는 지금 바늘방석에 앉아 있는
기분인데 너까지 그러면 엄마는 어떡하란 말이냐! 응?

**왕교수**  수영이가 집에 안 들어와?

**전여사**  (울상이 되어) 수영아! 제발 그런 소릴랑 말아요…… 네 오빠 얘기
가 주간지에 난 걸 봤지? 응? 그런데 너는…… 아버지나 어머니

생각은 조금치도 안 하기냐? 애야……

**왕교수** 여보! 나 좀 바꿔요.

**전여사** (달래듯) 수영아 아버지하고 전화 바꾼다. 잠깐만 기다려! (하며 수화기를 왕 교수에게 내준다. 그리고는 슬픔에 못 이겨 소리 없이 흐느껴 울기 시작한다)

**왕교수** (수화기에 대고) 수영아, 무슨 잠꼬대를 하고 있니! 너희들은 왜 집이 싫다는 거냐? 네 오빠가 그 미친 짓을 하더니 너까지 옮아간 게로구나? 뭐 옮았을지도 모른다고? (크게) 이놈! 말이면 다 하는 줄 아니? 대학생이 그만한 판단력도 없이 어디다 써먹니? 뭐라구? 써먹을 수 없으니까 안 돌아와? 마음대로 해! 이젠 들어오겠다 해도 내가 용서 못한다…… 나가…… (하고 전화를 일방적으로 끊어버린다)

**전여사** (신경이 날카로워지며) 그런 법이 어디 있어요!

**왕교수** 누가 법을 몰라서 이 지경이 되었소?

**전여사** 아니 어쩜 다 자란 딸자식보고 그런…… 너무하셔요! 너무해……

**왕교수** 뭐가 너무해?

**전여사** 알았어요. 이제 와서 차별대우를 하시는군요?

**왕교수** 차별대우?

**전여사** 그렇지 뭐예요. 왜 같은 자식인데도 수다는 경찰에 신고까지 해서 찾으시겠다면서 우리 수영은 집에 못 들어오게 하는 거예요? 네?

**왕교수** 내가 못 들어오게 했나? 제놈이 안 들어오겠다잖아……

**전여사** 그렇다 하더라도 살살 달래고 얼러서 들어오라고 하실 일이지 …… 들어오지 말라고 하신 건 무슨 심술이신가 말이에요!

**왕교수** 아니 이 사람이……

**전여사** (강 비서에게) 들었죠?

**강비서** (난처해서) 예! 예!

**전여사** (수진에게) 너도 들었지?

**수진** 응!

**전여사** 보세요. 나 혼자만 들었다면 억지라고도 하겠지만 이렇게 증인이 있단 말이에요……

**왕교수** 그래 내가 수영에게 그렇게 말했기로서니 그게 어쨌단 말이요!

**전여사** (단정적으로) 편견이에요!

**왕교수** 편견?

**전여사** 그렇죠…… 당신의 마음 가운데는 잠재적으로 수다와 수영이를 차별대우하는 편견이 도사리고 있었다는 증거란 말이에요……

**왕교수** 아니 그 그걸 말이라고 하오?

**전여사** 아니면 어째서 수다는 경찰에 신고하면서까지 찾으려고 하시면 서도 수영이 보고는 집에 들어오지 말라고 하셨어요? 네? 그 이유 가 뭣인지 납득이 가도록 설명해 보시란 말이에요. (하며 왕 교수 의 코밑까지 삿대질을 한다. 어이가 없는 왕 교수는 멍하니 아내의 모습 을 바라보고 있다)

**왕교수** 그러니까 내가 잘못이란 말이요?

**전여사** 잘한 짓도 못 돼요! 나는 그래도 수다에게 대해서 친자식과 다름 없이 대해왔어요. 내가 낳은 자식이 아니라는 그런 편견을 씻어 버리기 위해서도 그러했거니와 남들에게 그런 눈치를 차리지 않 기 위해서도 말이에요. (울음이 터지며) 그런데도 당신은 우리 수영 이더러…… 그렇게…… 매정하게…… 면도날로 파리 목 자르듯 …… 너무 하셨어요. 너무…… 흑…… (하며 지금까지 참았던 분노 와 슬픔을 털어놓기라도 하듯 방성통곡한다. 왕 교수는 아내의 울음소 리가 집 밖으로 새어나가는 게 겁이 난 듯 안절부절 못한다)

**왕교수** 수진아! 어서 가서 대문을 걸어라……

**수진** 대문을 걸어요?

**왕교수**  그래…… 어서…… 누가 들어올까 두렵다. 어서……

**수진**  헛허…… 아버지도 그게 겁이 나시는 걸 보니 역시 평범한 가장이시군요?

**왕교수**  이놈아! 시키는 일이나 해!

**수진**  알았어요! (하며 뜰로 내려간다)

**전여사**  당신의 출세를 위해서 내가 소모한 신경과 정력을…… 당신이 백분의 일이라도 알아주셨던들…… 이럴 수는 없어요! 없어!

**왕교수**  여보! 내가 잘못했소! 그러니 제발 소리 좀 지르지 말아요! 이웃이 들으면 우리를 어떻게 생각하겠소? 응?

**전여사**  그만 두셔요. 나도 이젠 내 마음대로 하겠어요! (하며 불쑥 자리에서 일어나 안방으로 들어간다)

**왕교수**  여보! 내가 잘못했다니까! (하며 안방으로 따라 들어가려 하자 방문이 안에서 쾅 하고 닫힌다. 그 서슬에 문 틈바구니에 손가락이 끼어 버린다. 아픔을 참지 못해) 아얏…… 여보…… 이…… 손…… 손 …… 손가락이……

**전여사**  (안에서) 손이 문제가 아니에요! 난 심장이 터질 지경이에요!

**왕교수**  글쎄…… 심장이 터지는 건 장차 일이지만 나는 지금…… 아 …… 손이 깨져요…… 손이…… 어서 문 열어!

**전여사**  (안에서) 못 열겠어요! 아무도 이 방엔 못 들어와요!

**왕교수**  강 군! 내 손…… 어서 문 좀 열어……

**강비서**  예…… (급히 뛰어와서 미닫이를 열려고 안간힘을 쓴다. 그러나 열리지 않는다) 사모님! 사모님!

**전여사**  (안에서) 그만 둬요! 강 비서도 오늘부터는 내 적이란 말이야!

**강비서**  사모님! 아니올시다. 저는 사모님을 위해 목숨을 바칠 각오도 되어 있습니다!

**왕교수**  이 사람아. 그럼 나를 위해서는 목숨을 못 바치겠단 말인가?

**강비서**  아니올시다! 저는 박사님을 위해서 분골쇄신해왔고 앞으로 목숨을 바칠 각오입니다.

**왕교수**  자네는 목숨이 몇 개나 되기에 그토록 바치나?

**강비서**  그러기에 옛 시조에 일백 번 고쳐 죽는다는 말도 있잖습니까?

**왕교수**  이 사람아! 이 손 좀 살리게! 내 손!

**강비서**  예…… 어이셔! 어이셔! (강 비서가 밍밍거리며 미닫이를 열려고 하는 꼴이 우스꽝스러워 수진과 안나가 뜰에서 웃고 있다)

**수진**  헛허……

**안나**  홋호……

# 제5막

**무대**

전막과 같음. 전막부터 일주일 후, 낮.

막이 오르자 대문 쪽에서 안나와 민민자 여사가 실랑이를 벌이고 있다.

안나 　글쎄 아무도 안 계시다는데 왜 자꾸만 들어오시겠다는 거예요?

민여사 　사람 사는 집에 사람이 들어가겠다는데 뭐가 잘못이니?

안나 　그렇지만 아줌마는 병원에 입원 중이시라니까요?

민여사 　그러니까 그 병원이 어느 병원인지 가르쳐 달라는데 왜 아까부터
　　　　버티니?

안나 　그건 댈 수 없어요……

민여사 　댈 수 없어?

안나 　예. 우리 아줌마는요, 지금 신경이 복잡하셔서 입원 중이시거든
　　　　요. 그래서 절대 면회사절이라고 의사 선생님이 엄명을 내리셨어
　　　　요……

민여사 　애 죽을 병도 아닌데 무슨 놈의 면회사절이니? 개수작마라!

안나 　뭐 개수작이라구요?

민여사 　흥…… 내가 그 속셈을 모를 줄 알구…… 내가 비록 가진 것은
　　　　없다만 눈치만은 비상한 사람이다!

안나 　누가 댁보고 뭘 내놓으랬어요?

민여사 　이건 모두가 연극이란 말이다! 연극!

안나 　(신기하다는 듯) 아니 무슨 연극이에요.

민여사 　내가 그동안 전화를 걸어댄 것만 해도 수십 번이다! 안집 여편네
　　　　한테 전화 빌려쓰고 눈치 받은 일을 생각하면 치가 떨리고 등골

에서 샘이 솟게 되었는데…… 그래 그때마다 안 계십니다, 다시

거세요? 흥! 나도 못 참아요…… 내가 비록 이름 없는 대학 시간

강사의 사모님이지만 내게도 자존심은 있다구…… 그러니 오늘

은 무슨 결단을 내고야 말겠단 말이야.

**안나**     아니 주인 없는 집에서 무슨 결단을 내시겠다는 거예요?

**민여사**   아줌마가 없으면 주인아저씨라도 만나겠단 말이야…… 그 왕거

민지 새끼거민지! (하며 안나를 떠밀고는 마루 끝에 가서 앉는다. 안나

는 쪼르르 따라온다)

**안나**     글쎄 주인아저씨도 갑자기 회사에 무슨 일이 생겨서 이틀째 안

들어오셨어요.

**민여사**   이틀째 안 들어오셨어?

**안나**     예…… 지금…… 이 집은 빈 집이나 다름없다니까요…… 나 혼

자 집을 지키고 있단 말이에요.

**민여사**   흥! 벌써 그렇게 되었어?

**안나**     예? 벌써라뇨?

**민여사**   왕 박사님께서 벌써부터 외박을 하셔? 흥? 한국의 남자들이란 돈

생기고 권력 생기면 그저 외박하는 지랄부터 배우게 된다더니 원!

교수도 별 수 없군!

**안나**     (무슨 말인지 못 알아듣고) 예?

**민여사**   흥! 전 여사가 입원하게도 되었구먼. 내가 그토록 부탁한 일은

거들떠보지도 않구서…… 계집질부터 시작이야? 늦게 배운 도둑

날 새는 줄 모른다더니 이거야말로 왕 교수를 두고 나온 말이구

나! 얘 시원한 물이나 한 그릇 떠오너라.

**안나**     (어처구니 없어서) 시원한 물이요?

**민여사**   손님이 왔으면 대접할 줄 알아야지…… 나도 따지고 보면 이 댁

에다 투자를 할 만큼 했으니까 하는 소리다…… (크게) 왜 뭐가

잘못되었니?

**안나** 그렇게 소릴 지르지 마세요!

**민여사** (서글퍼지며) 속에서 타오르는 불길을 너는 모른다. 막연히 기다리는 사람의 심정을 너는 몰라…… 이제나 기별이 있을까 저제나 있을까 하고 이도령 소식 기다리는 춘향의 마음을 네가 알까닭이 없겠지만…… 너무들 하더라! 너무들 해…… 어디 얼마나 오래 잘 사나 두고 보자!

이때 전화벨이 울리자 안나가 급히 마루로 뛰어 들어가서 받는다.

**안나** 여보세요…… 아저씨세요? 네 안나예요. 아뇨. 아무 소식 없어요. 아무도 온 사람 없었어요.

**민여사** 왜 없어…… 여기 있잖아……

**안나** 참 언젠가 오신 여자 손님께서 와 계셔요…… 글쎄요…… 주인 아줌마를 찾으시기에 안 계시다니까 오늘은 결단을 내고야 말겠다면서 안 가고 있어요…… 예? 누구시냐구요? 잠깐만 기다리세요…… (수화기를 한손으로 가리고) 주인아저씨한테서 전화왔는데 누구시네요?

**민여사** (거만하게) 민민자 여사라고 해……

**안나** 민민자 여사요?

**민여사** 그래.

**안나** (다시 전화에 대고) 여보세요, 민민자 여사래요…… 네? 그런 사람 모르세요?

**민여사** 몰라? 골프도 몰라, 골프?

**안나** 골프도 모르시냐는데요? 예? 골프를 치건 안 치건 무슨 참견이냐구요? 글쎄 손님이 말한 대로 저는 전했을 뿐이에요. 네……

**민여사** 애…… 전화 좀 바꿔라…… 내가 직접 얘기하겠다…… (급히 올라가서 수화기를 낚아채듯이 하며 전화를 건다. 그녀는 태도가 돌변하며 아양을 떤다. 안나가 기가 차다는 듯 부엌으로 들어간다) 왕 박사님이세요? 호호…… 저예요…… 장계철 씨의 아내 되는 사람이에요. 호호…… 예…… 민민자라고 해서 몰라보셨다구요? 홋호 …… 그러시겠죠…… 얼마나 바쁘십니까? 박사님의 소식은 늘 신문이나 방송을 통해서…… 예…… 정말 그러시겠어요…… 또 박사님께서는 몸이 열 조각이 나도 모자라시겠죠. 네…… 홋호 …… 저 실은…… 그동안 수차 사모님한테 연락을 했는데도 아직 기별이 없고 해서요…… 예…… 예…… 지나가는 길에 문안이나 여쭙고 가려구요. 홋호…… 이건 뭐 재촉하는 것 같아서 안 됐습니다만 그저 우리 바깥양반도 왕 교수님이 사이에 드셨으니 일이야 다 된 거나 다름없다고 벌써 명함까지 찍어가지구 다닌답니다…… 네…… 홋호…… (금방 얼굴이 굳어지며) 예? 아니 뭐라구요? 그만 두셨어요? 그 그럼 우린 어떻게 합니까? 네…… 별 도리가 없다고요? (화가 터지며) 여보세요? 그런 법이 어디 있습니까? 뭐라구요? 당신네들은 자기 사정만 알았지 우리 사정을 조금치도 못 알아주시기예요? 그렇죠! 처음부터 안 된다고 했으면 기다릴 필요도 없고 바라보지도 안했죠! 그래 사람 감질나게 …… 여보세요…… 그러니까 오늘은 좌우단간에 결단을 내기 위해서 왔단 말이에요…… 그래요…… 만납시다…… 그런데 왜 이리 저리 미꾸라지처럼 피하는가 말이에요…… 뭐요? 전 여사가 한 일이니까 모른다고요? 여보세요! 그래 부부동체라는 말도 모르세요? 아내가 저질렀다손 치더라도 남편이 거둬줄 아량이 있어야지, 그래 교수가 되어가지고…… 뭐요? 마음대로 해요! 해 …… 나도 마음대로 하겠어요! (그녀는 전화통이 깨지라는 듯 쾅 하

고 소리를 내며 놓는다. 그 서슬에 부엌에서 냉커피를 쟁반에 받쳐들고 나오던 안나가 깜짝 놀란다)

**안나** 전화통 깨지겠어요!

**민여사** 빌어먹을! 이 분풀이를 어디다 한다지…… 응?

**안나** 냉커피나 드세요……

**민여사** (한숨에 커피를 마시고는 빈 그릇을 쟁반에다 거칠게 놓고는) 흥…… 나도 고집이 있단 말이야! 그런 정도로 해서 물러날 민민자는 아니야! 내가 비록 이렇게 맥없이 사니까 내 뒤엔 사람이 없는 줄 알지만 말씀이야…… 나도 빽이 있다구! 있어! 아이 메스꺼워서 원…… 제까짓 게 박사면 언제부터…… (멍청하니 바라보고 서 있는 안나와 시선이 마주치자 멋쩍어진다) 왜 보니? 사람 구경 못했어?

**안나** 왜 또 나한테 화풀이에요? 내가 무슨 잘못이 있다구……

**민여사** 내가 오늘은 이대로 물러간다만 너희 주인아줌마 오거든 단단히 일러둬!

**안나** 뭐라구요!

**민여사** 나를 섣불리 건드렸다간 재미없다구……

**안나** 예…… 알았어요.

**민여사** (뜰로 내려서면서) 그리고 너도 팔자 고치려거든 여기서 떠나거라.

**안나** 왜요?

**민여사** 화무십일홍이라는 말도 못 들었니? 왕 교수도 맥이 찼단다……

**안나** 맥이 차다뇨?

**민여사** 아까 전화로 잠깐 얘기를 비치던데 그 마두희네 회사에서 그만 물러나게 되었다잖아!

**안나** 어머…… 그게 정말이세요?

**민여사** 내가 그럼 지어낸 얘기란 말이냐? 그러기에 자고로 송충이는 솔잎을 먹고 살아야지…… 흥…… 또 들를 테니까 네 아줌마 오거든 그 골프나 챙겨놓으라고 해…… 알았지?

민 여사가 바람을 일으키듯 대문 밖으로 나가려다가 들어서는 수진이와 마주친다.

**민여사** 조심해 다녀!
**수진** 피차일반이죠! 조심하세요!
**민여사** 뭐라구?

그러나 수진이는 민 여사한테는 무관심한 태도로 뜰 안에 들어선다. 민 여사가 아니꼬운 시선을 던지며 나가버린다.

**수진** (책가방을 마루에 던지며) 아이 배고파!
**안나** 병원에 들러서 오셨어요?
**수진** 아니…… 어서 밥 다오…… 나 학관에 가야겠어!
**안나** 예…… (돌아서려다 말고) 참 작은 학생…… 무슨 얘기 못 들었우?
**수진** 응?
**안나** 주인아저씨께서 회사 그만두신다는 거 정말이에요?
**수진** 회사를 그만두시다니……
**안나** 네! 지금 나간 여자 손님이 전화로 얘기하더니만 그러던데요.
**수진** (별로 흥밋거리가 안 된다는 듯) 글쎄…… 그야 평양감사도 하기 싫으면 그만이라니까…… (하며 마루에 버려진 신문을 들여다본다)
**안나** 그렇지만 큰일 아니에요?
**수진** 네가 걱정할 게 뭐냐? 어서 밥이나 줘.
**안나** 작은 학생은 걱정도 안 되세요.
**수진** 아버진 원래가 교수지 회사원은 아니란 말이야! 그러니까 마두희 씨 회사를 그만두시면 언제든지 학교로 돌아가실 작정으로 계셨으니까 잘 되었지 뭘……

**안나**  그래요?

이때 대문 쪽에서 자동차 멎는 소리가 난다.

**수진**  (대문 쪽을 보며) 우리 집 앞에 차가 선 게 아니야?

**안나**  주인아저씨께서 오시나 봐요…… (하며 대문 쪽으로 나가려 하자 벌써 전 여사가 들어선다. 전보다 수척해 보이긴 하나 중병을 앓고 있는 것 같지는 않다. 전 여사는 힘없이 걸어와서는 토방으로 올라오다가 약간 비틀거린다) 아줌마! (하며 급히 부축을 한다)

**전여사**  별일 없었니?

**안나**  예……

**수진**  엄마! 퇴원하신 거야?

**전여사**  (대답 대신 긴 한숨) 네 누나한테서는 아직 기별 없지?

**수진**  예……

전 여사는 눈에 눈물이 핑 돌자 급히 손수건을 꺼내 닦는다. 그리고는 대청마루로 올라가 소파에 앉는다. 수진이가 마주 앉는다.

**수진**  엄마! 아버지가 회사 그만두셨다면서?

**전여사**  (말없이 멍하니 앉아 있다)

**수진**  자의야? 아니면 타의야?

**전여사**  (무거운 한숨)

**수진**  엄마는 알고 있었수?

**전여사**  (낮게) 오냐…… 아침에 아버지가 병원에 다녀가셨다.

수진 그럼 합의된 사실이니까 걱정할 필요는 없겠군! 난 또 어머니께서 역정을 내시면 어쩌나 했지…… 홋호……

전여사 수진아…… 네 아버지에겐 아무런 잘못이라곤 없어요…… 죄가 있다면 이 엄마한테 있지……

수진 오늘따라 엄마가 왜 이렇게 겸손하실까? 홋호……

전여사 나도 병원에 있으면서 여러 가지로 생각했단다…… 네 아버지가 마두희 씨 회사에서 와주집사 하고 했을 때도 사실상은 이 엄마가 마 사장 부인한테 부탁을 해서 이루어진 일이었으니까……

수진 그런데 왜 그만두셨어요? 한 달에 그만한 수입이면 괜찮지 뭐!

전여사 알고 보니 그 회사도 겉만 번지르르하지 속은 바람 든 무 같다는 구나…… 글쎄 수출업을 한답시고 정부에서 융자를 해주니까 그걸로 공장은 안 세우고 뭐 땅을 샀다잖아…… 그것도 자그마치 20억이래……

수진 20억? 후유……

전여사 그래놓구서 이제 와선 방법이 없으니까 네 아버지를 데려다가 그걸 메꿀 재간을 피우라니 되겠니? 게다가 정부에서는 금년 말까지 그 융자액을 갚지 않으면 몰수하겠다는 으름장을 치니……

수진 말하자면 아버지가 사기를 당한 셈이군……

전여사 그렇다고 볼 수도 있지.

수진 요즘 재벌들이 지능범이라는 말을 듣게도 되었지? 저명한 교수를 데려다가 방탄조끼로 쓰면서 자기들은 뒤에서 꿍꿍이속으로만 놀아나다니……

전여사 그래도 잘 되는 사람은 잘 되고 망하는 사람은 망하는 판국이니…… 누구를 믿어야 할지 모르겠다.

수진 엄마! 이 세상엔 자기 자신밖에 믿을 거라곤 없어! (자기 주먹을 불끈 쥐어보이며) 이것뿐이라니까…… 헛허……

전여사  (다시 긴 한숨을 내뱉으며) 네 말이 맞을는지도 모르지……

수진  (눈치를 보며) 형이나 누나가 집을 나간 것도 결국은 아버지 그늘이 싫었던 탓일는지도 모르죠.

전여사  뭐…… 아버지 그늘이 싫어서라고?

수진  네, 아버지께서 그대로 대학에서 강의나 맡고 계셨던들 반발은 없었을지도 모른다는 얘기죠.

전여사  아니 그럼 네 형이나 누나가 집을 나간 건 아버지 때문이란 말이냐?

수진  그렇군! 아버지도 겉으로는 큰소리치지만 따지고 보면……

전여사  (강하게) 그럴 리가 없어! 네 아버진 훌륭한 분이야…… 결백하시단 말이야!

수진  글쎄 결백하다는 것과 자기 의사에 따라 행동한다는 것과는 별개의 일이거든요!

전여사  뭐라구?

수진  아버지께선 혼자 고고하게 세상을 살아가시는 것 같지만 그 밑바닥에 역시……


이때 대문 쪽에서 수영이가 들어선다. 그녀는 태연하게 어머니와 수진을 대한다.


전여사  수영아!

수영  엄마 걱정했어?

전여사  (목메인 소리로) 너…… 그걸 말이라고 하니? 난…… 너 때문에 지난 일주일 동안 병원에서…… (그 이상 말을 잇지 못하고 어린애처럼 두 손으로 얼굴을 감싸쥐고 운다. 수영은 수진과 시선이 마주치자 멋쩍게 웃는다)

**수영**　엄마! 미안해…… 그렇지만 나도 할 얘기가 많단 말이야.

**전여사**　하렴! 무슨 얘기를 못 듣겠니……

**수영**　오빠를 어떻게 생각하세요?

**전여사**　어떻게라니……

**수영**　단적으로 말해서 진심으로 사랑할 수 있어요? 저나 수진이에게 대하듯이 말이에요.

**전여사**　(말문이 막혀버린다)

**수영**　오빠는 그런 가식이 싫어서 집을 나갔어요…… 어떻게 생각하면 오늘날 우리 주변에 일어나고 있는 모든 일들이 어머니가 오빠를 대하는 가식의 친절로 뒤범벅되어 있다는 거예요…… 모두들 오빠보고 히피니 뭐니 하며 경원하지만…… 제가 보기엔 그게 아니었어요. 적어도 지난 며칠 동안 오빠와 함께 생활하면서 그걸 알 수가 있었어요.

**전여사**　아니 그럼 너도 수다와 같이 있었단 말이냐?

**수영**　(가볍게) 네……

**수진**　어디에 있었어?

**수영**　산에! 왜 이상하니? 나도 히피로 보여? 흠…… 그렇게 보이는 게 솔직한 심정일지도 모르지. 그렇지만 오빠는 히피도 아무것도 아니야. 아니 그 도라도 클럽에 모인 사람들 하나하나가 별 것이 아니란 말이야.

**수진**　그런데 왜 그렇게들 야단법석들이었지?

**수영**　바로 그 점이야. 주변에서들 공연히 화젯거리를 만들고 있는 게 세상인 것 같아…… 내버려두면 그대로 가라앉을 것도 긁어서 부스럼을 만드는 게 현실이니까.

**전여사**　수영아! 정말 네 오빠와 같이 있었니? 그래 네 오빠는 어디 있니?

**수영**　이제 곧 올 거예요!

**전여사**　수영아! 어쩌자고 그런 지각없는 패거리에게 휩쓸려 다녔어! 응!
　　　　그때 다른 사람들에게도 네가 누구라는 걸 알렸니?

**수영**　못 알릴 게 뭐예요.

**전여사**　(펄쩍 뛰면서) 이걸 어쩜 좋아! 응! 또 그 주간지에 사진이 나오고
　　　　네 아버지 이름이 오르내리면……

**수영**　어머닌 아직도 이름을 중요시하시는군요?

**전여사**　안 할 수야 없지! 네 아버지의 이름 석자가 오늘날 서울 장안에서
　　　　얼마나……

**수영**　누가 그렇게 유명하게 만들었는가 말이에요!

**전여사**　뭐라구?

**수영**　아버지께서 대학에서 강의를 맡고 계셨을 때는 별로 떠들지도
　　　　않았어요. 그러나 아버지가 마두희 재벌의 브레인이 되신 후부터
　　　　그 이름은 수십 개의 이름을 한꺼번에 합해 놓은 무게를 가지게
　　　　되었던 거예요. 마치 오빠가 왕 교수의 아들이라고 해서 더 유명
　　　　해지듯이 말이에요.

**전여사**　그건 사실이다. 적어도 왕 교수의 아들이 히피라고 해서야 말이
　　　　되는가 말이야……

**수영**　그게 어머니의 편견이에요. 그리고 아버지도……

**전여사**　너까지 부모 얼굴에 똥칠을 할 셈이냐?

**수영**　아니에요…… 전 오빠를 아버지와 어머니에게 되찾아드리는 것뿐
　　　　이에요…… 오빠가 뭐라고 한 줄 아세요? 어설픈 이름 석자로
　　　　저울질당하고 싶지 않은 아들이 되고 싶대요! 그 이름 때문에 젊
　　　　은이들은 더 병들어가고 있는지도 몰라요…… 엄마! 아버지가
　　　　유명해지셨다고 생각하시겠죠? 그게 아니에요. 마두희가 더 유
　　　　명해진 것뿐이에요. 아버지는 그 들러리에 불과하단 말이에요!
　　　　신랑 신부는 따로 있는데 왜 들러리가 흥분을 하는 거죠? 그게

우습단 말이에요! 정작 화를 내야 하고 웃어야 할 사람은 따로 있는데 어째서……

얼마 전부터 왕 교수가 대문 안에 들어서서 얘기를 엿듣고 있다. 그는 마치 병을 치르고 난 사람처럼 수척하고 구레나룻이 거무스름하게 돋았다. 부엌에서 밥상을 들고 나오던 안나가 왕 교수를 발견하자 놀란다.

안나    어머! 주인아저씨가……

이 말에 모두들 왕 교수 쪽을 바라본다.

전여사    여보!
왕교수    (그대로 고개만 끄덕인 채 자기 생각에 잠겨 있다)
전여사    자동차 안 타고 오셨어요?
왕교수    자동차?
전여사    강 비서는 어디 갔어요?
왕교수    (서서히 걸어오며) 모두 주인에게 돌려줬어!
전여사    예? 아니 자동차도 내놓으라던가요?
왕교수    내가 애당초부터 산 게 아니니까 돌려줘야지…… 수영이 말대로 나는 이제 내 이름 이외의 것은 아무것도 안 가지기로 했소……

하며 천천히 마루로 올라온다. 전 여사가 급히 가서 그를 위로하듯 어루만지며 소파에 앉힌다.

전여사    정식으로 사표를 내셨나요?
왕교수    사표를 내고 안 내고가 어디 있소! 내가 안 가면 그만이지!

전여사  그런다고 사람들이 어디 그럴 수가 있어요. 며칠 더 있다가 가져 가면 누가 팔아 없앨까봐서 오늘 당장에 자동차를 가져가다 니……

수영  엄마는 아직도 자동차가 탐이 나세요?

전여사  탐나는 게 아니라 인사가 어디 그러니? 그래도 명색이 교수요, 박사요……

왕교수  여보! 내일은 전화도 떼어가라고 했으니 그렇게 알고 있어요.

전여사  전화까지 떼어가요?

왕교수  내가 다 가져가라고 했다니까! (한숨) 이젠 다 싫어졌어! 모든 게 내 것이라곤 없는 세상이야. 내 목숨도 어쩌면 다른 주인이 있을 것만 같은 착각 때문에 못 견디겠어……

전여사  (울먹거리며) 그럼 우린…… 이제 앞으로 어떻게……

왕교수  왜…… 굶어 죽을까봐 걱정이요? 흠, 그동안 우리가 꿈을 잘못 꾸었다고 생각하면 되는 거예요…… 수영이가 돌아왔으니 이제 모든 게 제자리로 돌아온 셈이지…… 안 그러냐! 수영아……

수진  그렇지만 형이 아직 안 돌아온 걸요!

왕교수  (긴장의 빛이 돌며) 수다가? 그놈이 돌아온대도 내가 받아들이지 않겠다!

수진  아니 왜요?


모두 불안한 표정이다.


왕교수  (다시 흥분하며) 그 거지 꼴을 하고 또 들어오기만 하는 날에는 나도 가만 안 있겠다…… 그 주간지에서 떠들어댄 후부터는 만나는 사람마다 인사 아닌 핀잔받기가 귀찮을 지경이었어! 아니 앞으로도 내가 그 형벌을 받아야 할 일을 생각하면…… (다시 피

곤해진 듯 두 눈을 지그시 감는 모습이 처량하기만 하다)

**수영**　아버지.

**왕교수**　(말이 없다)

**수영**　오빠는 그대로 돌아올 거예요.

**왕교수**　(앉은 채 눈만 크게 뜬다)

**전여사**　수영이가 그동안 제 오빠하고 같이 있었대요. 그래서……

**왕교수**　(수영을 노려보며) 네가?

**수영**　네. 오빠가 무슨 생각을 하고 있는지는 누구보다도 제가 잘 알고
있어요. 아버지나 어머니는 한 번도 오빠한테 얘기도 안 해보셨
잖아요.

**왕교수**　그럴 필요가 없다! 그런 서양 거지하고 무슨 얘기가 통하는가 말
이다!

**수영**　그럼 국내 거지하고는 얘기가 통할 것 같아요?

**왕교수**　뭐, 국내 거지?

**수영**　아버지 말씀을 제대로 받아들이자면 그런 뜻이 되잖아요. 오빠가
서양 거지가 되었다고 생각하시는 건 그 외모가 험상궂다는 게지
그 마음속까지야……

**왕교수**　아니 너는 지금 네 오빠를 두둔하자는 거냐, 애비를 설득시키자
는 거냐?

**수영**　둘 다 아니에요.

**왕교수**　뭐라구?

**전여사**　여보! 철없는 애들 얘기에 뭘 신경을 쓰세요. 쓰긴…… 자 그만
들어가 쉬세요.

**수영**　철없는 애들 얘기가 때로는 침보다 아플 때가 있을 거예요!

**전여사**　(벌떡 일어나며) 듣기 싫어! 너도 네 오빠한테 단단히 물들었구나!

**수진**　(빙글거리며) 그야 사흘 동안 같이 생활했으니까 물들만도 하겠

죠⋯⋯ 누나⋯⋯ 재미있었지?

**수영**  재미없었던 것도 아니야⋯⋯ 그러나 한 가지만은 알게 될 거예요!

**왕교수**  뭐라구?

**수영**  제가 오빠한테 물든 게 아니라 어쩌면 오빠가 나한테 물들었을지
도 모르니까요⋯⋯ 흠⋯⋯

**전여사**  그게 무슨 말이냐? 네 오빠가 너한테 물들어?

이때 대문 쪽에서 수다가 나타난다. 그러나 그의 머리와 수염은 말쑥
하게 깎았고 옷차림도 평범한 티셔츠에 바지를 입었다. 그의 인상은
마치 신선한 과일 맛을 느끼게 하는 차림이다. 그의 손에 조그마한
종이 꾸러미가 들렸다.

모두들 자기 눈을 의심하는 듯이 서로 쳐다볼 뿐 말이 없다. 그러나
수영만은 자신만만한 태도다.


**수영**  오빠! 어서 올라오세요⋯⋯

**수다**  (가까이 오며) 아버지 일찍 들어오셨어요⋯⋯

**왕교수**  이게 어떻게 된 일이냐?

**전여사**  (위아래로 훑어보며) 정말 몰라보겠구나 애!

**수진**  이건 서양 거지도 국내 거지도 아닌 싱싱한 젊은인데⋯⋯ 허허
⋯⋯

**수다**  나보고 거지라고 했니?

**수진**  응? 응⋯⋯

**수다**  누가?

**수진**  (아버지를 본다)

**왕교수**  (멋쩍어지며) 누가 그랬으면 뭘 해⋯⋯ 너는 네 할 일이나 해⋯⋯

**수다**  아버지도 마찬가지죠⋯⋯

**왕교수**  뭐라구?

**수다**  남의 장단에 춤추는 꼭두각시놀음은 이제 그만하시고 본직으로 돌아가시는 게 어때요?

**왕교수**  본직?

**전여사**  그렇잖아도 아버지께선 오늘 부로 본직을 되찾으시기로 하셨단다.

**수다**  정말이세요?

**왕교수**  네가 그 서양 거지 신세를 면했으니 나도 원점으로 돌아왔다……

**수영**  오빠! 그것 봐! 오빠가 내 말대로 머리를 깎은 이유를 이제 알았수?

**수다**  머리를 깎아? 핫하…… 헛허……

**수진**  형 왜 웃어?

**수영**  머리 깎은 게 뭐가 우습죠?

**수다**  너는 내가 정말 머리를 깎은 줄 아니?

**수영**  네? 아니 그럼 머리를 깎지 않았다는 말인가요?

**수다**  글쎄…… 난 어느 때고 마음먹기에 따라서 머리를 깎을 수도 기를 수도 있단 말이다. 마치 직업을 서너 개씩 가지고 있으면서 그때그때 필요에 따라서 명함을 바꾸어 찍듯이 말이야…… 아버지처럼……

**왕교수**  아니 내가 언제……

**수다**  아버지! 그렇다고 제가 아버지한테만 항의하는 건 아니에요 …… 현대인은 누구나 그런 습성이 있으니까요. 보시겠어요? (하며 그는 손에 들고 있는 종이 꾸러미를 풀더니 가발을 꺼내보인다) 모두가 이걸 가지고 있거든요……

**전여사**  그게…… 가발 아니냐?

**수다**  네……

**수영**    (새로운 사실에 놀란 듯) 오빠…… 그럼 오빠는 지금까지 가발을 쓰고 있었수?

**수다**    (빙그레 웃으며 가발을 머리에 얹는다) 그렇지만 감쪽같이 모르고 있었지? 아니 도리어 그걸 보고 예수님 같다고 칭찬하는 사람도 있었고 나를 도라도 클럽의 회장으로 추대하겠다는 얼간이도 있었으니 세상은 참 재미있지? 헛허……

**왕교수**    (어이가 없어서) 이놈아…… 그럼 넌…… 그 가발을 쓰고서…… (말하다 말고 부러 화를 내며) 이놈! 애비를 속이는 놈이 어디 있어 ……

**수다**    제가 속인 게 아니라 세상에서 속아 넘어간 게 아닐까요?

**수영**    그렇죠? 아버지가 마두희 씨의 참모가 되었다니까 떠들어대고 명예박사학위까지 수여하는 인심 후한 세상 말이에요! 홋호……

**수다**    핫하…… 바로 그거야…… 이젠 이 가발만 가지면 나는 세계 어디 가도 안 굶게 되었지! 핫하……

**수진**    나도 한 번 써볼까…… (하며 가발을 쓴다. 유쾌하게 웃어젖히는 삼 남매를 보고 웃지도 울지도 못하고 묘하게 이지러지는 왕 교수의 얼굴이 끝까지 무대에 남는다)


-막

# 환상여행 (10장)

- **등장인물**

  선우영(40세), 여류 시인

  권오덕(50세), 선우영의 남편. 실업가

  성규(24세), 아들

  귀옥(19세), 딸

  윤금봉(36세), 여류 소설가

  안상일(23세), 선우영의 첫사랑

  금순네(50세), 가정부

  김 상무

  유 비서

  강 부장

  민 부장

  이 형사

  ＊회상 장면에 등장하는 선우영은 동일인이 아니라도 무방함.

- **때**

  현대와 20년 전

- **곳**

  권오덕의 응접실, 정원, 다방, 경찰서 사찰계, 비행기 (단, 응접실
  과 정원을 제외하고는 모두가 회상에서만 쓰임)

　　　　　　　　　　　　　　　　　차범석 전집 4

# 제1장

## 무대

이 연극은 하나의 분위기를 기조로 한다. 그것은 정서라 해도 좋다. 감미롭고 신비한 바다 속 같은 평온과 정밀을 필요로 한다. 따라서 때로는 격돌이 있는가 하면 2분 가까이 침묵이 등장인물의 모든 행위와 의식을 중지시켜 버릴지도 모른다. 그러므로 이 연극에는 어떤 정립된 장치나 건축학을 특별히 필요로 하지 않는다.

그 시간과 공간에 알맞는 하나의 역학적인 구조와 몇 개의 창과 출입구만 설정된다면 더욱 좋다. 그리하여 무대를 여러 갈래로 구분지을 수 있는 사막 紗幕이나 적당한 색깔을 표리 表裏에 부착시킨 베니션 블라인드가 상하로 움직일 수도 있고, 분위기에 따라 운동을 하면 더욱 효과적이 될 수 있다.

물론 주무대가 되는 중앙의 객실에는 최소한도의 소도구는 구비되어야 한다. 그러나 회상 장면으로 사용되는 장소나 의식의 변형은 이 베니션 블라인드의 민첩한 상하운동 및 개폐의 힘을 얻어야 효과적일 것이다.

무대 우편 쪽으로 정원이 설정된다. 아직도 등藤 의자와 나무그늘이 아쉬운 계절이다. 무대가 밝아지면 매미 우는 소리가 한가롭게 울어대다가 뚝 멎는다. 등나무 원탁을 끼고 마주 앉아 있는 선우영과 윤금봉. 긴 머리에 검정 레이스의 홈웨어를 입은 선우영과 짙은 가지빛 앙상블의 윤금봉의 아름다운 모습은 마치 사실주의적인 수법의 서양화를 그대로 옮겨놓은 것처럼 화사하기만 하다. 두 사람은 커피를 마시다 말고 간드러지게 웃어제낀다. 그러나 윤금봉의 시원스럽기만 한 웃음에 비해 선우영의 웃음은 어딘지 고독이 서려있는 애처로움이 깃들어 있다.

윤금봉은 너무나 우스워서 눈물이 나는지 핸드백에서 연보랏빛 레이스 손수건을 급히 꺼내어 눈물을 한두 번 찍은 다음 콧등과 입모습에 서린 땀을 누른다. 그러한 그녀의 거동은 매우 세련되어 있어 마치 외국 여자를 대하는 것 같다.

선우영은 부러움을 느끼는 듯 윤금봉의 모습을 지켜본다. 윤금봉이 예쁘장한 담배 케이스를 꺼내 찰칵 소리나게 연다. 그리고는 선우영에게 권한다.

**선우**    (미소를 지으며) 아직……

**금봉**    (가볍게 실망했다는 듯) 여전하시구면. 여류시인 선우영 여사, 아니 미세스 권은 현대와 고전이 한 몸에 공존하는 전형적인 케이스니까, 흠…… (하며 담배 케이스와 한 세트로 보이는 예쁘장한 던힐 라이터를 켜서 담뱃불을 붙인다. 그리고는 멋있게 담배 연기를 허공으로 내뱉는다. 다시 매미가 울기 시작한다)

**선우**    금봉이! 아까 그 얘기나 어서 계속하잖구.

**금봉**    (깜빡 잊었다는 듯) 참, 어디까지 얘기했죠?

**선우**    그 이태리 남자가 마드리드에서 내리자고 했다면서…… (하며 커피를 마신다)

**금봉**    (다시 기억이 살아난 듯 의자를 앞당기며) 그래요! 글쎄 이 치가 나보고 마드리드에서 하루쯤 쉬어가자지 뭐유. 그래 나는 지금 런던까지 가야하고 또 거기서 기사를 써서 본국 잡지사로 보내야 할 임무가 남아있기 때문에 불가능하다니까 이 치가 더 몸이 달아오르는데 글쎄…… 홋호. (하며 킬킬댄다)

**선우**    뭐라고 했기에……

**금봉**    인생은 즐기기 위해서 일하는 거지 일하기 위해서 사는 건 아니라나요. 그러면서 나더러 동양 여성은 어쩜 그렇게 겸손하고 책임감이 강하느냐는 거예요.

선우 　금봉이가 너무 예쁘고 매력이 넘쳐흐르고 있다는 증거겠지.

금봉 　아니에요. 세계에서 여자를 설득시키는 데 가장 비상한 재능을 지닌 게 바로 이태리 남성이라니까요.

선우 　어머! (하며 가볍게 놀라 보인다)

금봉 　(담배를 빨고는) 그리구서 한다는 소리가 마드리드에 내리면 맛있는 생선 요리에 멋있는 플라멩코 춤을 보여주는 곳으로 안내하겠다나요. 동 호세가 街라는, 말하자면 마드리드의 번화가가 있는데 거기엔 동양 사람이 많이 모인다나요.

선우 　그곳 사람들도 생선 요리를 먹나 보지?

금봉 　스페인 사람들은 유독 좋아하죠. 그런 점에서는 동양인과 닮은 점이 많지요. 선술집에 가도 삶은 새우를 얼마나 많이 먹는지 바닥이 온통 새우 껍질로 낙엽 깔리듯 하니까요.

선우 　(호기심에 찬 눈으로) 그럼 금봉이는 그 이태리 사람하고 같이 갔어?

금봉 　아이 언니두! 내가 왜 가우 가긴…… 나중에 들렀지요.

선우 　그럼 그 이태리 신사는?

금봉 　일언지하에 거절! 홋호.

선우 　저런, 안 됐구나.

금봉 　그랬더니 이 치가 나보고 결혼했느냐고 묻잖겠수? 그래 당신 판단은 어떠냐고 되물으니까 도무지 대중을 잡을 수 없다는 거예요. 체격이나 외형으로 봐서는 소녀 같은데 사고방식은 훨씬 어른스럽고 숙성하다면서…… (속삭이듯) 글쎄 어느덧 내 손목을 꼭 쥐고서 손등에다 키스를 하잖아요. 흠!

선우 　어머! 남들이 볼 텐데……

금봉 　(연극조로) 난 시침을 딱 떼고 "외로우신가봐요" 했더니 어쩌면 그

|     |                                                                                   |
| --- | --------------------------------------------------------------------------------- |
|     | 렇게 자기 심정을 잘 알아주느냐면서 자기하고 결혼하자지 뭐유.                        |
| 선우 | 결혼을? (그녀는 마치 눈부신 광선을 피하듯 눈을 깜박거린다)                         |
| 금봉 | 1년 전에 본처와 이혼을 했대요. 로마의 무슨 전기제품 회사의 세일즈맨으로 일하고 있는데 한 달 수입이 달러로 환산해서 천 달러는 될 거라는 거며 자기는 검은 머리의 여자가 그렇게도 좋다나요. 금발은 경솔해 보이고 붉은 머리는 바람기가 있고 갈색 머리는 투박하지만 검은 머리의 여성을 보면 어쩐지 마음이 차분해지고 심장의 고동소리가 스스로 들릴 만큼 호흡이 딱 멎는 것 같다나요. 그런데 아직껏 한 번도 검정머리 여성하고는 사귀어본 적이 없었는데 이렇게 한 비행기에서 검은 머리의 동양 미인과 만나게 되었다는 것은 주님의 가호가 있으신 게 분명하다고 끈덕지게 공세를 취하는데 아찔하지 뭐예요. 홋호. |
| 선우 | 이태리 남성은 원래가 정열적이니까 그럴 테지!                                       |
| 금봉 | 그래 나는 생각 끝에 이 고비를 스무드하게 넘겨야겠다고 마음먹다 이렇게 대답을 했어요. (차근차근히) 우리 한국 사람은 결혼 문제에 관해서 당사자의 의사도 중요하지만 집안 어른들의 의견도 존중하는 습관이 아직 남아있으니만큼 그 문제는 제가 한국에 돌아가서 부모형제들과 의논해서 편지로 알리겠다구요. |
| 선우 | 그랬더니?                                                                         |
| 금봉 | 그랬더니 이 남자의 눈빛이 금시 달라지더니, 그럼 그 편지가 올 때까지 나더러 어떻게 참고 기다리냐면서 노발대발하지 뭐유, 홋호…… |
| 선우 | (싱겁게 얘기가 끝난 데 대한 가벼운 실망을 느끼며) 츳츠…… 안 됐구나, 그 순진한 젊은이. |
| 금봉 | 원 언니두, 젊은이가 뭐요, 당년 마흔여덟의 중년 신사입데다.                         |
| 선우 | (다시 한 번 놀라며) 마흔여덟 살?                                                  |

금봉　그러니 이건 한마디로 말해서 주책이죠? (길게 기지개를 켜듯 팔다리를 쭉 뻗으며 등의자 등받이에 머리를 기대며 허공을 쳐다본다) 여행이란 그래서 좋은 건지도 모르죠. 뭇사람과 만나고 헤어지고 풍경이 스쳐가고, 시간이 흘러가고, 남의 속에서 나를 발견하고, 그러다 보니까 6개월 동안에 서른두 나라를 돌고 다시 이렇게 서울의 하늘 밑에 와 있으니! 홋호.

선우영은 시를 읊조리듯 말하는 윤금봉의 태도에 어떤 부러움과 가벼운 시기까지 느낀 듯 멍하니 바라본다.

선우　금봉이는 이 세상에 태어난 보람이 있지.
금봉　그렇게 말하는 선우영 여사께서는 보람이 없다고는 못하시지!
선우　나? 글쎄…… (그녀는 의자에서 일어나 뜰을 서서히 거닌다)
금봉　당대의 이름난 실업가 권오덕 사장님이 부군이시라는 점만으로도 우선 궁상스럽지는 않지요. 문학이다 예술이다 하면 으레 빈곤과 비분과 욕구불만으로 이지러진 한국의 문단에서 언니만큼 환경이 좋은 문학인이 어디 있수? 적어도 원고료를 계산 안 하고 작품을 쓸 수 있다는 한 가지 조건만으로도 언니는 행복하셔요.
선우　(돌아보며) 내가 행복하게 보여?
금봉　보증수표죠. 홋호……
선우　난 지금 금봉이가 부러워서 못 견디겠다는 생각으로 가슴이 꽉 차있어.
금봉　네? (그녀는 반사적으로 상반신을 일으킨다)
선우　언제든지 바깥세상으로 뛰어들 수도 있고 자기 세계에서 뛰어나갈 수도 있는 몸이니까 말이야. 누가 말리지도 못하고 말릴 수도 없는 완전한 자유의 향유자니까.

**금봉**　홋호…… 알고 보니 언니도 바보 같은 소리만 하시네. 권 사장님
이 외국 출장 나가실 때 같이 나가시면 되잖우?

**선우**　그이가? (쓸쓸하게 웃으며) 아마 맑은 날에 우산을 가지고 나가란
다고 생각하겠지. (하며 다시 등의자에 앉는다)

**금봉**　권 사장께서요?

**선우**　그이는 자기 사업 이외의 것에는 관심이 없는 분이란다. 1년 열두
달을 어떻게 해서 돈을 버느냐는 문제밖에는 알려고도 않고 알
필요도 없는 성격이니까.

**금봉**　그렇지만 언니처럼 안으로는 현모양처요 밖으로는 시인이자 화
가로 이름난 부인을……

**선우**　(약간 냉소하듯) 흠, 자랑거리가 될 순 없지. 적어도 그이에게는.

**금봉**　(흥미를 느끼며) 네?

**선우**　아니 내가 시를 쓴다거나 그림을 그리는 그 자체를 좋아하지 않
는 걸.

**금봉**　아무려면 권 사장이 그렇게 이해심이 없을까!

**선우**　여자가 시를 쓰느니 그림을 그린다는 자체가 시건방지다고 여기
는 편이지.

**금봉**　홋호. 언니도 이제 제3의 반항기에 돌입했수? 홋호.

**선우**　(길게 한숨을 내뱉으며) 금봉이는 이해 못할 거야. (쓰라린 과거를 회상
하듯) 지난번에 나의 세 번째 시집이 나왔을 때 일이야……

**금봉**　(벌떡 일어나 앉아서 깍듯이) 참 내 정신 좀 봐! 그 〈음악회〉라는
시집 정말 감사했어요.

**선우**　새삼스럽게 또.

**금봉**　아니에요. 제가 이번에 세계 일주 여행에서 돌아왔을 때 내 서재에
언니의 시집이 기다리고 있었다는 게 얼마나 감격적인 일이었는
지 몰라요.

| 선우 | 그까짓 시집 한 권이 뭐가 대단해서. |
| --- | --- |
| 금봉 | 게다가 언니 자신의 그림으로 장정까지 했으니 그야말로 금상첨화라는 말이 그대로 들어맞는 시집이었어요. 어쩜 그렇게 얄미울 정도로 책이 잘 빠졌는지 난 눈물이 나올 지경이었다우. 언니! 더구나 내가 여행 중이라는 걸 아시면서도 등기로 보내주신 언니의 고마움이 나를 포근하게 감싸주었다우. 흠…… |
| 선우 | 금봉이가 그렇게까지 생각해주니 나로서는 할 얘기가 없군 그래. 흠. |
| 금봉 | 그렇죠. 좋은 시와 그림으로 아로새겨진 시집 〈음악회〉는 금년도 문단의 수확이라고들 하던데요. |
| 선우 | 수확이 아니라 상실일지도 모르지. |
| 금봉 | 상실이라뇨? |
| 선우 | (가슴에 차오르는 어떤 감정을 배설하지 못한 듯 매우 초조해지며) 나, 그 담배 하나 피워도 돼? |
| 금봉 | 네? 네. (담배 케이스를 열어주자 선우영 약간 떨리는 손으로 담배를 집어 문다. 금봉이가 라이터를 켜대며) 담배 피우실 줄 아시는군요? |
| 선우 | 아, 아니…… 그저 풋담배야. (하며 담배 연기를 푹 내뿜는다. 자기도 모르게 눈물이 핑 돈다) |

어느덧 멎었던 매미가 저만치서 또 울어댄다. 그 여운이 일말의 애수를 가져다준다. 두 사람 사이에 묘한 침묵이 흐른다. 그 어색한 분위기를 누가 먼저 수습하는가를 견주기라도 하듯 두 사람은 서로 눈치만 본다. 다음 순간 두 사람은 싱겁게 웃어버린다.

| 금봉 | 언니! 권 사장님한테 내가 공갈쳐볼까? |
| --- | --- |
| 선우 | 응? |

**금봉**   우리 언니 같은 분을 이해 못하시면 재미없다고 말이에요.

**선우**   (쓰게 웃으며) 재미없는 건 이쪽인데 그래. 아까도 얘기했지만 그 〈음악회〉 출판기념회가 있는 날도 그이는 안 나타났으니까 말 다했지 뭐니.

**금봉**   그래요?

**선우**   주변에서 권하기도 했지만 나도 그 자리에만은 그이가 나와주리라고 믿었거든. 그런데 역시…… (초조하게 두어 번 담배 연기를 내뿜는다)

**금봉**   출판기념회장에 안 나오셨어요?

**선우**   다음날 안 일이지만 카지노에 갔었다나, 그 시간에.

**금봉**   카지노에?

**선우**   예술가들이 모이는 자리에 자기 같은 장사꾼이 뭣하러 끼는가, 라는 거야.

**금봉**   (눈이 휘둥그레지며) 어머!

**선우**   (한숨도 조소도 아닌 이지러진 웃음을 담배 연기 속에 내뱉으며) 난 그런 상황에서 살고 있단다. 우리 부부는 그렇게 짜여진 한 짝의 가락지 같은 거야. 사람이 나이를 먹으면 손부터 늙는 법인데 젊어서나 늙어서나 누런 금가락지가 끼어있는 손! 매듭도 굵어지고 살갗도 거칠어졌는데 결혼기념으로 끼워진 금가락지는 그대로 있는 것이 미담처럼 되어버린 게 우리 부부라고나 할까.

**금봉**   (선우영의 쓸쓸해진 모습에서 발산되는 안개 같은 분위기를 피하기라도 하려는 듯 일부러 밝게) 한국 남자란 다 그런 거죠. 언니, 염려 마세요. 내가 지금 당장에라도 권 사장님을 만나서 따질 테니. (자리에서 곧 일어날 듯이) 안에 계세요?

**선우**   (쓰게 웃으며) 아마 지금쯤 홍콩 아니면 동경이겠지.

**금봉**   또 외국 나가셨군요?

| 선우 | 일본 제약회사와 기술제휴 관계로 출장 중이시란다. |
| --- | --- |
| 금봉 | 언니! 그럼 이번에 돌아오시거든 당당히 요구하세요. |
| 선우 | 뭘? |
| 금봉 | 아이 답답해라! 언니도 세계 일주 여행을 하겠다고 말이에요. 모름지기 작가란 바깥세상을 알아야 해요. 세속적인 말로 견문을 넓힌다는 뜻이 아니라 밖에 나가야 자신을 더 알게 되니까요. |
| 선우 | (허공으로 담배 연기를 날려보내며) 나도 몇 번이고 그런 생각을 해봤지만 그게 어디 쉬워야지. |
| 금봉 | 언니 같은 처지라면 뭐가 어려워요? 여권 관계라면 제가 앞장설 테니 안심탕 잡수구요. 흠…… 누가 뭐라든 언니는 한국에서는 최상급의 행복을 누리고 있다는 것만은 잊지 마세요. |
| 선우 | 흠…… 글쎄, 소설가 윤금봉 양께서 그렇게 말씀하신다면 나도 할 얘기가 없다. |
| 금봉 | (한탄조로) 말씀 마세요. 여자가 혼자 사니까 깔보는 놈들 등살에 원. |
| 선우 | 금봉이가 한사코 독신주의를 고집하는 기분을 나는 이해가 가는 걸. |
| 금봉 | 아니에요. 내가 독신주의를 고집하는 건 남자라는 동물이 아니꼬 워서 그렇지 사실은 남성이 그리워질 때가 더 많죠. |
| 선우 | 그럼 결혼하지 뭐가 어려워. |
| 금봉 | 결혼이요? 아니 왜 꼭 결혼을 해야만 되나요? |
| 선우 | 그렇지만 남성이 그리워진다면서? |
| 금봉 | 결혼이라는 형식이 그렇게 중요하다고 보지는 않아요. |
| 선우 | (약간 밀려나간 듯) 그, 그야 결혼이 형식이기는 하지만. |
| 금봉 | 경우에 따라서는 필요성을 인정하신다는 뜻이겠죠. 하지만 저는 반대예요. 막말로 뭐가 아쉬워서 남성에게 끌려 다니며 삽니까. 자기들이 마음대로 만들어놓은 법칙으로 올가미를 씌워놓고 자기들이 마음대로 주물러대는 이 사회에서는 결혼이 필요 없어요. |

환상여행

오죽하면 미국 사람들까지도 여권신장과 해방을 주장하겠어요. 이번에 제가 세계 일주 여행을 한 건 잡지사 특파원 자격으로 한국의 이민 문제를 다루기 위해서였지만 저는 그것보다 한국 여성의 노예근성을 좀 더 깊이 파고들기 위해서였어요.

**선우**   그래 얻은 게 많았어?

**금봉**   한두 가지가 아니죠. 〈한국의 이민〉은 새달부터 연재로 나가겠지만 저는 따로 장편소설을 구상 중이에요.

**선우**   (감동적으로) 장편소설을? 아니 언제 또 그것까지……

**금봉**   H 신문사와 이미 약속이 되어 있어요. (장난기 어린 어조로 속삭이듯) 그래서 여비조로 원고료를 가불까지 했거든요. 홋호.

**선우**   어머! 금봉이는 소설만 잘 쓰는 게 아니라 장사수단도 보통이 아니야…… 홋호. 그 신문사 사장이 원고료를 가불까지 해주다니……

**금봉**   눈에는 눈으로 대해야죠.

**선우**   그러니까 〈한국의 이민〉을 현지 취재한다는 건 명목상의 목적이고 사실은……

**금봉**   마음은 콩밭에 있었죠. 홋호.

금봉이의 간드러진 웃음소리에 휘말려 선우영도 오랜만에 유쾌하게 웃는다. 이때 배경으로 내려진 베니션 블라인드가 수평으로 움직이며 그 뒤에 서 있는 금순네가 보인다.

**금순네**   마님……

그러나 두 사람은 아직도 못 알아차리고 웃는다.

| 금순네 | (전보다 더 가까이서) 마님! 전화 받으세요. |
|---|---|
| 선우 | (돌아보며) 응? 나 말이오, 금순 엄마? |
| 금순네 | 네, 회사에서 김 상무님이 마님 좀 바꾸래요. |
| 선우 | (자리에서 일어나며) 김 상무가 무슨 일일까? |
| 금봉 | 언니, 어서 받아보세요. (사무적으로 팔뚝시계를 보더니) 어머! 나도 이제 가봐야겠네. |
| 선우 | 가긴 왜…… 오늘은 나하고 같이 저녁이나 하고 가요. 술도 있으니까. |
| 금순네 | 그렇게 하세요. 요즘 마님께서는 도무지 식욕이 없으셔요. 식구라야 큰 학생하고 귀옥 아씨뿐이니 항상 외상만 받고 계시는 게 제가 보기에도 딱해 죽겠어요. |
| 금봉 | (난처해지며) 선약이 있는데…… |
| 선우 | 어떻든 오늘은 나하고 같이 있어야 해. 어서 응접실로 가자. 그리고 금순 엄마, 뭣 좀 맛있는 걸로 솜씨 좀 부려요. |
| 금순네 | 네! 사모님 전화 받으세요. 헛허…… |

선우영이 급히 무대 안쪽 응접실로 자리를 옮긴다.
이와 동시에 베니션 블라인드가 걷히고 응접실 안이 나타난다. 금순네가 커피잔을 챙기며 금봉을 만류하는 눈치이다.

# 제2장

**무대**

응접실 내부. 무대 정면이 후원을 내다볼 수 있는 창과 시원스런 레이스 커튼, 우편으로 도어가 있어 내실 및 식당으로 통한다. 좌편은 현관으로 통한다. 그 옆에 2층으로 통하는 계단, 탁자 위에 내려놓은 수화기를 선우영 여사가 조심스럽게 든다.

**선우**  여보세요. 전화 바꾸었습니다⋯⋯ 네, 김 상무님이세요? 네 저예요. 아니에요. 집에는 별일 없어요. 흠 바쁘실 텐데⋯⋯ 네? 동경서 전화가 왔었어요. 네 그래요? 내일 돌아오신다구요? 네, 네, 알겠어요. 네 그렇게 하겠어요.

전화를 받고 난 선우영의 얼굴은 어둡기만 하다. 그것은 도리어 어떤 불쾌감을 이겨내려는 표정 같기도 하다. 왼편 출입구 쪽에 나타난 금봉의 손에 피보다 짙은 샐비어 꽃이 들려 있다. 들어서다 말고 잽싸게 선우영의 표정을 눈치 챈다.

**금봉**  언니! 무슨 불쾌한 전화라도 있었수?
**선우**  아, 아니⋯⋯ 그이가 내일 돌아온다나봐.
**금봉**  어머! 그럼 희소식 아니우. 훗흐.
**선우**  (힘없이 의자에 주저앉으며) 글쎄⋯⋯
**금봉**  (무슨 뜻인지 못 알아차리고) 네?
**선우**  집으로 직접 장거리 전화를 걸어주면 어때서 회사를 통해서만이⋯⋯

118

| 금봉 | 훗호, 언니도 그럴 땐 꼭 어린애 같다. 토라지는 게 훗호. |
|---|---|
| 선우 | 금봉이는 내 심정을 모를 거야. |
| 금봉 | 알지요. 그건 일종의 질투이자 애정의 표시라고도 볼 수 있죠. |
| 선우 | 애정! |
| 금봉 | 그럼요! 뭐니 뭐니 해도 언니는 권 사장님에게 사랑을 느끼고 있고 관심을 가지고 있으니까 그만한 일에도 뿔이 돋는 게 아니겠수? 난 아예 뵈기 싫은 남성이면 옆에서 엎어지건 꼬부라지건 아랑곳없지요. (샐비어 꽃가지로 뺨을 툭툭 치며) 내가 그 남자와 왜 헤어진 줄 아세요? |
| 선우 | 그 남자? |
| 금봉 | 남성균 말이에요. |
| 선우 | (흥미를 느끼며) 그 유명한 영화배우 말이지? |
| 금봉 | 그게 무슨 배우요 배우긴…… 차라리 마네킹이라는 편이 낫지. 흥! |
| 선우 | 아무려면. 그래도 한때는 금봉이와 뜨거운 사이였는데 그렇게 말하는 법이 어디 있니. |
| 금봉 | 글쎄 그때는 그때고 지금은 지금 아니에요. 이제 그런 남자는 지긋지긋해요. 물론 직업이 직업이니까 여성관계가 다소 무궤도할 수도 있겠지만 나중엔 숫제 한 방에서 나와 셋이서 잤으니…… |
| 선우 | 셋이라니? |
| 금봉 | 여대생이라는 풋내기를 밤늦게 끌고 와서는 나보고 방을 비워달래지 뭐예요. |
| 선우 | (긴장하며) 그래 비워줬어? |
| 금봉 | 천만에요. |
| 선우 | 그렇지! 절대로 양보할 순 없지! |
| 금봉 | 그랬더니만 윗목에다 잠자리를 따로 펴고서는…… |
| 선우 | 어마? 그래 넌 어떻게 했지? |

**금봉**   어떻게 하긴요? 이미 그 남성에게서 사랑이 증발해버린 지가 언제 일이게요. 수면제 두 알을 먹었더니 잠이 잘 오던데요. 홋호.

**선우**   (어이가 없다는 듯 입이 떡 벌어진 채) 정말?

**금봉**   네. 물론 그날부터 사흘 후에 우린 헤어졌지만…… 그러니까 결론은 관심이 있느냐 없느냐에 달려있다고 봐야죠. 부부의 애정이란……

**선우**   난 그럴 수 없을 것 같아. (하며 자리에서 벌떡 일어선다)

**금봉**   물론 선우영 여사는 이 윤금봉과 모든 게 다르니까요. 홋호. 그러니까 언니, 용기를 내세요. 그리고 권 사장에게 적극적으로 덤비세요. 아까 얘기처럼 외국 여행도 내보내달라고 하시고, (차츰 열띤 어조로 변하며) 좀 더 모험을 해요. 자기 세계에서 뛰쳐나가야 해요. 문학이 왜 있습니까? 왜 시를 쓰세요? 네? 전 이번 여행에서 한 가지 흥미 있는 얘기를 들었어요.

선우영은 윤금봉의 열의에 완전히 압도당한 사람처럼 멍하니 쳐다보고만 있다. 그러나 흥미는 잃지 않는다. 윤금봉이 의자에 앉으며 다시 얘기를 계속한다.

**금봉**   요즘 외국 청년들 사이에 번지고 있는 환각제에 대해서요.

**선우**   환각제?

**금봉**   난 그게 히피족들이나 즐기는 약물인 줄 알았는데 그게 아니더군요. 월남에 들렀을 때 들은 얘기지만 미국의 어느 하원의원이 국방장관에게 서한을 보내 군인들 간에 만연하고 있는 환각제 사용을 금지해야 한다고 역설했다더군요. 그런데 그 보고서 가운데 어느 한 병사가 헬리콥터를 타고 가다가 공중에서 뛰어내렸다잖아요.

선우　저런! 자살하려고 그랬나?

금봉　아니죠. 그 당시 헬리콥터는 지상 천오백 피트 상공을 날고 있었
　　　는데 난데없이 한 병사가 자기는 하늘을 날아 지상에 무사히 내
　　　려앉을 수 있다고 주장했대요. 그래 다른 병사들이 미친 수작 말
　　　라고 상대도 안 했는데 글쎄 그 병사는 태연하고도 유쾌한 표정
　　　으로 창밖으로…… (하며 손짓으로 뛰어내리는 시늉을 하고는 휘파
　　　람을 불어보인다)

선우　중독자였구나.

금봉　그렇죠. 그러나 문제는 현대 청년들이 자꾸만 현실에서 뛰쳐나가
　　　려는 충동과 용기와 결단력을 마침내는 그런 마약에 의지하려는
　　　경향이죠. 이건 확실히 비극이에요. 20세기 후반의 비극, 현실이
　　　아닌 또 다른 하나의 환상의 세계에서 살고 싶어 하는 욕망. 그러
　　　한 환각제를 사용하는 행위 자체는 부당하지만 그것에 의지하지
　　　않고는 현실세계에서 이겨내지 못하는 책임은 누가 져야 하나요?
　　　언니 생각은 어때요? 네?

선우　(꿈에서 깨어난 듯) 그, 글쎄…… 나야 뭐 그, 그런 면에 대해서
　　　아는 게 있어야지. 밤낮 집안에 틀어박혀 살다보니까 어느 사이
　　　에 내 자신의 세계는 없어진 것 같아. 아니 어쩜 내 자신이 살고
　　　있는지 없는지 죽었는지조차도 의심스럽게 되었어.

금봉　홋호…… 언니는 왜 자꾸만 자신을 학대해요? 환각제 중독자는
　　　아니지만 천오백 피트 높이에서 뛰어내릴 수 있다는 자신을 가지
　　　시라니까 그래. 홋호.

선우　그, 그래! 오늘만은 우리 유쾌한 시간을 보내지. (문득 시계를 보며)
　　　귀옥이도 돌아올 시간이야.

금봉　참 학교 잘 다녀요? 귀옥이.

선우　대학생이 되어도 철없긴 매한가지야. 흠.

121　　　　　　　　　　　　　　　　　　　　　　환상여행

| 금봉 | 박사학위를 따도 주책은 주책이죠. |
|---|---|

두 사람이 서로 유쾌하게 웃는다. 다음 순간 윤금봉이 문득 떠오르는 생각이 있듯이 선우영을 바라본다.

| 금봉 | 언니! 나 동경서 언니 안부를 묻는 사람을 만났어요. (하며 소녀처럼 콧등을 찡그리며 웃는다) |
|---|---|
| 선우 | 내 안부를? |
| 금봉 | 맨 처음 만난 건 일본 규슈에 내려갔을 때였지만 그때는 언니 얘기는 안 나왔거든요. |
| 선우 | 글쎄, 일본에 내가 아는 사람이라곤 없는데…… |
| 금봉 | 그것도 아주 멋있는 남성! |
| 선우 | 남성! |
| 금봉 | (기억을 더듬듯) 나이는 44, 5세…… 키는 1미터 70가량…… 속눈썹이 말총처럼 검고 짙은 중년 신사! 모르겠수? |
| 선우 | 누굴 놀리기야? 현상붙은 사나이가 아닌 바에야 내가 어떻게 아니. |
| 금봉 | 그 편에서는 잘 알고 있는 눈치던데…… |
| 선우 | 뭐라고 하던? 나보고…… |
| 금봉 | (얼버무리며) 아, 아니…… 그저…… |
| 선우 | 그런데 뭘 근거로…… |
| 금봉 | 눈치란 게 있잖아요? 육감. |
| 선우 | 싱거운 소리 말어. 참, 마실 것 좀 먼저 내올까? (하며 우편으로 옮기려 하자 윤금봉이 의식적으로 오금을 박듯 말을 던진다) |
| 금봉 | 안상일 씨라고 모르세요? |

다음 순간, 선우영은 제자리에 선 채 서서히 금봉을 돌아다본다. 어떤

비밀을 폭로당했을 때의 당황과 수치와 경악으로 경직된 표정이다.

금봉　아시죠?

선우, 두어 걸음 다가온다.

금봉　왜 너무 반가워서 말문이 막혔수? 홋호. 유행가 같군요? 홋호.
선우　(조용하려고 애쓰며) 안상일 씨를 정말 만났어?
금봉　앗! (하며 고개를 크게 끄덕한다)
선우　어떻게?
금봉　일본 가고시마는 도자기로 이름난 고장인데 그 자기공들은 대부
　　　분이 한국 사람들의 후손이에요. 그래서 취재차 내려갔었는데 마
　　　침 한 비행기를 타게 되었어요.
선우　그분은 뭘 하신대?
금봉　민속학.
선우　민속학?
금봉　특히 한국문화가 일본에 흘러 들어와서 어떻게 토착화했으며 또
　　　어떻게 변질했는가에 대해서 박사학위 논문을 쓰고 있다나 봐요.

선우영은 너무나 벅찬 감동에 약간 다리가 휘청거린다. 다음 순간 가
까운 의자에 불쑥 주저앉는다.

금봉　현재 대학원에 적을 두고 여기저기 잡지에 원고를 쓰며……
선우　(어떤 괴로움을 털어버리려는 사람처럼) 그만, 그만!

뜻밖의 소리에 금봉은 어이가 없는지 입을 떡 벌린다.

**선우**   (안을 향해 앉은 채로) 금순 엄마, 금순네 있어?

**금봉**   언니, 왜 그래?

**선우**   미안해, 금봉이. 요즘 몸이 좀 안 좋아서······

이때 우편 쪽에서 금순네가 나온다. 부엌에서 음식을 만들다 나오는지 머리에 흰 스카프를 쓰고 가슴까지 오른 에이프런을 입었다.

**금순네**   부르셨어요?

**선우**   약 좀 가지고 와요!

**금순네**   왜 또 안 좋으세요?

**선우**   경대 아래 서랍에 있으니까······

**금순네**   네.

금순네가 약간 어두운 표정을 지으며 우편으로 다시 퇴장한다. 금봉은 선우가 약을 먹고 있었다는 새로운 사실에 관심을 갖는다. 그것을 눈치 차린 선우영은 계면쩍어서 쓰게 웃는다.

**금봉**   언니, 무슨 약을 먹수?

**선우**   미안해. 얼마 전부터 심장이 좋지 않아서······ 그렇지만 대단치는 않아요. 그저 먹었다 안 먹었다 하는 정도니까. (하며 쓰게 웃는다)

**금봉**   의사한테 진찰을 받으셨어요?

**선우**   빤한 병인걸.

**금봉**   그렇지만 심장병은 까다롭다는데.

이때 금순네가 물컵과 약봉지를 가지고 총총이 등장한다. 선우영은 냉큼 받아서 돌아앉더니 약을 입에 털어넣고 물을 마신다. 금순네와 윤금봉이 저마다 다른 표정으로 지켜본다. 숨을 푹 돌리고 난 선우영은 금순네에게 물컵을 주며 채근한다.

**선우**  어서 가서 저녁 준비를 해요. 귀옥이도 성규도 돌아올 시간이 되었어요.

**금순네**  네, 네.

금순네는 금봉에게 무슨 얘기를 미처 다 못한 아쉬움을 느끼며 우편으로 퇴장한다.
이 사이에 금봉은 담배를 피운다.
무대는 어느덧 석양을 배경으로 한 잿빛이다.

**선우**  금봉이. (어딘지 떨리는 목소리 같다)

금봉 말없이 돌아본다. 선우영은 여전히 외면하고 있는 자세이다.

**선우**  그이…… 많이 변했지?

**금봉**  글쎄요……

**선우**  변했을 거야. 내가 벌써 마흔 고개에 올라섰는걸. (부러 명랑해 보이려고 애쓰며) 그래 내 안부를 자세히 물었어? 괜히 잘 아는 척하고 묻지도 않은 일까지 죄다 털어놓은 거 아니야.

**금봉**  언니두…… 내가 뭐 동네 방송국인 줄 아세요?

**선우**  뭐라고 묻더라면서……

**금봉**  딱 한마디 묻더군요.

**선우**  (실망한 듯) 딱 한마디?

**금봉**  여류 시인 선우영 여사의 시를 종종 읽는다구요.

| 선우 | 그리고? |
|---|---|
| 금봉 | 뭐가 그리고예요? 그것 한마디밖에 안 했다니까요. |
| 선우 | (멋쩍어지며) 그래? |
| 금봉 | 그래서 하고 많은 시인 가운데 왜 하필이면 선우영 시인을 들추 나니깐…… |
| 선우 | 뭐라고 했어? |
| 금봉 | 비시시 소리도 안 내고 웃습디다. |
| 선우 | (낮게) 어머! |
| 금봉 | 그렇게 웃을 때가 아주 멋있어요. 그 샤를르 부아이에라는 불란 서 배우가 잘 웃는 웃음 있죠? (하며 입 한쪽을 비스듬히 치켜올리며 웃어 보이고는 제 풀에 깔깔댄다) |

그러나 선우영의 표정은 아직도 시원스럽지 못하다.

| 선우 | 그럼 그게 전부란 말인가? 안상일 씨에 관한. |
|---|---|
| 금봉 | 훗호…… (놀리듯) 알고 보니 언니와 그분의 관계는 보통 이상이 었나 보군요. |
| 선우 | 아, 아니야! 그저 해방 직후 대학시절에 문학을 합네 하고 쫓아다 니다가 알게 되었을 뿐이야. 그분이 일본에 계신다는 것도 난 모 르고 있었어. |
| 금봉 | 그럼 내가 괜한 얘길 했네요. |
| 선우 | 심술궂긴. |
| 금봉 | 훗호. 나중에 동경에 와서 딱 한 번 만났어요. |
| 선우 | 금봉이는 왜 아까부터 '딱 한 번'이라는 말을 강조하지? |
| 금봉 | 언니가 질투하실 테니까. |
| 선우 | 뵈기 싫다! |

| 금봉 | 그건 농담이고 호텔로 전화가 왔잖아요. |
|---|---|
| 선우 | 안상일 씨한테서? |
| 금봉 | 네, 음악회 표가 있는데 안 가겠느냐고요. 누군지 이름은 잊어버렸지만 구라파에서 온 저명한 피아니스트래요. 모처럼 동경에 오셨는데 자기로서 대접할 건 그것밖에 없다나요. 그래서 원래 음악회는 좋아하는 편은 아니지만 그분의 순수한 마음이 고마워서 약속시간에 나갔지 뭐요. |
| 선우 | 혼자 나왔어? |
| 금봉 | 누가요? |
| 선우 | 안상일 씨 말이지. 누군 누구. |
| 금봉 | 물론 혼자지요. 아직도 독신이라나 봐요. |
| 선우 | 어머나! |
| 금봉 | 공부를 하다 보니까 나이가 너무 많아서 결혼할 의사도 없어지고 결혼하자는 상대도 없어졌다나요. 홋호. |
| 선우 | 그럼 지금까지 결혼도 안 하고…… |
| 금봉 | 그런데 난, 그날 밤 감격적인 사실을 알아냈어요. |
| 선우 | (눈이 빛나며) 무슨 일이 있었어? |
| 금봉 | 음악회장에 들어가면서 무심코 보니까 입장권을 석 장을 내지 않겠어요. |
| 선우 | 사람은 둘인데? |
| 금봉 | 그러니까 안상일 씨가 안내양에게 뭐라고 몇 마디 건네니까 저쪽에서도 수긍했는지 연거푸 허리를 굽실거리더군요. |
| 선우 | 뒤늦게 누가 오기로 약속했던 모양이지? |
| 금봉 | 그래 제가 자리에 앉은 다음에 넌지시 물었거든요. 또 오실 분이 있는가 하고 말이에요. 그랬더니 안상일 씨는 어물어물하면서 시간이 되면 오겠지요, 그러지 않아요. 그런데 객석 불이 꺼지고 |

막이 올랐는데도 안상일 씨의 옆자리는 비어있었거든요. 나는 음악연주회보다도 그 빈자리에 나타날 사람이란 과연 어떻게 생겼을까 하는 호기심 때문에 초조하기만 했어요. 그런데…… (하며 선우를 본다)

선우  왔었어?

금봉  음악회가 끝날 때까지 아무도 나타나질 않았어요.

선우  (실망하며) 어머! 그 좋은 음악회에 초대받고도 안 오다니 몰상식한 사람도 있지.

금봉  그래 돌아오는 길에 차를 마시면서 재차 제가 물었지요. 그랬더니 뭐라고 대답한 줄 아세요? (흥을 내며) 그건 제 습관이죠. 헛허.

선우  (어떤 경악에 가까운 충격을 받으며) 두 사람 표를? (그녀는 자기도 모르게 반사적으로 서서히 자리에서 일어서며 뇌까린다)


이와 함께 무대는 차츰 어두워지고 환상적인 조명이 선우영의 얼굴을 부각시켜준다. 쇼팽의 피아노곡이 아련히 깔려온다.


선우  그래요. 언제나 우리는 둘이서 음악회에 갔었지요. 그 요란스럽기만 하던 바깥세상과 단절을 지을 수 있는 시간이 바로 아름다운 음악을 들을 때였으니까요. 내 머릿속에 음악과 시와 그리고 인생을 심어준 분이 바로 당신이었지요. 일주일에 한 번 아니 어떤 때는 한 달에 한 번 만날 수밖에 없었지만 우리는 음악이 좋다는 그 다방에서 만났지요.


선우영을 비추던 조명이 꺼짐과 동시에 피아노곡은 잠시 높아진다. 그리고 다시 무대는 좌편이 밝아진다.

# 제3장

**무대**

어느 다방 한구석 배경으로 분홍빛 베니션 블라인드가 내려져 있고 그 앞에 젊은 날의 안상일과 선우영이 나란히 앉아서 커피를 마시고 있다.

전축에서 흘러나오는 음악에보다 얼마 전 음악회에서 받은 감명을 정리라도 하려는 듯 두 사람은 말이 없다.

안상일은 점퍼 차림에 머리에 기름기라고는 찾아볼 수 없다. 외모로는 가난한 대학생이라는 인상을 풍긴다. 그러나 건강한 체구와 빛나는 눈이 매력적이다.

거기에 비하면 선우영은 가냘픈 소녀티가 아직도 가시지 않았다. 어깨까지 늘어뜨린 머리를 검은 헤어밴드로 질끈 매었을 뿐 얼굴엔 화장한 흔적도 없다. 흰 블라우스에 검정 스커트가 그녀가 대학생이라는 걸 말해줄 뿐이다. 목이 가늘고 긴 인상은 그녀가 생활에 시달림을 받고 있다는 증거이기도 하다. 그러나 벌겋게 상기된 양쪽 볼에서 역시 터질 것 같은 젊음을 내포하고 있다는 점을 쉽사리 찾아낼 수가 있다. 테이블 위에는 찻잔과 그리고 음악회 프로그램이 돌돌 말린 채 놓여 있다.

**상일**  어때요? 오늘밤 음악회 감상은.

**선우**  (수줍어하며) 정말 좋았어요.

**상일**  무조건?

**선우**  그, 글쎄, 어떻게 표현하면 좋을지……

**상일**  (씩 웃으며) 좀 더 구체적으로 말씀해보시죠.

선우　(약간 당황해서) 네? 구체적으로라니?

상일　어느 음악이 어디가 어떻게 마음에 들었죠?

선우　아이 상일 씨도! 아까도 말했지만 교향악단 연주회를 구경한 건
　　　처음이라고 했잖아요.

상일　처음이니까 첫인상이 그만큼 중요하다는 뜻이기도 하죠. 영 씨를
　　　음악회에 초대한 나로서는 그게 더 중요하니까요. (재촉하듯) 응?

선우　(손끝으로 찻잔 변두리를 매만지며) 저는 심포니에 대해선 잘은 모
　　　르지만요…… 뭔가 압박감 같은 걸 느꼈어요. (하며 한 손을 가슴에
　　　댄다)

상일　압박감?

선우　(영롱한 눈빛으로) 네! 각양각색의 악기에서 흘러나오는 저마다 다
　　　른 소리가 어쩜 그렇게 하나로 융화되고 뭉쳐서 마구 듣는 사람
　　　을 두들길 수 있을까 싶어져요.

상일　가슴이 아프던가요?

선우　아이, 상일 씨도. 제가 음악에 대해서 문외한이라고 너무 놀리지
　　　마세요.

상일　천만에요. 문외한인 영 씨를 음악 애호가로 만들어보겠다는 나의
　　　정성을 이해하셔야죠. 흠……

선우　(따라 웃다 말고) 음악은 역시 모든 예술 중에서도 최고의 예술인
　　　것 같아요.

상일　왜 문학이 싫어졌나요?

선우　시나 소설은 문자로 인간의 사상이나 감정을 표현하지만 음악은
　　　형태도 뜻도 없는 소리만으로 인간의 희로애락을 나타내니 정말
　　　신비스럽다는 생각이 들어요.

상일　다행이군요. 영 씨가 음악에 대해서 그토록 호감을 가진다니……
　　　이건 말하자면 (농담조로) 주최자 측으로도 무상의 영광으로 여기

는 바입니다. 헛허.

**선우**  (냉큼 응수하며) 앞으로 많이많이 부탁합니다. 홋호. (하며 앉은 채로 절을 꾸벅 한다)

**상일**  염려 없어요. 내가 더 부지런히 벌어서 음악회 표를 사면 되니까.

**선우**  그럴 필요 없어요.

**상일**  네?

**선우**  앞으로는 제가 회원권을 사겠어요.

**상일**  영 씨가 무슨 재주로? 나야 가정교사라는 직업이 있으니까 고정 수입이 있지만……

**선우**  그러니까 나도 직업을 가지면 될 게 아니에요.

**상일**  (약간 놀란 듯) 정말?

**선우**  전부터 아르바이트 자리를 여기저기 부탁했었는데 아마 자리가 날 것 같아요. 학생과에서 연락이 있었어요.

**상일**  그거 잘 되었군요. 그래 무슨 일을?

**선우**  어린이용 그림책의 삽화를 그리는 일.

**상일**  (감탄한 듯) 아니 영 씨는 그림도 그리오?

**선우**  네, 조금. 그렇지만 자신 없어요.

**상일**  알고 보니 다재다능하시군. 시도 쓰고 그림도 그리고…… (하며 새삼스럽게 다정한 눈길로 선우영의 옆 얼굴을 응시한다. 그의 눈에는 열이 안개처럼 퍼지고 있다. 문득 그 시선을 의식한 선우영이 당황한다. 이 어색한 분위기에서 빠져나가기라도 하듯 말한다)

**선우**  너무 재주가 많으면 잘 못 산다죠? 특히 여자는.

**상일**  누가 그래요?

**선우**  우리 어머니께서요. 어머닌 나를 공부시키기 위해서 삯바느질을 하시거든요. 그런데 제가 시를 쓴다 그림을 그린다 해서 학교에서 상장이며 상품을 타오면 기뻐하시기는커녕 도리어 한숨만 지셨어요.

**상일** 이상하군요. 반가워하실 텐데……

**선우** 너도 에미를 닮아서 고생문이 환하구나. 내가 재주가 있어서 삯바느질이라도 하니 끼니야 안 굶지만 여자는 손재주가 있으면 재물복 타기는 틀렸느니라 하시면서 한숨만 내리쉬세요.

**상일** (갑자기 심각해지며) 영 씨는 그런 퇴영적인 숙명론을 믿으십니까?

**선우** 숙명론이라뇨?

**상일** 그렇죠. 그건 케케묵은 운명론자들의 개똥철학이죠. 사람의 운명은 자신이 개척하고 개혁해야 해요. 자기 혁명이 있어야 해요. 자유와 해방을 되찾은 우리는 이제 그런 생각은 버려야 해요. 아시겠어요. 나나 영 씨는 불우한 환경 속에서도 배우겠다는 일념만 잃지 않는다면 살 길은 얼마든지 있어요. 아니 지금 나는 가정교사를 하면서 대학엘 다니고 있잖아요. 영 씨! 우리에게도 활짝 꽃이 필 날은 올 겁니다.

**선우** (어리둥절해서) 네?

**상일** 우리는 미래에 살고 있다고 생각해야 돼요. 이제 와서 일제 36년이 어떻고 이조 5백년이 어떻고 할 시기는 이제 서서히 물러가야 해요. 우리 힘으로, 젊은이의 새 힘으로 잘 사는 세계로 발돋움해야 해요. 알겠소?

**선우** 상일 씨는 그걸 믿으세요?

**상일** 뭘 말이오?

**선우** 우리에게도 꽃 피는 미래가 있다고 생각하세요?

**상일** 물론이죠. 지난번 문학서클 조직 발기인회 때 나오신 시인 안준 선배님 얘기를 잊으셨소?

**선우** 기억하고 있어요. 하나도 빼놓지 않고 메모까지 하면서 들었는걸요.

**상일** 그렇다면 왜 그런 어리석은 질문을 하죠?

**선우** 상일 씨! 솔직히 말해서 저는 그분의 말에 대해선 회의적이에요.

**상일** 회의적이라니…… 아니 안준 선배님의 새로운 문학이념이 틀렸단 말인가요?

**선우** 글쎄 그렇게 단정적으로 말할 수는 없지만……

**상일** (불쾌해지며) 회의적이라고 했잖아.

**선우** 그렇죠. 회의적인 것만은 사실이에요.

**상일** (추궁하듯) 이유는?

**선우** (약간 망설이다가) 문학이 정치와 직결되어야 할 당위성은 없다고 봐요. (그녀의 답변이 차분하지만 또렷하게 들리자 상일의 표정이 굳어진다) 시인 안준 씨는 앞으로의 문학은 일반대중 편에 서서 그들이 원하고 바라온 점을 대변해야 한다고 말씀하셨지만 저는 그 점이 납득이 안 가요.

**상일** 납득이 안 가다니…… 문학도 사회의 일부분이며 그 조직을 감당해야 할 의무가 있다는 게 납득이 안 갑니까?

**선우** 납득이 안 가는 게 아니라 그렇게 된다면 문학인이 하는 일과 정치가가 해야 할 일이 무엇인지 구별할 수 없잖아요.

**상일** 영 씨도 알고 보니 상당히 병 증세가 악화되었군요. 헛허……
(상일의 웃음이 조소로 들리자 선우는 발끈해진다)

**선우** 병 증세라뇨?

**상일** (코웃음을 치며) 어떻든 그 얘기는 서서히 풀리게 될 거요. 영 씨가 지금 문학과 정치를 전혀 별개의 세계, 전혀 이질적이며 단절된 상태의 원소로 여기고 있다는 건 확실히 병입니다. 그게 왜 병인가라는 궁금증을 풀기 위해서도 문학서클에 자주 나오셔야겠군요.

**선우** 그래요? 저는 적어도 제가 모르는 세계, 알고 싶어 하는 진리에 대해서는 누구보다도 용감하게 그리고 집요하게 대들 자신은 있으니까요.

환상여행

상일　좋습니다. 바로 그 투쟁정신! 헛허······

선우　비꼬시기예요?

상일　천만에요. 난 인간적인 면에서 영 씨를 신뢰하고 또 이 세상이 끝나는 순간까지 내 곁에 있어줬으면 하는 사람 가운데 한 사람입니다. (선우영은 그 말의 뜻이 너무나 강하게 가슴을 친다고 느끼자 눈물이 핑 돈다)

상일　(낮게) 진실입니다. 나는 처음 만났을 때부터 그렇게······ (하며 서서히 그의 한손이 탁자 위에 놓인 영의 손을 살그머니 덮친다. 두 사람의 시선이 언제까지나 허공에서 맞부딪친다. 긴 침묵)


-조용히 막

# 제4장

**무대**

2장과 같은 응접실. 화려한 샹들리에에 불이 켜 있다. 식당 쪽에서 유
쾌한 담소 소리가 흘러나온다. 좌측 현관 쪽에서 성규가 겨드랑이에
두꺼운 책을 두어 권 끼고 등장한다. 나이에 비해 동작이 느리고 어른
스럽다. 다만 도수가 높은 안경을 쓴 탓인지 어딘지 모르게 우둔해
보인다. 그에게는 이 집안의 어떤 일도 관심의 대상이 되지 않는다.
그는 오직 자기 자신에 관한 일만이 생활의 전부이다. 그는 식당 쪽에
서 터져 나오는 웃음소리도 아랑곳없다는 듯 2층 층계를 올라서려고
한다. 이때 금순네가 빈 쟁반을 들고 식당 쪽에서 나온다. 손님들과
주고받던 말을 문밖에까지 끌고 나온다.

**금순네** (만면에 웃음을 띠우며) 네, 네, 제 음식 솜씨를 칭찬해 주시니 이번에
는 서비스로 더 가져오죠. 홋호…… (하며 돌아서다 성규와 시선이
마주친다. 금순네는 가벼운 놀라움과 반가움에 밝아진다) 성규 학생
언제 오셨수?

**성규** (무표정하게) 응.

**금순네** 저녁은 아직 안 드셨죠? 어서 식당으로 들어가세요. 오늘밤은 상
다리가 부러질 거예요.

식당에서 사람들의 웃음소리가 터진다. 성규가 무심코 그쪽을 보고
나서 금순네를 쳐다본다.

**금순네** 주인어른께서 회사 간부들을 초대하셨어요. 김 상무님, 강 부장,

민 부장 그리고……

**성규** (약간 불만스럽게) 그런데 왜 나보고 식당으로 가라는 거야? 밥상
은 내 방으로 올려보내요. (하며 급히 2층으로 퇴장. 모처럼의 친절을
무시당한 금순네는 입을 한번 크게 삐죽거리고 돌아선다)

**금순네** 흥! 미국 유학만 가면 대순가? 배고파보라지.


귀옥이가 널찍한 은쟁반에 5인분의 애플파이를 들고 춤추듯 주방 쪽
에서 나온다. 머리에 쓴 스카프와 에이프런이 그녀를 더 귀엽고 앳되
게 보여준다.


**귀옥** 금순 엄마, 뭘 혼자서 중얼거리고 있수?

**금순네** 성규 학생이 밥을 2층으로 가져오래잖아요. 이 북새통에……

**귀옥** 오빠가 왔어? (하며 2층을 본다) 그건 제게 맡기고 어서 커피나 끓
이세요. 식사가 끝나가나 본데.

**금순네** 네. 오늘같이 바쁜 날 귀옥 학생이 거들어주니 내가 숨쉬겠수. 호
호호.

**귀옥** 그리고 엄마한테 가봐요. 기름 냄새를 너무 맡으셔서 머리가 아프
시다니까.

**금순네** 네. (하며 주방 쪽으로 퇴장)


이때 식당 문이 열리며 권오덕을 앞세우고 김 상무, 강 부장, 민 부장
그리고 젊은 유 비서가 나온다. 모두들 술이 거나해서 얼굴이 상기돼
있다. 특히 권오덕은 배가 나와서인지 나이보다는 훨씬 늙어보이나
그의 모든 동작은 성급하리만큼 민첩하다. 그는 이제 새로 시작할 사
업에 대한 꿈으로 가벼운 흥분상태에 있다. 그러나 그에게서 사업가다
운 기백과 경력을 빼버린다면 권오덕은 한낱 평범하고도 무식한 남자

에 불과하다. 그에게서 교양이라든가 세련된 운치라든가 유머를 찾아보기란 매우 어렵다. 그러기 때문에 선우영은 남편과는 아주 가까우면서 먼 세계에 살고 있는 것이다.


**귀옥**    (약간 응석을 부리는 듯) 아버지 벌써 끝나셨어요?

**오덕**    끝나다니? 우리는 이제부터 일을 시작해야 돼. (하며 부하직원들에게) 자 어서들 앉아요.

**일동**    네.

**오덕**    유 군, 아까 그 서류.

**유비서**    (냉큼 서류용 가방을 꺼내 보이며) 여기 있습니다.

**오덕**    다들 한 부씩 나누어줘.

**유비서**    네. (하며 차례로 두터운 서류를 나누어준다)

**귀옥**    (뾰로통해지며 자기가 들고 있는 쟁반을 가리켜) 이거 어떻게 하란 말예요?

**오덕**    그게 뭔데?

**귀옥**    파이예요.

**오덕**    파이?

**귀옥**    네 애플파이. 제가 요리책을 보고서 정성껏 만든 요리란 말예요. 식후 디저트로 이걸 잡수시는 게 문화인의 에티켓이죠.

**오덕**    뭐, 문화인? 헛허…… 귀옥아 너도 점점 누굴 닮아가니? 난 문화인이라면 질색이다. 헛허……

**귀옥**    아버지는 안 잡수시더라도 손님들께서 드셔야죠. 안 그래요? 강부장님.

**강부장**    (아첨하듯) 그렇습죠. 더구나 아가씨께서 손수 만드셨다니 기대가 큽니다. 헛헛허.

**민부장**    (맞장구치며) 동감입니다. 아프로빠이가 어떤 맛인지!


137                                                                환상여행

**김상무**  (경멸하듯) 이 사람아, 아프로빠이가 아니라 애플파이야 애플파이. 핫하하.

**민부장**  글쎄, 아프로건 뒤프로건 우선 시식부터 해봅시다. 헛허.


일동 따라 웃는다.


**귀옥**  (오덕에게) 그것 보세요. 아버지께선 무관심하시지만 다른 분들은 모두 기대하고 계시잖아요. 그러니 어서 식당으로 들어가세요.

**오덕**  (약간 난처해지며) 그걸 먹으러 되돌아갈 수야 없지. 그럼 여기서 먹자.

**귀옥**  그렇게 하세요.


귀옥은 차례로 접시를 나누어준다. 모두들 웃음을 띠며 받는다.


**김상무**  (냄새를 맡으며 감탄하듯) 이거 향기가 그럴 듯한데요.

**귀옥**  향기뿐이 아니지요. 잡숴보시고 나서 정당한 평가를 내려주세요.

**오덕**  귀옥아, 난 술이 더 필요할 것 같다.

**귀옥**  그만 하셔요.

**오덕**  가져오라면 가져와. 아까 마시다 남은 것 마저 비워버리자. 한번 시작한 일은 끝장이 나야만이 후련해지는 내 성격이다.

**김상무**  사장님 성격은 바로 그 점에 특색이 있지요. (하며 아첨의 웃음을 터뜨린다)

**오덕**  그런데도 우리 집안에선 그 누구도 내 성격을 이해 못해주니 딱하지 뭐야.

**귀옥**  이해 못하시는 건 아버지예요.

**오덕**  뭐라고?

**귀옥**  아버지는 아버지 자신의 사업만이 중요하고 그 일만을 이해하려 드시지 그 밖의 일엔 도무지 감각이 없으셔요. 그러니까 엄마도 ……

**오덕**  (발끈해지며) 귀옥아 어서 들어가!

귀옥은 약간 못마땅해하며 휙 돌아서 주방 쪽으로 퇴장. 이 사이에 남은 사람들은 파이를 신기한 음식인 양 이리저리 훑어보며 맛있게 먹는다. 오덕은 그러한 모습이 못마땅한지 약간 미간을 찌푸리며 휘둘러본다. 강 부장이 맨 먼저 그것을 눈치 차리자 나머지 한입에 털어넣고는 옆에 앉은 민 부장을 찔벅거린다.* 어서 먹으라는 신호다. 남은 사람들도 연쇄반응을 일으키며 재빨리 그릇을 챙긴다.

**오덕**  그럼 아까 이야기를 계속하지. 비서가 나누어준 서류가 바로 이번에 일본 측과 합의를 본 사항들인데…… (모두들 서류를 재긴다) 앞으로 우리가 세울 청량음료수 회사는 지금까지 국내에서 생산되는 타 회사의 상품에 비해 그 제조과정이 철저하게 분업화되고 생산 코스트가 저렴하다는 게 첫째 특색이고, 둘째로는 우리가 앞으로 만들어낼 상품은 단순한 청량음료수가 아니라 그 안에 비타민 C와 비타민 E를 함유시켰기 때문에 특히 여성들의 기호에 맞추었다는 점이죠. (서류의 한 페이지를 가리키며) 이게 동경에 있는 메이커와 여론 조사한 데이터인데…… 보시다시피 중년여성층에서 압도적으로 이 상품을 애용하고 있다는 사실이오. 이건 앞으로 우리가 시장 개척하는데 큰 희망을 거는 점이기도 하지요. 우리나라에도 지금 몇 가지 청량음료수가 나오곤 있지만 그

---

\* '집적거리다'의 전남 방언.

게 영영가가 있는 것도 아니고 또 항간에 떠도는 풍설에 의할 것 같으면 색소가 인체에 해롭다고 하니 이 기회에 우리가 광고 효과를 잘만 하면 삼 년 아니 이 년 안으로 시장의 판도를 뒤엎을 자신이 있어요. 암 있고말고! 핫하, 김 상무 생각은 어떻소?

**김상무** (안경을 벗으며) 제가 보기에도 지금 사장님이 지적하신 바와 같이 여성층에 파고든다는 게 퍽 유리하다고 생각됩니다. 오늘날과 같은 대중사회에서 하나의 붐을 일으키는 데는 여자의 힘이 절대로 큽니다. 그것도 중년층, 즉 다시 말해서 가정주부들이 여론을 좌우한다 해도 과언이 아니지요. 예컨대 그 흔한 연속방송극이나 영화가 90퍼센트는 여성 청취자나 관객을 대상으로 삼고 있다는 사실만으로도 충분하니까요.

**강부장** 옳습니다. 우리 집만 해도 TV 드라마에 어느 채널로 돌리느냐는 주도권은 제 집사람이 쥐고 있습지요. 헤헷헤.

**민부장** 게다가 여성이면 누구나 아름다워지고 싶어 하는 욕망이 있기 때문에 이 상품은 앞으로 절대로 유리하다고 봅니다.

**김상무** 그렇지만 한 가지 걸리는 게 있어요. 일본 상품을 그것도 청량음료까지 그대로 따온다는 건 잡음이 일어날 우려도 있을 것 같은데…… 그 점은 괜찮을까요?

**유비서** 잡음이 있으면 어떻습니까? 아까 사장님 말씀대로 시장확보의 열쇠는 바로 선전에 달려 있으니까요. 우리가 일본 상품을 상륙시킨다 해서 새삼스럽게 매국행위라고 탓할 사람도 없구요. 도리어 이런 문제는 무자비하리만큼 비정적이라야 된다고 봅니다. 막말로 이건 무슨 자선사업이나 공익사업을 하자는 게 아니지요. 돈을 벌기 위해서죠. 돈 버는데 잡음을 두려워한다면 지금 세상에 돈 벌 사람이 어디 있겠습니까?

**오덕** (유 비서의 말에 수긍이 가는 듯 고개를 끄덕거리며) 음. 역시 유군은 머리가 비상해. 나이는 젊지만 그 머릿속에는 늙은 구렁이가 두어 마리는 들어있나 보지. 하하하…… 김 상무, 우리 늙은이들도 분발해야지 어물어물하다간 밀려납니다. 아하하…… (이 말에 다른 사람들은 일종의 시기와 불안을 느낀다) 나는 원래 무식하지만 내 비서가 이렇게 현명하니 포수가 좋은 엽총을 가졌다고나 할까. (하며 다시 깔깔대고 웃는다)

이때 갑자기 전깃불이 나간다. 모두들 약속이나 한 듯이 혀를 차며 어둠 속에서 소리만 들린다.

**유비서**  정전인 모양이죠?
**오덕**  요즈음에도 정전이 되나?
**김상무**  사장님, 시간도 늦고 불도 나가고 했으니 내일 회사에서 말씀드리죠.
**오덕**  음…… 그럴 수밖에 없군. (안을 향해 큰 소리로) 불 가져오너라. 불!
**김상무**  괜찮습니다. 현관까진 눈 감고도 나갈 수 있는 걸요. 여보게들 일어나지.
**일동**  예.

어둠 속에서 저마다 일어나 더듬거리며 나간다. 이때 주방 쪽에서 금순네가 촛불을 켜들고 나온다.

**금순네**  오늘따라 정전이 되다니 무슨 일일까요. (하다 말고 나가는 손님들을 보고) 왜들 벌써 가시게요?
**오덕**  어서 현관 쪽으로 나가봐.
**금순네**  네, 네. (하며 급히 현관 쪽으로 나간다)

사원들이 저마다 "안녕히 계세요" "편히 쉬세요" 등 인사를 하고 나간다.

**김상무**    사모님을 뵙고 가야 할 텐데……

**오덕**    그럴 필요 없어요. 집사람은 몸이 좋지 않아서 벌써 자리에 든 모양이야.

**김상무**    그럼 내일 뵙겠습니다.

**오덕**    응. (그는 한손을 번쩍 들어 보인다)

김 상무가 나가자 오덕은 식당 쪽으로 들어간다. 이윽고 자동차 발동 걸리는 소리에 이어 떠나가는 소리가 들린다. 이때 2층에서 천천히 내려오는 사람 그림자가 벽에 커다랗게 투영되어 일종의 괴이한 분위기를 자아낸다. 선우영 여사가 쌍촛대를 들고 내려온다. 현관에서 들어오는 금순네를 보고 말을 건다.

**선우**    손님들 가셨어?

**금순네**    네. 오랜만에 포식했다고 아주 좋아들 하시던데요.

**선우**    (약간의 자책지심에서) 깜빡 잠이 들었지 뭐유. 손님들이 가시는 데까진 시중을 들어야 할 텐데……

**금순네**    에그, 제가 다 말씀드렸어요. 사모님께선 음식을 장만하시다 기름냄새가 역겨워서 잠깐 쉬러 가셨다고요. 흠……

**선우**    그렇지만 그게 인사가 아니지. 내 집에 오신 손님이 가시는 것도 모르다니……

이때 식당 쪽에서 나오던 권오덕이 무표정하게 말을 가로챈다.

**오덕**    신경 쓸 건 없어요.

그는 위스키에다 얼음을 띄운 글라스를 한 모금 마신 다음 무대 중앙으로 나온다.

**선우** (당황하며) 어머! 여태 식당에 계셨던가요?

**오덕** 손님은 가고 말상대가 되어줄 사람은 없으니 어떻게 해. 이거라도 상대하지 홋흐…… (그는 이지러진 웃음을 뱉으며 또 한 모금 마신다)

금순네가 뭔가 불안감을 느끼며 바라다본다. 선우영 여사도 퍽 초조해 보인다.

**오덕** 아줌마 뭘 멍청하게 보고 있어. 어서 들어가서 치우고 자잖구.

**금순네** (제정신을 찾은 사람처럼) 네, 네, 저…… 그럼…… (하며 급히 주방 쪽으로 퇴장)

두 사람만 남게 되자 갑자기 방 안 분위기는 답답해진 것 같다. 오덕은 소파에 주저앉으며 다시 한 모금 마신다. 선우영 여사는 손에 들고 있던 촛대를 응접대 위에다 놓고는 저만치 가서 앉는다. 서먹한 분위기, 어디서 풀벌레 우는 소리가 영롱하게 들려온다. 무거운 침묵.

**선우** 여보, 죄송해요. 골치가 아파서 그만……

**오덕** 그렇게 되면 미안한 건 바로 나지.

**선우** 네?

**오덕** 나 때문에 당신이 부엌에서 기름냄새를 맡아야만 했으니까 말이요. 홋흐……

**선우** (어처구니없다는 듯) 아이 당신도 별난 소리를 다 하시네요. 제가 콩기름 냄새를 싫어한다는 건 누구보다도 당신이 잘 아시잖우.

**오덕** (빈정대며) 그런데도 남편을 위해서 자기 자신을 희생했으니 훈장을 달아달라는 뜻인가? 헛허.

**선우** (비위가 상해온 걸 참으며) 당신도 오랜만에 여행에서 돌아오셨고 또 회사 간부들도 오신다기에 저는 저대로 성의를 다했는데도 빈정대시기예요?

**오덕** (위스키를 한 모금 마시고서) 성의? 훗흐……

**선우** 뭐가 우습죠?

**오덕** 농담이겠지?

**선우** 네?

**오덕** 당신 같은 문화인은 장사꾼들이 모이는 자리엔 안 나오는 게 현명한 방법일지도 모르지. 안 그렇소? 여보. 헛허……

선우 여사는 가슴 속에서 치밀어 오르는 불쾌감을 간신히 삼켜버리느라 애쓴다. 그 표정이 매우 괴로워 보인다.

**오덕** 여보, 골치가 아프면 먼저 자요. 난 이걸 마저 들고 나서…… (하며 글라스를 들어 보인다)

**선우** (부러 냉정해지려고 애쓰며) 여보, 우린 왜 만나기만 하면 이렇게 말이 엇갈리고 뒤틀리기만 할까요?

**오덕** 문화인과 야만인이니까 그럴 테지.

**선우** (한숨을 내뱉고) 부부라는 게 가까워야 하고 누구보다도 서로를 이해해야 한다는데 당신은 지금까지 이해하려는 성의는 조금도 안 나타내 보이는군요. 이십 년 동안을 우리는 그렇게 살아왔으니까 따지고 보면 저도 무던한 여자였긴 했지만……

**오덕** (눈빛이 날카로워지며) 어떻게 하는 말이지?

**선우** (쓰게 웃으며) 평소에 느꼈던 바를 그저 가벼운 기분으로 얘기했을 뿐이에요. 더구나 당신이 이번 여행에서 돌아오신 지도 벌써 사흘째가 되는데도 우린 한 번도 단둘이 앉아서 얘기할 겨를조차 없었잖아요. 돌아오신 날 밤부터 환영회다, 회의다, 뭐다 하고 …… (차츰 남편에 대해서 항의조로) 당신이 언제 가족들과 집안 얘기며 걱정을 해보신 일이 있으세요? 성규도 오는 크리스마스까지는 미국으로 들어오란대요.

**오덕** 가면 되잖아. 그만큼 자랐는데 애비가 손목 잡고 미국까지 데려다줘야 하나? 젠장! (하며 남은 술을 반쯤 마셔 버린다) 사람은 저마다 할 일이 있단 말이야. 당신이 시를 쓸 때 나는 돈을 벌고……

**선우** 그렇지만 가정이란 그것만으로 되는 것이 아니잖아요.

**오덕** 그럼 뭐가 필요해? 아니 남자가 집안 사람 구석구석까지 참견하고 보살피고 해야만 하나?

**선우** (멍하니 바라보며) 제가 언제 당신보고 집안 사람 걱정하시랬어요.

**오덕** 요컨대는 그걸 말하고 싶었던 게 아니고 뭐냔 말이야! (하며 소리를 지른다. 그건 마치 피의자를 취조하는 형사가 으름장을 치는 행위와도 같다)

이런 때의 선우 여사는 어떤 불결하고도 수치스러운 것을 털어버리려고 하는 사람처럼 눈을 감고 목을 움츠리는 버릇이 생겨버렸다. 권오덕은 숨소리가 거칠어지고 언성이 높아진다.

**오덕** 남자의 세계가 따로 있고 여자의 할 일이 따로 있다는 것쯤은 유식한 당신이 모를 리가 없잖아. 그런데 왜 꼬치꼬치 파고 드는 거야. 기분 잡치게.

**선우** 기분 잡친다뇨? (어이없어 입술이 떨린다)

**오덕**   그렇지. 지금 내 머릿속에는 새로 시작할 청량음료 공장 설치에 관한 생각으로 꽉 차 있단 말이야. 내가 외국여행 다니니까 뭐 온천장에 가서 기집이나 끼고 놀고 다니는 줄 알아? 난 하루에 네 시간도 잘까 말까 한다구. 그런데 당신은 뭐야. 그까짓 시 나부래기나 쓰고 그림이나 깔죽거리며 다인 양…… 흥! (그는 스스로의 감정을 진정시킬 길이 없어 자리에서 벌떡 일어나 버린다. 선우 여사는 죄인처럼 고개를 수그리고 있다)

**선우**   (낮게) 제가 잘못했어요. 그렇지만……

**오덕**   거기에도 또 단서가 붙나? 배웠다는 사람들은 그게 틀렸어. 잘못 했으면 잘못이다로 그칠 일이지 거기에 왜 또 꼬리가 붙는가 말이야. 제길, 나는 무식하니까 이론투쟁은 사양하겠어.

그는 술을 마신다. 이때 다시 전깃불이 켜지자 지금까지의 분위기가 일신되는 느낌이다.

**오덕**   빌어먹을. 전기도 제대로 못 만지는 주제에 에이 속상하다. 여보, 나 먼저 자겠어. (하며 2층 층계로 올라간다)

혼자 남게 된 선우 여사는 돌처럼 앉아서 촛불을 들여다보고 있다. 얼마 전부터 우편 주방 쪽에서 그 광경을 보고 있던 귀옥이가 다가온다. 그러나 선우 여사는 움직이지 않는다.

**귀옥**   (마치 남의 얘기처럼) 아빠와 엄마는 결혼할 때 궁합도 안 보셨나?

선우, 길게 한숨을 쉰다.

**귀옥**  나는 아무리 생각해도 납득이 안 간다니까. 어떻게 해서 두 사람이 결혼까지 골인했는지. 모든 게 정반대로 상극인데…… 엄마, 아빠의 어디가 좋아서 결혼했수? 일제시대 중학도 제대로 못 나온 아빠와 결혼했을 때는 그만한 매력이 있었을 게 아니에요?

**선우**  (촛불을 끄고) 쓸데없는 소리 말고 어서 자거라. 밤이 늦었다.

**귀옥**  내 질문은 일고의 가치도 없다는 뜻이군요?

**선우**  (신경질을 내며) 그만 지껄이라니까!

**귀옥**  (뾰로통해지며) 나는 보고 느낀 대로 얘기했을 뿐이에요. 아무리 훑어보아도 아빠와 엄마 사이엔 최대 공약수가 없단 말이에요. (획 돌아서며) 그렇게 하고 20년 동안 어떻게 살아왔을까. (한 번 어머니를 돌아보고) 아! 나도 벼락이 내리기 전에 잠이나 자야지. (하며 우측으로 퇴장)


선우 여사는 자신의 약점을 정면으로 찔린 사람처럼 안면근육이 경련을 일으킨다. 그녀는 생각에 잠기며 허공을 바라보고 있을 뿐이다. 조명이 차츰 어두워지며……


**선우**  (조용히) 귀옥이 말이 옳을는지도 몰라. 우리는 하나부터 열까지 어울리는 점이라곤 없는 부부니까. 정말 이십 년 동안 나는 나대로, 그이는 그이대로 각각 자기 나름의 잠자리에서 자기 나름의 꿈을 꾸고 살아온 거야. 어쩌면 우리는 부부라기보다 이웃으로 지냈을는지도 모르지. 그것이 위선일지도 모르지만 나는 처음부터 그럴 수밖에 없었어. 처음부터…… 출발이 한 번 그렇게 되고 보니 내 인생은 잘못 낀 단추 꼴이 되고 만 거야. 처음부터…… (마침내 무대 어두워진다)

# 제5장

## 무대

좌편에 자리잡은 경찰서 사찰계. 배경으로 짙은 회색의 베니션 블라인드가 내려져 있다. 책상 앞에 젊은 날의 권오덕 형사가 조서를 꾸미고 있다. 검정빛 가죽 점퍼를 입었고 머리는 아무렇게나 헝클어진 채로 있어서 얼핏 보기엔 상인 같은 인상이다. 그러나 그의 날카로운 눈빛과 모든 행동은 수사관의 직업의식이 몸에 밴 청년이다. 책상 위 재떨이에 올려놓은 담배가 반쯤 타들어가고 있다.

잠시 후 이영섭이 선우영을 데리고 들어온다. 이 형사는 오덕에게 다가가서 귓속말로 보고를 한다. 오덕은 건성으로 대답을 하며 시선을 선우영의 가냘픈 허리를 지켜본다. 선우영은 자꾸만 떨리는 몸을 억제하려는 듯 어금니를 지끈지끈 맞부딪친다.

**오덕**    수고했어 이 형사. 나가봐. 그리고 계속 연락을 해요.

**이 형사**  (부동자세로) 네, 그렇게 하겠습니다, 계장님. (경례를 한 다음 무대 좌편으로 퇴장. 오덕은 재떨이 위에서 타고 있던 담배를 주워 물며 부드럽게 말을 던진다)

**오덕**    거기 앉아요. (하며 턱으로 빈 의자를 가리킨다. 그러나 선우는 여전히 서 있다) 앉으라니까. 경찰서라고 해서 겁부터 낼 건 없어. 그야 물론 자기 집하곤 다르겠지만…… 더구나 여대생이 유치장 신세를 진다는 건 그다지 유쾌한 일은 못 되겠지. 잠자리도 음식도 불편했겠지. (빙그레 웃으며) 앉아서 어제 얘기나 계속 할까? (하며 눈을 가늘게 떠 보인다. 그러나 시선은 매우 날카롭다. 선우는 조심스럽게 의자에 앉아 길게 한숨을 몰아쉰다) 그래…… 생각 좀 해봤어?

선우 양.

선우 대답이 없다.

오덕　(담배를 한 모금 빨고) 이상 더 고집을 안 부리는 게 피차간에 이로울
　　　거야.

선우　(약간 떨리는 목소리로) 선생님……

오덕　(기대를 가지며) 잠깐 기다려. (조서 용지를 서랍에서 꺼낸 다음 펜에
　　　다 잉크를 찍어 준비태세를 갖춘다) 어서 말해. (하며 선우의 말을 기
　　　다린다)

선우　(안타깝게) 저는 아무것도 모릅니다. 저는 그저 문학을 좋아하는
　　　학생끼리 서클을 만든다고 학교 게시판의 광고를 보고 나갔던
　　　것뿐이에요. 그런데……

오덕　(지금까지 온화한 표정은 간 곳 없이 사라지고 차갑게) 그건 지금까지
　　　다 얘기한 거 아니야? 내가 묻는 건 그 문학 서클의 주동적 역할을
　　　한 사람이 누구냔 말이야. 그리고 그 조직과 배후관계에 대해서
　　　참고될 만한 얘기를 듣겠다는데 무슨 잠꼬대야!

선우　선생님, 그건 모른다고 했잖아요. 문학 서클의 주동자가 있을 리
　　　도 없고 배후관계가……

오덕　(들었던 펜을 거칠게 잉크병 속에 내던지듯 꽂는다. 그리고는 그녀의
　　　얼굴을 직시하며) 정말 이렇게 나오기요?

선우　(공포에 떨며) 네?

오덕　(차근차근히) 나는 처음부터 선우 양을 죄인으로 대하진 않았어
　　　요. 최고학부를 다니는 지식여성에게 내가 할 수 있는 모든 친절
　　　과 예의를 갖추어왔소. 나는 좀 더 인간적으로 마음과 마음을 툭
　　　터놓고 얘기하고 싶었단 말이요. 그런데도…… (태도가 돌변하며)

누구를 우롱하는 거요?

선우　(와들와들 떨며) 아, 아니에요. 제가 어떻게 선생님을……

오덕　남이 친절하게 대하면 친절로 갚는 상식쯤은 있을 만도 한데……
정 이런 식으로 나온다면 나도 생각이 있소.

선우　(긴장되며) 선생님!

오덕　우리는 이미 문학 서클의 윤곽을 파악하고 있어요. 학생 한 사람
뿐 아니라 다른 사람도 이미 우리에게 정보를 제공하고 있는데
그래도 모른다고 하기요?

선우　(비겁하리만큼 애처롭게) 저는 그 문학 서클에 나간 지가 얼마 안
돼요. 그래서 서로 얼굴은 알지만 어느 과에 다니는 누구라는 건
미처……

오덕　(조소하듯) 그래 그 자리에 모이는 사람이 누군지도 모르고 나갔
단 말이요?

선우　저는 그런데 관심이 없었어요. 문학작품을 감상하고 외부에서 문
학인들을 초청해서 이야기를 듣는 것만으로도 저는 가슴이 부풀
어 있었으니까요.

오덕　(비꼬는 듯) 그래요? 그럼 내가 한 가지만 묻지.

선우　(불안으로 가득 찬 어조로) 네? 무슨……

오덕　언젠가 안준이라는 시인이 나왔었다지?

선우　네, 그분은 우리하고 동문이시며 우리나라 시단에서는 알려진 분
이어서 맨 먼저 그분을 모셔다가 이야기를 들었죠.

오덕　그 사람이 어떤 사람인지 알고 그래?

선우　어떤 사람이라뇨?

오덕　안준은 빨갱이야. 그것도 거물급에 속하는……

선우　뭐라구요? (그녀의 눈에 공포가 역력하다)

오덕　하고 많은 시인 가운데서 안준 같은 빨갱이를 초빙했다는 한 가

지 사실만 가지고도 이 문학 서클의 정체가 무엇인지 그 배후에 어떤 관계가 얽혀 있는지는 삼척동자라도 알 수 있단 말이야.

선우　그 그건…… 저는 몰라요. 제가 빨갱이를 초빙한 건 아니잖아요. 제가 빨갱인가요?

오덕　(유들유들하게) 그러니까 선우 양은 우리 수사진에 협력하는 뜻에 서라도 그 서클의 주동인물이 누군가를 대기만 하면 돼. 학교 게 시판에 나붙은 광고만 보고 갔다지만 개인적으로 친근하게 지낸 친구도 있을 법한데……

선우　(딱 잡아떼듯) 없어요. 아무도 몰라요. 나는 오직 문학에 대해서 알고 싶어 하는 욕구만으로……

오덕　(말꼬리를 가로채며) 그래 개인적인 친분도 없는 사람들하고 같이 어울릴 수 있을 만큼 담이 큰 편이었단 말인가?

선우　(어리둥절하며) 네?

오덕　(달래듯) 이봐요, 학생! 나는 어디까지나 학생을 위해서 하는 얘기 야. 그리고 학생을 기다리는 홀어머니를 생각해서라도 이렇게 고 집을 부리면 안 돼요.

그녀는 어머니라는 말에 눈시울이 뜨거워지자 두 손을 얼굴을 가리고 소리 없이 흐느낀다. 그러한 모습에 권오덕은 한편으론 측은하게 다른 한편으론 쾌감을 느낀다. 그는 그녀에게 다가가 선우의 어깨를 가볍게 두들겨준다.

오덕　내게도 선우 양만한 동생이 있지. 내 동생이 만약에 이런 꼴이 되었으면 어떻게 했을까, 라는 생각을 해봤지. 물론 무슨 수단을 써서라도 경찰에서 빼내야겠지. 여대생이 유치장 신세를 지다니 말이 돼? 그리고 집에서 막연히 딸을 기다리는 어머니를 생각한다면 그까짓 문학 서클의 주동인물쯤이야……

**선우**　흑흑…… (드디어 소리를 내 흐느낀다)

이때 전화벨이 울린다. 오덕, 수화기를 든다.

**오덕**　여보세요? 아, 이 형사 응…… (사이. 갑자기 긴장하며) 누구? 가만
있어. (급히 잉크병에서 펜을 집어들고) 말해. 응. (메모지에다 받아
쓰며) 안, 상, 일 (재확인하듯) 안상일? 안상일이란 말이지. 응 알았
어, 그래……

그는 수화기를 내려놓는다. 지금까지 울고 있던 선우영은 안상일이라
는 말에 자기도 모르게 표정이 굳어지며 불안과 공포에 휘말리어 오덕
을 돌아본다. 다음 순간, 오덕의 날카로운 시선이 선우의 시선을 집요
하게 쫓는다. 오덕은 자기 자리로 돌아와 앉는다. 새 담뱃갑을 꺼내
한 가치를 입에 물고 라이터를 켜댄다. 그리곤 담배 연기를 길게 내뿜
는다. 무거운 침묵이 계속된다.

**오덕**　(대뜸) 안상일이란 학생 알지?

**선우**　(몹시 당황하며) 네? 모, 모르겠어요.

**오덕**　그 서클에 안상일이란 학생이 있었을 텐데…… 사학과 4학년이
라며?

**선우**　아까도 말씀드린 바와 같이…… 저는……

**오덕**　(냉큼 말꼬리를 이어받아) 얼굴 따로 이름 따로라 누군지 모르겠다
는 말씀? 하하하……

갑자기 터져 나오는 웃음소리에 선우는 어떤 전율을 느낀다.

선우　그래요. 정말이에요. 저는 원래 남학생들하고는……

오덕　그래? (날카롭게 쏘아보며) 정말 이렇게 나오기야. 증거가 다 드러나 있는데도 시치밀 떼긴가 말이야! (하며 손바닥으로 책상을 쾅 친다. 그녀는 반사적으로 몸을 움츠린다)

선우　정말이지 저는 아무것도 모릅니다. 저는 그 서클에 대해서……

오덕　이쯤 되면…… 모르고 있다는 것은 알고 있다는 뜻이 되지. 안 그래? 선우 양이 순순히 대답을 해줘야지 안 그러면 크게 다칠지도 몰라.

선우　무슨 뜻이죠?

오덕　솔직한 얘기가 나는 선우 양 같은 순진한 학생이 왜 스스로 불행 속으로 빠져들려고 하는지 알 수가 없단 말이야. 그래서 나는 웬만하면 훈계 정도로 석방할까 했더니만 안 되겠군. (오덕은 진술서 용지와 펜을 선우 앞에 내밀며 위협조로) 자! 여기다 다시 써! 처음부터.

선우　뭘 쓰란 말이에요?

오덕　지금까지 진술 내용은 말짱 거짓말이지? 그러니 새로 쓰란 말이야. 어떻게 해서 그 서클에 들어갔고 누구와 가장 친했으며…… 회원이 누구누구이며, 언제 어디서 만나 무슨 얘기를 했으며……

선우　(울상이 되며) 선생님! 제발 이 이상 더 저에게 아무 말도 묻지 말아주세요. 제가 할 수 있는 얘기는 이미 다 말씀드렸어요. 그러니 저를 놓아주세요. 다시는 그 서클에 나가지 않을 것이며 그 누구와도 사귀지는 않겠어요. (드디어 울음이 터지며) 저를 풀어주세요. 우리 어머니가 이걸 아신다면…… 흑흑……

오덕　(담배 연기 너머로 그녀의 떨리는 어깨를 내려다본다. 그의 눈에는 동정이라기보다 어떤 욕정이 더 짙게 불타고 있다) 그럼 내가 시키는 대로 해야 할 게 아닌가.

선우　네, 무엇이든 하겠어요.

**오덕**   정말이지?

**선우**   네, 저를 석방해 주신다면……

**오덕**   그럼 안상일이가 잘 다니는 다방이나 친구 집이 어디인지 말해
봐. 그러면 나는 선우 양을 이 사건과는 아무 관계가 없는 것으로
인정하고 또 앞으로도 보호를 해줄 테니까. 내 권한과 보증으로
서 그만한 일은 할 수 있어. (부드럽게 소리를 낮추어) 내 진의가
어디에 있는지 알겠어? 앞으로도 보호를 해주겠다는…… 음? (하
며 어느덧 그의 손이 선우의 손목을 쥔다)

그녀는 소스라치게 놀라 그의 손을 뿌리치며 자리에서 벌떡 일어나
피한다. 오덕은 약간 무안을 당한 듯 멋쩍게 웃다 말고 다시 심각한
표정으로 돌변한다.

**오덕**   좋아! 그렇게 나온다면 나도 이 이상 더 인간적인 친절을 베풀
필요는 없겠지. (하며 자리에서 불쑥 일어선다) 어서 자백서를 쓰라
니까. 내가 다녀올 동안 틀림없이 써놔야 돼! 알겠지? (하며 날카롭
게 쏘아붙인 다음 좌편으로 퇴장)

혼자 남은 선우는 갑자기 엄습해오는 공포와 고독감에 전신이 와들와
들 떨리기 시작한다. 그녀는 힘없이 쓰러지며 책상 한 귀퉁이를 붙잡
고 마룻바닥에 무릎을 꿇는다. 마치 기도 하는 소녀의 모습 같기도
하다.

**선우**   어머니! 저는 어떻게 하면 좋아요. 안상일 씨가 그럴 리 없어요.
이건 무슨 착오일 거예요. 어머니! (하며 책상다리에 얼굴을 기대고
흐느껴 운다. 그러나 다음 순간, 고개를 들고 허공을 응시하며 어떤 결

의가 떠오르는 듯 표정이 굳어진다)

화석처럼 굳어버린 선우영의 자세가 어둠 속에서 박꽃처럼 한동안 정지된다. 그것은 시간의 경과를 나타낸다. 이윽고 무대가 다시 밝아진다. 오덕이가 서서히 다가와서 그녀의 어깨에 손을 얹는다. 그것은 정다운 남녀가 주고받는 무언의 속삭임 같다.

**오덕**  선우 양, 생각해봤어?

**선우**  (담담하게) 네.

**오덕**  (뜻밖에 양순해진 태도에 의아심을 품으며) 아니 그럼 자백하겠어?

**선우**  네, 그 대신 조건이 있어요.

**오덕**  조건? 그건 내게도 있지.

선우 말없이 오덕을 쳐다본다.

**오덕**  선우 양은 이런 짓을 해선 안 돼. 일시적인 호기심이었다손 치더라도 과실은 과실이니까. 내 보호를 받겠다면 언제고…… (하며 선우의 손목을 잡는다. 그녀는 뿌리치려 하지 않은 채 그대로 앉아 있다)

무대 어두워진다.

# 제6장

**무대**

응접실. 유 비서가 신문을 읽고 있다. 신문기사에 마음이 쏠리는 게 아니라 주인이 나오기를 기다리는 사람의 습관적인 태도다. 이윽고 2층에서 성규가 천천히 내려온다. 유 비서가 급히 자리에서 일어난다. 아마 권 사장인 줄 알았던 모양인지 성규임을 발견하자 약간 실망한 표정이다.

**유비서** 잘 돼갑니까? 수속관계는……

**성규** (무대 중앙으로 나오며) 대한민국에선 되는 일도 없고 안 되는 일도 없다던데 내 경우엔 해당사항이 아닌가 봐요.

**유비서** 그걸 말이라고 하오? 권 사장님 명함 한 장이면 안 통하는 데가 없는 환경에 무어가 어떻습니까? 하하하……

**성규** 글쎄 그 아버지조차 만나기 힘드니 이거야말로 지척이 천리지 뭐겠소.

**유비서** 하긴 사장님께서도 요즈음은 새 공장 설립 관계로 분주하시니까 …… 하루에도 수십 번 주무관청에 드나드시랴, 은행이며 현장에 나가시랴, 정말 제가 옆에서 보기에도 딱할 정도니까요.

**성규** 그러니 언제, 어떻게 만나서 얘기를 한단 말이오. 그렇다고 아들이 아버지한테 면회 신청을 할 수도 없는 노릇이고.

**유비서** 하하…… 그런 일 같으면야 바로 내가 도와드리지요. 점심만 한 턱 잘 내십시오.

이때, 무대 우편에서 권오덕 사장이 급히 나온다. 그 뒤에 선우 여사,

금순네가 뒤따른다. 유 비서가 재빨리 일어나 절을 한다.

**오덕**  오, 벌써 와 있었군. 자, 그럼 나가볼까? (하며 앞장서 나가려 한다)

**선우**  여보!

**오덕**  뭐요?

**선우**  타이가 아무래도 눈에 거슬려요. 이제 완연히 가을 날씬데 아직
도 여름용 타이를 매셨으니……

**오덕**  상관없어. 장사꾼에게 계절이 무슨 소용이오. 가을이 오건 겨울
이 가건 돈만 벌면 됐지. 안 그래? 유 비서. 하하……

다른 사람들도 따라 웃는다.

**선우**  돈도 좋지만 남들의 이목도 생각해야죠. 넥타이 하나로써 그 사
람의 취미나 교양이나 인격까지도 저울질하는 세상이니까요. (옆
에 서 있는 금순네에게) 금순 엄마, 아까 그 타이 가져와요.

**금순네**  네…… 네……

**오덕**  관둬요.

**금순네**  (어리둥절하며) 네?

**선우**  (재촉하듯) 어서 가져오래두요. 무얼 그렇게 촌닭처럼 두리번거리
면서……

금순네가 총총히 무대 우편으로 퇴장. 성규가 앞으로 나온다.

**성규**  아버지.

**오덕**  (비로소 아들이 있었음을 알았다는 듯) 오! 그래 수속은 잘 돼가니?

**선우**  글쎄, 제가 말씀드렸잖아요. 잘 안 되니까 당신께서 한 번 시간을

내셔서 고위층에다 부탁말씀 좀 드리라구요.

오덕   (성규를 못마땅하게 쏘아보며) 이놈아, 그럼 그렇다고 진작 얘기할 일이지.

성규   아버지가 시간을 내주셔야죠. 여행 떠나실 때는 다녀와서 해보자고 하시더니 돌아오신 지 열흘이 지났는데도 아버지한테 말씀을 드릴 기회조차 없으니 원.

오덕   (화를 내며) 그만큼 일이 바빴었다는 증거 아니냐? 내가 의식적으로 네 일을 안 돌봐주겠다는 것도 아닌데.


이때, 금순네가 곤색 바탕에 물방울무늬가 있는 넥타이를 들고 나온다.


선우   역정부터 내시면 어떻게 해요? 자, 이 넥타이나 갈아 매세요. (하며 금순네가 가져온 넥타이를 집어서 그에게 준다. 오덕은 매고 있던 회색 넥타이를 풀고 새 타이를 갈아 맨다)

오덕   아무 걸 매면 어때서 괜히 바쁜 사람 붙들고 이럴까 원. (유 비서에게) 유군.

유비서   네.

오덕   먼저 차에 가 있게, 내 곧 나갈 테니.

유비서   네. 사모님, 다녀오겠습니다.


절을 꾸벅 하고 나서 급히 좌편 현관 쪽으로 퇴장. 오덕은 새 넥타이를 매면서 성규에게 말을 건다.


오덕   그래 뭐가 안 된다는 거냐?

성규   (불만스럽게) 하나부터 열까지 되는 게 없다니까요.

오덕   뭐라구?

**선우**　(분위기를 수습하려고) 차근차근 말씀드려. 아버지께선 사업이 바쁘시다 보니까 미처 네 일까지 생각을 못하신 게지 어디……

**오덕**　(선우에게 불평조로) 그러니 뭐랬소? 집안일이나 아이들에게 관한 일은 당신이 좀 알아서 처리해줘야지 내가 언제 그런 자질구레한 일까지 도맡아 할 수 있단 말이오.

**성규**　아버지! (항의조로) 어째서 그게 자질구레한 일입니까?

**오덕**　뭣이 어째?

**성규**　그래 돈벌이하는 건 중요하고 내 유학문제는 시시껄렁하단 말씀 아니에요?

**오덕**　(눈을 부릅뜨며) 아니 이 녀석이 말이면 다 하는 줄 아나? 이놈아, 내가 언제 시시껄렁하다고 했니?

**성규**　금방 그러셨잖아요. 게다가 어머니가 어떻게 그런 일을 하십니까? 국방부에서 문교부, 문교부에서 외무부, 외무부에서 법무부 …… 하루에도 몇 차례씩 드나들어야 할 텐데……

**오덕**　이놈아! 네 엄마가 하려고만 들면 왜 못해? 아니 오히려 나보다는 네 엄마가 사회적으로는 더 이름이 알려져 있지. 여류 시인 선우영 여사 하면 웬만한 사람이면 다 알아. 그리고 그런 섭외 일은 남자보다 여자가 더 제격이지.

**선우**　(듣다 못해) 여보! 당신은 지금 저 들으라고 하시는 말씀이시군요?

**오덕**　내 말이 잘못됐소? 방에만 틀어박혀서 시 나부랑이나 쓰느니보다 당신이 나가면 일도 빠르고 나도 그만큼 덕을 볼 텐데 이건 안팎 일을 나한테만 떠맡기니 원……

**선우**　(얼굴이 굳어지며) 요컨대 성규 유학관계의 수속이 늦어진 건 저의 책임이란 말씀인가요?

**오덕**　책임일 수도 있지!

**성규**　(크게) 아버지, 그만두세요.

**오덕** 왜 너까지 덩달아서 쌍나팔이냐? 나는 요즈음 공장설치 문제 때문에 경황이 없단 말이야. 그러니 모든 일은 네 엄마하고 의논해서 잘들 해봐. (하며 자리에서 벌떡 일어난다) 사람이 세상에 태어나서 이름을 날리게 되면 그걸 써먹을 줄도 알아야지. 여류 시인 아무개라면 그래도 두 번 갈 데 한 번으로 됨직도 할 텐데 원……

**선우** (맞서듯) 제가 무슨 장사친가요?

**오덕** 장사치 아니면 못할 노릇인가?

**선우** 자존심을 생각해보세요.

**오덕** 자존심?

**선우** 작가가 자기 이름을 팔아서 명함을 찍어 아무 데나 뿌리고 다니는 건 유치하단 말이에요.

**오덕** 유치해?

**선우** 제가 여류 시인이라구 해서 그것을 코에 걸고 나다니기를 좋아하던가요? 그게 내 성격에 맞지 않는다는 건 누구보다도 당신이 잘 아시잖아요. 그런데 저더러 관청에 드나들며 제 이름을 팔고 다니라니 내가 무슨 접대부예요? 기생인가 말예요!

**오덕** (선우의 태도가 극도로 흥분 속에 있음을 알자 당황하며) 아니 이 사람이 오늘따라 왜 이렇게 흥분을 하지? 내가 언제 당신보고 기생이라고 했소?

**성규** 아버지, 그만 좀 해두세요. 나 유학이고 뭐고 다 그만 두겠어요.

**오덕** 그만두다니?

**성규** 나야 이 집안에선 재떨이 같은 존재니까 그렇게밖에 대우를 못 받는 거죠. 필요하기는 하지만 그것이 없다고 살 수 없는 것도 아닌 방 안의 재떨이. 흥, 내 일 때문에 두 분이서 그렇게 다투실 건 없어요. 그러나 이 일의 책임은 어디까지나 아버지한테 있지 어머니의 책임은 아니라는 건 분명히 해둡니다.

**오덕**  그게 왜 내 책임이냐? 어머니는 부모가 아니냐?

**성규**  내가 낳은 자식이 아닌데 뭐가 그렇게 정이 들었겠어요. 안 그래요? (하며 선우에게 일별을 던진다. 선우 여사는 너무나 당돌한 성규의 말에 어안이 벙벙하여 미처 대답을 못한다)

**오덕**  (크게) 그게 무슨 씨알머리없는 소리냐? 누가 너를 낳았건 오늘날까지 너를 키워준 공도 모르다니.

**성규**  전혀 핀트가 안 맞는 얘긴데…… 나는 어머니가 나의 생모가 아니라고 해서 따지자는 건 아닙니다. 객관적으로 보았을 때 내가 어머니의 처지가 되었다면 그렇게 관심도가 높아지지 않을 수도 있다는 일반적인 얘기죠…… 오해 마십시오.

**선우**  (이 이상 더 참을 수 없다는 듯) 그만, 그만해요! 왜들 나를 사이에 두고 이렇게 들볶는 거예요. 내게서 무엇을 뜯어가겠다는 거예요. (하며 의자에 주저앉아 얼굴을 감싼다. 분위기가 뜻밖의 방향으로 서먹해지자 성규는 책을 들고 나간다)

**성규**  어머니, 죄송해요. 나는 결코 어머니를 괴롭히려고 그랬던 건 아니니까요. 수속이야 어떻게 되겠지요. 바쁘시다면 아버지가 안 나서셔도 돼요. 아침부터 마음을 소란케 해드려 죄송해요. (하고 현관 쪽으로 퇴장한다)


권오덕은 매우 난처해진 상태에서 이럴 수도 저럴 수도 없다는 듯 약간 망설인다.

이때, 전화벨이 울린다. 울고 있던 선우 여사는 전화를 받으려는 생각도 하지 않는다. 오덕이 수화기를 든다.


**오덕**  여보세요. 그렇습니다. 네? 네. 누구시라구요? 아…… 윤금봉 씨, 하하…… 네 요즈음 바빠서요. 그저 그렇습니다…… 저한테 할 애기가 있으시다구? 오세요. 네?…… 맥주요? 사죠. 그거야 뭐 어렵습니까. 헛허…… 네 나는 문화인 앞에선 그저 쩔쩔 맵니다. 특히 여류문학가님들 앞에선 말예요. 하하…… 네? 집사람이요? 예, 바로 내 옆에 있죠. 바꿔드릴까요? 일루 곧 오신다구요? 예, 알겠습니다. 그렇게 전하죠. 네. (전화를 끊는다)

전화의 주인공이 윤금봉임을 알자 선우 여사의 얼굴에 약간의 동요가 일어난다.

**오덕**  윤금봉 씨가 놀러오겠다는구먼. (문득 팔목시계를 보더니) 아이구, 내 정신 좀 봐. 내가 이러고 있을 때가 아닌데…… 그럼 나 나가요. (그는 선우 여사의 대답을 듣지도 않고 급히 현관으로 나간다)

모두가 떠나가 버린 텅 빈 방 안에서 선우 여사는 새삼스럽게 어떤 고독감을 느낀다. 이윽고 자동차 떠나가는 소리가 멀리 꼬리를 남긴다. 이때, 우편에서 귀옥이가 학교에 갈 차비를 하고 나온다. 선우 여사가 시름없이 앉아 있는 모습을 보자 불길한 예감이 떠돈다. 그러나 그녀는 명랑하게 말을 던진다.

**귀옥**  엄마, 아빠 벌써 나갔어? 도중까지 자동차 좀 태워달랠까 했더니만…… 오늘 일진이 안 좋은가봐. (그러면서도 계속 어머니의 태도가 어떻게 나오려는가 탐색적이다)
**선우**  (조용히) 학교 늦겠다. 어서 가봐.
**귀옥**  교통비 주셔야지.
**선우**  엊그제 가져간 거 벌써 다 썼니?
**귀옥**  벌써가 뭐예요. 아득한 옛날인데. (웃다 말고) 엄마, 아버지하고 또 충돌했수?

선우 여사는 길게 한숨만 몰아쉰다.

**귀옥**　엄마, 환경 좀 바꾸어보시는 게 어때요?

**선우**　(의아하게) 환경을 바꾸다니?

**귀옥**　이를테면 여행을 한다든가, 이사를 간다든가, 아니면……

**선우**　(생각에 잠기며) 나도 생각이 없는 건 아니야.

**귀옥**　(눈을 크게 뜨며) 어머 정말? 어떻게……

**선우**　네 말대로 여행이나 가야겠다.

**귀옥**　설악산? 제주?

**선우**　(어떤 공상을 쫓는 사람처럼 허공을 바라보며) 더 멀리 가고 싶구나.
　　　제트비행기를 타고 구름 위를 몇 시간이고 몇 날 몇 밤이고 날다
　　　가 아무도 아는 사람이라곤 없는 아프리카 아니면 알래스카의
　　　대황야에 내리고 싶구나!

**귀옥**　혼자서 가시면 불안하지 않우?

**선우**　혼자는 왜 혼자니?

**귀옥**　(흥미를 느끼며) 그럼 아빠하고 같이?

**선우**　(고소를 뱉으며) 얘 그걸 말이라구 하니? 네 아빠가 나하고 같이
　　　여행을 가겠니? 그것도 외국여행을……

**귀옥**　그럼? 누구를 말씀하신 거예요? 같이 가겠다는 사람……

**선우**　(어떤 황홀한 빛이 얼굴에 피어오르며 감미롭게) 내 마음에 도사리고
　　　있는 어떤 인물, 아니 그건 실존하는 사람이 아니라 하나의 환상
　　　이라도 좋아. 다른 사람 눈에는 안 보이지만 내 눈에는 모든 게
　　　뚜렷하게 보이지.

**귀옥**　(더 몸이 달아서) 그게 누구냐니깐?

**선우** 원 애두. 실존하는 인물이 아니라구 했잖아. 가상적인 인물.

**귀옥** 그럼 허깨비란 말이유 귀신이란 말이유?

**선우** (조용하지만 또렷하게) 환상이라니까. 나는 환상과 더불어 여행하는 거야. 아니 어쩌면 사람들은 누구나 한 번쯤은 그런 여행을 하고 싶을 때가 있지. 실천하는 사람도 있고 말이야.

**귀옥** (납득이 잘 안 가는 듯) 환상여행? 그게 가능해요? 엄마는?

**선우** 물론이지. 아니 나뿐만 아니라 그런 여행을 하는 사람을 나는 알고 있단다. 이십 년 동안 어느 환상과 함께 살아온 사람을.

**귀옥** 옳아! 그래서 엄마도 그 사람처럼 환상여행을 한 번 하고 싶수? 현실에 없는 어떤 환영을 벗삼아 여행하더래두 여비야 한 사람분이면 족할 테죠. 호호……

**선우** (약간 망설이며) 그렇지만 경우에 따라선 두 사람 분이 드는 수도 있지.

**귀옥** 네?

**선우** 이를테면 극장엘 간다든가 오페라를 구경하려면 자기 옆자리에 다른 사람이 앉아서는 안 되니까 그 옆자리는 표를 사야겠지.

**귀옥** (어머니의 심상치 않은 표정을 응시하며) 엄마, 눈에 보이지 않는 환상을 옆자리에 앉혀놓고 어떻게 한다는 거유? 얘기를 하겠수? 아니면 손목을 잡겠수.

**선우** 너는 아직 모를 거야. 환상여행의 기쁨이 무엇이며 그 보람이 어디에 있는가를 너는 모른다. 엄마는 지금 너하고 얘기를 하고 있는 것처럼 보이겠지만 사실은 그게 아니야. 나는 내 말을 주고받는 상대를 옆에 앉혀놓고 있단다.

귀옥은 어머니의 비정상적인 말과 태도에 약간 불안감과 의아심을 느끼면서 어머니의 옆자리를 살펴본다. 그리고 아무것도 없는 것을 발견

164

하자 그녀는 길게 한숨을 뱉는다.

**귀옥** 엄마, 요즈음 신경을 너무 쓰셔서 그래요. 정말 이러다간 병나시겠어. 이젠 시도 쓰지 마세요. 조용한 온천장이나 가서 보름쯤 쉬었다 오세요. 네?

**선우** (빙그레 웃으며) 고맙다. 그래도 엄마에게 진정으로 말해주는 사람이라곤 너뿐이구나.

**귀옥** (명랑하게) 아이, 엄마두. 우리 엄마처럼 예쁘구 위대하고 자랑스러운 엄마를 어디서 또 찾아보겠수? 호호…… 엄마, 나 학교 다녀올게.

**선우** 참, 교통비 달래더니……

**귀옥** 오늘까지 쓸건 있어요. (하며 깡총깡총 뛰면서 가다 말고 들어서는 윤금봉과 마주친다) 어머, 어서 오세요.

**금봉** (호들갑스럽게) 이게 누구냐? 오! 네가 바로 선우영 여사의 고명딸 귀옥이구나. 호호…… 아니 어쩜 이렇게 몰라보게 자랐을까? 대학생이 되더니만 이제 활짝 피어나는 장미꽃같구나. 호호.

**귀옥** 감사합니다.

**선우** 어서 와. 아침부터 웬 나들일까?

**금봉** 언니, 이렇게 예쁜 딸 있겠다, 돈 있겠다, 한눈 아래 한강을 내려다 볼 수 있는 대저택 있겠다, 신흥재벌로 손꼽히는 남편 있겠다, 그런데도 뭐가 부족해서 그렇게 우울하우? 홋호.

**선우** 웬 호들갑을 떨까? (하며 웃는다)

**귀옥** 우리 엄마 좀 잘 붙들어 주세요. 어쩌면 멀리 여행을 떠나실지도 모르니까요.

**금봉** 여행?

**귀옥** 예, 지금도 한창 얘기했었는데 우리 엄마는 환상여행을 하시겠대요.

| 금봉 | (문제가 점점 복잡해진다는 듯) 환상여행이라니 그게 무슨 뜻이야? |
|---|---|
| 귀옥 | 소설가가 그걸 모르면 누가 알겠수? 호홋. 그럼 노시다 가세요. (뛰어나가면서) 다녀오겠습니다. |
| 금봉 | 언니, 지금 그 얘기 무슨 얘기유? 권 사장님께 외국여행 해도 좋다고 결재가 났나보구려? |
| 선우 | (멋쩍게 웃으며) 아니야, 내가 괜히 한 번 말해봤을 뿐이야. (화제를 바꾸며) 그래 할 얘기가 있다더니…… |
| 금봉 | (의자에 앉아서 담배를 꺼내 피우며) 다른 게 아니구, 뉴스를 전하러 왔어요. 빅 뉴스. |
| 선우 | 뉴스라니? |
| 금봉 | (담배 연기를 뱉은 다음) 글쎄, 이게 희소식이 될지 슬픈 소식이 될지 모르겠지만 말이유…… 아무튼 언니에게는 쇼킹한 뉴스일 거예요. (하며 빤히 들여다보고 낄낄거린다) 언니, 궁금하지 않우? |
| 선우 | (태연한 척하면서) 글쎄 말을 해봐야 알지. |
| 금봉 | 실은…… 그분이 서울에 나오신대요. |
| 선우 | 그분이라니? |
| 금봉 | 안상일 씨. (사이) 어때요? 이래도 뉴스거리가 안 되겠소? |
| 선우 | (태연하려고 애쓰며) 무슨 일로 나오실까? |
| 금봉 | 공적으로는 한국학회의 학술 세미나에 참석하기 위해서라지만 (눈치를 살금살금 보며) 마음은 콩밭에 있는 게 아니겠수? 호호…… |
| 선우 | 그걸 어떻게 알았지? |
| 금봉 | 오늘 신문사에 들렀다가 우연히 들었어요. 특히 이번 세미나에서는 안 선생이 발제강연을 하신다나 봐요. |
| 선우 | 어쩐지 믿어지지가 않아. |
| 금봉 | 왜요? |
| 선우 | 그분은 당분간은 서울에 안 나오실 게야. 아니 나오고 싶어도 못 |

나올걸.

**금봉** (의아한 표정으로) 그게 무슨 뜻이죠? 나오고 싶어도 못 나오다뇨?

**선우** 글쎄 (얼버무리며) 어머, 내가 왜 이런 얘기를 할까? 그분이 서울에 나오건 안 나오건 나하고 무슨 상관이 있다고…… 정말 어떻게 된 모양이야. 홋호…… (자리에서 일어나며) 우리 귀옥이 말대로 온천장에나 가서 푹 좀 쉬어야 하려나봐. 벌써 가을도 중반이지? 오늘이 음력으로 며칠이나 될까. 내일이라도 시골로 내려가야지. 그래서 혼자 좀 조용히 쉬어야겠어. 모든 걸 잊어버리고. 아, 이젠 피곤하기만 해. 산다는 것, 말한다는 것, 생각한다는 것, 모두가 그저 피곤하고 권태롭기만 해져. (하면서 창가로 가 뒤뜰을 내다본다)

아까부터 금봉은 담배 연기 너머로 선우 여사의 행동을 유심히 관찰한다. 그녀는 어떠한 화제를 찾아내려고 애쓰는 사람 같다.

**금봉** 그래서 환상여행을 하시겠다는 거예요? (혼잣소리처럼) 좋겠죠, 환상여행. 이를테면 안상일 씨가 음악회에 갈 때엔 으레 두 장의 회원권을 사가지고 옆자리에 자기의 환상을 앉혀놓고 감상해오듯이 말이죠? (다음 순간, 그녀의 눈에 어떤 섬광이 번뜩 빛난다. 크게) 이제 알았다. (이 소리에 선우 여사가 깜짝 놀라며 돌아본다) 언니, 그 빈자리의 주인공이 바로 언니죠?

**선우** (놀라며) 뭣이?

**금봉** 그래요. 바로 맞혔어. 내가 여태 그것을 몰랐다니. 호호…… 안상일 씨는 이십 년 동안 언니의 환상을 벗삼아 살아온 순진파. 현대신화의 주인공. 어때요, 제 얘기가…… 네? 바로 맞혔죠? (하며 그녀는 선우 여사에게 다가간다)

선우 여사는 이제 부인할 필요도 용기도 없는 사람인 양 물끄러미 허공을 쳐다보며 중얼거린다. 무대가 차츰 어두워진다.

**선우**  상일 씨, 오시면 안 돼요. 제발 오시지 마세요. 상일 씨가 제 앞에 나타나는 날은 우리 두 사람은 모든 것을 잃게 돼요. 우리가 서로 얼굴을 대한다면 그 순간 우리의 세계는 큰 폭음 소리를 내며 폭발할 거예요. 원자탄보다 몇 배, 몇 십 배 더 크고 깊고 넓은 힘을 가진 폭탄이에요. 상일 씨, 오시지 마세요. 제발 이대로…… 지금까지대로 있는 게 좋아요. 제발.

이윽고 무대 어두워진다.

# 제7장

**무대**

3장과 같은 다방. 다만 배경으로 내려진 베니션 블라인드의 빛깔이 어두운 갈색이다. 그 앞에 젊은 날의 선우영과 안상일이 나란히 앉아 있다. 안상일이 이따금 초조하게 팔목시계를 보기도 하고 출입문 쪽을 돌아보는 모습은 마치 쫓겨 다니는 사람처럼 불안해 보인다. 아까부터 그러한 안상일의 옆얼굴을 응시하고 있는 선우영의 얼굴도 초췌해 보이면서도 뭔가 절실하게 갈구하는 빛이 감돈다. 상일은 약간 떨리는 손끝으로 담배를 피워 문다.

**선우**　정말 가시는 거예요?

상일, 대답 대신 담배 연기를 내뱉는다.

**선우**　어디예요, 가시는 곳이.
**상일**　묻지 말아요.
**선우**　시골이에요?
**상일**　아니.
**선우**　그럼……
**상일**　(빠른 어조로) 그 이상 묻지 말아줘. 괴로워.
**선우**　제가 귀찮다는 뜻인가요? 이렇게 캐묻는 게.
**상일**　그게 아니라 나는 지금 서울을 빠져 나가야 한다는 생각만으로도 머리가 깨질 것 같아.
**선우**　그럼 왜 저를 나오라고 했어요?

상일    (비로소 선우의 눈을 돌아보며) 떠나기 전에 만나고 싶었어.

선우    왜요?

상일    나 때문에 유치장 신세까지 지게 한 데 대해서 사과도 해야겠고,
또……

선우    (토라진 어조로) 싫어요. 언제 제가 그런 사과며 용서를 받겠다고
했어요?

상일    그렇지만 내 솔직한 심정은 그대로 말하지 않을 수 없잖어.

선우    제가 알고 싶은 건 상일 씨가 가겠다는 목적지예요. (다시 재촉하
듯) 어디로 가시겠다는 거예요? 네?


상일, 다시 대답 대신 길게 담배 연기를 내뱉고는 눈을 지그시 감는다.
감미롭고도 애절한 브람스의 바이올린협주곡의 선율이 허공에 피어
나는 담배 연기처럼 조용히 울려 퍼진다. 선우는 자기도 모르게 눈물
이 핑 돈다.


선우    (체념하듯) 알겠어요. 그렇게까지 비밀에 붙여야 할 일이라면 묻
지 않겠어요. 그대신 한 가지 청이 있어요.


상일, 말없이 선우를 돌아본다. 두 사람의 시선이 비로소 맞부딪쳐 불
꽃이 튀긴다.


선우    저를 잊어버리세요.

상일    잊어버리다니?

선우    우리는 처음부터 만나지 않았던 걸로 생각해주세요.


상일, 경직된 표정으로 변한다.

**선우**   (긴 한숨을 몰아쉬며) 차라리 그렇게 되었으면 좋겠어요.

**상일**   (냉소를 뱉으며) 유행가 같군.

**선우**   유행가보다 더 통속적일지도 모르죠.

**상일**   선우 양.

**선우**   결론부터 말해서 상일 씨가 멀리 떠나신다니까 나로서는 오히려 다행하게 되었구나 싶어요.

**상일**   다행하다고?

**선우**   (냉철하려고 애쓰며) 네, 서로가 알 필요도 없고 이제는 만날 자격 도 없게 되었으니까요. (불쑥 내뱉듯) 저 결혼하게 될 거예요.

**상일**   결혼? (손끝에 들렸던 담배에서 재가 툭 떨어진다)


선우는 손끝에 침을 발라 그 재를 찍어 재떨이에 떤다. 그것은 자신의 심적 동요를 억제하려는 생각에서이다.


**상일**   누굽니까? 상대가……


선우, 조용히 어깨로 숨을 몰아쉰다.


**상일**   한 달 전만 해도 그런 얘기 없었잖아요?

**선우**   (괴롭게) 한 달이라는 시간은 제게 있어서 몇 십 년의 구실을 했을 지도 모르죠.

**상일**   그렇지만 나한테는 얘기해줄 수 있잖아요. 더구나 나는 내일이면 떠나갈 사람인데.

**선우**   저 역시 상일 씨와 꼭같은 대답을 할 수밖에 없군요. (조용히) 그 이상 묻지 말아주세요. 괴로워요.

상일은 그녀의 조용한 말투에서 더 크고 깊고 완고한 의지를 발견했는지 잠시 동안 멍하니 그녀의 헝클어내린 머리칼을 내려다볼 뿐이다.

**선우** (쓸쓸한 표정으로) 알고 보니 결국 우리는 서로가 아무런 발견도 못한 채 헤어지게 되는군요. 어쩌면 꼭같은 출발점에 서 있으면서도 목적지는 각각 다른 나그네들처럼 말이에요. (시를 읊조리듯) 깊은 밤 어느 역 대합실에서 만났었다고 생각하면 되겠죠. 두어 시간의 여유가 있어서 기차가 올 때까지 벤치에 앉아서 무료하게 얘기를 나누는 동안 서로가 좋아졌을 뿐이에요. 그렇지만 마침내 기차가 들어온 거예요. 한 사람은 상행열차를, 다른 한 사람은 하행열차를 타고 저마다 갈 길을 찾아갈 시간이 된 거예요. 불이 환히 켜진 상대편 객차 안에 어디쯤 타고 있을까 하고 두리번거리다 보니까 어느새 차는 떠나가고 말았어요. 서로의 모습이 안 보이는데도 무작정 손을 흔들어보는 거예요. 그렇게 하지 않고서는 남들 보기에 쑥스럽기도 하고 멋쩍어 보일 테니까요. 우리는 저마다 자리에 앉아서 유리창 위에 떠오르는 상대방의 모습을 보며 빙그레 웃어보는 거예요. 그리고 이렇게 마음속으로 뇌까려 보는 거예요. (낮게) '어디 사는 누군지는 모르겠지만 정다운 사람이야'라고요.

**상일** 그러니까 우리가 그렇게 헤어지자는 뜻인가요?

**선우** 이미 기차표를 끊었잖아요?

**상일** 기차표?

**선우** 그리고 한 좌석에 두 사람이 함께 앉을 수 없는 게 현실이에요. 극장표 같으면 혼자서 두 장을 사면 그 자리는 자기 것이 되겠지만…… 기차는 그렇게는 안 되는가 봐요.

**상일** (참을 수 없다는 듯) 선우 양! (하며 손목을 쥐려 한다)

| 선우 | 남들이 보잖아요. (하며 그의 손을 피한다) |
|---|---|
| 상일 | (다시 어세를 낮추며) 미안해요. 나 때문에 선우 양에게까지 이런 괴로움을 안겨주게 해서…… |
| 선우 | 무슨 뜻인가요? |
| 상일 | (괴로움을 털어버리려고 안간힘을 쓰며) 내가 가는 곳은 먼 나라요. 아니 어쩌면 나는 두 번 다시는 서울에 안 나타나게 되는지도 몰라요. |
| 선우 | (불안에 떨며) 그럼 외국으로 가신다는 말인가요? |
| 상일 | 일본. |
| 선우 | 어떻게요? |
| 상일 | 물론 밀항이죠! 합법적인 수단으로 나갈 수는 없잖아요. 어차피 나는 지금 경찰의 수사를 받고 있는 몸이니까 여기 있으면 언제고 붙잡히게 마련이죠. |
| 선우 | 그럼 경찰이 무서워서 일본으로 도피하겠다는 건가요? |
| 상일 | 그것이 전부는 아니지. |
| 선우 | 네? |
| 상일 | 이를테면 현실도피요. |
| 선우 | 현실도피? |
| 상일 | 아니 더 정확히 말해서 나는 현재의 내 자신에 대해서나 조국에 대해서 실망을 느끼고 있다는 편이 정직한 대답이겠지. |
| 선우 | 상일 씨! 무슨 뜻이죠? 실망을 느끼다뇨? 상일 씨는 새로운 역사를 위해 투쟁하겠다고 했잖아요? 묵은 나무는 베어버리고 새로운 혁명의 대열에 끼어서…… |
| 상일 | 거짓말, 다 거짓말이었어. (그는 두 주먹을 불끈 쥐어 티테이블 위에 나란히 놓고는 그 위에 이마를 대고 엎드린다) |

어느덧 음악은 멎었다. 선우는 그가 괴로움에서 못 헤어나는 모습을

측은한 시선으로 지켜본다.

**선우**   (조용히) 상일 씨! 얘기해주세요. 지금 이 시간에 우리가 말 못할 게 뭐가 있어요. 새로운 시대의 물결에 뛰어든 우리가 잘못이었단 말인가요?

**상일**   그래 맞았어. 우리는 꿈을 꾸고 있었던 거야. 아니 어쩌면 최면술에 걸린 채 나도 모르는 소리를 지껄여왔는지도 몰라. 내가 바보였어. 그런 계략에 넘어간 내 자신이 밉기도 하거니와 이데올로기와 문학이 반드시 일치되어야 한다는 정치풍토가 구역질이 날 지경이야. 그렇다고 이제 와서 경찰 앞에 나아가 자수를 할 수도 없고…… (다시 괴롭게 내뱉는다) 이제는 이 땅에서 나를 성장시킬 길은 막혀버렸어.

**선우**   그래서 일본으로 가기로 결심했단 말인가요?

**상일**   그곳에 가면 나를 감시하는 사람도, 그리고 강박관념에 사로잡힐 불안도 없을 테니까……

**선우**   (바로 말꼬리를 물고) 혼자만 잘 살겠다는 뜻인가요?

**상일**   내게 애국심이니 애족심이니 하는 따위의 관념적인 언사는 쓰지 말아줘. 결국 나는 나야. 나 이상도 이하도 아닌 나 하나뿐이지. 이 소용돌이치는 혼탁한 사회 속에서 내가 살 길은 그것밖에 없다고 판단했어. 한 달 동안 피신생활을 해오면서 내린 결론이 바로 그거였어. 혁명이 어떻고, 자본주의가 어떻고, 역사적 현실이 어떻고 하며 목이 쉬도록 외치던 소리들은 이미 허공에서 부서지는 뇌성 같은 거였어. 귀청을 찢을 듯한 뇌성소리도 순간의 일이지. 결국 우리에게 남는 건 말없이 텅 빈 공간뿐이니까. 나라는 인간은 그 공간 속에서 보잘것없는 한 개의 돌멩이에 불과하다는 걸 느꼈어.

**선우**  상일 씨가 그렇게 약해진 줄은 몰랐어요. 정말 믿을 수가 없군요.

**상일**  실망했겠죠. (쓰게 웃으며) 그렇지만 나는 솔직한 심정을 토로하고 싶은 것뿐이니까. 그동안 내가 분별없이 날뛰던 게 부끄럽기만 해요. 그러니 나는 완전한 패배자로서 조국을 떠나기로 결심한 거요.

**선우**  그럼 나는 뭐가 되나요. 그 패배자에게 공감을 했고, 그 패배자가 좋아졌고, 그 패배자를 위해 결혼까지 생각하게 된 나는…… 나는…… (말끝을 맺지 못하고 울음을 터뜨린다)


상일은 선우의 진의가 무엇인지 잘 모르고 어리둥절해진다.


**상일**  나를 위해 결혼을 하다뇨? 그게 무슨 뜻이죠?

**선우**  (강한 의지로 자신을 부정하듯) 아니에요. 아무 일도 아니에요.

**상일**  (절실하게) 선우 양, 결혼 상대가 누굽니까? 네?

**선우**  알 필요 없다니까요. 말하고 싶지도 않고요. 우리는 이미 교행하는 두 개의 야간열차에 각각 타고 있다고 했잖아요. (하며 두 손으로 흘러내린 머리를 쓰다듬어 올리고는 일어설 채비를 한다)

**상일**  벌써 가시게요?

**선우**  가야죠. 우리의 얘기는 결론이 날 수 없어요. 같은 찻간 같은 자리에 앉아 있지 않은 한 우린 영원히 반대편에 있을 거예요. 지구가 둥글다는 건 우리에게는 아무런 의미가 없게 될 거예요!

**상일**  내가 다시 돌아온다면……

**선우**  오지 말아요.

**상일**  (추궁하듯) 먼 훗날 만약에 온다면……

**선우**  나는 이미 없을 거예요. 내게 가르쳐준 음악은 남아있을지 모르지만 이미 나는 없을 거예요.


환상여행

**상일**  그럴 리가 없어. 음악은 순간에서 순간으로 건너뛰는 곡예사 같은 건데. 우리가 가지고 싶은 것은 영원한 것이었소. 안 그래요?

**선우**  영원한 것? 그런 게 우리에게 있다면 뭣일까요? 나는 상일 씨가 떠나가더라도 그것이 무엇인가를 생각하면서 살 거예요. 그럼 …… 안녕. (하며 선우가 천천히 걸어나간다)

상일은 어떤 커다란 힘에 압도당한 듯 멍하니 바라보고 있을 뿐이다. 무대가 차츰 어두워진다.

# 제8장

**무대**

1장과 같은 정원. 은행빛 베니션 블라인드가 익어가는 가을을 말한다. 권오덕이 가운을 걸치고 의자에 앉아서 조간신문을 읽고 있다. 어느덧 노랗게 물든 나뭇잎이 두어 잎 그의 어깨 위로 떨어진다. 선우 여사가 커피포트와 커피잔을 쟁반 위에 받쳐들고 나온다. 그녀가 가까이 다가와서 커피잔에 커피를 따를 때까지 권오덕은 여전히 신문만 들여다본다. 선우 여사의 얼굴에는 어딘지 초조하고 피곤한 빛이 떠돈다. 그것은 불안한 침묵에 신경을 쏟고 있다는 증거다. 그러나 그녀는 내색을 안 하려고 애쓴다.

선우 (담담하게) 커피가 식어요.

오덕 (신문에서 시선을 떼고 고개를 든다. 그리고는 선우 여사를 발견하자 일부러 놀라운 표정으로 위아래를 훑어보며) 오늘은 웬일이오? 당신이 손수 커피를 날라다주고, 훗훗……

선우 (의자에 앉으며) 이상하나요? 제가 가져온 게.

오덕 이상할 거야 없지만, 지금까진 금순네가 도맡아 하던 일을 오늘 따라 당신이 하니까 내 주변에 갑작스런 변화가 온 것 같구먼. 마치 시차로 인해 낮과 밤이 바뀌자 어리둥절해지는 기분이라고나 할까.

선우 (각설탕을 집어 커피잔에 넣어주며) 그럴까요?

오덕 (스푼을 두어 번 커피를 저은 다음) 무슨 얘기지? (하며 커피를 마신다. 나뭇잎이 또 두어 잎 떨어진다)

선우 (문득 쓸쓸해지는 느낌을 깨물며) 가을이 이렇게 익어가는 것도, 그

177                                                              환상여행

리고 당신처럼 바쁜 분이 정원에서 한가롭게 커피를 마시며 조간 신문을 읽는 것도, 모두가 변화라고 볼 수 있죠.

**오덕**    (커피를 마시다 말고 아내의 말에 관심을 가지며) 내가 이렇게 한가한 시간을 갖는 게 마음에 안 든다는 뜻인가?

**선우**    그럴 리가 있나요. 아무튼 우리들도 무언가 조금씩 달라지고 있고 또 달라져야만 하는 시기가 온 것뿐이지요.

**오덕**    (실소를 뱉으며) 무슨 소린지, 나 같은 무식한 장사꾼은 알아들을 수가 없군. (하며 커피를 두어 모금 마신다. 그리고는 다시 신문을 읽기 시작한다)

멀리 비행기 소리가 아련히 지나간다. 선우 여사는 하고 싶은 얘기를 해야 할 계기를 발견하려고 초조하게 남편의 표정을 살핀다.

**오덕**    (여전히 신문을 읽으면서) 나한테 할 얘기가 있는가 보군.

**선우**    (자신의 허점을 찔린 사람처럼 섬쩟해지며) 네? 네……

**오덕**    (여전히 신문을 들여다보며 담담하게) 할 얘기가 있으면 해요. 하긴 내가 바삐 뛰어다니다 보니까 차분하게 얘기를 주고받을 시간도 없었겠지. 나도 그 점에 대해선 미안하게 생각하고 있으니까. 훗 훗…… (하며 아내를 쳐다본다)

**선우**    (약간 당황하며) 그, 그래요. 그렇지만 지금까지 얘기도 안 하다가 갑자기 얘기를 하려니 쑥스러워요.

**오덕**    쑥스러워?

**선우**    지레 겁부터 먹게 되는군요. (멋쩍게 웃는다)

**오덕**    염려 말고 할 얘기가 있으면 해요. 오늘 오전 중은 모처럼 시간이 나서 집에서 쉬기로 했으니까.

**선우**    네. (하며 낙엽을 만지작거린다)

오덕  돈 애기요?

선우  그것하고도 관계가 없는 건 아니지만…… 그보다 더 중요한 건 당신의 허락이 필요해요.

오덕  (담배를 꺼내 입에 물며) 허락?

선우  네.

오덕  (쓰게 웃으며) 언제 당신이 내 허락을 맡고 행동했었소? 나는 처음 부터 당신이 시를 쓰느니 그림을 그리느니 하는 일에 대해선 탐 탁치가 않았는데도 당신은 당신 주장대로 강행했잖아. 안 그래?

선우  그렇지만 이 일만은 당신의 허락과 이해가 필요해요.

오덕  (가볍게 웃어넘기며) 갈수록 태산이라더니 얘기가 묘하게 꼬여 뒤 틀리기만 하는군. (숨을 몰아쉰 다음) 그래 내 허락과 이해가 필요 한 일이란 뭐요?

선우  (잠시 동안 숨을 멎고 입술을 깨물고 앉았다가) 나…… 여행 좀 해야 겠어요.

오덕  (가볍게) 어려울 게 뭐요? 나도 당신이 집에서만 지내느니 여행이 라도 하면 좋겠다고 생각했지. 게다가 요즘 당신의 안색도 좋지 가 않아.

선우  정말 허락하시는 거예요?

오덕  물론. 그래 어디로 가겠소?

선우  (태연하게) 멀리 가고 싶어요.

오덕  멀리?

선우  네.

오덕  (뭔가 마음에 짚이는 데가 있어서) 외국으로 가겠다는 말인가?


그녀는 대답 대신 남편의 눈을 똑바로 쳐다본다.

**오덕**   역시 그게 틀림없군.

**선우**   (무슨 얘긴지 못 알아듣고) 네? 틀림없다니요?

**오덕**   물론 세계 일주 여행이겠지? 명목상으로는……

**선우**   (불안해지며) 명목상이라뇨?

**오덕**   (갑자기 웃음을 터뜨린다) 하하하…… 다 알고 있다구.

**선우**   뭘 알고 있단 말예요? (불쾌해서) 아까부터 당신은 이상하게 나를 떠보려고만 하시니……

**오덕**   (갑자기 냉담해지며) 그러나 나는 허락할 수 없어.

**선우**   (당황하며) 뭐라구요?

**오덕**   (자리에서 벌떡 일어나며) 당신이 국내여행을 하는 건 괜찮지만 외국여행만은 반대야.

**선우**   (따지듯) 그 이유가 뭐죠?

**오덕**   그건 나보다 당신 자신이 더 잘 알 텐데……

**선우**   네?

**오덕**   일본에 만날 사람이 있어서 가는 거겠지? 더 정확히 말해서 안상일이를 만나고 싶어서 말이야. 이래도 내가 터무니없는 억측을 일삼고 있다고 생각하오?


선우 여사는 남편의 입에서 안상일이라는 이름이 뱉어지던 순간부터 잠시 동안 넋이 나간 사람처럼 멍하니 남편을 쳐다볼 뿐이다. 오덕은 어떤 승리자의 쾌감과 오만에 찬 눈으로 노골적으로 아내에게 들이댄다.


**오덕**   왜 말을 못해. 응? 내가 어떻게 그 사실을 알아냈는지 궁금하지 않소? 보통 여자 같으면 기절을 했거나 아니면 입에서 게거품을 피우며 안달을 할 텐데 (비웃으며) 역시 문학가는 다르군. 교양이 있고 지성이 있어서 그렇게 잔잔한 호수처럼 앉아 있군. (갑자기 소리를 버럭 지르며) 말을 해봐! 할 얘기가 있을 게 아니야. 뭐라고 한 마디쯤……

그러나 그녀는 눈을 지그시 감고 앉아 있는 품이 마치 사형집행을 기다리는 사람 같다. 그녀가 그렇게 조용하면 할수록 권오덕의 노기와 질투는 더 타오른다.

**오덕**　흥, 내가 그걸 모르고 있을 줄 알았겠지? 나는 어느 때고 당신 입에서 그 얘기가 떨어지기를 기다렸단 말이야. 그러나 당신은 벌써부터 그걸 감춰왔지! 독한 여자야. 보통 사람 같으면 하루도 참고 견디지 못했을 그 무거운 짐을 벌써 삼 주일 이상이나 가슴속에 묻고 살았으니…… 흥, 그러기에 속담에도 여자의 집념이란 오뉴월에도 서리를 내리게 한다 했지. (다시 무섭게 쏘아보며) 똑똑히 말해두지만 나는 당신의 해외여행을 절대 허락 않겠어. 이건 남편이 아내에게 할 수 있는 명령이자 권리야. (하며 우편으로 나가려 한다)

다음 순간 지금까지 말 한마디 없이 앉아 있던 선우 여사가 조용히 입을 연다.

**선우**　여보!

오덕은 드디어 올 것이 왔구나 하는 기대와 호기심으로 돌아본다.

**선우**　당신이 허락 안 하시겠다면 나도 단념하겠어요. 그렇지만……
**오덕**　또 그, 그렇지만인가? 흥, 그럴 테지. 처녀가 애를 배도 할 말은

있다는데 당신인들 왜 할 말이 없겠소. 훗흐…… 들어봅시다. 당신의 변명을. (하며 다시 의자에 앉는다)

선우    (조용하고 단호하게) 변명이 아니에요.

오덕    (비꼬며) 그럼 성명인가? 흥, 아무래도 좋아. 말해봐. (하며 거칠게 담배에 불을 붙이고 두어 번 빨아 연기를 혹 내뿜는다)

선우    (자꾸만 떨리는 몸과 마음을 억제하려고 애쓰며 되도록이면 평온하게 말하려 한다) 안상일 씨와 저는 당신과 내가 결혼하게 된 그 이전부터 서로 아는 사이였다는 건……

오덕    (쏘아붙이며) 사랑하는 사이라고 왜 말 못할까?

선우    그렇지만 우린 깨끗했어요.

오덕    깨끗했어?

선우    세속적인 말로, 육체관계니 뭐니 그런 따위는 없었어요.

오덕    (강압적으로) 거짓말 말어. 사랑하지도 않은 남자를 구해내기 위해서 나와 결혼할 수 있었을까?

선우    육체관계가 있어야만 사랑인가요?

오덕    흥, 말로만 애기를 낳을 순 없지.

선우    (조용히) 제가 안상일 씨를 사랑했던 건 사실이에요.

오덕    (다시 화를 내며) 나와 결혼할 때는 안상일을 생각 않기라는 조건부였단 말이야. 그런데도 당신은 지금까지 20년간 그자를 생각해왔고 당신이 쓴 그 시들은 모두가 안상일을 위해 쓴 시였단 말이야.

선우    아니 누가 그런……

오덕    전문가 그러던데. 윤금봉이가 말이오. 흥!

선우    윤금봉이가요?

오덕    그래서 여행을 떠나고 싶어한다고.

선우    아니에요! 제가 여행을 하려는 건 그완 반대 이유예요.

오덕    반대 이유?

**선우**   그래요. 당신은 내가 안상일 씨를 만나기 위해서 일본에 가는 줄
로 생각하시겠지만 나는 그일 피하기 위해서 가는 거예요.

**오덕**   (냉소를 뱉으며) 무슨 뚱딴지 같은 소리야? 그런 무당 경읽는 소리
같은 소리로 얼버무리려 해도 소용없다구. (증오에 가득 차며) 지
금까지 겉으로는 나를 남편으로 생각하고 마음속엔 안상일이라
는 환상을 남편으로 섬기고 왔을 테니 당신은 바로 간통을 저지
른 거나 다름없어. 당신이 나하고 결혼하겠노라고 결심한 것도
사실은 안상일을 구해내기 위해서 궁여지책으로 생각해낸 잔꾀
였다는 것쯤은 나도 알고 있었어! 나는 그러한 당신의 마음씨에
더 매력을 느꼈어. 그래서 나는 당신과 결혼했던 거야. 그러나
당신이 이십 년 동안 안상일이를 생각하고 있었다니 나는 더러운
창녀를 지금까지 품에 안고 살아온 거야. 불결해.

오덕은 속에서 끓어오르는 분노를 제대로 다 내뱉지 못하는 안타까움
과 저주로 부르르 몸을 떨며 급히 나가버린다. 우수수 낙엽이 선우
여사의 머리 위에 떨어진다. 혼자 남게 된 그녀는 한꺼번에 엄습해오
는 고독과 비애와 절망감을 못이겨 오열을 깨문다.

**선우**   그래요, 나는 더러운 창녀였어요. 당신 말대로 나는 이십 년 동안
동시에 두 남성을 섬겨온 불결한 창녀였지요. 내가 당신에게 결
혼하겠노라고 응답을 한 것부터가 잘못이었지만 그러나 내 마음
가운데 안상일 씨의 환영을 안고 살아왔다는 건 하나도 부끄러운
일은 아니었다고 봐요. 그런데 왜 내가 그이를 피해…… 서울에
오게 될 그이를 피해서 멀리 외국으로 떠나려는지 아세요? 지금
까지 내 마음속에 곱다랗게 쌓아올려진 사랑의 탑을 허물어버릴
수는 없기 때문이에요. 그것만은 누가 뭐래도 허물어버릴 수는

없어요.

이때 금순네가 부르는 소리, 무대 뒤에서 흘러나온다.

금순네  (소리만) 사모님, 어디 계세요? 사모님!
선우    (급히 눈물을 씻으며) 왜 그래? 나 여기 있어요.

이윽고 금순네가 들어온다.

금순네  아이구 여기 계신 걸 가지구, 홋홋…… 저, 손님이 오셨어요.
선우    (섬쩟해지며) 누구신데?
금순네  글쎄 처음 오신 분이에요. 남자 손님인데요.
선우    (어떤 불길한 예감에) 남자 손님?
금순네  네, 마흔너댓살 가량 들어보이던데요.
선우    명함 같은 것도 안 가지고 왔어?
금순네  네, 그저 잠깐만 뵙고 가겠다던데요.
선우    (고개를 갸웃거리며) 누굴까?
금순네  어서 나와보세요. 응접실로 안내는 했지만 왠지 꺼림칙해요. 뭐
        라도 들고 집어갈 것만 같아서……
선우    알았어요. 참 주인 어른은 어디 계세요?
금순네  아까 나가시던데요. 손수 자동차를 몰고요……

금순네가 나가자 선우 여사는 자리에서 일어나 불안한 표정으로 허공
을 쳐다본다.

선우    (기도하듯) 하느님, 저에게 용기를 주십시오. 용기를……

# 제9장

**무대**

응접실. 중년 남자가 관객석에 등을 보인 채 뒤뜰을 내다보고 서 있다. 한 손에 지팡이를 짚고 있다. 이윽고 선우 여사가 어떤 불안을 안은 채 조심스럽게 들어선다. 그녀는 등돌아 서 있는 남자의 얼굴을 보기도 전에 섬찟 놀라며 제자리에 서 버린다. 너무나 큰 충격이 그녀의 발걸음을 무디게 만들어 버린다. 그러나 인기척에 제정신을 찾은 양 중년 남자가 서서히 고개를 돌린다. 이미 흰머리가 희끗희끗 돋보이고 안경까지 쓴 안상일의 모습은 너무나 몰라보게 변해있다. 더구나 그가 짚고 있는 단장은 한쪽 다리의 부자유를 돕고 있어 한층 더 그의 모습을 무기력하게 만들어 보인다. 두 사람 사이엔 한동안 말이 없다. 선우 여사는 말없이 고개를 떨구며 의자에 간신히 몸을 지탱한다. 되도록이면 그를 안 보려는 것이다. 그들의 대화는 마치 조용한 음악처럼 가냘프고 조심스럽다.

**상일**  오랜만이군요, 선우 여사.

**선우**  역시…… 역시 오셨군요.

**상일**  잘못 되었을까요?

**선우**  안 오시기를 바랬어요.

**상일**  실은…… 나도 그러려고 했습니다만……

**선우**  (원망스럽게) 그런데 왜 오셨어요. 우리는 서로 만나서 나눠야 할 아무것도 가지지 못한 가난한 인간들이에요.

**상일**  (긴 한숨) 무엇을 얻기 위해서 온 건 아닙니다.

**선우**  그럼 빼앗으려고 오셨나요. 마지막 남은 것까지 깡그리 내게서 늙어가실 작정이었군요.

**상일**  무슨 말씀을 그렇게…… (하며 천천히 걸음을 옮기면서 다가선다)

**선우**  (괴로움을 이기려고 피하며) 가까이 오지 마세요. 가까이 오면 싫어요.

이 말에 상일의 얼굴은 굳어지며 동시에 걸음도 멈춘다.

**선우**  제가 냉담하다고 생각하시겠지만 저는 그게 아니에요.

**상일**  그럼 나더러 여기서 나라가는 말입니까?

**선우**  내쫓을 수 없는 제 자신이 미워요.

**상일**  나를 미워하시는군요? 아니 이십 년 동안 줄곧 나라는 인간을 증오해 오셨겠지요. (길게 한숨을 몰아쉬며) 그 점에 대해서는 나도 할 말은 없습니다. 비겁한 패배자가 이제 와서 무슨 얘긴들 할 수 있겠습니까. (뭉클 치밀어 오르는 울분 같은 게 작용되었음인지 언성이 높아진다) 그렇지만 한 번만은 꼭 만나고 싶었습니다.

**선우**  (눈을 감으며) 우리는 이미 나이를 먹었다는 걸 잊으셨나요?

**상일**  나이?

**선우**  그래요. 나이를 먹었지요. 나이를 먹는다는 건 처참한 일이에요. 아니 무서운 일이지요. 젊은 날을 서로 같이 지내던 우리가 늙어서까지 얼굴을 마주 보고 주름이 늘었느니 머리가 희었느니 하고 농담삼아 인생을 회고하는 건 잔인한 유희예요.

**상일**  선우 여사, 지금 무슨 얘기를 하시는 겁니까?

**선우**  (고개를 들어 허공을 쳐다본다. 그녀의 두 눈엔 이슬이 맺혔으나 어떤 황홀함을 희구하는 것 같다) 그대로 있게 하라는 거예요. 흐르는 시간을 멈추게 하고 언제까지나 이십 년 전의 모습 그대로 있게 해달라는 것뿐이에요. 제가 알고 있는 안상일이라는 분은 단 한 사람뿐이에요.

**상일**  예?

**선우**  (차츰 도취되며) 건강하고 믿음직하고 시원스런 젊은이였어요. 바위 틈에서 콸콸 솟구치는 석간수처럼 손에만 닿아도 전신을 움츠리게 하는 신선함을 가졌었어요. 끝없는 벌판엔 자운영이 비단처럼 깔려 있었지요. 어느 날 그이는 그 자운영 밭에 흰 말을 타고 뛰어와서는 저를 한 팔로 안아 말 위에 태우고 사라졌지요. 나는 그 흰 말의 등에서 피어오르는 땀냄새와 짜릿한 체온에 마비될 정도였어요. 나는 그의 품에 얼굴을 파묻고는 처음에는 무섭다고 아우성을 쳤어요. 그리고는 어서 내려달라고 버둥거렸지요. 그러나 그이는 내가 그럴수록 더 채찍질을 가하며 말을 몰았어요. 그러자 나는 그만 두 눈을 딱 감고 그이가 하는 대로 가자는 대로 내맡기고 말았어요. (갑자기 얼굴이 어두워지며) 그런데 그는 나를 바닷가에다 내려놓고는 가버렸지 뭐예요. 그제사 나는 그를 부르며 데려가 달라고 외쳤어요. 하지만 그이는 뒤도 돌아보지도 않고 흰 말을 타고 멀리멀리 사라지고 말았어요. 나는 비로소 속았다는 생각이 들었어요. 그렇지만 아무리 미워하려 해도 미운 생각이 안 들더군요. 그렇다고 그이가 돌아와 주기를 바라거나 기다리지도 않았어요. 그는 이미 화살처럼 한 번 떠나버리면 다시는 되돌아올 수 없는 사람이라고 생각했어요. 그때부터 나는 그이가 흰 말을 몰고 가던 그 모습만을 마음 속에 그려보는 버릇이 생겼어요. 그이는 내게 돌아올 사람이 아니라 내 마음 한구석에 그렇게 살아있는 것으로 흡족하다고 나는 생각했으니까요. (차츰 서글퍼지며) 그런데, 그런데 그이가 되돌아오다니…… 저는 기쁜 생각보다는 서글퍼지는군요. 흰 말을 타고 있던 그 시원스런 모습은 찾아볼 수도 없는 한낱 평범한 남자가 내 앞에 나타나는 건 원치 않았다니까요. 정말이에요. 정말이라니까요. 내게 남은 마지막 그 환상마저 깨버리게 될 줄이야…… 누가…… 누가……
(하며 자기도 모르게 상일에게 대든다)

다음 순간, 상일은 한 손으로 그녀의 두 손목을 꼭 쥐고 무섭게 쏘아본
다. 선우 여사는 가볍게 비명을 지르다 말고 상일의 눈을 쳐다본다.
그 순간 어떤 환각의 세계에서 깨어난 사람처럼 어리둥절한다. 그리고
지금까지 자기 자신이 지껄인 말이 무엇이었던가를 되새기기라도 하
듯 붙들린 손과 상일의 눈과 그리고 자신의 헝클어진 모습을 번갈아
본다.

**상일**　(안타깝게) 선우 여사, 용서하시오. 내가 이런 꼴로 나타난 걸 부
끄럽게 생각합니다. 그렇지만 나는 지난 이십 년 동안 선우 여사
를 단 하루라도 생각하지 않은 날이라고는 없었소. 그리고 이번
에 와서야 알아낸 일이지만 선우 여사의 부군이 바로 그 당시
나를 체포하려고 뒤쫓아 다니던 권오덕 형사라니 나는 선우 여사
앞에 또 한 번 무릎을 꿇고 사죄를 해야 할 죄인이었다는 걸 알았
으니까요.

**선우**　그런 얘긴 싫어요. (하며 거칠게 손을 뿌리친다)

그 서슬에 상일은 지팡이를 쓰러뜨려 기우뚱하며 몸의 균형을 잃는다.
선우 여사는 잽싸게 상일의 한 쪽 다리가 부자유스러운 사실을 발견하
고 의아스럽게 바라본다. 상일은 멋쩍게 웃으며 지팡이를 집어든다.
그리고는 몇 걸음 피해 간다.

**선우**　다리는 왜……
**상일**　팔아버렸어요.

선우  팔다니요?

상일  (빙그레 웃으며) 이 다리를 주고 자유를 샀지요. (과거를 회상하듯) 한때나마 내가 신봉했던 무자비한 투쟁의 대열에서 빠져나오려고 하니까 그들은 내게서 이 다리를……

선우  아니 그럼…… (하며 이마를 찌푸린다)

상일  처음엔 손해를 봤다고 후회도 했지만 나는 그들의 모진 고문에서 자유가 뭣인가를 알게 되었고 또 그랬기 때문에 조국을 다시 찾게도 되었지요. 헛허……

선우  (비로소 모든 비밀을 깨달았다는 듯) 용서하세요. 그런 줄도 모르고 나는 나 혼자서만 뇌까리고……

상일  천만에요. 내가 이런 꼴로 나타나 선우 여사의 마음을 잠시나마 괴롭혀 드려서 죄송합니다. 그러나 이제 일본으로 돌아가면 다시는 만나뵐 기회가 없을 것 같고 해서 용기를 내어 이렇게 찾아왔지요. 그러니 과히 꾸짖지 말아 주십시오. (하며 쓰게 웃는다)

선우  아니에요. 제가…… 제가…… (하며 고개를 떨구어 울기 시작한다)

상일  선우 여사.

선우  예?

상일  한 가지 드릴 물건이 있습니다만 받아주시겠습니까? (하며 안주머니에서 두툼한 봉투를 꺼낸다)

선우  그게 뭡니까?

상일  하찮은 물건입니다. 제가 돌아간 다음에 펴봐 주십시오. 어쩜 이 속에 나의 모든 과거사, 아니 선우 여사의 말에 따른다면 흐르는 시간을 제자리에 멈추게 한 우리들의 물거품 같은 과거의 조각들이 들어있다고나 할까요?

선우  (호기심에서 그 봉투를 집으며) 이 속에 뭣이 들었기에……

상일  (말리며) 안 됩니다. 제가 떠나간 다음에 펴보셔야죠. 헛허……

(하며 탁자 위에 놓는다) 그 대신 저에게 한 가지 주셔야 할 게 있으십니다.

**선우** 예? 뭘 말인가요?

**상일** 이번에 시집을 내셨더군요? 「음악회」라는……

**선우** (금시 얼굴이 붉어지며) 어머, 아니 그걸 어떻게……

**상일** 책방에서 사왔습니다. (하며 시집을 코트 주머니에서 꺼낸다)

**선우** 벌써 사셨어요? 제가 드려야 할 텐데……

**상일** 여기에다 사인을 해주시겠어요?

**선우** (잠시 생각에 잠기더니) 예, 해드리고 말고요. (하며 의자에 앉아 시집에다 사인을 한다)


그동안 상일은 어떤 행복감에 젖어가며 내려다본다. 이윽고 선우 여사가 사인을 한 시집을 두 손으로 받들듯 내밀자 상일도 두 손으로 받는다.


**상일** 감사합니다. 이번에 제가 한국에 나왔다가 가지고 가는 선물이라면 아마 이것뿐일 겝니다.

**선우** (목이 메이며) 안 선생님, 전…… 전……

**상일** 이제 나도 가볼 시간입니다. 시간이란 때로는 퍽 야속하게 극성을 부리는 경우가 있지요. (하며 지팡이를 짚는다)

**선우** 저…… 일본엔 언제……

**상일** 오늘 오후 비행기입니다.

**선우** (놀라며) 오늘이라구요? 그렇게 급하게 가셔야 하나요?

**상일** 이십 년 만에 와서 그런지 서울이 오히려 지내기가 거북하군요. 역시 사람은 몸에 맞는 옷처럼 자유롭게 사는 게 편하지요.

**선우** 서울엔 이미 몸에 맞는 옷이 없으신가요?

**상일** 우리는 어느 역 대합실에서 만난 사람들이라고 하셨던가요? 헛허

…… (하며 현관 쪽으로 천천히 나가자 선우 여사도 아쉬움에 몸둘 곳을 모르는 사람처럼 뒤를 따른다)

**선우**  정말 오후 비행기로 가시나요?

**상일**  천변지이가 일어나지 않는 한 가야겠죠. 자, 나오지 마십시오.

**선우**  그럼 있다가 비행장에서 뵙겠어요.

**상일**  거북합니다.

**선우**  그래도 나가겠어요. 이십 년 전에 우리가 헤어지던 때와는 사정이 다르니까요.

**상일**  알겠습니다. 그럼……

**선우**  조심하세요. 있다 뵙겠어요.


상일이가 빙그레 웃으며 현관으로 나간다. 혼자 남게 된 선우 여사는 지금까지 억제해 오던 울음이 왈칵 쏟아지자 급히 두 손으로 얼굴을 가리며 무대 중앙으로 되돌아온다. 한동안 울다 말고 문득 테이블 위에 놓인 봉투에 시선이 쏠리자 그녀는 조심스럽게 그것을 집는다. 그리고는 뜯어보기를 꺼려하는 눈치로 앞뒤를 살피더니 이윽고 결심이라도 한 듯 봉투를 뜯는다. 다음 순간, 선우 여사의 얼굴에 심한 경련이 일어나며 손이 떨린다. 그녀는 한 장의 색종이를 꺼낸다. 그것은 음악회 회원권이다.


**선우**  베토벤의 크로이첼 소나타. (다른 표를 꺼내서 읽는다) 차이코프스키의 밤. (또 다른 표를 꺼낸다) 심포니 제4번. (선우 여사는 마치 금광을 캐는 광부의 손처럼 가속도로 빨라지며 표를 계속 꺼낸다. 그럴 때마다 그녀의 얼굴엔 감동과 희열과 참회와 그리고 비애가 뒤범벅이 되더니 거의 광적으로 봉투를 째고 그 숱한 회원권을 두 손으로 움켜쥐고 흐느낀다) 아, 안 돼. 안 돼. (그녀는 마치 발광한 사람처럼 무대를

서성거리더니 회원권을 허공에 뿌리며 의자에 쓰러진다)

형형색색의 회원권이 마치 불나비 떼처럼 허공에서 춤을 춘다. 이때 금순네가 나오다가 이 광경을 보고는 급히 선우 여사를 일으킨다.

**금순네**  마님, 마님! 왜 이러세요.

**선우**  아…… 음악…… 음악……

**금순네**  (겁을 먹고) 성규 학생, 성규 학생, 의사를 불러요. 어서!

**성규**  (2층에서 내려오며) 왜 그러세요? 금순네!

**금순네**  어머니께서…… 어머니께서……

성규와 금순네는 몸부림치며 흐느끼는 선우 여사의 모습을 공포에 싸인 눈으로 내려다본다.
무대가 차츰 어두워진다.

# 제10장

**무대**

응접실. 성규가 비스듬히 누운 듯 소파에 앉아서 책을 읽고 있다. 그는 밤새 뜬눈으로 새웠는지 눈에는 핏발이 서고 표정이 매우 날카롭다. 2층에서 전축을 통해 흘러나오는 교향악곡이 어울리지 않게 집안을 뒤흔들듯이 울려퍼진다. 창가엔 귀옥이가 기대어서 밖을 내다보고 있다. 가을비가 내리려는지 찌푸린 날씨에 비바람까지 불어제치고 있다.

**성규**   (신경질을 내며 2층 쪽을 올려다본다) 저 소리 좀 안 낼 수 없나? 밤새 음악소리만 터져 나오니 책을 읽을 수가 있어야지. 좀 뜸하다 했더니만 또 시작이군. 에이! (하며 들고 있던 책을 탁자 위에 내던진다) 나도 하숙을 하든지 해야지 이 이상 더 견딜 수가 없군. (창가에 서 있는 귀옥을 보자) 아니 너 아직도 거기 있었니?

귀옥, 대답 대신 길게 한숨을 몰아쉰다.

**성규**   귀옥아, 제발 좀 네가 올라가서 전축 소리만은 끄든지 아니면 줄여달라고 좀 말씀드려. 그저께부터 우리집이 음악감상실이 되어 버렸으니 어떻게 된 판이냐구 물어봐. 남의 처지도 생각해 주셔야지. (하며 신경질적으로 책장을 뒤진다)

**귀옥**   (힘없이 무대 중앙으로 나오며) 오빠두 보았잖우? 내가 엄마 방에 가서 방문을 열어주십사고 애원한 게 몇 번이나 되는데…… 그렇지만 대꾸도 안 하시고 저렇게 레코드만 틀고 계시니.

**성규**   언제부터 음악감상가가 되셨지? (하며 코웃음을 짓는다)

환상여행

**귀옥**   (답답해 못살겠다는 듯) 아, 답답해. 정말 이러다간 나까지도 어떻게 될 것만 같아.

**성규**   흥, 너도 아버지처럼 호텔로나 들어가렴. 우리 집 식구들은 모두가 저마다 자기 방에 들어앉아 성주인 양 뻐기기를 좋아하니까.

이때, 음악소리가 멎는다. 온 집안이 갑자기 깊은 바다 속으로 가라앉는 것 같은 적막으로 휩싸인다. 그것을 재빨리 눈치차린 귀옥이가 긴장을 한다.

**귀옥**   (소곤거리듯) 오빠.

성규가 무슨 일이냐는 듯 돌아본다.

**귀옥**   음악이 멎었어요. (하며 2층 쪽을 돌아본다)

**성규**   (귀를 기울이다) 정말, 제발 이제는 조용해졌으면 좋겠다. 귀옥아, 이런 때 어서 올라가서 말씀드려. 전축 소리가 안 나니까 서로 말이라도 통할 수 있지. 응?

**귀옥**   그렇게 해야겠어. (하며 급히 2층으로 뛰어 올라간다)

이때 우편에서 금순네가 우유와 토스트를 쟁반에 받쳐 들고 나온다.

**금순네**   아씨, 귀옥아씨.

**성규**   2층으로 올라갔어요.

**금순네**   사모님에게 이걸 드려야겠는데……

이때 2층에서 귀옥이가 외치는 소리가 울려퍼진다. 이따금 방문을 두

드리는 소리.

**귀옥**  (소리만) 엄마, 제발 이 문 좀 열어주세요. 네? 엄마.

다음 순간 성규와 금순네는 선우 여사의 반응을 기다리기라도 하듯 2층 쪽으로 온갖 신경을 쏟는다. 여전히 아무런 대꾸도 없는 것 같다.

**귀옥**  (소리만) 엄마, 왜 이러시는 거예요. 하실 말씀이 있으시면 떳떳이 하실 일이지 어쩌자고 이렇게 방에만 들어앉으셔서…… 엄마, 엄마. (귀옥의 말끝은 울음소리로 변하며 문을 두드리는 소리와 함께 처량하게 울려퍼진다)

**금순네**  안 되겠어. 내가 올라가 봐야지.

금순네가 2층 층계를 반쯤 올라섰을 때 귀옥이가 힘없이 내려온다. 귀옥의 눈은 벌겋게 부어올랐다. 금순네가 불안한 표정으로 바라본다. 귀옥이가 소파로 와서 말없이 앉는다.

**금순네**  (걱정스러운 듯) 아직도 방문을 안 열어주시던가요?

**귀옥**  (한숨을 푹 뱉으며 볼멘소리로) 어떻게 하시겠다는 거야! 그렇게 방 안에 들어앉으셔서……

**금순네**  (걱정스러운 듯 2층 쪽을 쳐다보며) 이틀 동안 물 한 모금 안 잡수고 계시니 저러시다가 병이라도 도지면 어떻게 하우? (혀를 차며 한숨을 푹 몰아쉰다) 우유라도 드렸으면 좋으련만……

**성규**  (힐끗 쳐다보며) 내가 마실까?

**금순네**  (어리둥절해서) 안 돼요. 어머님 드려야지.

**성규**  마실 사람 없으면 내가 마시지. 한 번 뎁혀논 우유를 버리는 것도

195                                                                환상여행

아깝잖아. (하며 쟁반에서 우유 컵을 들어 한숨에 마셔버린다)

**금순네** (어이가 없어) 성규 학생은 걱정도 안 되슈?

**성규** 걱정만 하면 뭘해. (토스트를 깨문다)

**금순네** 마님께선 원래 건강하지 못하신데 저렇게 이틀씩이나 음식을 전폐하고 방 안에 들어앉아 계신 게 걱정도 안 되느냐 말이에요.

**귀옥** 오빠야 뭐가 안타까워서 걱정하겠수?

**성규** 그러고 보니 넌 근심걱정이 태산 같다는 말이구나 흥!

**귀옥** 그야 물론이지. 나를 낳아주신 엄마니까……

**성규** 흥, 피는 물보다 진하다는 뜻이냐?

**귀옥** 오빠도 미국 가시려거든 제발 그 사고방식부터 뜯어고치세요! 무관심이 미덕이고 가장 현대적인 양 생각하는 어설픈 이기주의.

**성규** (빙그레 웃으며) 네가 열이 오른 걸 보니까 역시 윤리라는 게 있기는 있는 모양이지? 나는 걱정하는 척하려고 해도 안 되는데 너는 그렇게 눈이 부어오르도록 괴로워하니 말이다. 하하…… (생각에 잠기며) 그러나 문제는 어머니가 왜 갑자기 저렇게 변하셨는가 하는 원인을 캐내야 해.

**귀옥** 아버지 때문이지 뭐.

**금순네** 그래요. 그저께 아침에 정원에서 큰 소리가 나더니만 주인마님은 나가시고 마님 혼자 울고 계셨으니까요. 필시 무슨……

이때 전화벨이 울린다.

**귀옥** 여보세요. 아, 아빠세요? 저 귀옥이에요. 네. (다시 울먹거리며) 아뇨. 아직도 그래요. 네…… 아빠, 어떻게 엄마를 구해내셔야죠. 정말 이러다간 엄마가…… 네? 지금 일루 오시겠다구요? 네…… 네.

**금순네** 주인 마님께서 오시겠대요?

| 귀옥 | 응! |
|------|-----|

**금순네** (안도의 숨을 뱉으며) 잘 생각하셨지. 이럴 때는 집안에 어른이 계셔야지. 이건 말짱…… (하다 말고 자기를 못마땅하게 쏘아보는 성규와 귀옥의 매서운 시선을 의식하자 멋쩍게 웃는다) 헷헤…… 그럼요. 두 분만큼이나 효성이 지극한 아들딸도 드물죠. 헷헤…… (하며 급히 우편 주방 쪽으로 가려 한다)

이때 2층 층계를 내려오는 인기척이 난다.
세 사람은 일제히 시선을 그쪽으로 돌린다.
이윽고 검은 울저지 코트 차림의 선우 여사가 여행용 슈트케이스를 들고 천천히 내려온다. 아직도 다리가 휘청거리는지 걸음이 불안하다.

**귀옥** 엄마! (하며 뛰어간다)

**금순네** 마님, 내려오셨군요. 흑! (눈물이 왈칵 쏟아진다)

성규가 말없이 다가온다. 선우 여사는 쓸쓸하게 웃어 보인다.

**선우** 걱정들 시켜서 미안하다.

**귀옥** 엄마!

**선우** 그렇지만 난 아무렇지도 않아. 혼자 있고 싶었던 거야. 잠시 동안 이라도 조용히 생각을 하고 싶었던 것뿐이란다.

**성규** (손에 들고 있는 슈트케이스를 보고) 어머니 그건 왜 가지고 나오세요?

**선우** 응? 응……

**귀옥** 엄마, 어디 가시려고……

**금순네** 에그, 그 몸으로 가긴 어딜 가셔요? 안 됩니다. 의사선생님도 당분간은 안정을 하셔야 한다고……

선우　나도 알아요. 그러기 때문에 안정을 하기 위해서 잠시 서울을 떠나고 싶은 것뿐이에요.

귀옥　어딜 가신다는 거예요?

선우　(쓸쓸하게 미소지으며) 염려 말아. 그렇다고 외국여행을 떠나는 건 아니니까.

귀옥　그럼 어디로……

선우　(꿈꾸는 사람처럼 허공을 향해) 글쎄…… 어디가 좋을까. 조용하고 …… 가깝고…… 그러면서도 아무도 찾아올 수 없는 곳이면 좋겠다만……

성규　글쎄요. 그런 곳이 어딜까요.

선우　왜. 그런 곳이 없으란 법은 없지. 미우면서도 사랑스러운 사람도 있는데 말이야. 아, 나는 당분간 혼자서 지내고 싶다. 집에 있으면 찾아올 사람도 많을 게고…… 그래서 생각 끝에 나선 거야.

금순네　주인 마님께서도 곧 오신다고 아까 전화가 왔던 걸요.

귀옥　아빠가 오시면 가세요.

선우　상관없어. 여기 편지를 두고 갈 테니까 오시면 드려. (하며 핸드백에서 두 통의 편지를 꺼낸다)

귀옥　두 통 다 아빠 드려요?

선우　아냐, 한 통은 소설가 윤금봉 씨에게 보낼 편지니까 금순네가 부쳐요.

금순네　네…… (하며 편지를 받는다)

귀옥　나도 같이 갈까봐. 엄마 혼자 가시는 건 불안해요.

선우　왜? 내가 자살이라도 할 것 같으냐? (쓰게 웃으며) 걱정 말아. 이래 뵈도 생각은 깊은 여자란다. (자기대로의 생각에 잠기며) 사람이란 이렇게 때때로 어디론가 떠나고 싶을 때가 있지. 먼 나라가 되었건 가까운 시골이 되었건…… 누구를 만나러 가는 경우도 있지만 때로는 슬픔을 길동무 삼아 쓸쓸하게 떠나는 여행도 재미있을지 모르지. 지금의 나처럼 어디고 가서 자리를 잡고 마음을 가라앉히고 나면 또 삶에 대한 애착이 되살아날지도 모르니까. 그렇고 말고. 나는 다시 너희들을 만나기 위해서 여행을 가는 거니까 …… (미소를 지으며) 알겠니, 귀옥아!

귀옥, 눈물을 흘리며 고개를 꾸벅한다.

선우  (성규에게) 나 때문에 공부 방해가 되었지?

성규  괜찮아요.

선우  너는 이제 머지않아 진짜 멋진 여행을 하게 되겠지만…… 그땐 이 엄마를 생각해라. 그러면 뭔가 가슴에 짚이는 일이 생각날 테니까.

성규  네.

선우  금순 엄마, 지금까지 그랬었지만 내가 돌아올 때까지 또 고생 좀 해야겠어.

금순네  별말씀 다 하시네요. 염려마시고 푹 좀 쉬었다가 건강해지셔서 돌아오세요. 훗흐……

선우  이번에 돌아올 땐 건강해지고말고. 참, 그리고 누가 묻거든 잠깐 여행을 떠났다고 해요.

금순네  어디로 가셨느냐고 물으면 뭐라고 대답할까요?

선우  (잠깐 생각을 하더니) 환상여행을 떠났다고 해요.

금순네  환상여행? (하며 귀옥과 성규를 돌아본다. 그들도 의아한 표정이다)

선우  그럼…… 부탁해요. (하며 현관 쪽으로 나간다)

성규와 귀옥이가 따른다. 이때 전화벨이 울린다. 맨 끝에 따라가던 금
순네가 전화를 받는다.

**금순네**  여보세요, 여기 후암동인데요. 네…… 네? 사모님은 안 계세요
…… 네…… 여행 떠나셨어요. 네? 어디로 가셨냐구요? 환상여
행 가셨어요. 네? 잘 안 들려요? (크게) 환상여행. 네.

이와 함께 무대가 어두워지며 무대 한쪽에 비행기에 앉아 있는 선우
여사의 모습만이 어둠 속에 피어난다. 배경으로 구름바다가 깔리고
환상적인 조명이 흐른다. 선우 여사는 몰라보게 명랑하고 행복한 표정
으로 창밖의 풍경을 내다보다 말고, 옆자리를 향해 말을 건다. 그러나
그 자리엔 아무도 없다.

**선우**  어마, 저 구름 좀 보세요. 안 선생님. 아름답죠? 구름은 땅 위에서
쳐다보는 것보다 이렇게 위에서 내려다보는 게 더 아름답군요
…… 홋호…… 저 위를 맨발로 걸어봤으면 좋겠어요. 네? 뛰어
내리라구요? 그야 하려고만 들면 못할 건 없지요. 뛰어내릴 수
있고말고요. 내 친구가 그러던데 비행기에서 뛰어내리고도 살아
나온 사람이 있었대요. 네, 노래를 부르며 흥겹게 말이에요. 그런
데 상처 하나 없었다나요. 홋호…… 안 선생님, 우리 같이 뛰어내
려요. 손에 손을 잡고 숨을 크게 몰아쉰 다음 하나 둘 셋 하면
뛰어내려요. 안 선생님하고 같이 뛰어내리면 땅에 내려앉을 때까
지 공중에서 멋지게 춤을 출 수 있을 거예요. 요한 스트라우스의
왈츠를 생각하며…… 네, 그럼 뛰어요…… 하나…… 둘…… 셋!

다음 순간 커다란 굉음과 함께 무대가 어두워진다. 어둠 속에서 단조로

200

운 제트기 소리가 흘러나온다.

막이 조용히 내린다.

# 묘지의 태양 (1막)

- **등장인물**

  아버지(52), 원폭 피해자

  딸(28), ××관광여행사 일본어 안내원

  고모(46)

  기자(35)

  목사(55)

  전화수리공(30)


- **때**

  현대, 여름

- **곳**

  서울 변두리에 있는 서민 아파트의 방

**무대**

아홉 평 남짓한 서민 아파트의 내부. 마루를 중심으로 방 두 개, 부엌,
변소, 그리고 베란다 딸린 흔히 볼 수 있는 도식적인 엉성한 아파트.
좌편이 현관이며 우편이 안방. 무대 정면에 베란다로 통하는 유리문이
열려 있다. 그러므로 마루가 주무대로 쓰이게 되고 부엌과 방으로 통
하는 출입문이 있으면 족하다.

좁은 집안 구석구석에 여자의 세심한 잔손질이 미쳐 있어 그런대로
청결감은 있으나 어딘지 음산하고 싸늘한 게 마치 공동묘지를 연상케
한다.


막이 오르면 여름, 아침나절. 아버지가 베란다에 무료하게 앉아 있는
뒷모습이 보인다. 흰 와이셔츠 바람이라는 것 이외에는 용모를 알아볼
수가 없다. 다만 약간 구부정한 등에 마른 덜미의 선이 건강한 사람이
아니라는 걸 직감케 한다.

베란다 저쪽은 도시의 풍경이다. 산허리를 깎은 자리에 세운 아파트라
서 전망 하나는 자랑거리가 될 만하다. 그러나 화려한 도시의 원경과
이 방안의 분위기는 영원히 녹아들 수 없는 일종의 이질감을 나타내
주고 있다.

그 가운데서도 유일하게 기계문명의 혜택을 과시하려는 듯 낡고 검은
전화기가 두꺼비처럼 한구석에 댕그라니 놓여 있다. 이런 허술한 아파
트에 전화가 있다는 것부터가 조화를 깨트리게 한다. 뿐만 아니라 지
금 수화기가 바닥에 내려져 있어 외부와의 통화를 거부하려는 듯한
자세로 버티고 있다.

이윽고 도어가 열리며 딸과 전화수리공이 들어선다. 수리공은 고장난
전화의 원인이 어디에 숨어 있는지 찾고 있다. 그는 밖에서부터 방안
으로 끌어들인 전화선의 연결을 살피고 있다.


203                                          묘지의 태양

그러나 그 원인이 아직도 확인이 안 되어 난처한 표정이다.


**수리공**   이상하다……

**딸**      선이 끊어지진 않았군요. 그럼……

**수리공**   선은 일주일 전에 손을 봤는 걸요.

**딸**      그런데 왜 또 전화가 안 통하는지 모르겠어요. 어제 밤에도 통화
         가 되었는데요.


수리공은 바닥에 놓인 수화기를 다시 들어 입김을 훅훅 불어보기도
하고 신호를 보내기도 한다.


**수리공**   아- 아-.

**딸**      송화기나 수화기에 고장이 난 게 아닐까요?

**수리공**   훅… 훅… (하며 송화통에다 대고 입김을 분다)

**딸**      전화 가설한지 한 달도 못 되었는데 벌써 세 번이나 고장이니
         어떻게 된 영문인지 모르겠어요.

**수리공**   지난번은 전화선이 끊겨 있었지만 이번은 그게 아니고……


하며, 수화기를 분해하기 시작한다. 딸은 민첩하게 움직이는 수리공의
솜씨를 내려다보면서 일방적으로 말을 계속한다.


**딸**      말도 마세요. 교환전화 하나 놓는데도 마치 낙타를 타고 바늘구
         멍을 뚫고 가는 격이었지요. (한숨을 뱉으며) 요즘 세상에 쉬운 일
         이 없다지만 글쎄 돈을 주고도 못 놓다니 말이 됩니까?

**수리공**   전화 놓기가 하늘에 별따기라는 걸 잘 아실 텐데요.

**딸**      그래서 저도 우리 회사에서 증명서를 만들고 또 몇 사람 건너

부탁을 해서야 가까스로 알량한 전화라도 차지했으니 말이에요.

**수리공**  참 관광회사라고 하셨죠?

**딸**  예.

**수리공**  무슨 일 하시는데요?

**딸**  안내원이에요.

**수리공**  (어떤 문제가 마음에 짚인 듯) 그래서 일본말 책이 책꽂이에 많이 있었군요.

**딸**  어마, 그걸 언제 또……

**수리공**  아까 방에 들어갔을 때 봤지요. 요즘 수지맞는 게 관광회사라면 서요?

**딸**  그저 그렇지요.

**수리공**  일본말 잘 하시나봐요?

**딸**  그저 그렇지요.

**수리공**  수입이 좋으시겠습니다.

**딸**  그럭저럭 먹고는 살아요. 그렇지만 이만저만 일이 고된 게 아니에요. 손님은 밀어닥치지, 일손은 모자라지…… 그래서 집에 전화가 없으면 안 되겠다싶어 빚돈을 내서……

**수리공**  (갑자기) 저런…… (하며 분해된 송화기 내부를 유심히 들여다본다)

**딸**  왜 그러세요?

**수리공**  이상하다.

**딸**  고장인가요?

**수리공**  이럴 수가 있나!

**딸**  무슨 일이죠?

**수리공**  없어졌군요.

**딸**  없어지다니요?

**수리공**  진동판!

**딸**      진동판?

**수리공**   예, 진동판이 없어요. 있어야 할 자리에……

**딸**      (들여다보며) 다 닳았단 말인가요?

**수리공**   닳은 게 아니라 없어졌어요!

**딸**      저절로요?

**수리공**   (어이가 없다는 듯) 아니 그럼, 내가 빼내다가 엿을 사먹었단 말인가요?

**딸**      어머! 누가 댁 보고 그랬어요?

**수리공**   (다시 조립하기 시작하며) 진동판이 없으니 전화가 될 게 뭡니까…… 젠장!

**딸**      그럼 새로 갈아 끼우면 곧 통화가 되겠군요.

**수리공**   준비한 게 없으니 가서 사와야지요.

**딸**      (성급하게) 곧 좀 해 주세요. 밖에서 연락 올 시간이에요!

**수리공**   알 수 없는 일이군요.

**딸**      뭐가요.

**수리공**   진동판이 없어지다니……

**딸**      예?

**수리공**   누가 장난을 한 모양이군요.

**딸**      장난이라뇨?

**수리공**   집안에 아이들이라도……

**딸**      없어요! 식구라곤 둘 뿐이에요.

**수리공**   (불쾌해서) 누군가가 손을 댔으니 없어졌지 그렇지 않고서야 진동판이 없어졌겠어요? (수화기를 제 자리에 얹어 놓고 일어서며) 아무튼 가서 가지고 오겠습니다.

**딸**      예! 수고 좀 해주세요. 전화연락을 받아야 할 일이 많아요. 오늘 중으로 꼭 좀 수리해 주세요.

**수리공**   예!

수리공이 나가자 딸은 밖으로 나갔다가 마루로 되돌아온다. 그리고 거울 앞에서 대충 머리를 고친 다음 앞치마를 벗어 벽에 건다. 문득 베란다에 앉아있는 아버지를 바라본다.

**딸**   (밝게) 아버지, 그만 들어오세요. 오늘은 너무 오래 나가 계셨어요. 저도 출근해야겠어요.

그러나 아버지는 움직이지 않고 있다. 딸은 방에 들어가서 핸드백과 책을 들고 나온다. 그녀는 마루에 흩어진 물건을 치우며 혼자서 떠든다.

**딸**   오늘 밤은 어쩜 늦을지 모르겠어요. 관광객들이 부여 박물관에 들리게 되면 그곳까지 내려갔다가 와야 해요. 부여에는 숙박할 만한 호텔이 없어서 서울에 와서 유하기로 되어 있어요. 이런 때는 남자 안내원이 가 줬으면 좋겠는데 손님들이 한사코 저를 청한다고 부장님이 저더러 가라지 뭐예요. 그 대신 일은 고되지만 수당이며 손님들이 별도로 모아서 주는 팁이 있거든요. (그녀는 문득 자기 혼자만 얘기했다는 사실에 약간 쑥스러운 생각이 들었는지 아버지를 향해 화제를 바꾼다. 그녀의 어조는 더 수다스럽다)
아버지! 글쎄 전화통 안에 든 진동판을 누가 꺼냈다지 뭐예요? 홋호…… 우리 집에 식구라곤 아버지와 저 뿐인데 말이에요. 전화수리공 얘기가 누가 장난을 한 게 분명하다고 우기지 않겠어요? 홋호…… 그래 우리 집엔 장난할 나이 또래의 아이는 없다니까 글쎄 화를 벌컥 내지 않겠어요? 따지고 보면 화날 사람은 우리 측인데 말이에요. 전화를 가설한지 한 달도 못되서 고장이 벌써 세 번째였지 뭐예요. 지난번에는 전화선이 중간에서 끊겼다더니 이번에는 진동판이 없어지다니…… 그런데 정작 화날 사람은 우리인데 자기가 먼저 화를 내다니 세상은 이상하죠?

**아버지** (담담하게) 화도 나겠지?

**딸** 예.

아버지는 딸의 물음에 대답한다기보다 자기가 지금까지 그 누구와 나누어 오던 대화를 계속하는 양 말을 하며 마루로 돌아온다. 그는 걸음이 약간 느리고 조심스러워 보인다. 게다가 짙은 색안경을 쓰고 있어 얼핏 보기엔 장님 같은 인상이다. 딸이 잽싸게 가서 부축하며 들어온다.

**딸** 화도 나게 되다니…… 누구 말이에요?

**아버지** 누군 누구! 전화수리공이지!

**딸** (못마땅해서) 예?

**아버지** 나도 화를 내겠다. (하며 마루 한구석에 놓인 싸구려 흔들의자에 가까스로 앉는다. 중얼거리듯) 화도 날 거야…… 왜 화가 안 나겠니?

**딸** 아버지! 지금 무슨 얘길 하시는 거예요?

**아버지** 하나부터 열까지가 다 그렇지! 소리란 소리는 다 화가 나게 마련이다. 시계 소리, 귀또리 울음소리, 파리 나르는 소리, 버스 소리, 교회당 종소리, 비행기 소리, 애기 울음소리…… 아…… 소리는 피곤해! 피곤하고 말고! 그러나 소리를 고치러 다니는 전화수리공이야 오죽 화가 나겠니?

**딸** (노골적으로) 아버지! 정작 화낼 사람은 우리란 말이에요.

**아버지** 화도 나게 되었지?

**딸** 우린 피해자란 말이에요! 수화기 속에 든 진동판을 도난당한 피해자예요.

아버지   범인을 잡으면 될 게 아니냐!

딸   범인이 누군지 알아야 잡지요!

아버지   사람이겠지……

딸   예?

아버지   진동판이 제 발로 걸어가지 않은 이상 누가 손을 댔겠지.

딸   누가 손을 대요? 이웃집 아이가 들어온 것도 아니고…… 이 집에는 아버지와 저와 단 두 식구란 말이에요.

아버지   둘 중에 하나겠지!

딸   뭐라구요?

아버지   누군가가 손을 댔어! 손을 댔으니까 진동판이 없어졌지, 그렇지 않고서야 왜 없어지겠니?

딸   아버지!

아버지   그게 누군지 알아내야지! 아니 꼭 찾아내야 해. 그래서 왜 그런 짓을 했는가 하고 따져야지. 경우에 따라서는 고문이라도 해야지! 홋호……

딸   농담하실 때가 아니에요! 우린 피해자란 말이에요!

아버지   나도 피해자다!

딸   예?

아버지   아니, 난 가해자겠지!

딸   아버지!

아버지   아니지, 피해자지! 아, 아니야, 한 번은 피해자였고, 또 한 번은 가해자였지. 한 번은 속았고, 또 한 번은 내가 속였지! 그러기에 역사는 돌고 돈다지 않던! 헛허……

딸   아버지! 그럼 아버진 진동판을 훔쳐 간 사람을 알고 계신단 말이에요?

아버지   알 수도 있지.

| 딸 | 그럼 왜 말씀 안 하셨어요? |
|---|---|
| 아버지 | 묻지 않으니까 말을 안 할 뿐이지. 아니 말하기조차 싫어서야. 피곤하니까, 말을 하는 것도 이젠 피곤하다. 그저 조용히 있고 싶어서야. 공동묘지처럼 묻는 사람도 대답하는 사람도 없으면 좋겠다, 아······ (숨을 길게 내뱉는다) |
| 딸 | 아버지, 그게 누구예요? |
| 아버지 | 뭐가······ |
| 딸 | 진동판을 훔친 게 누구냐구요? 왜 그걸 보시고도 안 말리셨어요? |
| 아버지 | 말린다고 될 줄 아니? |
| 딸 | 혼자서 어려우시면 소리라도 치시면 누가 뛰어왔을 게 아니에요. |
| 아버지 | 누가······ |
| 딸 | 이웃에서 말이에요. |
| 아버지 | 이웃? |
| 딸 | 예, 옆집이고 건너 집이고······ |
| 아버지 | 안 올 게다. |
| 딸 | 와요! |
| 아버지 | 안 온다! |
| 딸 | 도둑이야, 하고 소리치셨어요? |
| 아버지 | 아니! |
| 딸 | 그러니까 안 왔지요. |
| 아버지 | 소리쳐도 안 온다! |
| 딸 | 소리치셨어요? |
| 아버지 | 안 온다는 걸 아는데 왜 소리치니? 안 와! 안 온다! 사람이 죽어가도 안 오는데! 옆에서 사람이 숨넘어가도 거들떠보지 않는데 전화 진동판이 없어진다고 누가 올 것 같으니? 안 와! 절대로 안 온다! |

| | |
|---|---|
| **딸** | (의아해지며) 아버지! 그럼 도대체 누가 진동판을 훔쳤단 말이에요, 네? |
| **아버지** | (거침없이) 내가 했다. |
| **딸** | 예? |
| **아버지** | 내가 진동판을 꺼냈어! |
| **딸** | 아버지! |
| **아버지** | 왜 그런 짓을 했는가 이 말이지? |
| **딸** | 왜 그런 장난을 하셔요, 하시긴! |
| **아버지** | 장난? |
| **딸** | 전화수리공도 그랬어요! 그건 가지고 나가봤자 엿장수도 안 받는대요! |
| **아버지** | 거지도 안 받을 테지. |
| **딸** | 그런데 왜 그런 장난을 하셨어요? |
| **아버지** | (크게) 장난이 아니야! |
| **딸** | 그럼 뭐에요! |
| **아버지** | 소리가 싫어서야! 소리가! |
| **딸** | 전화 소리가요? |
| **아버지** | 그렇지! 밖에서 들려오는 소리는 다 싫다! 듣기 싫어! |
| **딸** | 우린 먹고 살기 위해서 전화를 놨어요! 가불을 해서 전화부터 놨어요! 왜 그런지 아세요? 먹고 살기 위해서요! 수입을 늘리기 위해서란 말이에요! |
| **아버지** | 수입이 오르면 어떻게 하겠다는 거냐? |
| **딸** | (눈물이 핑 돌며) 아버지! 그걸 몰라서 물으세요? 저 혼자 잘 먹고 잘 살자는 건 아니잖아요. 아버지 병을 고치기 위해서 돈이 필요해요. 아버지가 옛날 같은 건강한 몸으로 돌아가기 위해서는 수술을 받아야 하고 그러기 위해서는 돈이 필요하단 말이에요! 그 |

묘지의 태양

수술도 한국서는 어렵고 일본이나 미국까지 가야 하니까 돈이 필요해요! 돈이 필요해서 전화를 놨는데, 그 전화를 못 쓰게 하시다니! (울음이 터지며) 너무 하셔요! 아버진 너무 하셨어요! 윽……

(그녀는 마룻바닥에 엎드려 소리 내어 통곡을 한다. 아버지는 얼마동안 돌처럼 움직이지 않고 있더니 서서히 자리에서 일어나 무대 앞으로 나온다)

**아버지**    내가 수술을 받기 위해 일본이고 미국으로 갈 것 같니? (냉소를 뱉으며) 어림도 없는 소리! 나는 안 가! 나는 못 가!

**딸**    (몸을 일으키며) 가셔야 해요! 아버진 가셔서 수술을 받아야 해요. 당당하게 수술을 받을 권리가 있어요! 아버지를 이런 꼴로 만든 일본 정부에 대해서 수술과 치료를 요구할 권리가 있단 말이에요! 그런데 왜 아버지는 그 권리마저 포기하시겠다는 거예요!

**아버지**    권리를 포기한 건 나뿐이 아니다.

**딸**    아버지뿐이에요! 자전거에 치인 사람도 치료비를 요구할 권리가 있어요. 집에서 기른 개에 물려도 위자료를 받을 권리가 있단 말이에요. 그런 일에 비하면 아버지는 일본 정부에 대해서 떳떳하게 요구할 권리와 자격이 있단 말이에요!

**아버지**    너는 아까부터 권리만 찾지만 우리에게서 권리가 사라진지는 이미 오래다. 무슨 권리가 있어?

**딸**    살아갈 권리는 있어요.

**아버지**    그건 권리가 아니라 생존이다.

**딸**    예? 생존?

**아버지**    그렇지! 생존이 있을 뿐이다. 거기 돌이 있고, 저기 산이 있고 풀이 있듯이 우리는 이 자리에 있는 것뿐이다. 다만 한 가지 더 있다면 숨 쉬고 있다는 것 뿐…… (그는 지나간 날의 쓰라린 추억을 더듬기라도 하듯 천천히 안경을 벗는다. 한쪽 눈은 없고 눈두덩엔 심한

켈로이드 증상이 나타나 있다)

**아버지** 나는 숨 쉬고 있는 것뿐이야! 적어도 1945년 8월 15일부터는 말이야. 그날 오전 9시 15분 미국의 B-29 폭격기가 히로시마에다 원자탄을 떨어뜨린 그 순간부터 내게는 생존만 있지 아무런 권리도 의욕도 없어진 거야!

**딸** 아버지! 그 얘긴 왜 또⋯⋯

**아버지** 들어!

**딸** 아버지! 싫어요! 싫어! 지나간 일은 싫어요! 듣고 싶지 않아요!

**아버지** 그럴 테지! 너희들은⋯⋯, 젊은 너희들은 현재가 필요하겠지. 과거는 잊어버리고 싶겠지. 그러나 이 소리는 들어야 해! (이와 동시에 비행기 폭음 소리, 공습경보를 알리는 싸이렌 소리, 무대 조명은 차츰 어두워지더니 갑작스레 터지는 원자탄의 폭발 소리와 함께 그 특이한 버섯 모양의 화염이 무대 배경에 투사된다) 으악! (비명을 지르며 마룻바닥에 쓰러진다.)


무대가 완전히 어둡다. 사람들의 비명. 구호차의 경적. 사이렌 소리. 서로의 이름을 부르짖는 부녀자들의 찢어질 듯한 절규. 잠시 후 무대가 다시 서서히 밝아지면 마루 한 구석에 자리를 펴고 아버지가 누워 있다. 그 옆에 딸이 걱정스러운 듯 내려다보고 있고, 그 옆에 목사가 거의 광적인 기도를 올리고 있다. 고모가 열심히 아멘을 외우고 있다.


**목사** 하나님 아버지께서 여기 누워 있는 병든 양을 저버리지 마옵시고 끝까지 살아갈 수 있는 지혜와 용기와 그리고 믿음을 내리시옵소서. 이 땅의 모든 생명이 하나님 아버지를 위해 있고, 하나님 아버지의 뜻을 따르게 되는 날 우리의 가엾은 이 병든 양도 기꺼이 일어서 푸른 초원을 뛰어나가게 되기를 간절히 비옵나이다.

그리하여 오직 믿는 자에게만 힘을 주시고, 믿는 자에게만 사랑이 깃들게 하고, 믿는 자에게만 하나님 아버지의 은총이 밤이슬처럼 내리시게 하옵소서. 예수 그리스도의 이름으로 기도하옵나이다. 아멘!

고모 　아멘!

목사 　(자세를 고쳐 앉아 성경을 챙기며, 딸에게) 하루 속히 교회에 나오시도록 아버님께 전하십시오.

고모 　그럼요. 목사님! 그렇지 않아도 제가 만나기만 하면 오라버니께 그렇게 여쭙고 있지요. (딸에게) 글쎄 현저동 기름집 어머니 좀 봐. 장안의 용하다는 의원, 이름난 병원을 다 찾았지만서도 못 고친다고 뒤로 나자빠진 걸 우리 목사님께서 기도를 하시고 교회에 열심히 나오더니만 글쎄 반년 만에 되살아났다지 뭐니……

딸 　무슨 병인데요? 고모!

고모 　저혈압에, 신경통에, 당뇨병이 겹쳤었대…… 애, 그러니 아버지도 웬만하시면 교회에 나오시라고 해라, 응? 이렇게 집안에만 누워 계시면 안 돼요. 그저 시간 나시는 대로 목사님을 찾아가 뵙고, 또 우리 교회에 오셔서 기도를 올리는 게 제일이다.

딸 　글쎄…… 아버지께선 도무지 바깥 출입은 안 하시는 걸요. 저도 이따금 바람 좀 쏘이러 나갔으면 하는데 아버지께선 이 방에서 한 발자국도 안 나가시려고 하시니 어떻게 해요.

목사 　에…… 아버님의 그 심정을 누구보다도 내가 잘 알지요. 말하자면 사람을 대하기가 싫으신 거예요!

딸 　예, 그래요. 아버진 사람을 대하기가 싫으셔요. 일본에서 해방 이듬해 돌아오신 그날부터 이렇게 누워 계시지 않으면 온종일 앉아서 지내셨어요. 말씀도 안 하시구요.

고모 　(귓속말로) 그러니 오죽하면 올케가 도망을 쳤겠어요? 에그 세상에……

**목사** 음…… 그렇지만 앞으로는 절대로 실망마세요.

**딸** 가망이 있을까요?

**목사** 물론이지! 하나님만 믿으신다면, 진심으로, 성심성의껏 교회에 나오신다면 그까짓 병은 문제없습니다. 육신의 아픔은 문제가 아니지요. 우리 인간에게 있어서 중요한 건 육체가 아니라 바로 영혼이에요. 그런 점에선 아버님께서는 아직도 영혼이 병들지 않고 있지요.

**딸** 어떻게 그걸 아시나요?

**고모** 앤! 아니 우리 목사님이 그 정도를 모르실 것 같으니? 글쎄 다음 주일부터 너도 아버지 모시고 교회에 나와! 응? 알겠지?

**딸** (마지못해서) 알겠어요.

**목사** 요즘 사람들은 신이 죽었느니, 신앙이 무슨 소용이 있느냐느니 하지만 가까워 오는 말세에서 헤어나가고 구원받을 수 있는 길은 오직 신앙뿐이지요! 믿는 자만이 살게 됩니다!

**고모** 예, 들었지? 아버지 병에는 약도 필요 없어! 원자탄 아니라 그보다 더한 병도 목사님 기도로 낫다니까! 그러니 아무 소리 말고 교회에 나오너라! 그래도 남보다야 일가친척이 이렇게 찾아오고 가고 하니 오죽 좋으냐? 홋호…… 목사님 그럼 이만 일어서실까요?

**목사** 예! (시계를 보며) 아이구…… 김 집사 댁에 가볼 시간이군요.

**고모** 예……

두 사람은 성경책이며 가방을 들고 자리에서 일어선다.

**고모** (아버지에게) 오라버니! 그럼 또 들리겠어요!

**목사** 우리 교회에 나오십시오.

그러나 아버지는 그대로 꼼짝도 안 한다.


**고모**　(멋쩍어지며 목사에게) 아마 잠이 드셨나 봐요. 목사님! 자아 나가
　　　십시다.

**목사**　예!


목사와 고모가 나가자 도어까지 배웅 나가던 딸이 근심스럽게 아버지
를 돌아보고는 밖으로 나간다. 잠시 후 아버지가 서서히 자리에서 일
어나 앉는다. 이불로 하반신을 싼 채로 멍하니 허공을 향해 얼굴을
든다. 역시 색안경을 썼다.


**아버지**　(객실을 향해) 여러분들은 내가 겉으로 보기엔 건강한 사람처럼
　　　보이시겠지만…… 저의 육체는 허물만 남은 셈입니다. 백혈병에
　　　십이지장궤양, 게다가 간장까지 헐어서 일체의 활동이 마비된 상
　　　태입니다. 그뿐입니까, 이 상반신은 심한 켈로이드로 볼 수가 없
　　　지요. 오직 제대로의 기능은 먹는 것과 배설하는 것뿐이지요. 말
　　　하자면 나는 살아 있는 송장이나 다름없답니다. 그러나 나와 같
　　　은 처지에 놓인 사람이 한국 땅에만 해도 만여 명이나 됩니다.
　　　이른바 원폭 피해자라는 이름이 붙었죠. 일본에는 히로시마에 15
　　　만, 나가사끼에 12만, 도합 27만인데 이들 원폭 피해는 그 당대에
　　　만 끝나는 게 아니라, 2세, 3세까지도 번지고 있다니 기가 막히군
　　　요. 불행 중 다행으로 나는 징용가기 직전에 부모님의 강요로 결
　　　혼을 했고 해방이 되어 돌아오니 딸이 하나 생겼더군요. 그러니
　　　그 애에게는 원자탄의 피해가 물들지 않았으니 그 얼마나 다행한
　　　일인지 모르지요. 물론 그 딸마저 태어나지 않았던들 얼마나 마
　　　음이 가벼웠겠습니까만…… 지금까지 나는 그 애에게 얹혀사는

기생충이 되고 말았습니다. 살아 있어도 산 것 같지 않은 생명입니다. 형체만 남았지 알맹이는 이미 벌레가 갉아먹은 고목의 밑둥지 같은 육체입니다. 살아가도 인간의 구실을 못하는 고깃덩어리죠. 그러한 내가 누구한테 무슨 얘기를 합니까? 일본 정부에게 나를 책임지라고 호소를 한다고 들어줍니까? 우리 정부 보고 치료를 해 달라고 간청을 합니까? 내게 있어서 말은 이미 효용이 없어진 지 오래입니다. 내가 주장할 권리가 무엇이며 되찾아야 할 영토가 어디 있는지조차 모르고 살아온 지 20년이 지났습니다. 그런데도 나를 찾아와서 얘기를 시키는 사람이 있습니다. 그것도 1년에 한 번 8·15 광복절이 다가오면 약속이나 한 듯이 찾아오는 철새 같은 손님이 있습니다.

도어 쪽에서 딸의 안내를 받으며 기자가 들어온다. 어깨에 카메라까지 짊어졌다.

**딸**  아버지! 신문사에서 나오셨대요.

**기자**  (마루로 올라오며) 안녕하십니까? 저를 기억하시겠어요?

**아버지**  (어리둥절한다)

**기자**  작년에도 한 번 찾아왔었지요? 한강일보 사회부에 있는 김 기자입니다. (그의 말투는 사무적이다)

**아버지**  아……

**기자**  (앉기가 무섭게 담배를 피워 물며 취재할 종이와 펜을 꺼낸다) 요즘은 좀 어떠세요?

**아버지**  (빙그레 웃는다)

**기자**  벌써 1년이 흘렀군요. 작년 이맘때도 광복절 특집 기획기사를 취재하기 위해 왔었지요. (딸을 돌아보며) 고생이 많으시겠습니다.

　　　　　　　　　　　　묘지의 태양

**딸**　아, 아니에요.

**기자**　(아버지에게) 뭐라고 한 말씀해주시죠? (하며 메모를 한다)

**아버지**　예?

**기자**　광복절을 맞이해서 소감이 어떠신지……

**아버지**　(고개를 떨어뜨린다) 없습니다.

**기자**　있을 텐데요…… (담배 연기를 뱉고 나서) 사양마시고 한 말씀 하시지요! 이런 기회에 원폭 피해자로서 사회나 행정 당국에 대해서 하고 싶은 말씀이 있을 게 아닙니까?

**아버지**　있으면 뭘 합니까?

**기자**　예?

**아버지**　백 번 말하면 뭘 합니까?

**기자**　그래도 하셔야지요! 요즘 세상엔 끈기가 있어야 해요. 이것도 하나의 투쟁이니까요!

**아버지**　투쟁?

**기자**　그렇죠! 일본놈들에게 징용 당한 것도 억울한데 설상가상으로 원자폭탄의 피해로 일생을 그늘에서 살아가야 하는 입장에 서고 보면 하고 싶은 얘기가 많으실 게 아닙니까! 한 말씀 하세요. 지면에다 크게 보도해서 반영시키겠습니다.

**아버지**　그만두겠소!

**기자**　왜 그러십니까? 남들은 신문사에 찾아와서까지 보도해 달라고 사정하는데, 선생은……

**아버지**　난 말하기 싫어요.

**기자**　예?

**아버지**　(화를 내며) 그따위 동정은 받고 싶지 않단 말이오! 나가 주시오!

**기자**　아, 아니 이 양반이……

**딸**　아버지! 이 분은 신문사에서 나왔어요. 아버지를 위해서……

**아버지** 나를 위해서? 그래 좀 있으면 주간지에서도, 월간지에서도, 그리고 라디오, TV 방송국에서도 줄을 지어 찾아올 게다!

**딸** 아버지!

**아버지** 난 만날 수 없다고 거절해! 왜 들여보내니 보내긴! 난 얘기하기 싫어한다는 걸 알지 않아? 나는 남들과 대화하기가 싫은 사람이에요! 싫어! (하며 마룻바닥을 주먹으로 친다. 기자도 무언가 숙연해지면서도 불쾌감을 참지 못한다)

**기자** 그렇게 흥분한다고 되는 일이 아닙니다. 이건 흥정이 아니니까요. 우린 언론인으로서 마땅히 알려야 할 일을 취재하러 왔을 뿐이지요. 그렇게 함으로서 사회인의 관심을 끌게 하고 나아가서는 원폭 피해자를 돕기 위한 캠페인을 벌이자는 기획 아래서……

**아버지** (빈정대며) 고맙소. 해마다 한 번씩 캠페인을 벌인 결과가 어떠했소?

**기자** 뭐라구요?

**아버지** 어째서 하필이면 광복절이 다가오면 캠페인을 벌이시오? 이게 무슨 연중행사십니까?

**딸** 아버지! 정말 왜 이러세요?

**아버지** 너는 가만 있어? (기자에게) 내가 하고 싶은 얘기는 몇 해 전에 다 얘기했습니다. 뱃속에서부터 끓어오르는 그 썩을 대로 썩어서 악취가 나는 얘기 말이에요. 20여 년 동안 뱃속에서 퇴비처럼 썩다썩다 삭아버릴 뻔한 얘기는 진작 다 했어요. 신문에도 나고 잡지에도 나고 방송에도 나가고…… (서서히 고개를 쳐드는 울분과 슬픔이 울음으로 변해 가며 목소리가 떨린다)

그렇지만! 내 말에 대답하는 소리는 못 들었습니다. 누구 한 사람 내 궁금증을 풀어주겠다는 사람도 없었고…… 도와주겠다는 사람도 없었어요…… 나는 처음에 신문에 나온 기사와 사진을 오

묘지의 태양

려서 신주 모시듯 간직했지요. 우리 같은 사람을 그래도 안 잊어버리고 있구나 하는 고마움이기도 했지만, 그보다도 누군가가 우리를 구해 주리라는 기대가 더 컸을지 모르지요. (한숨) 그러나 그건 이미 지난날의 얘깁니다. 나는 이미 죽었으니까요. 죽어서 이 방에 묻혀 버린지 오래지요.

**기자**  예?

**아버지**  말하자면 이 아파트는 내가 묻힌 무덤이지요. 푸른 잔디가 없고 새소리가 안 들릴 뿐이지, 이곳은 나의 안식처이고 무덤이에요. 내 무덤을 찾아주는 여러분들은 우리 같은 불행한 사람에게 선심을 베풀고 있고, 좋은 일을 하고 있다고 여기시겠지만 부질없는 것입니다. 나보고 교회에 나와서 신앙을 가지라는 목사님의 말씀, 끝까지 희망을 잃지 말고 싸워 이기라는 여러분의 말씀! 그 얼마나 따사롭고 포근하고 감싸주는 말입니까! 그러나 그건 내게 있어선 태양과 같은 거예요. 무덤 속에 누워있는 내게 태양빛은 이미 아무런 가치도 없단 말입니다! (다시 흥분하며) 태양이 무덤에서 나를 되살아나게 해줄 수 있소? 내 말이 하늘까지 들리는가 말이에요! 예? 말해 봐요! 어서!

**딸**  아버지! 그만! 그만…… 흑…… (하며 아버지의 두 어깨를 짓누르며 흐느껴 운다)

**기자**  (매우 충격을 받은 양) 알겠습니다! 그럼 이상 더 질문은 안 하겠습니다. 그 대신 사진만 한 장 찍게 해주십시요. 괜찮지요?

아버지가 고개를 돌려 안경 밑으로 흘러내리는 눈물을 손끝으로 씻는다. 기자가 재빨리 플래쉬를 터뜨리며 사진을 찍고 일어선다.

**기자**  실례했습니다! 저도 여러 가지로 느낀 바가 많군요.

| 딸 | 죄송합니다. 아버지께선 이런 적 없으셨는데 오늘은…… |
|---|---|
| 기자 | 아닙니다. 이해가 갑니다. 그러나 어느 때고 봄은 오게 마련이니까요…… 자 그럼…… |

기자는 아버지의 응답을 기다릴 필요도 없다는 듯 총총히 신을 신고 나가버린다. 딸이 따라 나선다. 아버지가 자리에서 일어나 창가로 가서 밖을 내다본다. 그리고 회상으로 돌아가기 전의 자리에 선다. 딸도 같은 자리로 돌아온다.

| 아버지 | 나는 그렇게 살아왔다…… 내게 주어진 관심을 태양으로 돌리고 싶은 거야. |
|---|---|
| 딸 | 그렇지만 우리는 살아야 해요. 아버지는 지난날 일본 사람에게 희생당한 피해자이지만, 저는 현재 일본말로 생을 유지하는 현실을 미워할 순 없어요. |
| 아버지 | 그게 너의 권리란 말이지? |
| 딸 | 그래요! 내가 이용할 수 있는 힘, 내가 누릴 수 있는 권리는 버릴 수 없어요! 이제 와서 일본 제국주의의 죄악상을 상기시킨다고 해서 우리가 살아갈 수 있을 것 같아요? 아버지 말씀대로 우린 이제 생존조차 어려울 지경이 되고 말 거에요! |
| 아버지 | 그렇다면 그것도 버릴 수밖에…… |
| 딸 | 싫어요! |
| 아버지 | 나도 너의 행위는 싫어! |
| 딸 | 아버지! |
| 아버지 | 하필이면 네가 일본말을 익힌 덕으로 내가 살아야 하겠니? 전화로 불러내면 나가서 일본놈에게 말을 팔아야만 돼? |
| 딸 | 현실이에요! 그게 우리의 현실이에요. |

**아버지**　현실?

**딸**　그래요! 현실은 시계바늘처럼 뒷걸음치게 할 순 없어요! 아버지는 거부하는 일이 현실일지 모르지만 저는 이용하는 일이 현실이에요! 아버지께선 전화선을 끊고, 진동판을 빼내시면 저는 그때마다 수리공을 불러들여서 고치겠어요!

이때 전화수리공이 들어선다.

**수리공**　진동판 가져왔습니다.

**딸**　끼워주세요!

**아버지**　안 돼!

**수리공**　예?

**딸**　어서 끼워요.

수리공은 심상치 않은 분위기를 의식하며 재빨리 수화기를 분해하고 진동판을 낀 다음 일어선다.

**수리공**　청구서 여기 있습니다. (하며 청구서를 내보이자 딸이 돈을 꺼내 준다)

**딸**　수고하셨어요.

**수리공**　예, 안녕히 계세요. (하며 급히 나간다. 서먹한 분위기. 딸이 핸드백을 쥐고 나가려는데 전화벨이 울린다. 딸이 재빨리 가서 받는다)

**딸**　여보세요! 예! (화색이 만면하며) 부장님이세요? 예, 전화가 고장이 났었어요. 예, 지금 막 수리를 했거든요. 예, 훗…… 예? 11시 40분 도착, 카알 304호…… 예, 예, 곧 나가겠어요…… 예, 아니죠 …… 훗호……

딸의 활기찬 통화가 계속되는 동안 그와는 대조적으로 아버지는 베란다의 의자로 가서 가라앉듯이 주저앉는다.

–막

묘지의 태양

# 위자료 (3막)

- **등장인물**

  어머니(50세)

  명수(27세), 큰 아들

  명수 처(25세)

  광수(24세), 작은 아들

  외삼촌(45세)

  버스회사 총무과장(40세)


- **때**

  현대

- **곳**

  명수의 집


  ※ 상연하는 지역에 따라서 지방 도시로 설정하여도 무방함.

# 제1막

**무대**

명수네 집 마루.

일정한 장치를 필요로 하지 않는다. 다만 넉넉지 못한 집안이라는 분위기만을 설명할 필요가 있다. 마루를 사이에 두고 양편에 방이 있다고 설정하면 된다. 따라서 건넌방은 사람이 출입할 필요가 없고 그 안방만은 출입문이 있으면 된다. 연극은 주로 마루와 뜰에서 진행되므로 최소한 마루만 설정하면 족하다.

마루 정면에 명색만의 상청 喪廳 이 꾸며져 있다. 조그마한 상 위에 어울리지 않게 큰 명수의 사진이 놓여 있고, 사진틀엔 격식을 따라 검정 리본이 여덟 팔자형으로 매여 있다. 그 앞에 촛대와 향그릇이 있다.

막이 오르면 어머니가 사진 앞에 앉아서 우는 듯 조는 듯 상반신을 연신 앞뒤로 서서히 흔들며 중얼거리고 있다. 마치 살아 있는 사람에게 말을 건네듯 하다가는 깜박 졸음이 왔는지 동작을 멈춘다. 다음 순간 소스라쳐 깨어나서는 다시 새로운 곡성을 올리고는 중얼거린다. 그러나 슬프다기보다는 권태로운 어조 같기도 하다.

어머니 명수야, 이 불쌍한 자식아, 살아서도 시끄러운 세상 살더니 죽어서도 시끄럽구나. 살아생전 에미 가슴에 못 박았으면 됐지, 죽어서까지 에미를 괴롭히기냐? 에끼 천하에 불효막심한 자식! (정말 슬퍼지자 마룻장을 치면서) 꽃 같은 네 처는 어떻게 살라고… 가을이면 태어날 네 핏덩이는 어쩌하고… 이놈아! 명수야! 너만 가면 대수냐? 네 눈만 감으면 다냔 말이다! 말 좀 해봐! 속 시원히

위자료

말 좀 해! (어느덧 성화가 나서 분노에 찬 어조로 변하며) 이 썩어
문드러질 놈아! 그렇게 죽으려거든 장가나 들지 말 일이지 남의
집 귀한 자식 데려다 놓고 이게 무슨 벼락이냐! 게다가 죽은 지
보름이 지나도록 장례식도 못 치르고 관 속에서 썩어야 해? (다시
슬픈 어조로 변하자 마루를 치며) 아이고… 나는 못살아! 나도 데려
갈 일이지! 아이고 나는 못살아! 흑…

명수 처가 우편 부엌 쪽에서 미음 그릇을 들고 나오다가 시어머니의
통곡하는 모습을 보자 왈칵 치밀어오는 울음을 간신히 깨물더니 마루
로 올라가 시어머니 옆에 앉는다.
그녀의 몸매는 임신 중임을 곧 알 수가 있다. 소복을 입었고 머리를
흰 베로 질끈 묶었다.

**명수처** 어머니.
**어머니** 천벌이 내렸지. 살아서 남 못할 일 시킨 죄로 병원 시체실에서
　　　　보름 동안이나 썩어야 하다니!
**명수처** 어머니!
**어머니** (명수 처를 보자 울음을 뚝 멈추고) 왜 나왔어! 몸이 편치 않다면서
　　　　더 눠있지 않고!
**명수처** (미음 그릇을 들어 내밀며) 미음 잡수셔요.
**어머니** 너나 먹어.
**명수처** 전 아까 좀 먹었어요. 식기 전에 어서 드셔요.
**어머니** 생각 없다.
**명수처** 그래도 드셔야 해요. 이러시다간 어머니까지!
**어머니** (갑작스레 울음을 터뜨리며) 아이고… 이 불쌍한 것아! 어쩌다가 명
　　　　수 같은 놈을 만났었냐! 하고 많은 신랑감을 두고 왜 명수하고

눈이 맞아 네 팔자 네가 망쳤어! 이 불쌍한 것아! (하며 명수 처의 어깨에 고개를 얹은 채 흐느껴 운다. 그러나 명수 처는 처음에는 슬픈 척하다가 금시 활짝 개인 얼굴로 변한다)

**명수처** 어머니! 무슨 말씀을 그렇게 하세요. 제 팔자가 어때서요.

**어머니** 가엾어서 그러지.

**명수처** 제가 왜 가엾어요?

**어머니** 젊은 나이에 장차 살아갈 일을 생각하니 난 미칠 것 같다. 게다가 얼마 안 있어 태어날 애기 일을 생각하면… (다시 슬퍼지며) 아이고… 이 일을 어쩌면 좋아! 아이고… 이놈아… 명수야!

**명수처** 어머니! 정말 왜 이러세요. 저는 아무렇지도 않다니까요.

**어머니** (홱 돌아보며) 지금 뭐라고 했니?

**명수처** 전! 아무렇지도 않아요.

**어머니** (멍해지며) 아무렇지도 않아?

**명수처** 앞으로 살아갈 일은 걱정 없어요.

**어머니** (앵무새처럼) 걱정 없어?

**명수처** 예, 산 입에 거미줄 치겠어요?

**어머니** 어떻게 하는 소리지? 우리 집에 무슨 돈이 있으며 누가 무슨 벌이를 해. 있다면 이 판잣집에 백수건달 광수 밖에 또 뭐가 있니?

**명수처** (또렷하게) 위자료가 있잖아요.

**어머니** 위자료?

**명수처** 예, 위자료가 나오기로 되어 있잖아요. 아침에도 외삼촌이 그러시던데 버스회사 측하고 얘기가 잘 될 것 같다고.

**어머니** 어떻게?

**명수처** 지금까지 버스회사 측에서는 오십만 원밖에 못 내놓겠다고 우기고 유가족 측에서는 백오십만 원은 받아가겠다고 주장했대요.

**어머니** 그것보다 빨리 장례식을 치르도록 해야지. 삼복더위에 보름씩이

　　　　　　나 시체를 팽개쳐 둬야겠어?

**명수처** 그 위자료 액수가 결정이 안 나서 늦어진 거예요. 어머니 그러니 오늘이라고 버스회사 측과 합의를 보게 되면 내일이라도… 아니 저녁때라도 곧 치러야죠.

**어머니** (긴 한숨) 그래 얼마를 주겠다던?

**명수처** 이쪽 저쪽 합해서 둘로 나누자는 얘기래요.

**어머니** 이쪽 저쪽 합해서 둘로 나누다니?

**명수처** 그러니까 버스회사는 오십만 원이고 유가족 측은 백오십만 원이 니까 합치면 이백만 원이고 둘로 쪼개면 백만 원이지요.

**어머니** 백만 원?

**명수처** 예, 백만 원이면 아쉬운 대로 괜찮은 것 같아요.

**어머니** (사진을 들여다보더니, 금시 울음을 터뜨리며) 아이구! 명수야! 백만 원이 웬 말이냐, 명수야!

**명수처** 어머니, 왜 그러세요?

**어머니** (막무가내로) 명수야, 이 일을 어쩌면 좋으냐? 명수야!

**명수처** 어머니, 왜 이러세요? 네? 백만 원이 합당치 않으신가요? 네? 아, 그럼 진작 그렇다고 말씀하시지 않고서, 저도 어머니께서 반대하 시리라고 걱정을 안 했던 건 아니에요. (하며 마루에서 내려간다)

**어머니** 어딜 가니?

**명수처** 얘기를 해 줘야죠.

**어머니** 누구한테 뭘 얘기한다는 거냐?

**명수처** 버스회사 측에다가 백오십만 원이 아니면 다시 시체를 떠 매고 사장실로 밀고 들어가겠다고 해야죠. 아마 지금쯤 광수 도련님이 랑 외삼촌이 나와 계실 테니까요. 다방에서 버스회사 총무과장하 고 만나기로 했다나 봐요.

**어머니** (날카롭게) 애!

**명수처**  예?

**어머니**  너 정신이 있니 없니?

**명수처**  왜 그러세요? 어머니.

**어머니**  네가 지금 그 꼴을 하고 다방에 나가겠단 말이냐?

**명수처**  지체할 수 없지요. 백만 원에서 백오십만 원으로 뛰어 오른다면 우리 형편에 오십만 원이면 어딥니까? 어머니, 단숨에 뛰어갔다 올 테니까 염려마세요.

**어머니**  관둬!

**명수처**  예?

**어머니**  그만 두란 말이다! 위자료고 뭐고 다 그만 둬!

**명수처**  (입이 떡 벌어지며) 위자료를 그만 두라니요? 어머니? 그걸 말씀이라고 하세요? 백오십만 원이면 우리 식구가 일생을 벌어도, 아니 죽어서 황천길을 다 가도 만져볼 수 없는 돈이란 말이에요! 우리가 앞으로 살아갈 힘줄이 있다면 그 위자료뿐인데, 그걸 그만두라고 하시다니, 어머닌… (눈물을 주르륵 흘리며) 어머닌… 어떻게 하시는 말씀이세요! 저와 장차 태어날 핏덩이를 어떻게 살라고… 그런 말씀을, 너무 하십니다! 너무 하셔요! (명수 사진 앞으로 우루루 다가와 엎드려 통곡한다) 여보 왜 당신 혼자 죽었어요? 네? 나를 데려가지 않고서 왜 당신만 가셨어요! 여보! 여보! 여보!

명수 처가 마치 실신한 사람처럼 마룻바닥에서 뒹굴자 어머니는 넋이 나간 듯 멍하니 내려다만 본다.

**광수**  어머니.

그의 목소리에 먼저 반응을 보이는 것은 어머니가 아니라 명수 처다.

그녀는 마치 재주라도 넘듯 벌떡 일어나 앉으며 광수에게 다가간다.


**명수처**  도련님! 어떻게 되었어요? 합의를 보셨나요?


광수는 마루 끝에 걸터앉아 담배를 꺼내서 피워 문다.


**광수**  그 새끼들 꽤 째째하군!

**명수처**  예?

**광수**  한 장만 봐 달라지 뭐예요.

**명수처**  백만 원으로 낙찰이 되었군요?

**광수**  아니죠.

**명수처**  한 장이라면서요?

**광수**  백만 원에서 한 장만 깎아달랜다구요. 제길!

**명수처**  아니 그럼…… 구십만 원?

**광수**  그렇죠! 개새끼들!

**명수처**  그래 어떻게 했어요? 도련님.

**광수**  시시해서 나와 버렸지요.

**명수처**  (울상이 되어) 아니, 그렇다고 나오시면 어떻게 해요. 지금까지 얘기를 끌어온 보람도 없이 왜 나오셔요, 나오긴. 아주 끝장을 내고 오시잖구.

**광수**  외삼촌이 남아 계셔서 총무과장하고 계속 담판 중이에요.

**명수처**  (안도의 숨을 몰아쉬며) 오! 외삼촌이 계셨군요! 난 또… 홋호… (그녀는 웃다 말고 금시 얼굴에 긴장의 빛을 띠우며) 안 돼요. 도련님.

**광수**  예?

**명수처**  왜 외삼촌 혼자 있게 하세요? 같이 계시잖구.

**광수**  예? 혼자 있으나 둘이 있으나 얘기야 마찬가지죠. 우린 백만 원

요구하고 저쪽에선 구십만 원을 내세우고.

**어머니** 광수야!

**광수** 어머니 생각은 어떠세요?

**명수처** (잽싸게 말을 가로채며) 글쎄 어머니께선 백오십만 원 아니면 안 되시겠대요. 그래서 제가 지금 도련님이 계신 곳으로 가려던 참이에요.

**광수** 어머니, 그건 무리예요. 그 버스회사 측 사정을 들어보니까 그쪽도 딱하더군요.

**명수처** 우리가 지금 그쪽 사정 봐주게 되었습니까?

**광수** 그렇지만 도둑도 인정이 있고 창녀도 정조가 있다는데 아무리 우리 주장이 옳다기로 이쪽 주장만을 내세울 수 없는 게 세상이니까요.

**명수처** (토라지며) 도련님은 속도 없으시구려!

**광수** 그렇지 뭐예요, 이번 버스 사고로 사망자가 스물한 명이며 중상자가 열아홉 명에 경상자가 서른두 명이니, 그 보상금이 얼맙니까?

**어머니** (한숨) 맙소사! 돈도 좋지만 그렇게 많이 태울 건 뭐람. 천벌이지!

**광수** 그날이 바로 장날이었다니까요. 그래서 운전수나 차장도 메뚜기 제철 만난 양으로 마구 손님을 태웠으니⋯⋯

**어머니** 차라리 그 자동차가 떠나기 전에 터졌던들 네 형이 그 꼴로 안 되었지.

**광수** 그 꼴이라뇨?

**어머니** 숯덩이처럼 얼굴도 몰라보게 타죽지도 않았을 게 아니야.

**명수처** 짐 속에 휘발유가 실려 있었다는데 불나기는 매일반이었지요.

**광수** 그럼요. 불행 중 다행으로 타다 남은 양복저고리 안에서 주민등록증이 나왔기에 망정이지 시체만으로는 도저히 얼굴을 분간할

위자료

수가 없었대요.

**어머니** (다시 슬퍼지며) 망할 것! 차라리 그 주민등록증까지 타버렸던들 우리가 이렇게 가슴 아파하지도 않지. 아는 게 병이라더니 바로 나를 두고 하는 말이겠지.

**광수** 어머니두, 그런 말씀 마세요. 주민등록증이 우리를 살린 거나 다를 바 없지요.

**명수처** 그럼요. 그것이 남아 있었기에 위자료라도 타게 되었지 뭐예요.

**광수** 그렇고 말고요. 형님이 돌아가신 건 가슴 아프지만 결과적으로는… (내려다만 본다. 명수 처는 매우 못마땅한 표정으로 돌아선다) 어머니! 그렇지만 형님이 돈을 번 것만은 사실 아닙니까?

**명수처** 그럼요. 형님의 죽음이 우리에게 백만 원 아니 백오십만 원을 가져다준 셈이니 따지고 보면 형님은 남은 가족들을 위해 죽은 거나 다름없지요.

**어머니** 가족들을 위해서라고?

**명수처** 그럼요. 그 돈만 있으면 우린 아무 걱정 없이 살아갈 수 있지요. 그 돈을 일수 이자로 늘리면 우린 앞으로 손가락 하나 까딱 안하고 편히 살 수 있어요.

**광수** 형수, 그건 곤란한데요.

**명수처** 뭐가 곤란하단 말이에요? 제 얘기가 틀렸나요?

**광수** 그, 그렇다고 틀렸다는 얘기는 아니지만 그보다 더 좋은 방법이 있다니까요.

**명수처** (마음이 솔깃해서) 더 좋은 방법이라뇨?

**광수** 그 돈을 보다 안전하게 늘려가는 방법 말이에요.

**명수처** 그건 뭔데요?

**광수** 내가 잘 아는 사람이 있는데 자본금 오십만 원만 있으면 월 오부는 남는 장사가 있다더군요.

**명수처**    어머! 오부면 오오는 이십오… 이만오천 원 아니에요?

**광수**    그렇죠. 이만오천 원, 그러니 그것만으로도 최저 생활비는 나온다는 얘기죠. 어때요? 형수씨 의견은…

**명수처**    그런 장사라면 해 볼만 하죠.

**광수**    그러니까 형수씨는 일수놀이를 하시고 나는 오십만 원으로 장사를 하면 우리도 멀지 않아 남부럽지 않게 잘 살 수 있으니 이게 다 형님 덕이지 뭡니까? 허허…

**명수처**    그럼요, 훗훗…

어머니는 어이가 없다는 듯 두 사람을 쳐다본다. 웃고 있던 두 사람은 어머니의 시선을 눈치 차리자 멋쩍게 돌아선다.

**어머니**    죽은 명수가 들으면 반가워서 눈물을 흘리겠구나. 너희 둘이서 그토록 살림을 규모 있게 잘 해 나가니 말이다.

**광수**    원 어머니두, 누가 꼭 그렇게 한댔어요? 그런 방법도 있을 수 있는 일이 아니겠는가 하고 생각해 보자는 일이지요. 안 그래요? 형수씨.

**명수처**    그렇죠…

**어머니**    (한숨을 몰아쉬더니 사진을 두 손으로 어루만지며) 죽은 사람만 불쌍하지. 이 못난 것아! 그러기에 내가 뭐라던? 그렇게 떠돌이 신세로 세상을 마칠 게 아니라 제 집에 진득이 눌러 앉아서 살자고 말이다. 돈벌이가 따로 있는 게 아니에요. 안 쓰고 모으는 게 돈벌이라고 말야. 네 생각으로는 금방 돈이 발길에 채일 것 같지만 그게 아니란 말야. 그까짓 돈이야 있다가도 없고 없다가도 생기는 것이지만 사람 목숨은 하나뿐이고 청춘도 한 때란 말이다. 젊었을 때 일하고 젊었을 때 실속 차려야지. 너처럼 대바구니로 바람 잡으려는 듯 세상은 살 수 없어. 그런데도 너는 밤낮 그 돈타

령만 하더니… 잘 죽었지! 잘 죽었어! 그래도 돈타령하던 보람은

있어서 위자료를 벌어들이는구나. 이 망할 것아… 흑…

**광수**　잘 되었지 뭡니까…

**어머니**　잘 되었다구? 광수야! 너 그걸 말이라고 하니? 늙은 에미 앞에서

죽음을 당하는 게 자식된 도리란 말이냐?

**광수**　원! 어머니두 누가 그걸 몰라서 그랬나요? 형님이 제 집을 두고

객지로 떠돌아다니게 된 까닭이 뭡니까?

**명수처**　(울먹거리며) 이번엔 꼭 한밑천 잡아가지고 오겠댔어요.

**광수**　바로 돈벌이를 위해서가 아니고 뭡니까?

**명수처**　자나 깨나 형님은… 돈 벌어서 어머니께 효도하고 도련님 장가

보내 편히… 흑…

**어머니**　미친 놈! 누가 제 놈더러 돈 벌어 와서 황금방석 위에 모셔놓으라

고 했나! 있으면 있는 대로 없으면 없는 대로 식구끼리 오손도손

살면 됐지. 그래 되지도 않는 돈벌이를 한답시고 떠돌아다니다가

객사를 하는 게 효도야? 아이구 내 신세야! 그걸 자식이라고 그래

도 나는 이제나 오나 저제 오나 하고 기다렸는데… 그래 객사를

해야 해? 흑… (어머니가 다시 구슬프게 울기 시작하자, 광수는 어떻게

위로를 해야 할지 몰라 안타깝게)

**광수**　어머니! 기왕에 죽은 사람 보고 왜 그러셔요?

**명수처**　어머님도 너무하셔요. 그이는 죽었어도 우리가 살게 되었으니 다

행으로 아셔야죠.

**어머니**　오냐! 이 에민 기쁘고 과만해서 어깨춤이라도 덩실덩실 추고 싶

구나! 흥! 너희들은 경사난 집 사람이구나. 지금부터 장사 걱정하

고 있으니 쯧쯧…


이때 외삼촌과 총무과장이 들어선다. 외삼촌은 화가 치밀어 올라서 벗

겨진 대머리를 연신 손수건으로 씻어 넘긴다. 총무과장은 애걸복걸하는 폼이 마치 적선을 구하는 동냥치 같다.


과장  선생님, 제 얘기를 끝까지 들으시고 나서…

외삼촌  들을 필요 없어요. 그만 둡시다. 이 얘기는 처음부터 없었던 걸로 딱 끊어 버려요.

광수  외삼촌!

명수처  그만 두라니요?

외삼촌  글쎄 이런 기막힌 일이 어디 있겠니?

광수  어떻게 되었어요?

외삼촌  아까 네가 나간 다음 버스회사 사장이 유가족 대표를 만나자고 한다기에 갔었지 뭐냐?

과장  (재빠르게 담배를 꺼내서 권한다) 태우십시오.

외삼촌  응? (못마땅하게 쏘아본다)

과장  헷헤? 담배를 태우시고 마음을 가라앉힌 다음에… 헷헤…


외삼촌이 마지못해 담배를 뽑아 물자, 재빨리 라이터를 켜댄다. 다음 순간 전봇대 같은 불길이 확 치솟자 외삼촌은 질겁을 하며 두 손으로 입을 가린다.


외삼촌  아아! (하며 상반신을 구부린다)

과장  아니 왜 이러십니까?

광수  외삼촌! 어디 다치셨어요?

명수처  약 가져올까요?

과장  선생님! 선생님!

외삼촌 서서히 고개를 쳐든다. 콧수염 반쪽이 타버리고 없다.


**외삼촌** (한손으로 수염을 만지며) 내 수염!

**일동** 수염?

**외삼촌** (과장을 노려보며) 임마! 네놈 회사는 사람 구워 먹는 회사냐?

**과장** 왜 이러십니까?

**외삼촌** 내 조카도 새까맣게 태워죽이더니 이번엔 나까지?

**과장** 죄송합니다. 죄송합니다.

**외삼촌** 내 수염은 어떻게 해줄 텐가?

**과장** 보상해 드립죠!

**외삼촌** 보상해 줘?

**과장** 예, 이번 저희 회사에서 지불할 위자료에다가 그것까지 가산해서 치르겠습니다. 예. (하며 허리를 굽실거린다)

**외삼촌** 광수야!

**광수** 예!

**외삼촌** 새아가!

**명수처** 예!

**외삼촌** 들었지?

**광수** 예?

**외삼촌** 앞으로 나올 위자료에는 내 수염에 대한 위자료도 포함되어 있다는 사실 말이다.

**광수** 그럼요! 헛허…

**과장** 포함시켜 드리고 말고요. 헷헤…

**외삼촌** 좋아!

**광수** 외삼촌, 아까 그 얘기 계속하세요.

**외삼촌** 참, 내가 어디까지 얘길 했지?

**광수**  버스회사 사장을 만났다면서요.

**외삼촌**  그렇지! 만났지!

**광수**  여사장이라면서요?

**외삼촌**  응, 뭘 처먹고 때를 밀고 살았는지 멧돼지처럼 살이 찐 데다가 이마며 콧등이 반들거리고 꼭 기름장수 엉덩이판 같은 여자지, 뭐냐.

**명수처**  어머! 여사장이었군요. 그럼 인정이 많으시겠네요.

**과장**  인정이야 많습죠. 예, 그래서 위자료를 구십만 원으로 하고 장례식비는 우리 회사에서 부담하기로 했지요.

**광수**  장례비는 별도로 하고 구십만 원? (하며 명수 처의 동의라도 구하려는 듯 돌아본다. 명수처의 표정도 과히 싫지 않은 눈치이다)

**외삼촌**  난 일언지하에 반대했다.

**광수**  반대를 해요?

**외삼촌**  (어머니를 돌아보며) 누님! 그게 될 법이나 한 얘깁니까? 우리 명수가 얼마나 똑똑하고 착하고 효도가 지극한 놈이었습니까! 네? (부초 분격의 눈물을 뿌리며) 그런 아들을 잃고 식음을 전폐하고 계시는 누님 생각을 했을 때 난… 난… 그저 눈에서 피가 흐르고 코에서 비가 내리고! 윽! 윽!


그는 손수건을 꺼내 코를 팽 풀어 보인다. 과장은 마치 자신이 죄라도 지은 듯 고개를 숙인 채 돌처럼 앉아 있다. 그리고는 미안하다는 듯 고개만 끄덕인다.


**외삼촌**  그 조카의 죽음이 그래 고작해서 구십만 원으로 낙찰되어야 하는가 생각하니 나는 새삼 이 세상이 원망스럽고 회사 측이 저주스러워서 견딜 수가 없습니다. 누님.

**어머니**  참게! 모두가 철부지한 조카 때문이지 뭔가.

**외삼촌** 아닙니다. 그래서 난 여사장에게 우리 가정의 내력이며 혈통·환경·성격에 이르기까지 모조리 털어놨습니다. (과장에게) 총무과장도 들었지요?

**과장** (고개만 끄덕한다)

**어머니** 수고가 많았구면.

**외삼촌** 아닙니다. 누님 난 어디까지나 누님을 위해서, 외롭게 살아가실 누님을 위해서 조금이라도 더 받아내야겠다고 마음을 먹었습니다. 그것만이 내가 누님을 위해서 해야 할 일이라고… 그런데 (분연히 일어서며) 구십만 원이 뭡니까?

**과장** (조심스럽게) 선생! 그 대신 장례식을 회사 측에서 정중히 아니 최고 호화판으로 치러 드린다니까요.

**어머니** (마음이 쏠린 듯) 장례식은 곧 치르게 됩니까?

**과장** 그럼요! 지금 승낙하신다고 도장만 찍어주신다면 오늘 오후라도 장례식을 치를 만반의 준비를 갖추고 있습죠. (사정하듯) 그러니 여기에다 도장을 찍으십시오. 예? (하며 가방에서 서류를 꺼낸다)

**외삼촌** 안 돼요! 그런 조건으로는 절대로 합의 도장은 못 찍어요!

**광수** 총무과장님, 아주 한 장 채워서 백만 원으로 딱 끊으세요. 버스회사에서 십만 원이 문젭니까?

**명수처** 사람 목숨을 앗아간 죄를 생각한다면 십만 원이 아니지요. 사형을 시켜야 해요!

**과장** (난처하여 울상이 되며) 제발 나 좀 살려주시오! 여러분께서 합의 도장을 안 찍어 주신다면 난… 난 회사에서 쫓겨나게 됩니다.

**일동** 쫓겨나요?

**과장** 예, 사장의 특명이에요. 무슨 짓을 해서라도 오늘 중으로 합의 도장을 받아와야지 그렇지 못할 때는 총무과장 자리를 내놓으라고… (땅바닥에 무릎을 꿇고) 그러니 제발 이놈 목숨 하나 살리는 셈 치고, 아니 저 혼자가 아니죠, 저를 믿고 사는 식솔이 팔순 노모를 위시하여 오남매에다 시집 못간 처제까지 여덟 식구인데 제가 회사에서 쫓겨나게 되면 우리 식구는 당장에…… 흑! 흑!

그는 마치 자신의 운명이 종말에 왔다고 단정하듯 슬피 운다. 모두 어리둥절한 표정이다. 어머니가 서서히 돌아선다.

**어머니** 광수야!

**광수** 예?

**어머니** 도장을 찍어 줘!

**외삼촌** (놀라며) 도장을요?

**광수** 어머니!

**명수처** 그렇지만…

**어머니** 냉큼 찍어주라니까!

**외삼촌** 누님! 우리 형편에 십만 원이면 어디라고…

**어머니** 난 돈보다 장례식이 급하네.

**과장** 옳으신 말씀입니다.

**어머니** 삼복더위에 보름 동안이나 시체실에다 버려두다니… 우리 명수가 생전에 죄가 많았기로 저승길에 가는 것마저 이렇게 힘들어서야 되겠는가 말이야! 오늘이라도 장례식을 치르게 한다니까, 어서 도장을 찍어 줘!

**과장** 감사합니다! 감사합니다! (하며 땅바닥에다 이마를 대고 절한다)

**어머니** (지그시 눈을 감는다)

**광수** (외삼촌에게) 어떻게 하죠?

**외삼촌** (명수 처에게) 새아기 생각은 어떠냐?

**명수처** (어머니 들으라는 듯이) 어른 말씀을 한사코 거역할 순 없지요.

위자료

**과장**  (종이를 가지고 마루로 와서) 자! 망설일 때가 아닙니다. 한 시간 지체하면 그만큼 시체가 상한다는 걸 생각하셔야죠. 자! 도장을 찍으세요. 그리고 여기 위자료도 이렇게 수표로 준비를 해 왔으니까요. 일금 구십만 원!

총무과장은 주머니에서 수표가 든 봉투를 꺼내서 마루에 놓는다. 세 사람의 시선이 동시에 봉투로 빨리며 손을 내민다. 다음 순간 어머니의 호령이 떨어진다.

**어머니**  뭣들 하고 있어!

세 개의 손이 동시에 제자리로 돌아간다.

**어머니**  광수야! 도장을 찍어 줘!
**광수**  예!

그가 주머니에서 인감도장을 꺼내자 총무과장은 기다렸다는 듯이 인주갑을 내 보인다. 광수가 인주를 찍자 총무과장은 합의서를 바로 놓고 도장을 찍는다. 모두가 어떤 긴장에서 풀린 듯 동시에 숨을 몰아쉰다.

**과장**  아! 살았구나! 살았어! 헛허… (그는 서류며 인주를 가방 안에 챙긴다)
**어머니**  장례식은 어디서 합니까?
**과장**  저희 회사 차고 앞 광장에서 하기로 되어 있으니 빨리 나오십시오. 저는 먼저 가서 사장님께 보고도 하고 또 준비도 해야 하니까요. 그럼, 이만 실례! (하며 그는 쫓기는 사람처럼 황급히 뛰어나간다. 그러나 어머니를 제외한 세 사람은 봉투만이 궁금하다. 외삼촌이 봉투

를 집어 어머니에게 건네준다)

**외삼촌**   누님! 펴 보이세요!

**어머니**   낫 놓고 기역자도 모르는 내가 보면 아나? 동생이 펴 봐.

**외삼촌**   예. (그는 잽싸게 봉투를 째고 수표 한 장을 꺼낸다)

**광수**   (어깨너머로 보며) 틀림없군요, 구십만 원!

**명수처**   부도수표는 아니겠죠?

**외삼촌**   자기앞수표야.

**어머니**   애들아 뭣들 하고 있니? 어서 가야지.

**광수**   가다뇨?

**어머니**   장례식에 나가야지! 광수 너는 어서 네 형 사진을 들어라.

**광수**   예.

**어머니**   (명수 처에게) 내 옷도 내오너라. 갈아입어야겠다.

**명수처**   예.


이때 대문을 열고—대문이 없어도 무방—명수가 급히 등장. 색안경을
썼으며 사람의 눈을 피하려는 듯 문밖의 동정을 살핀다.


**광수**   누구세요?

**명수**   (가로채듯) 쉿! 조용히 해! (하며 다시 문밖을 경계한다)

**외삼촌**   아니 뉘신데 남의 집에 함부로 들어서서……

**명수**   왜 남의 집입니까? 내 집이지!

**광수**   뭐라고요?


이 말에 모두들 의아하게 돌아본다. 명수는 깔깔대고 웃으며 다가온다.


**명수**   사람을 몰라보기요? 나요, 나야. (하며 색안경을 벗는다)

| 광수 | 아니, 혀 형님! |
| 외삼촌 | 뭐라고? 명수가? |
| 명수처 | (공포에 떨며) 아아니! (하며 뒷걸음쳐 피한다) |
| 명수 | 왜 그래 나라니까! |

어느덧 어머니가 뜰아래까지 버선발로 내려와 서 있다.

| 명수 | 어머니! |
| 외삼촌 | 이게 어떻게 된 일이냐? |
| 광수 | 정말! 형은 형인데! |
| 명수 | 물론 나고 말고, 나야! 헛허…… |

이때 어머니가 까무러치며 땅바닥에 쓰러진다.

| 명수 | 어머니! 어머니! |

모두들 어머니 곁으로 달려간다.

암전

# 제2막

**무대**

전막과 같음.

전막부터 한 시간 후 마루 한구석에 어머니가 누워 있고 마루끝 쪽으로 명수, 명수 처, 광수, 외삼촌이 모여 앉아서 명수의 얘기를 듣고 있다. 그들 앞에 소주병과 오징어와 술잔이 어질러져 있다. 명수는 윗저고리를 벗은 채 셔츠바람으로 술잔을 쭉 들이킨다.

**광수**  형, 그래서 어떻게 되었어?

**명수**  캬! 술맛 좋다. 외삼촌, 자! 받으세요. (하며 술잔을 권한다)

**외삼촌**  응, (잔을 받으며) 어서 하던 이야기나 끝내라.

**명수**  아까 어디까지 얘기했더라.

**광수**  기차 안에서 친구를 만났다면서요. 그래가지고 소주를 둘이서 세 병을 마시고는 녹아 떨어졌다고…

**명수**  그렇지! 그래 잠에서 깨어나 보니까 제천을 지나가고 있잖아.

**명수처**  에그, 그 술 좀 그만 마시라니까.

**명수**  헛허… 그래 담배 생각이 나서 시렁 위에 벗어 두었던 윗저고리를 찾으니까 글쎄 저고리가 없어졌지 뭐야.

말하자면 그렇게 된 셈이지. 그 속에 돈이라야 사천칠백 원뿐이었지만 제대증이며 주민등록증이 들어 있었으니 그게 걱정이 되었거든.

**광수**  그 친구가 가져갔군요?

**명수**  헛허…

**외삼촌**  (어려운 문제라도 푼 듯) 옳지! 그러니까 지난번 그 버스 사고로 죽은 건 네가 아니라 그 친구였구나?

**명수** 간단히 말해서 그렇게 된 셈이죠.

**광수** 음…

**명수처** (훌쩍거리며) 여보, 난 당신 이름이 방송이고 신문에 나오자 기절했었다오. 나도 당신을 따라 죽는 길 밖에 없다고.

**명수** 병신처럼 죽긴 왜 죽어! 사람은 살고 볼일이라고. 헛허… 안 그렇습니까? 외삼촌.

**외삼촌** 암! 그렇고 말고.

**명수** 남 못할 일 시키는 놈은 천벌을 받게 마련이지. 내 옷을 훔쳐간 그 친구가 버스에서 타 죽은 것도 따지고 보면 천벌을 받은 게 아니고 뭐냔 말이야!

**광수** 그런데 어쩌면 그 주민등록증이 안 타고 남아 있었을까요?

**명수** 하늘이 나를 돌봐주신 게지. 헛허…


명수는 유쾌하게 웃지만 남은 세 사람은 개운치 않은 표정들이다.


**명수** 여보, 걱정했지?

**명수처** 저야 괜찮지만… 어머니께서… (이 말에 명수는 잠들고 있는 어머니를 돌아보고는 또 웃는다)

**명수** 그러실 거야. 내가 죽는 것도 기가 막힌데 이렇게 살아왔으니 기절을 하시게도 되었지. 헛허…

**외삼촌** 너는 어디 가나 말썽이구나.

**명수** 예? 말썽이라뇨?

**외삼촌** 하필이면 지금 이때 돌아올 건 또 뭐냐?

**명수** 뭐라고요?

**외삼촌** 살아 오더라도 좀 더 있다가 살아 올 일이지.

하며 입맛을 쩍쩍 다신다.


명수　무슨 말씀을 그렇게 하십니까? 지금이 바로 기회인걸요?

외삼촌　기회라니?

명수　나도 부산에서 신문이며 방송을 빼놓지 않고 다 들었어요.

명수처　어머나! 그럼 왜 진작 오시지 않고서…

명수　맹추 같은 소리 말아!

명수처　뭐요? 아니 왜 제가 맹추예요?

명수　복단지가 저절로 굴러드는 걸 차버린단 말이야?

명수처　복단지라니요?

명수　그렇지! 외삼촌 그동안 여러 가지로 수고 많으셨습니다. 그 은혜
　　　는 결코 안 잊겠습니다.

외삼촌　너 지금 무슨 소릴 하고 있니?

명수　헛허! 알고 있어요. 저도 위자료 얘기가 신문에 나왔을 때 외삼촌
　　　말씀대로 백오십만 원을 받아야 한다고 생각했지요. 그런데 날이
　　　갈수록 신문에 보도된 기사는 값이 떨어지더군요. 그래서 이대로
　　　있다간 안 되겠다 싶어서 새벽차로 올라왔지요. 헛허…

광수　형은 다 알고 있었구려?

명수　물론이지, 유가족 측 대표로 외삼촌이 분투하신 일도 그리고 위
　　　자료가 일 구당 구십만 원으로 낙착이 되었다는 것도 알고 있지,
　　　헛허…


세 사람은 어이가 없다는 듯 서로 얼굴만 쳐다본다.


명수　그래 차에서 내린 길로 버스회사로 찾아갔지요.

외삼촌　버스회사는 왜?

명수   오늘 시세는 얼마나 떨어졌는지 알아보려구요.

광수   시세라구요?

명수   그렇지, 요즘은 물건 값만이 아니라 사람 값도 폭락해 가니까 웬만하면 처분을 해버리는 게 상책이거든, 헛허……

명수처   그래 누굴 만나서 무슨 얘길 했어요?

명수   상무라는 친구가 나오더니 한명수씨 유가족에겐 총무과장이 직접 위자료를 전하러 갔다면서 나보고 미안하다고 절을 수백 번 하지 않겠니? 헛허… 죽은 나보고 말이야 헛허…

광수   음, 그래서 형님이 이렇게 오셨군요. 그 위자료 때문에.

명수   그렇지! 여보! 분명히 위자료를 받고 도장을 찍었지?

명수처   (고개만 숙이고 있다)

명수   왜 대답을 못해! 어떻게 된 거야?

명수처   받았어요.

명수   금액을 확인했소? 틀림없는 구십만 원짜리 자기앞 수표야?

명수처   (꺼질듯이) 예.

명수   왜 대답이 그 모양이야! 그 수표 가져와!

명수처   여보!

명수   뭐야?

명수처   그 그건……

명수   그건 내 생명의 대가로 나온 거니까 내 것이지, 뭐가 잘못 되었나? (하며 눈을 부릅뜨고 위협한다)

외삼촌   명수야, 네 처가 잘못한 일은 없다.

명수   그러니까 그 수표를 내오면 될 텐데 왜 꾸물거리는 거예요?

외삼촌   그래 그 수표를 어떻게 하겠다는 거냐?

명수   밑천으로 장사를 해야죠.

명수처   안 돼요!

**명수**    안 돼?

**명수처**    그게 어떤 돈인데 당신 마음대로 해요. 아니 당신이 장사를 한다 는 얘긴 이제 콩으로 메주 아니라 콩자반을 조린다 해도 안 믿겠 어요.

**명수**    아니 이게 별안간 쇠죽을 쑤어 먹었나? 왜 이렇게 빳빳하게 나오 지?

**광수**    형! 형수 말도 일리가 있어요.

**명수**    너는 또 왜 끼어드냐?

**광수**    형이 장사를 한답시고 날려버린 재산이 얼마인 줄이나 아세요?

**명수**    임마! 과거지사는 과거지사고 앞으로 살아갈 일을 생각해야지 건 방지게 네가 왜 참견이니?

**광수**    우리 집안일을 내가 걱정하는 게 잘못인가요?

**명수**    걱정? 헛허… 제법 늘었구나. 아무튼 그 위자료는 내 몫으로 나왔 으니 내놔!

**광수**    그렇지 않아요.

**명수**    뭣이 어째?

**광수**    그건 분명히 유가족 몫으로 나온 돈이지 사망자를 위해 나온 건 아니니까요.

**외삼촌**    광수 말이 옳다. 가족을 위해서 회사에서 지불한 배상금이지 이미 죽은 사람이야…

**명수**    내가 왜 죽었습니까? 아니 이렇게 눈이 시퍼렇게 살아있는 내가 왜 죽었는가 말이에요?

**외삼촌**    그렇지만 우리가 회사 측에다 대고 투쟁을 할 땐 살아남은 식구의 앞으로 태어날 애기의 양육비까지 포함해서 책정했지, 이미 죽은 사람에게 바치자는 돈은 아니었지! 그건 분명히 해 두자.

**명수**    내가 살아 있다는 것도 분명히 해 둡시다.

| 광수 | 법적으로는 죽었어요! |
|------|---------------------|
| 명수 | 현실적으로는 살아있다. |
| 광수 | 죽었어요! |
| 명수 | 살았어! |
| 명수처 | 여보! |
| 명수 | 잔소리 말고 내놔! |
| 외삼촌 | 명수야! |
| 명수 | 흥 (세 사람은 번갈아 보며) 알고 보니 셋이서 연합 전선이군? |
| 외삼촌 | 연합전선이라니? |
| 명수 | 안 됩니다. 사람이 양심을 바로 가져야지 안 돼요. |
| 광수 | 형도 양심을 바로 가져야지! |
| 명수 | 듣기 싫어! (하며 따귀를 갈긴다) |
| 광수 | 앗! 왜 때려요? 왜? |
| 명수 | 까불지 말어! (처에게) 수표 가져와! 어디 있어? |
| 광수 | 형수! 내주면 안 돼요! |
| 외삼촌 | 그 위자료에는 내 몫도 포함되어 있다. |
| 명수 | 뭐라고요? |
| 외삼촌 | (한쪽이 없어진 수염을 가리키며) 내 수염을 태운 위자료도 들어 있으니 네 마음대로 못한다. |
| 명수 | 흥! 그까짓 것 내주면 될 게 아니에요. |
| 광수 | 나도 한몫 들어 있어요. |
| 명수 | 너는 또 뭘 태웠니? |
| 광수 | 위자료를 한 푼이라도 더 타내기 위해서 발바닥이 닳도록 뛰어다닌 대가는 있어야죠. |
| 명수 | 그것도 어렵지 않지. 그러니 어서 가져와! |
| 명수처 | 여보! |

**명수**　　당신은 또 무슨 대가야?

**명수처**　친정에서 빌려다 쓴 돈을 꼭 갚아줘야 해요.

**명수**　　그게 얼마지?

**명수처**　(치마끈 사이에서 쪽지를 꺼내며) 여기 다 적혀 있어요. 지난 정월 열사흘에 만오천 원, 이월 초닷새날 칠천육백 원, 사월달 곗돈 오천이백삼십육 원……

**명수**　　합계만 말해!

**명수처**　십삼만 이천칠백오십육 원이에요.

**명수**　　좋아 다 계산해줄 테니 가져와!

**명수처**　꼭이에요.

**명수**　　염려 말아.

**명수처**　수표를 쥐면 또 도망치는 게 아니겠죠?

**명수**　　이건 어디서 도망치는 사람만 봤나?

**광수**　　염려마세요. 제가 가서 대문을 걸고 오겠어요.

**명수처**　좋아요.


광수가 대문 쪽으로 나가자 명수 처는 사진이 놓인 상청 쪽으로 가서 수표를 찾는다. 다음 순간 그녀의 입에서 비명도 절규도 아닌 묘한 소리가 터져 나온다.


**명수처**　없어요.

**명수**　　없다니?

**명수처**　아까 분명 여기다… 여기 촛대 밑에다 두었는데… 없어요!

**명수**　　잘 찾아봐!

**외삼촌**　그럴 리가 있나? 한 시간 동안 누가 온 사람이라곤 없는데…

**명수처**　없어요! 없어! (그녀는 마치 미친 사람처럼 물건을 마구 흩트려 놓으며

찾는다)

**광수**  정말 없어요? (하며 가까이 온다)

**명수**  연극을 하지 말아!

**명수처**  예?

**외삼촌**  연극이라니?

**명수**  (세 사람을 노려보며) 아까부터 셋이서 수작하는 게 좀 심하다 했더니만 이렇게 나오면 나도 생각이 있다고. 헹!

**외삼촌**  명수야! 그게 무슨 소리냐?

**명수**  모두 사기, 횡령, 허위문서 날조 죄목으로 고발을 하겠어.

**광수**  예?

**명수**  하나, 둘, 셋을 헤아릴 때까지 안 내면 끝장인 줄 알아! (자리에서 일어나며) 하나… (마루 끝으로 나오며) 둘… (신을 신으며) 셋…


이때 어머니가 자리에서 벌떡 일어난다.


**어머니**  수표는 여기 있다.

**일동**  예?

**어머니**  잘들 한다.

**명수**  (뛰어가서) 어머니, 수표!

**광수**  어머니! 저를 주세요.

**외삼촌**  주면 안 됩니다. 누님.

**명수처**  어머님.


네 사람이 저마다 손을 내밀자 어머니는 품에서 수표가 든 봉투를 꺼낸다. 모두들 묘하게 이지러진 표정으로 마른 침을 꿀꺽 삼킨다.

**어머니**  이 돈은 누가 누구를 위해 줄 수도 없고 받아서도 안 되고 쓸 수도 없는 돈이야!

**명수**  어머니 그렇지만 그건…

**어머니**  (크게) 한번 죽었으면 다이지 두 번 죽을 셈이냐!

**명수**  예?

**광수**  어머니, 우리는 살아야 해요. 한 번 죽은 사람은 그만이지만 살아 있는 우리는…

**어머니**  광수야! 이것 없이도 살 수 있어.

**명수**  돈 없이 어떻게 살아요?

**어머니**  바른 마음으로 착하게 일하면 살 수 있어.

**명수처**  어머님, 장차 태어날 아기는 어떻게 하시려고…

**어머니**  길은 있느니라, 이것을 싸고 너희들이 다투고 있는 소리를 듣고 있자니까 난 이상 더 견딜 수가 없구나, 이건 돈이 아니라 독이다. 독! (하며 짜악 찢는다. 모두들 비명을 지른다)

**명수**  어머니!

**어머니**  (다시 찢으며) 공으로 온 건 공으로 나가는 거다.

**광수**  (맥이 풀리며) 어머니.

**어머니**  (다시 찢으며) 돈이 없어도 정만 있으면 살아.

**명수처**  흑… 흑…

**어머니**  (찢어버린 수표조각을 허공으로 날리며) 다! 가거라! 제자리로 돌아가거라. 제자리로 돌아가.


외삼촌이 발길을 돌린다.


암전

# 제3막

**무대**

전막부터 사흘 후. 막이 오르면 명수가 마루 끝에 걸터앉아서 담배를 피우고 있다. 어딘지 허탈한 표정이다. 저만치 떨어져서 명수 처가 안타까운 표정으로 명수의 옆 얼굴만 바라보고 있다. 남편의 입에서 무슨 얘기가 떨어지기를 초조하게 기다리는 눈치이다.

그러나 명수는 담배 연기만 연거푸 허공으로 날리고 있다.


**명수처**  (조심스럽게) 여보…

**명수**  (말이 없다)

**명수처**  (좀 크게) 여보, 대체 어떻게 하실 셈이에요.

**명수**  어떻게 하긴 뭘 어떻게 해!

**명수처**  언제까지나 이렇게 먼 산만 쳐다보기냔 말이에요?

**명수**  (휙 돌아앉으며) 아니 그럼 나보고 어떻게 하란 말이야? 이젠 눈뜨고 먼 산 바라보는 것도 안 된단 말이야?

**명수처**  괜히 생트집이셔!

**명수**  트집은 누가 먼저 잡았는데! 제길!

**명수처**  그게 왜 트집이에요? 앞으로 어떻게 살아가시겠는가 하고 묻는 것도 생트집이에요?

**명수**  (담배꽁초를 부벼 끄며) 지금까지도 살아왔는데 뭐가 걱정이오!

**명수처**  뭐라구요?

**명수**  바람 부는 대로 물결치는 대로 사는 게지 별 수 있어?

**명수처**  (바싹 다가오며) 여보!

**명수**  왜 그런 눈으로 보는 거요?

**명수처**  지금 하신 말 진정이에요?

**명수**  내 얘기가 잘못되었소?

**명수처**  지금까지처럼 또 살겠단 말이에요?

**명수**  별 도리가 없으니 어떻게 해.

**명수처**  난 그렇게 못해요!

**명수**  뭐라구?

**명수처**  당신은 그렇게 떠돌아다니면서 살아왔으니까 내 심정을 이해 못 하실 거예요.

**명수**  이해하고 못하고가 어디 있어! 따지고 보면 나도 다 당신 호강시 키기 위해서 객지로 떠돌아다니는 게지 누가 나 혼자 잘 살겠다 고 한 짓인가? 젠장!

**명수처**  (어이가 없어지며) 나를 호강시켜 주기 위해서라고요?

**명수**  그렇지! 나는 값싼 여인숙에서 새우잠을 자면서도 이번 한밑천만 잡으면 당신에게 무엇을 사다줄까 하는 생각 때문에 잠을 이루지 못했지… 아… 내가 겉으로는 이래 보이지만 속은 깊다구!

**명수처**  흥! 깊어? 깊고 말고요! 그래서 다 된 음식에 코 빠뜨리기로 손에 쥐어진 돈도 홀랑 빼앗겼구려!

**명수**  내가 언제 빼앗겼어?

**명수처**  위자료 구십만 원이 산산조각이 나서 허공으로 날라가도 말 한 마디 못한 게 누구였죠?

**명수**  젠장! 한 번 그렇게 된 일을 가지고 왜 또… (투덜대며 외면하고 돌아앉는다)

**명수처**  (긴 한숨을 내뱉으며) 구십만 원! 난 그래도 그것만 있으면 새 살림 을 차릴 수 있겠지 하고 하늘처럼 믿었는데… (울먹거리며) 복이 없는 년은… 손에 쥐어줘도 못 먹는 팔자니… 흑… (하며 행주치 마 끝에다 코를 헹 푼다)

**명수**　잊어버려요, 그 일은…

**명수처**　(앙칼지게) 난 못 잊어요!

**명수**　(소리를 지르며) 잊어버리라니까!

**명수처**　원한이 구천에 뿌리를 내렸는데 어떻게 잊어요! 못 잊어요!

**명수**　그럼 이제 와서 어떻게 하겠다는 거요? (하며 무섭게 노려본다)

**명수처**　어머니도 너무 하셨지 뭐예요! 그 돈이 어떤 돈이라고 찢어요 찢
긴… 우리가 평생 가야 만져보지도 못할 구십만 원… 그것도 칼
날 같은 자기앞 수표를 그렇게 매몰스럽게 찢어버리시다니… 아
유 분해… 아유 억울해…

**명수**　여보!

**명수처**　요즘 세상에 돈 보고 침 뱉을 사람이 어디 있으며, 돈 없이 살
사람이 어디 있어요!

**명수**　그렇지만 그건 어머니 잘못만도 아니지!

**명수처**　아니! 그럼 당신은 어머니가 하신 일이 잘한 짓이라고 보세요?

**명수**　나도 사흘 동안 곰곰이 생각을 해 봤지만… 어머니 생각은 깊으
신 거야…

**명수처**　당신은 아까부터 '깊다 타령'만 외우시는데 도대체 마음이 깊어
서 우리 살림이 잘 되어가는 게 뭐가 있수?

**명수**　그것과 이것과는 성질이 다르지.

**명수처**　다를 건 없어요.

**명수**　나도 처음엔 어머니께서 너무 하셨다고 원망도 했지만… (한숨)
그렇다고 그 돈을 우리가 써봐야 마음이 개운치 않을 거야.

**명수처**　개운치 않아요?

**명수**　그렇지! (따지듯) 그럼 당신은 개운할 것 같소?

**명수처**　개운하고 서운하고가 어디 있어요? 지금 호박잎에 개똥 싸먹게
될 형편에 그 구십만 원이면…

명수    (크게) 여보! 말 조심해…

명수처  흥… 이제 호령까지 하시는구려……

명수    사람이 염치가 있어야지.

명수처  염치 좋아하시네 흥.

명수    여보! 그 돈이 어떤 돈인 줄 알아?

명수처  위자료지 어떤 돈이에요!

명수    위자료가 뭔지 알아?

명수처  누굴 병신 취급하시나?

명수    말해 봐!

명수처  당신이 교통사고로 사망한 데 대한 회사 측의 보상금이지 뭐예
        요!

명수    분명하지?

명수처  그렇죠!

명수    내가 사망한 데 대한 보상금이지!

명수처  아니 이 양반이 이밥 먹고 맹물 켰나? 왜 이렇게 꼬치꼬치 캐들기
        만 하실까?

명수    그러나 나는 살았는데 어떻게 하지?

명수처  그건 집안 사정이고 대외적으로는 죽었어요!

명수    살아있어, 이렇게 눈이 시퍼렇게 살아있어! (하며 눈을 접시처럼
        크게 떠 보인다)

명수처  에그 뵈기 싫어요! 저리 비켜요!

명수    여보! 당신도 맹물 마시고 마음 돌려요.

명수처  돌릴 힘이 없어 못 돌리겠어요.

명수    지금 당장에야 모르지만 어느 때고 내가 살아있다는 게 세상에
        밝혀질 텐데 그 돈을 안 받는 게 차라리 잘 되었지, 거짓말 죽음을
        하고서 위자료 받아먹다가 쇠고랑 차면 어떻게 해!

**명수처**  안 차고도 살 수 있어요.

**명수**  어떻게?

**명수처**  우리가 서울이고 부산이고 이사해버리면 될 게 아니에요.

**명수**  이사를 해?

**명수처**  그렇죠… 타관에 가서 살면 당신이 죽었다가 깨어났는지 누가 압니까? 그래서 그 돈으로 새 출발을 했으면 얼마나 좋았을지도 모를 일을 가지고서 어머니 때문에 만사가 도로아미타불이 되었으니 얼마나 억울하고 분하고 서운한가 말이에요… (하며 다시 볼이 메어 온다)

**명수**  글쎄 그 얘긴 이제 싹 잊어버리라니까 그래!

**명수처**  잊을 수가 없는 걸 어떻게 해요!

**명수**  그래도 잊어!

**명수처**  못 잊어요!

**명수**  아니 이 여편네가…

**명수처**  어머니도 어머니지! 말로는 내가 불쌍하다느니, 앞으로 태어날 애기가 가엾다 하시면서… 그렇게 불쌍하고 가엾다면 왜 저절로 굴러든 복단지를 깨버리는가 말이에요… 왜!


자기 분을 억제하지 못한 채 흐느껴 운다. 명수는 어이가 없다는 듯 멍하니 아내의 등을 내려다보다 말고 혀를 차며 일어나 대문 쪽으로 간다. 이때 어머니가 밖에서 돌아온다. 그녀의 손에 조그마한 보따리가 들려 있다.


**명수**  어디 다녀오세요?

**어머니**  응… (어머니가 들어오는 소리를 듣자 명수 처는 황급히 일어나 저만치 비켜서서 옷고름 끝으로 눈물을 씻는다)

**어머니** (알고도 모르는 척하며) 몸이 아프면 방에 들어가서 쉬지 왜 마루에 엎드려 있니? (하며 버선을 벗어 턴다. 명수와 명수 처는 서로 멋쩍어 지며 눈으로만 씨름을 한다) 광수는 아직 안 들어왔니?

**명수** 예? 예…

**어머니** 냉큼 다녀오라고 했는데 어디서 뭘 하는지.

**명수** 어머니께서 심부름을 시키셨나요?

**어머니** 아 아니다… 아가, 나 냉수 한 그릇 다오!

명수 처가 말없이 우편 부엌 쪽으로 퇴장한다.

**어머니** (잽싸게) 그래 생각 좀 해 봤니?

**명수** 예?

**어머니** 내가 한 얘기 말이다…

**명수** 글쎄요.

**어머니** 네 처한테 아직 얘기 안 했어?

**명수** 예? 예… (그는 멋쩍게 뒤통수만 긁는다)

**어머니** 그게 그렇게도 어려운 일이냐?

**명수** 그렇지만…

**어머니** 아직도 미련이 있는 게로구나?

**명수** 그, 그건 아니지만서도…

이때 물그릇을 들고 나온 명수 처가 심상치 않은 예감을 느낀 듯 눈치를 보며 물그릇을 내민다. 어머니는 며느리의 얼굴을 힐끗 쳐다보고 물그릇을 받아 마신다. 서먹한 침묵이 흐른다.

**어머니** 아가…

위자료

**명수처** 예?

**어머니** 거기 앉거라.


명수 처는 불안한 표정으로 마루 끝에 앉는다. 명수는 뜰 한가운데 쭈그리고 앉아서 담배를 피워 문다.


**어머니** 너한테 의논할 일이 있어서…

**명수처** 무슨 말씀이신데요?

**어머니** 거두절미하고 네 생각을 그대로 말하면 돼.

**명수처** (어머니와 남편의 눈치를 번갈아 본다)

**어머니** 우리 이사하자.

**명수처** 이사요?

**어머니** 응… 여기서 떠나잔 말이다.

**명수처** (금시 얼굴이 활짝 개며) 서울로요?

**어머니** 고향으로 가자.

**명수처** (실망이 퍼지며) 예?

**어머니** 싫으냐?

**명수처** (남편을 돌아본다. 명수는 허공에 담배 연기만 날려 보낸다)

**어머니** 농촌으로 못가겠다는 뜻이겠지?

**명수처** (고개를 숙인다)

**어머니** 죽었으면 죽었지 흙을 만지면서는 못 살겠단 말이냐?

**명수** 어머니, 그게 아니라도… 저…

**어머니** (조용하나 엄하게) 네 처의 의견을 묻고 있다.


명수가 멋쩍어지며 고개를 푹 숙인다.

**어머니**  아가 네 생각을 속 시원히 말해라. 명수에게는 이미 다 얘기했으니까 이젠 네 생각만 알면 다 되는 거다.

**명수처**  (원망스럽게 명수를 쏘아보며) 여보, 어쩜 당신은 나를 제쳐 놓고…

**명수**  그게 아니라니까! 나는 다만…

**명수처**  그만 두세요! 나도 이 집의 식구인데 왜 저를 제쳐 놓고 두 분이서만…

**어머니**  그러니까 지금 너에게 의견을 묻고 있는 게 아니냐… 아니 이 얘기는 오늘 처음 나온 것도 아니지… 전부터 나는 주장했지만 너희들이 시골에 가서 농사짓는 건 죽어도 싫다니까 나로서는 그이상 우기지 못했던 것뿐이야.

**명수처**  제가 우긴 게 아니에요. 그건…

**어머니**  물론 명수가 그 동안 객지로만 떠돌아 다녔으니까 그렇게 되었지, 게다가 이번만은 돈벌이가 된다고 하니까 기다렸겠지, 그건 나도 마찬가지야, 그러나 이제 그 명수는 죽어 없어졌잖니!

**명수**  예?

**명수처**  (동시에) 죽어요? (하며 자기도 모르는 사이에 남편과 시선이 마주친다)

**어머니**  (길게 숨을 내뱉고 어떤 큰 결심을 한듯 눈을 사르르 감는다) 그래, 옛날 명수는 이미 열여드레 전에 죽었지. 지금 여기 있는 명수는 새로 태어난 명수라고 봐야 한다. 아가! 알겠냐? 내 말이 무슨 뜻인지 알 테지? 지금은 지난날의 잘잘못을 따지고 헐뜯고 할 때가 아니다. 이제부터 어떻게 살아가는가를 생각할 때니까 말이다. 안 그러냐? (명수 처는 시어머니의 말에 자기도 모르게 숙연해지는 분위기를 실감하면서도 입은 뽀로통해진다)

**어머니**  네가 마음이 안 내킨다면 안 가도 된다.

**명수처**  아니, 그럼… 어머니는?

**어머니**  나는 내려가겠다. 광수하고 둘이서 흙을 파고 흙을 만지며 살겠다. 그러니 너희들은 너희들대로 도시에서 살아라. 그 대신 앞으로는 서로 왕래를 할 필요도 없고, 또 서로 손을 벌릴 계제도 못 되겠지. 지금까지 명수 네가 살아온 일을 돌이켜 생각하면 알 테니까. 여러 말은 안하겠다. 이제는 늙은 이 에미가 마지막으로 결심했고 또 마지막으로 하고 싶은 일을 하겠다는 것뿐이다.

**명수처** 어머니… 그렇지만 이제 졸지에 농촌에 내려가서 뭘 먹고 뭘 하고 삽니까? 우리에게 돈이 있습니까? 집이 있습니까? 막말로 그 위자료만이라도 있었던들…

**어머니** (엄하게) 아가! 그 위자료 얘기는 두 번 다시는 안 하기로 했잖아? (어머니의 소리가 너무나 컸던지 명수가 잠에서 깨어난 사람처럼 벌떡 일어난다) 죽은 자식 나이 세기라는 말은 있다만 수중에서 없어진 돈 얘기 하는 법은 없다! 아니 그게 어디 우리 돈이었냐?

**명수처** 그렇지만 당장에 집을 떠나더라도 수중에 가진 게 있어야 하고 또…

**어머니** 찾아야지!

**명수처** 찾다뇨?

**어머니** 생각을 하고 연구를 하고 지혜를 짜야지. 제자리에 멍청하니 앉아서 없다고만 하면 되니? 내 힘으로 할 수 있는 일부터 시작하는 거야! 하려고만 들면 안 되는 일은 없어!

**명수** 어머니!

**어머니** 아직도 너희들 두 사람 의견이 안 맞는 게로구나!

**명수** 예… 그래서 제 생각 같아서는…

**어머니** 말해 봐.

**명수** 저 사람은 당분간 친정에 가 있으라 하고 우리끼리만……

**명수처** 뭐라구요? 여보! 그걸 말이라고 해요?

**명수** 그 길밖에 없잖아?

**명수처** 알겠어요. 당신은 이 기회에 나와 헤어지겠다는 거로군요? 흥! 서울에다 예쁜 계집이라도 봐두고 온 게로군!

**명수** 미쳤어?

**명수처** 이젠 나를 미친년으로 취급하시는군!

**명수** 돌았나? 응? 왜 이래…

**명수처** 예, 돌아도 열두 번 돌았죠! 그래 나도 이 집 식구요, 맏며느리요, 당신의 아내인데 그래 나한테는 한마디 의논도 없이 농촌으로 내려가다니… 그 속셈이 뭣인지 알만도 하지 뭐예요!

**어머니** 속셈이라니?

**명수처** 어머니도 너무 하셔요!

**어머니** 아니 이젠 시에미한테까지…

**명수처** 좋아요! 난 친정에 가겠어요! 이혼합시다!

**명수** 이혼?

**명수처** 위자료만 내세요?

**명수** 위자료를 내라고?

**명수처** 그렇죠! 이혼을 하자면 의당 위자료를 받아야죠? 아니 그럼 제가 그 정도의 상식도 없는 여자인 줄 아세요? 흥! 어려울 것 없다고 요? 살다가 싫으면 헤어지는 게지 뭐가 안타까워서 붙어삽니까! 어서 위자료를 결정하세요.

**명수** 이 여자가 정말 눈에 보이는 게 없나?

**명수처** 왜 없어요? 내 눈에는 위자료밖에 없어요.

**어머니** 너 진정으로 하는 말이냐?

**명수처** 예? 난 위자료만 주면 이혼하겠어요.

**어머니** 그래 얼마면 되겠니?

**명수처** 뭐라구요?

**어머니** 네 눈에는 위자료밖에 안 보인다니까 말이다. 얼마를 요구하는지

위자료

말해봐!

**명수**  (무슨 영문인지 모르고) 어머니!

**어머니**  위자료가 얼마냐? 어서 말해봐.

**명수**  어머니! 공연히 농담으로 그렇게 한번 말하는 걸 가지고 왜 이러세요?

**어머니**  농담? 아니 농담으로 이혼하고 위자료를 청구할 만큼 우리가 지금 한가하니?

**명수**  그, 글쎄 마음 쓰시지 마세요.

**어머니**  아가! 똑똑히 들어라. 지금 세상엔 돈이면 호랑이 수염도 뽑아오고 메뚜기 눈물도 떠온다더라만 그렇게 매사를 돈으로만 흥정하지 말아라. 지난번 그 수표를 내가 찢은 게 너로서는 철천지 한인 모양인데 재물에도 저마다 주인이 있고 임자가 있는 법이다. 아무나 가져다준다고 그게 임자인 줄 아니? 그게 아니다! 재물도 자기 힘으로 일하고 자기 스스로 피땀 흘려서 번 거라야지 공으로 생긴 것은 공으로 나가게 마련이다. 그런데 어쩌면 너희들은 그렇게 공으로 들어온 것만 바라고 제 힘으로 벌려고 하질 않니?

**명수처**  누가 안 한댔어요? 하려고 해도 돈이 없어서 못한 게지 능력이 없나요?

**명수**  그렇습니다. 동감입니다!

**어머니**  어느 쪽에 동감이냐?

**명수**  그렇죠? 요즘 세상은 돈이 있어야 돈 벌지 돈 없으면…

**어머니**  그럼 너도 처가살이 하렴! 난 광수하고 내려가겠다!

**명수**  어머니! 광수 그놈이 내려갈 성싶어요? 헛허… 그놈은 나보다 한 술 더 뜬다고요!

**명수처**  그럼요! 접때 위자료가 나온다고 했을 때도 광수 도련님이 왜 그토록 열이 올라서 뛰어다닌지 아세요?

| 어머니 | 젊은 사람은 열두 번 변한다! |
| --- | --- |
| 명수 | 예? |
| 명수처 | 열두 번 변한다뇨? |
| 어머니 | 광수는 나하고 농촌에 내려가서 농사를 짓기로 작정했어! 이제 곧 돌아오면 모든 걸 알게 된다. |
| 명수 | (아내를 돌아보고) 여보! 광수 어디 간다고 합데까? |
| 명수처 | 글쎄요? 책방에 좀 갔다 온다고 하던데요. |
| 어머니 | (명수 처에게) 아가! 아까 그 얘기를 결단을 내자. |
| 명수처 | 예? |
| 어머니 | 네가 필요로 한 건 위자료지 다른 일은 눈에 안 들어올 게 아니냐! |
| 명수 | 어머니! 글쎄 그 얘긴… |
| 어머니 | 분명히 일러두지만, 앞으로 나와 함께 살려면 그런 생각부터 버려야 한다. 아니 그런 생각을 가진 사람하고는 하루도 같이 못산다. |
| 명수 | 제가 뭐, 뭐라고 했습니까? |
| 어머니 | 일하기 전부터 조건을 내거는 사람은 안 된다. 아까 너도 들었지. 위자료를 주면 이혼한다고! 그게 틀린 얘기다. 지금 우리가 가난하게 살고 있는 것도 바로 그 위자료 타령 때문이야! |

명수와 명수 처는 말문이 막혀서 서로 눈치만 보고 고개를 숙인다.

| 명수 | 어머니… 그건 그렇고… (조심스럽게) 시골로 내려간다 하더라도 우선 가진 게 있어야죠? |
| --- | --- |
| 어머니 | 다 마련이 되어 있어? |
| 명수 | 예? |
| 어머니 | 이것 봐! |

그녀는 보자기를 펴보인다. 그 안에서 돈뭉치가 나온다. 명수와 명수 처의 눈에 금시 광채가 난다.

**명수**　어머니!

**명수처**　웬 돈이에요! (하며 돈을 만지려 하자 어머니가 그 손을 털어 버린다. 명수 처가 계면쩍어한다. 어머니가 돈을 다시 싼다)

**어머니**　이 집을 팔기로 했다.

**명수**　집을?

**명수처**　그럼 우린 어디로 갑니까?

**어머니**　농촌으로 가든지 네 친정으로 가든지 양단간에 한 길을 택해야지.

**명수**　어머니, 정말 집을 처분하셨어요.

**어머니**　훗흐… 그럼 우리한테 이런 돈이 어디서 나겠니? 보름 후에 잔금은 다 받기로 했다. 복덕방 영감이 사정을 봐줘서 그렇게 된 거야.

**명수**　(쓸쓸해지며) 어머니! 왜 저한테 의논 말씀도 안 하시고…

**어머니**　의논을 왜 안 했니? 난 진작부터 농촌에 가서 살자고 했고 너희들은 도시에서 살자고 했잖아!

**명수처**　그렇지만 엊그제까지만 해도…

**어머니**　나는 너희들이 위자료를 둘러싸고 온갖 추태를 부릴 때부터 이미 결심했었다. 다행히 이 판잣집이라도 남아 있었으니까 이사 비용하고 시골에 가서 움막집 하나 지을 돈은 남은 셈이지만…

**명수**　그렇지만 당장에 뭘 해서 먹고 삽니까?

**어머니**　사는 입에 거미줄 칠 리가 없지. 게다가 광수가 있으니까.

**명수**　광수가요?

이때 광수가 너댓 권의 책을 싸들고 급히 밖에서 들어온다. 그의 표정은 매우 밝고 활기에 차 있다.

| 광수 | 어머니! 다녀왔습니다. |
| 어머니 | 어서 오너라. |
| 광수 | 아이구 숨차. (하며 들고 온 책을 마루에다 쿵 소리가 나게 내려놓는다. 명수와 명수 처는 귀신에 홀린 사람처럼 책을 내려다본다) |
| 어머니 | 책은 다 구했니? |
| 광수 | 예, 책방 주인이 친절하게 골라 주더군요. 헛허… |
| 명수 | (멍해지며) 광수야, 이게 뭐냐? (하며 책을 가리킨다) |
| 광수 | 보시면 몰라요? 책이죠! |
| 명수 | 무슨 책? |
| 광수 | 앞으로 살아갈 길잡이 책이죠. |
| 명수처 | 길잡이 책이라뇨? |
| 광수 | 헛허… 형수님도 소식이 깡통이군! (책 한 권을 들어 책 겉장을 읽는다)「고등채소재배법」! |
| 명수 | 뭐라구? |
| 광수 | (다른 책을 집어서 읽는다)「양계와 양돈의 이론과 실제」! |
| 명수처 | 예? |
| 광수 | (다른 책을 집어 들고)「살아있는 상록수」! (또 다른 책을 집어 들고)「우리가 잘 살 수 있는 길」! 헛허… 어때요? 형님! |
| 명수 | 광수야! 이 책을 어떻게 할 셈이냐? |
| 광수 | 먼저 읽어야죠. |
| 명수 | 읽어서 어떻게 하겠니? |
| 광수 | 우리도 그대로 실천해야죠. 농촌에 가서 흙을 만지고 흙과 함께 살려면 우선 예비지식부터 있어야잖겠어요? 그래서 우선 요긴한 책부터 구해 왔어요. 헛허…… |
| 어머니 | (책을 어루만지며) 나야 이제 늙어서 책을 읽을 수가 없겠지만 너희들은 하루면 한 권씩을 읽어 내겠지? |

위자료

**광수**  그럼요! 이까짓 거면 하루에 두 권도 약과죠! 헛허…

명수와 명수 처는 자신들이 이미 한 대열에서 밀려 나갔다는 패배감에
맥이 풀려 말문이 막혀 버렸다.

**광수**  형!

**명수**  응?

**광수**  형 생각은 어때요?

**명수**  뭐가…

**광수**  시골에 내려가서 농사짓는 일에 대해서 말이에요.

**명수**  (말없이 돌아선다)

**광수**  (명수 처를 보며) 형수님도 결심하셨어요?

**명수처**  (말없이 부엌 쪽으로 간다)

**어머니**  이혼하겠단다.

**광수**  이혼?

**어머니**  응. 네 형은 이혼하기로 했단다. 그래서 지금 위자료를 흥정하던
참이야.

**명수**  어머니! 제가 언제?

**어머니**  아까 너희들이 그 얘기 안했니? 네 처보고 물어보렴!

**광수**  형! 그래 위자료를 낼 자신 있어요?

**어머니**  있으니까 이혼하겠지!

**명수**  어머니!

**어머니**  나는 반대도 찬성도 안 하겠다. 문제는 너희들이 지금까지 해 오
던 생활에서 벗어나겠다는 자각만 있으면 되는 거야. 우리가 백
만장자도 아니고 고관대작도 아닌데 뭘 어떻게 할 수 있니? 우선
정신부터 고쳐지면 되는 거고 정신이 안 고쳐진다면 그건 버릴

수밖에 없지. 광수야! 이 돈은 네가 간수해라. (하며 돈 보자기를 내준다. 명수와 명수 처가 본능적으로 돈 보자기로 시선을 돌린다. 그 기미를 눈치 차린 광수가 명수를 바라본다)

**광수**  형. 어서 결심하세요.

**명수**  뭘?

**광수**  시골로 내려가세요. 가서 닭도 치고 밭도 갈고 농사를 지으면서 삽시다. 예?

**명수**  우리가 언제 그런 일을 해 봤어야 하지.

**광수**  그러니까 이제부터 일학년이 되었다 치고 공부를 하는 거죠. 그래서 이렇게 책을 사온 게 아닙니까?


명수는 좀체로 결심을 못하는지 초조하게 담배 연기만 내뿜는다.


**어머니**  명수야, 이것만을 일러두겠다.

**명수**  예?

**어머니**  너희들이 도시에서 살다가도 시골로 내려올 생각이 있으면 언제 든지 오너라. 나하고 광수가 이제부터 흙에 묻혀 사는 일이 잘 될지 못 될지는 두고 봐야 할 일이지만 설령 실패한다 해도 나는 뉘우치지 않을 테니까… (한숨)
사람은 죽으면 땅으로 돌아가게 마련이다. 알몸으로 말이다. 그 래서 썩는 게 아니냐. 돈을 벌고 벼슬을 하면 뭘 하니? 한번 죽으면 그것으로 끝이 나는 거야. 그러니 살아있는 동안 얼마나 착하게 일하고 착하게 살았는가가 바람직한 거야. 그러니 너희들이 잘 생각해서 너희들 갈 길을 결정지어라. 광수야?

**광수**  예?

**어머니**  방으로 들어오너라. 지금부터 짐을 하나씩 챙기자.


위자료

**광수**     예.

어머니와 광수가 일어나서 방으로 들어간다. 명수는 명수대로 명수
처는 명수 처대로 제각기 어떤 고민에 싸이게 된다. 명수는 무심코
책 한 권을 들어 책장을 펼친다. 그는 어느덧 글귀에 마음이 쏠려 천천
히 읽어 내려가기 시작한다.

**명수**     (책을 읽으며) '흙은 정직하다. 흙은 배반할 줄 모른다. 흙은 보살
펴준 만큼 은혜를 갚을 줄 안다. 우리가 흙을 깊게 파고, 거름을
주고, 물을 주면 그만큼 흙은 우리에게 곡식과 열매를 열게 하고
기름지게 해준다. 그 대신 돌봐주지 않은 흙은 우리에게 아무 응
답도 보상도 해주려 들지 않는다. 내버려진 흙에서 열매는 안 열
린다. 거름을 안 준 흙에서 풍요를 바랄 수 없다. 그래서 흙은
사람보다 몇 갑절 순진하고 정직하다. 흙을 사랑하는 마음은 곧
정직함을 사랑하는 마음으로 통하게 된다.'

명수는 어느덧 눈물이 글썽해지며 책을 어루만지기 시작한다. 명수
처가 가까이 와서 명수의 표정에 동요가 일어남을 발견하자 입가에
이지러진 웃음이 감돈다. 그것은 비웃음이 분명하다.

**명수처**     걱정 말고 가시구려.
**명수**     뭐라고?
**명수처**     내 걱정일랑 하실 필요 없으니 시골로 가시란 말이에요.
**명수**     그럼 당신은?
**명수처**     난 안 가겠어요. 그러니 아까 얘기가 나왔지만 위자료나 결정지
으세요.

명수     여보! (애걸하는 표정이다)

명수처   닭 치고 돼지 치고 살 바엔 차라리 서울 가서 식모살이나 하겠어
        요! 지금까지 해 나온 고생도 지긋지긋한데 이제 와서 뭐가 아쉬
        워서…

명수     여보! 당신은 정말…

명수처   위자료를 내는 거예요, 안 내는 거예요? 안 내시겠다면 나도 생각
        이 있어요.

명수     뭐? 생각이라니?

명수처   법으로 해결해야죠.

명수     법?

명수처   예, 가정재판소에 가서 억울한 사정을 호소해야죠. 그래서 나도
        당당하게 위자료를 받겠어요.

명수     (갑작스레 웃음이 터진다) 헛허… 핫하…

명수처   아니 뭐가 우스워요.

명수     헛허…

명수처   아니 이이가 갑작스레 허파에 바람이 들었나? 왜 이러실까?

명수     여보… 헛허… 여보!

명수처   말씀하세요? 위자료 액수가 얼마예요.

명수     난… 이혼에 동의를 한 적은 없어요. 알겠어? 내가 언제 이혼하자
        고 그랬어?

명수처   나하고 안 산다면 이혼이죠.

명수     천만에? 그건 당신이 마음대로 우리와 함께 살기 싫다고 집을 나
        가는 격이지!

명수처   뭐라구요? 집을 나가요?

명수     그렇지! 내가 어머니나 광수와 함께 농사를 지으면서 살겠다면
        당신은 그게 싫어서 떨어져 나가겠다는 게 아니오?

위자료

**명수처**  그래요? 전 시골서는 못 살아요? 나도 남들처럼 멋지게 살겠어요. 서울 가서 살겠어요.

**명수**  그런 게 무슨 이혼이야? 그게 왜 위자료를 청구하게 되는가 말이야!

**명수처**  아니 그럼 당신은 위자료도 안주고 이혼하겠다는 배포세요?

**명수**  이것 봐요… 난 (강하게) 이혼 안 하겠어! 따라서 위자료도 낼 수 없어… 따라서 당신은 나와 함께 아니, 우리 가족과 함께 시골로 내려가서 새 출발해야 돼!

**명수처**  싫어요!

**명수**  싫어도 해야 돼!

**명수처**  난 집을 나가겠어요.

**명수**  그럼 경찰에 신고해서 집을 나간 당신을 찾아내겠어! 집을 나간 사람이 무슨 위자료야? 위자료를 받을 사람은 바로 나야! 나? 헛허…

**명수처**  뭐, 뭐라구요? 제가 위자료를 내야 한다구요?

**명수**  그렇지… 내게 심적 고통을 주고 우리 가정에 먹구름을 끼게 하여 우리를 불안과 고민 속에서 헤어나지 못하게 한 그 벌로 당신한테서 위자료를 받아내겠어. (이때 방에서 엿듣고 있던 광수가 손뼉을 치며 함성을 올린다)

**광수**  옳소! 형님 동의에 재청이요!

**명수**  재청 있소?

**어머니**  (방에서 나오며) 재청이요? 위자료를 두 번 다시 입에서 못나오게 해야지!

**명수**  그럼 삼청이요! 핫하… 여보 심청까지 나왔으니 위자료 청구는 이미 무효야… 헛허…

어머니도 광수도 유쾌하게 웃는다. 명수 처가 마루에 주저앉는데 급히
막이 내린다.

위자료

# 일심교 (1막)

- **등장인물**

  아버지(56세)

  만석(24세)

  영석(18세)

  이장(57세)

  봉팔(20세)

  마을청년 A(27세)

  마을청년 B(25세)

  신문기자(30세)

  사진기자(27세)

- **때**

  현대, 봄

- **곳**

  만석의 집

  ※ 이 희곡은 새마을 가꾸기 운동을 소재로 한 소인극 극본이다. 따라서 상연 시에는 그 지방 실정에 맞추어 대사를 사투리로 바꿔도 무방하다.

**무대**

만석의 집 앞뜰. 앞뜰이라야 서너 평 안팎이며 싸리 울타리로 둘러싸여 있다. 마루를 사이에 두고 두 개의 방문이 있다. 안방은 아버지의 거처이고 건넌방은 만석 형제가 기거하는 방이다. 부엌은 무대 옆에 있는 것으로 설정하고 객석에서는 보이지 않아도 된다. 그리고 건넌방 여닫이문은 사람이 등퇴장할 수 있도록 하며 안방문은 등퇴장이 없으니 그림으로 대용하여도 무방하다. 뜰가에 살구나무. 한눈에도 이 집안 형편이 과히 넉넉지 못함을 알 수가 있다. 멀리 기차 지나가는 소리와 함께 막이 오르면 화창한 봄볕에 살구꽃이 만발한 집안이 그런대로 아늑해 보인다.

무대는 잠시 비어있고, 건넌방에서 아버지의 성난 목소리가 온 집안을 뒤흔들 듯이 울려 퍼진다. 그러나 건강한 사람의 목소리는 아닌상싶다.


**아버지** (소리만) 나가거라! 나가!

**영석** (소리만) 나간단 말이에요.

**아버지** (소리만) 당장에 나가! 서울이건 부산이건 마음대로 가!

**영석** (소리만) 염려마세요! 갈 테니까! (영석이가 거칠게 여닫이문을 열고 마루로 나온다. 그의 손에는 기타가 들렸다. 그는 뜰가 살구나무 아래로 간다. 머리가 귀밑까지 길었고 차림새가 마치 히피족을 연상케 하는 난잡한 모습이다. 그는 씨근덕거리는 숨을 푹푹 내뱉으며 아버지 쪽을 흘겨본다) 흥! 누가 나가라면 못 나갈 줄 알고! 씨익! (하며 살구꽃 가지를 뚝 분질러 입에 문다. 이때 방에서 나오던 아버지가 그걸 보고 다시 화를 버럭 낸다)

**아버지** 이놈아! 꽃을 왜 꺾니? 꺾긴! 살구꽃이 너더러 밥을 달라던 돈을 달라던! 응?

영석은 손에 들었던 꽃가지를 땅에 버리고는 그대로 쪼그리고 앉는다. 나이보다는 훨씬 늙어 보이는 아버지는 병색이 완연할 만큼 깡말랐다. 그러나 신경질 때문인지 관자놀이의 힘줄이 눈에 띄게 두드러져 보인다. 그는 가끔 기침을 하며 숨소리가 답답하다.

**아버지** (마루 끝에 앉으며) 영석아! 너도 이제 열여덟이면 세상 돌아가는 모양을 보고 들은 바가 있겠지! 응? 그래 마을 사람들이 새마을 가꾸기를 한다고 아침부터 밤늦도록 일을 하는 걸 못 봤니? 게다가 네 형이 그 부자유스런 몸을 이끌고 개울가에 다리를 놓는다고 고생하는 걸 눈이 있으면 봤을 게 아냐!

**영석** (내뱉듯) 봤어요!

**아버지** 그래 보고도 아무렇지 않아?

**영석** 흥! 다리를 아무나 놓는 줄 아세요?

**아버지** 뭣이 어째? (하며 자리에서 벌떡 일어선다)

**영석** (조소하듯) 잘들 해보시라지! (하며 기타 줄을 탄다)

**아버지** 아니 저, 저 녀석 쥐둥이를……

**영석** 그렇게 다리 놓기가 쉬웠으면 6·25 때 부서진 다리를 왜 여태껏 안 놨지요? 지금까지도 세 번이나 다리를 놓으려다가 실패한 것만 봐도 알 수 있잖아요!

**아버지** 이놈아! 그럼 넌 네 형이 하는 일이 안 되기를 바라니?

**영석** 안 되기를 바라는 게 아니라 그 다리는 처음부터 안 되기로 되어 있어요. (다시 기타 줄을 뜯는다)

**아버지** 뭐 뭣이 어째? 아니 저 녀석이 없는 돈에 중학교 공부까지 시켜놓으니까 한다는 소리가…… (하며 지팡이를 휘두르려 하자 영석이가 피한다)

**영석** 그렇지 뭐예요. 이 게딱지 같은 마을에 돈이 있습니까, 기술이 있습니까, 게다가 시멘트가 있습니까? 네? 맨주먹으로 그 개울에다가 다리를 놓다니 이건 맨손으로 잉어를 잡으려는 격이지! 그러기에 오르지 못할 나무는 아예 쳐다보지도 말랬어요!

**아버지**  그래서 네 놈은 읍내 건달패 봉팔이하고 한 패거리가 되었나?

**영석**  아버진 제가 놀고 있는 줄 아시죠?

**아버지**  그럼 노다지라도 캐러 다니냐?

**영석**  노다지보다 더 한 걸 캐낼지 누가 압니까? 아버지 사람·팔자 시간 문제라는 말도 못 들으셨어요? 헛허. (다시 신나게 기타 줄을 뜯는다)

**아버지**  (어이가 없어서) 아니 웃어?

**영석**  아버지 이래 봬도요 나도 남 못지않게 꿈도 있고 희망도 있고 이상도 있단 말이에요!

**아버지**  이상?

**영석**  예! 나는 원래 성격이 이런 시골하고는 맞질 않아요! 그래서……

**아버지**  그래서 도회지로 나가겠다는 거냐?

**영석**  예! 서울에만 가면……

**아버지**  (비꼬듯) 가거라! 가!

**영석**  정말이세요?

**아버지**  차라리 너 같은 건 눈앞에 얼씬거리지 않아야 피차간에 마음이 편하지.

**영석**  그러니까 주셔야죠. (하며 손을 내민다)

**아버지**  뭘 줘, 주긴…

**영석**  여비가 있어야 서울에 가죠!

**아버지**  이놈아! 우리 집에 그런 돈이 있으면 진작 시멘트 한 포대라도 더 샀겠다.

**영석**  그럼 돈도 안 주시면서 서울로 가란 말이에요?

**아버지**  내가 가랬니? 네가 한사코 가겠다니까 가라고 하는 수밖에…

**영석**  아버진 저를 내쫓을 셈이시군요?

**아버지**  뭐라구?

**영석**  흥! 큰아들만 자식이고 작은아들은 자식이 아니란 말인가요?

**아버지**  갈수록 태산이군! 이놈아! 나는 지금까지 홀아비 손으로 너희 형제를 똑같이 소중하게 키워왔다. 남들처럼 잘 입히고 잘 먹이지는 못했지만… 그래도 마음으로는 남부럽지 않게… (목이 메인다) 네 형은 국민학교밖에 못 다녔지만… 그래도 너는 중학교까지 공부를 시켰어! 그게 어디서 나온 돈이었니? 응? 네 형이 월남 전쟁에 나가서 푼푼이 모아 보내온 돈이었다는 건 너도 잘 알잖아? 게다가 네 형이 부상을 당하고 제대했지만 마을을 위해서 한시도 쉬지 않고 일하는 모습을 봤다면 너도 뭔가 느끼는 게 있어야 할 게 아냐! 이놈아! 그런데 너는… 너는… 밤낮 그 읍내 술도가 집의 봉팔이 놈하고 어울려 다니며…

**영석**  봉팔이 욕일랑 하지 마세요.

**아버지**  뭣이 어째?

**영석**  봉팔이는 고마운 친구예요.

**아버지**  친구? 그게 친구야?

**영석**  그렇죠. 봉팔이는 내가 노래에 소질이 있다면서 서울에만 가면 가수가 되게 해준다고 했어요.

**아버지**  듣기 싫다! 네놈이 가수 아니라 군수가 된대도 난 안 믿어!

**영석**  (화를 내며) 좋아요! 아버지께서 끝까지 그런 식으로 나오신다면 저도 생각이 있으니까요. (하며 싸리문 밖으로 나가려 한다)

**아버지**  영석아! 어딜 가니?

**영석**  (좀 떨어져서) 염려마세요. 자살을 하러 가는 건 아니니까요.

**아버지**  (긴 한숨) 어유… 어디서 저런 자식이 생겨나서…

이때 이장을 앞세우고 마을청년 A・B가 등장한다. 이장은 몹시 흥분된 상태로 급히 들어서다가 나가려는 영석과 정면으로 맞부딪친다. 그 서슬에 기타통이 윙 하며 울린다.


**이장**　아얏! 조심해!

**영석**　조심하세요.

**이장**　(이마를 만지며) 만석인 집에 있나?

**영석**　모르겠어요. (하며 급히 뛰어 나간다. 그 모습을 세 사람이 매우 못마땅하게 바라다본다)

**청년 A**　같은 형제인데 왜 저리도 사람됨이 다를까? (하며 혀를 찬다)

**청년 B**　이 사람아 다섯 손가락도 길고 짧은 게 있다는 이치지! 헛허 ……

**이장**　아닐세! 그게 아니야.

**청년 A・B**　(동시에) 예? 아니라뇨?

**이장**　이 책임은 세상이 져야 해!

**청년 A**　세상이 책임을 지다뇨?

**이장**　그렇지! 우리 주변에 밀려드는 외국 문화가 요즘 젊은 아이들을 말짱 못된 길로만 물들여 놨어!

**청년 A**　(고개를 끄덕거리며) 하긴 그래요. 좀 배웠다는 사람일수록 시건방지고 되바라지는 판국이니 원…

**이장**　야단났어! 영석이만 해도 중학교까지 나왔으면 더 깨우쳐야 할텐데 이건 말짱 서양 원숭이가 되어 가니… 원… (뜰에 내려선 아버지가 세 사람을 보자 말을 건다)

**아버지**　이장 어른! 거기서 뭘 서성거리고 계십니까?

**이장**　옳아! 만석 아버지, 집에 있었구려. (두 청년에게) 여보게 들어가세! (뜰 안으로 들어선다)

**청년들**　예. (하며 뒤를 따른다)


　　　　　　　　　　　　　　　일심교

**아버지**   어딜 다녀오시느라고…

**이장**   만석인 어디 나갔소?

**아버지**   보나마나 공사장에 나갔겠죠.

**이장**   벌써 나갔어?

**아버지**   예! 만석이는 눈만 뜨면 공사장에 나간답니다. 밤에도 등잔불 밑에서 하는 일이라는 게 어떻게 하면 그 다리를 하루 빨리 놓을 수가 있을까 하는 연구뿐이구요. 내 자식이지만 옆에서 보기에도 딱할 지경이죠.

**이장**   만석 아버지! 정말 아들 하나는 잘 두셨습니다.

**아버지**   (멋쩍게 웃으며) 뭘요! 배운 것도 없고… 그저…

**이장**   아닙니다. 이번에 우리 마을에 다리를 놓는 일만 해도 그렇죠! 만석이가 없었던들 그게 어디 엄두에나 낼 뻔한 일입니까?

**청년 A**   그럼요! 만석이가 설계를 하고 기술적인 문제까지 도맡아서 나섰기 때문에 마을사람들도 마음이 움직인 거죠.

**청년 B**   6·25전쟁 때 부서진 다리를 두고도 누구 한 사람 다리를 놓아야겠다고 말한 사람이 있었던가요? 그렇기 때문에 여름에 홍수만 지면 아이들은 길이 막혀 일주일이고 열흘이고 물이 줄 때까지 학교도 못 갔는데…

**이장**   만석이가 군대에서 공사 기술을 배워왔으니 망정이지 만석이가 없었던들 우리 마을은 물에 갇혀 사는 꼴이 되었을 테니……

**아버지**   그건 그렇고 돈은 잘 걷힙니까? 만석이 얘기를 듣자니까 마을 사람들 가운데 약속대로 돈을 안 내는 사람이 더러 있다던데…

**이장**   실은 그 일 때문에 왔는데 말씀이에요.

**아버지**   예?

**이장**   만석이가 있었으면 의논 좀 하려고 했는데.

**아버지**   무슨 말씀이신데요. 제가 들었다가 만석이가 점심 때 들어오면 전하죠.

**이장** 아니에요. 우리가 공사장 쪽으로 가면 될 테니까.

**청년 A** 아! 저기 만석이가 옵니다.

**아버지** 어디…… (발돋움하며 싸리문 쪽을 넘어다본다)

**청년 B** (크게) 만석이!

**만석** (소리만) 길순가?

**이장** 마침 잘 되었구먼. (두 사람에게) 여기서 아주 얘기를 하는 게 좋겠지?

**청년 A** 예.


만석이가 들어선다. 향군복 차림에 한 손에 설계 도면을 말아 쥐었다. 그러나 왼손은 의수義手라 흰 장갑을 끼었다. 그는 이장을 보자 모자를 벗고 인사를 한다.


**만석** 이장 어른 나오셨어요?

**이장** 만석이 수고가 많으이!

**만석** 수고는요! 마을 사람 전체가 하는 일인데요.

**아버지** 어서 올라들 오시지! 차분히 얘기를 하시려면 올라 앉으셔야지.

**만석** 아니 무슨 얘긴데요?

**아버지** 이장 어른께서 너를 만나러 오셨다. 긴히 의논하실 일이 있으시다면서…

**만석** 저한테요? 무슨 얘기신데…

**이장** 아니 뭐… 다른 게 아니라…

**만석** 어떻든 앉으세요.


만석, 이장, 아버지는 마루 끝에 걸터앉고 청년 A · B는 마당 가운데

일심교

쭈그려 앉는다.

**이장**　그럼 바쁠 테니 결론부터 말하지!

**만석**　예.

**이장**　실은 지금 읍내에 다녀온 길인데 말일세. 우리 마을에 놓는 다리를 하루 속히 완성하기 위해서는 당국에다 원조를 요청하는 게 어떨까 해서 말일세.

**만석**　원조라뇨?

**청년 B**　시멘트와 철근을 원조해달라고 청원서를 내자는 의견이지!

**만석**　청원서?

**청년 A**　그렇지! 듣자니까 요즘 새마을 가꾸기 운동을 하는 마을에다가 당국에서 여러 가지로 자재증원을 해준다니까 우리도 이 기회에 청원서를 내서 공사에 필요한 물자를 받자는 의견이지.

**이장**　잘만 하면 여유 있게 받을 수 있고 그렇게 되면 그걸 다른 면에다가 팔아넘길 수도 있다니까 말일세.

**청년 A**　우린 애당초에 남의 힘을 빌리지 않고 우리 힘으로 다리를 놓자는 자네의 의견에 찬성은 했지만 이제 와서 보니 바보 같은 짓을 했어!

**청년 B**　당국에다 말만 잘하면 시멘트고 철근이고 심지어는 자동차까지도 공으로 얻을 수 있었다는데 그걸 몰랐으니 헛고생이었지 뭔가.

**만석**　(담담하게 앉은 채로) 헛고생이었을까.

**청년 B**　그렇지! 남들이 다 타다 쓸 수 있는 물자를 우리라고 못 타다 쓸건 뭔가? 안 그래?

**청년 A**　그리고 우리가 하고 있는 다리 공사는 우리 힘만으로는 불가능하단 말일세! 기부금을 내겠다는 사람도 이제 와선 슬슬 꽁무니를 빼니.

만석   (여전히 침착하게) 나는 그렇게 생각지는 않는데…

이장, 청년 A, B는 의외로 태연한 만석의 태도에 저도 모르게 의아한
표정들이다.

이장   만석이! 자네는 지금 우리 얘기를 오해하고 있는 모양인데…
만석   이장 어른! 저는 지금 아주 조용한 마음으로 얘기를 듣고 있습니
다. 그리고 냉철한 판단으로 말씀드린 것뿐입니다.
이장   그런데 왜 반대하나?
만석   반대가 아니죠.
청년 A  아까 내 얘기에 반대했잖아!

청년 A의 말투가 약간 공격적으로 나오자 좌중의 분위기가 굳어진다.
만석 아버지는 어떤 불안에 휩싸이며 눈치만 본다.

아버지  만석아! 그렇게 앉아있지만 말고 이장 어른이 알아들을 수 있게
차근차근 말씀드려라.
만석   예! (이장을 바라본 다음 청년 A에게) 그럼 자네에게 한 가지만 묻겠
네! (사이) 아까 자네는 우리 힘만으로는 다리 공사가 불가능하다
고 했는데 그 이유를 설명해 주게나!

너무나 침착한 만석의 태도에 세 사람은 위압당한 듯 말문이 막혀버
린다.

만석   (청년에게) 남들이 다 타다 쓸 수 있는 물자라고 해서 우리도 꼭
타내야만 된다는 이유는 무엇인가?

**청년 B**  그것 말이야… 저…

**만석**  (이장에게) 물자를 여유 있게 받아서 그걸 팔아 넘기자고 하셨는데 그 돈을 어떻게 하시겠단 말씀입니까?

**이장**  이 사람아 그걸 누가 혼자서 삼키자는 것도 아니지. 난… 다만…

**만석**  이장 어른, 저는 분명히 말씀드리겠습니다만 이 다리 공사는 끝까지 성공시키고야 말겠습니다. 그것도 남의 힘을 빌리지 않고 우리들의 힘, 우리들의 정성, 우리들의 협동정신으로 기어코 완성시킬 자신이 있습니다. (그의 한 손이 굳게 쥐어져 부르르 떤다)

**청년 B**  그건 이상이야!

**만석**  이상?

**청년 A**  그렇지! 탁상공론이지!

**만석**  그럼 우린 지금까지 실현될 수 없는 탁상공론을 꿈꾸어 왔단 말인가? 자 보게. (공사 도면을 마루 위에다 펴본다. 모두들 자기도 모르게 도면으로 시선이 쏠린다) 착공한 지 3개월째 되는 오늘까지의 공정은 원래 계획보다 10.3퍼센트나 앞서 있네! 국민학교 어린이들로부터 아낙네에 이르기까지 우리 마을에 이 다리가 꼭 필요하다고 느꼈고 또 꼭 만들어야 한다고 합심했던 그 달부터 우리는 아무에게 알리지도 않고 묵묵히 우리 힘으로 일을 했는데도 10.3퍼센트나 초과달성했네. (강조하며) 이것이 불가능하단 말인가! 이것이 헛고생이란 말인가? 자네들은 우리의 힘을 믿을 수 없단 말인가? 설명을 해보게. 어서! (하며 주먹으로 마루를 쾅 하고 친다. 지금까지 억눌려오던 격정이 한꺼번에 쏟아지듯 만석의 몸과 주먹이 유별나게 빛나고 굳어진다. 세 사람은 서로가 변명을 꺼려하는 눈치이다)

**아버지**  만석아, 왜 언성을 높이고 야단이냐! 어른 앞에서 그런 법은 없어!

**만석**  (길게 어깨로 숨을 몰아쉬며 감정을 억제한다) 죄송합니다. 이장 어른.

**이장**  아닐세, 그렇게 되고 보니 말을 꺼낸 우리가 도리어 미안하게 되었군. 난 결코 자네의 힘을 과소평가하자는 건 아니고… 그 뭐라고 할까… 옳지! 좀 더 수월하게 할 수 있는 방법이 있다면 그것을 참고삼아서 해 보자는… 이를테면 의논을 해본 거지! 누가 만석이 자네의 힘을 업신여겨서가 아닐세! 오해 말게!

**만석**  이장 어른. 물론 우리 마을사람 힘만으로 다리를 놓는다는 건 쉬운 일은 아닙니다. 그렇다고 언제까지나 보다 쉬운 방법만을 찾다가는 또 도로아미타불이 되기 십상입니다. 그런 방법만을 찾아다녔기 때문에 지난 20년 동안 다리 하나 세우지 못하고 여름이면 수많은 목숨까지 빼앗겼지 뭡니까? 귀한 자식들을 마음 편하게 교육시켜야겠다는 욕망이 있으면 그것을 위해 우리는 실천을 해야 합니다. 입으로만 자식들을 사랑하고 걱정하는 척도 했던 과거는 이제 털어버려야 합니다. 우리도 하려고만 들면 할 수 있는데도 게을러서 안 했던 거예요. 그런 풍조가 우리 농촌이나 어촌에 풍만했기 때문에 우리는 언제까지나 가난했었단 말입니다. 이장 어른! 제가 고집하는 건 그러한 능력이 우리에게도 있다는 것을 보여주기 위해서입니다. 남이 갖다 준 물자를 써서 쉽게 세운 다리보다 우리들의 힘만으로 어렵사리 세워진 다리를 우리 어린이들이 건널 때 얼마나 고마워라 하겠어요. 해방 이후 우리가 외국의 원조물자로 어떻게 살아왔습니까? 아니 그 원조물자 때문에 우리가 얻은 것과 잃은 것을 비교해보십시다. 네?

**이장**  만석이. 자네 말이 옳아!

**만석**  이장 어른! 정말 그렇게 생각해 주시겠습니까?

**이장**  암! 여부있겠나. 그저 자네 말대로 우리 마을의 다리는 자네가 놓는 다리나 다름없으니까. 하하…… (다른 사람들 크게 따라 웃는다)

**만석**  여보게들! 우리 힘으로 하는 데까지 해보세! 우리가 하는 일이 옳은 일이라면 우리가 구걸을 안 하더라도 저절로 도와주는 사람도 나올 걸세.

**청년 A** 만석이 자네 얼굴 보기가 민망스럽구먼!

**만석** 무슨 소리를 하나! 구걸하는 신사보다는 자활하는 농군이 자랑스럽지 뭔가! 하하…

**일동** 헛허…

이때 영석이와 봉팔이가 울타리 너머로 집안을 기웃거린다. 봉팔은 색안경까지 쓰고 있어 더 경박한 차림이다. 마루에서는 도면을 놓고 열심히 의논을 하고 있다.

**영석** 봉팔아! 어떻게 하지?

**봉팔** 뭐가 어떻게 해? 시간 없으니 어서 가지고 나와!

**영석** 손님들이 저렇게 와 있는데. 게다가 우리 형님이 있으니…

**봉팔** 병신같이… 형님이 있다고 자기 의사표시도 못하니? 어서 들어가서 말하고 나와. 모든 일은 내가 책임진다고 말이야!

**영석** 그렇지만 지금은 안 돼! 시간 여유를 줘. 봉팔아!

**봉팔** 그럼 말이야… 이렇게 하자. (손목시계를 보며) 지금 열한 시니까 세 시까지 버스정류소로 나와! 모든 준비를 하고 말이야! 응? 알았지?

**영석** 응. 그 그렇게 하지.

**봉팔** 시간 지켜라. 그럼…

그는 휘파람을 불며 퇴장. 혼자 남게 된 영석은 불안과 주위에서 서성거리다가 이윽고 결심이나 한 듯 집안으로 들어가려 한다. 이때 신문기자와 사진기자가 집을 찾는지 두리번거리며 들어선다. 영석을 보자 반갑게 말을 건다. 사진기자가 걸머진 카메라가 유난히 눈부시다.

기자    학생…

영석, 마치 무 캐려다가 들킨 사람마냥 섬찟 놀라며 돌아본다. 낯선 사람을 본 그의 표정엔 어느덧 호기심이 더 크게 번진다.


영석    저 말이에요?

기자    (손에 든 종이쪽지를 다시 확인하며) 이 부근에 김만석 씨라는 분이 살고 계시다던데.

영석    만석 씨요? 왜 그러시죠?

기자    좀, 만나보고 싶어서…

영석    예, 그러세요. 우리 형님인데요.

기자    (반가워서) 그래? 이 형, (사진기자를 돌아보며) 정통으로 찾았군. 헛허…

사진기자  집이 먼가?

영석    아뇨. (눈치를 살피듯) 어디서 오셨지요?

기자    응! 실은 서울 신문사에서 나왔는데…

영석    (눈이 휘둥그레지며) 서울서 오셨어요?

기자    응! 형님은 지금 댁에 계실까?

영석    예! 계세요. 들어오세요. (하며 집을 가리킨다)

기자    이 집이야?

영석    예… (집안을 향해) 형님! 손님이 오셨어요.


마루에서 이마를 맞대고 공론을 하고 있던 만석이가 돌아본다.


만석    손님이라니!

영석    (설치면서) 신문사에서 오셨대요. 기자들인가 봐요.

**만석**  기자?

**영석**  어서 나와 보세요.

**아버지**  (불안해지며) 웬일일까?

**만석**  (자리에서 일어서며) 아무튼 만나봐야겠어요.


하며 행길 쪽으로 나오자 들어서는 신문기자들과 서로 시선이 마주친다. 기자는 윗저고리 주머니에서 명함을 꺼내서 준다.


**기자**  서울서 온 이런 사람입니다.

**만석**  (명함을 받아 본 다음) 예, 먼 길 오시느라고 고생이 많으셨겠습니다.

**기자**  고생이야 여러분들이 하지 우리들이야…

**이장**  신문사에서 나오셨군요?

**기자**  예!

**만석**  우리 마을 이장 어른이십니다.

**기자**  아, 그러세요? (고개를 꾸벅하며) 수고가 많으시겠습니다.

**이장**  원 별 말씀을 다… (아버지에게 재촉하듯) 어서 안으로 모셔요.

**아버지**  예… 예…

**기자**  아니올시다. 여기서 말씀드려도 충분합니다.

**만석**  (조심스럽게) 무슨 일로 저를… 찾으셨던가요?

**기자**  다름이 아니라… (수첩을 꺼내 취재할 자세를 취하며) 이 마을에 다리를 놓고 있다던데…

**만석**  예.

**기자**  그 일을 취재차 나왔습니다.

**이장**  (입이 헤벌려지며) 신문에다가 쓰시게요?

**기자**  예!

**이장**  (청년 A, B에게) 이 사람들아, 들었지? 응? 신문에 난대요. 헛허……

(청년 A, B 그리고 아버지는 만족감을 금치 못해 서로 웃음으로 대한다)

**기자** 듣자니까 그 다리를 가설하는데 주동 역할을 하신 게 (만석을 향하여) 바로! 만석 씨라죠?

**만석** 아닙니다. 이건 우리 마을 전체가 힘을 합하여 놓는 다리지 어디나 개인의 다리겠습니까!

**기자** (메모를 하며) 공사 내용은 있다가 현장에 가서 상세히 여쭤보겠지만 우선 그 다리를 놓게 된 동기며 또 현재의 심정이나 애로사항에 대해서 말씀해 주실까요?

**만석** (쓰게 웃으며) 글쎄요.

**기자** (사진기자에게) 자연스럽게 스냅도 찍읍시다. 이 형.

**사진기자** 오케이! (그는 카메라를 목에서 풀어 조정을 한다. 영석이는 그쪽에 정신이 팔려 졸졸 따라다닌다)

**기자** 서울서 듣자니까 그 다리는 전혀 외부의 원조를 받지 않고 자력으로 시작하셨다죠?

**만석** 우리의 일인데 누구한테 가서 원조를 바랍니까?

**기자** (열심히 메모를 하며) 그렇지만 요즘 정부에서 자재원조가 있는데 왜 그걸 신청하지 않았죠?

**이장** 실은 그 일 때문에 아까도……

**기자** 예?

이때 찰칵하고 카메라의 셔터가 움직이는 소리가 연거푸 두어 번 들린다. 사진기자는 재차 핀트를 맞추고 각도를 달리 잡는다.

**만석** 우리가 다리를 놓자고 결의한 건 이미 오래 전부터였지요. 물론 요즘 새마을 가꾸기에 쓰도록 건축자재가 나오는 모양이지만 우리가 처음부터 그걸 계산에 넣었거나 의지했던 건 아니니까요!

**기자** (감탄하며) 음… 말하자면 자력으로 해결하겠다는 뜻이군요.

**만석** 예, 이건 우리 마을을 위하고 우리 어린이들을 위해서이지 누구에게 보이자는 일은 아니니까요. 그래서 솔직한 심정은 신문에 이런 기사가 나오는 것도 저로서는 탐탁지 않습니다.

**기자** 그렇지만 이 마을의 다리 공사 얘기는 이미 서울에서도 알려졌으며 앞으로 모범부락으로 표창까지 받게 된다던데요.

**아버지** 예? 아니 그게 정말입니까? (표창이라는 말에 모두들 다시 한 번 탄성을 올리고 좋아라 한다. 그러나 만석은 여전히 담담한 표정이다)

**기자** 예, 그래서 이렇게 나온 게 아닙니까!

**만석** 표창을 받고 싶었다면 진작 제가 신문사에 알리고 도청에 보고를 했을 겁니다. 그러나…

**기자** (힘을 주어) 알겠습니다. 그러나 그 굳은 결의와 겸손은 그럴수록 더 세상에 알리고 싶어지는데요. 헛허…

**만석** 천만에요.

**기자** 그래 다리 이름은 뭐라고 지었나요?

**만석** 다리 이름이요? (쓰게 웃으며) 아직 생각해본 적도 없는데요.

**기자** 그렇지만 이름은 있어야겠지요.

**아버지** 그렇지! 다리 이름은 있어야지.

**기자** 후세 사람들에게 부르게 하기 위해서도 이름은 있어야겠지요?

**만석** 이름이야 있건 없건 빨리 공사가 끝났으면 좋겠습니다.

**기자** 그럼 아주 이 기회에 다리 이름을 지어버리시죠. 여러분 어떻습니까?

**이장** 좋습니다.

**영석** 형!

**만석** 응?

**영석** 내가 이름을 지어볼까?

| | |
|---|---|
| **아버지** | 영석아! 네놈이 뭘 안다고… |
| **영석** | 그까짓 일은 나도 할 수 있다구요. |
| **기자** | 헛헛… 그래 학생 생각을 말해 봐. |
| **영석** | 일심교! |
| **일동** | 일심교? |
| **영석** | 한마음 한뜻으로 세운 다리니까 일심교지요. 어때요. |
| **기자** | 일심교? 좋은데요? |
| **이장** | 역시 자식은 공부를 시키고 볼 일이구먼… 헛허… |
| **아버지** | 이놈아, 누가 너보고 다리 이름 지으랬어! 그 시간에 가서 그 머리나 깎아. |
| **영석** | 아버진 괜시리 내 말에는 트집이시다. 씨익. |
| **만석** | 영석아! |
| **영석** | 형! 다리 이름을 그렇게 정해요. 그렇게 되면 나도 그 다리를 놓는 일에 합심한 셈이니까. 응! |
| **만석** | 그렇게 하자. 일심교. |
| **영석** | 고마워요. 형! 나도 이제 서울 가는 건 취소할 테니까. |
| **아버지** | 뭐, 뭐라구? 정말이냐? |
| **일동** | 핫하… (다시 사진기자가 카메라 셔터를 누른다) |

-막

일심교

# 활화산 (5막 7장)

- **등장인물**

  김정숙(25~30세)

  이상석(40~45세), 정숙의 남편

  연실(1~5세), 그들의 딸

  이 노인(70세), 상석의 아버지

  심 씨(72~77세), 상석의 어머니

  이상만(47세), 상석의 형. 다리 불구자

  박씨(49세), 상만의 아내

  면장(47세), 상석의 친구

  환(18세), 상석의 조카. 죽은 형의 아들

  원례(13세), 상석의 조카. 죽은 형의 딸

  식(10세), 상석의 조카. 죽은 형의 아들

  길례(8세), 상석의 조카. 죽은 형의 딸

  인천댁(40세), 주막집 주인

  화선(22세), 인천댁 집 작부

  상주댁(45세), 상석의 집 식모

  종갑(22세), 상석의 집 머슴

  이 씨(50세), 정숙의 친정어머니

  삼보(42세)

  윤수(45세)

  길용(37세)

  기타 마을 주민 청년 부녀자들

- **때**

  1960년대 말부터 5년간

- **곳**

  경상북도 어느 벽촌 옥돌마을 상석의 집

# 제1막

## 제1장

### 무대

13대째 이어 내려온 이 씨 문중의 종가. 주변에 납작하게 엎드려 있는 초가집들을 위압하듯 버티고 있는 고가이다. 정면에 부엌이 딸린 몸채가 날을 듯한 지붕과 처마 끝의 곡선을 그리며 서 있고 좌편 뜰아래 별채가 있다. 우편에 행랑채와 헛간과 대문이 잇따라 붙어있다. 따라서 집 전체의 구조는 디귿자 형으로 이루어졌고 헛간 쪽으로 백년은 더 묵은성 싶은 감나무가 서 있고 아래 볏짚단이 쌓여 있다. 집도 외형으로 봐서는 부잣집인데 자세히 훑어보노라면 오랫동안 손질을 못한 채 방치한 흔적이 보인다. 더러는 허물어지기도 하고 더러는 지붕 기와의 이가 빠져 있어서 쇠잔해가는 가문임을 직감적으로 느낄 수가 있다.

때는 늦은 봄. 땅거미 질 무렵 방죽 둑에서 하루 종일 놓아먹이던 소를 몰고 가는 방울 소리며 소 울음소리가 기나긴 늦봄날의 나른함을 더 짙게 해준다. 막이 오르면 이 집 식구들이 저녁 식사를 하고 있다. 몸채 안방 앞에는 이 노인 내외가 겸상을 받고 있고 건넌방 앞에는 이 노인의 둘째 아들 상만 내외가 겸상을 받고 있다. 마당 한가운데 멍석을 깔고 이 노인의 종손인 환은 안 보이는 채 원례, 식, 길례가 머리를 맞대고 밥을 먹는 품이 마치 돼지 새끼들 같다. 딴채 마루엔 강보에 싸인 애기 연실이가 자고 있다. 3대가 한자리에 모여 그것도 세대별로 각각 진을 치고 있어 대가족제도의 잔영이 아직도 역력함을 짐작할 수가 있다.

식이 원례 옆구리를 쿡쿡 찌르며 장난기 어린 시선으로 눈웃음 치고는
길례를 본다.


식      길례야?

길례    (밥을 떠먹다 말고) 잉?

식      저기 보레이! (하며 손을 들어 대문 쪽으로 가리킨다)

길례    (고개를 그쪽으로 돌리며) 뭐꼬?

식      안 보이나? (하며 잽싸게 길례 밥그릇에서 한 숟갈의 밥을 떠서 입에
        처넣는다)

길례    아무것도 안 보인다!

원례    (덩달아서 숟가락질을 하며) 저기 감나무 밑을 보레이. 땅강아지가
        기어가제!

길례    땅강아지가? (하며 목을 길게 빼며 감나무 쪽을 본다. 그 사이에 원례
        도 잽싸게 밥을 훔쳐 먹는다)

식      (시침을 떼고) 그것도 안 보이나? 벌써 구멍으로 들어가 버렸다.
        (하며 원례와 눈웃음친다. 길례는 비로소 자기 밥그릇의 밥이 줄어든
        걸 보고서야 원례를 쏘아본다)

길례    와 남의 밥을 훔쳐 먹노!

원례    이 문둥아 내가 언제 훔쳐 먹었노?

길례    늬가 안 묵었으문 밥이 어디 갔노?

식      땅강아지가 물어갔을기라! 그라이 퍼뜩퍼뜩 퍼묵으라! 이렇게!
        (하며 길례의 밥을 듬뿍 떠서 입에 넣는다. 원례가 드디어 웃음을 터뜨
        린다)

길례    (금시 울상이 되며) 할배 원례 좀 보소! 식이랑 둘이서 내 밥 다
        퍼갔다!

식      이 가스나야. 내가 언제 늬밥 묵었노! (하며 이마를 떠민다)

길례  늬캉 원례캉 훔쳐 묵었제! 도둑질 안 했노!

원례  (눈을 부릅뜨고) 생사람 잡지 말아…… 늬가 봤나?

길례  봤다!

원례  언제 봤노!

길례  안 봐도 뻔하제!

식    늬가 점쟁이가? 안 보고도 안다 카게!


세 아이가 서로 밀고 머리채를 잡고 다투자 이 노인이 소리를 버럭
지른다. 양반집 노인다운 위엄이 흰 수염처럼 파르르 떨린다.


이노인  이게 무슨 짓들이고! 상놈들이나 개짐승이 아니고서야 으째 밥상
        을 앞에 놓고 쌈을 하는가 말이다!

심씨    밥 묵을 때는 입을 다물고 묵는 법이라 했제! 잉?

식      (투덜거리며) 입을 다물고 우째 밥을 먹노! (원례에게) 그제?

원례    음야……

심씨    식아! 뭐라고 수군거리노?

식      아무 일도 아니라예.

이노인  사대부가 할 얘기가 있으문 당당히 하는 기라! 내 늘 얘기했제?
        늬들 13대 조부님께서는 옛날에 대사헌이라카는 큰 벼슬을 지내
        셨고 임금님의 총애를 받으신 어른이지만도 일단 의에 어긋난
        일임을 아셨을 때는 임금님께 당당히 상소문을 올리셨는기라
        …… 그라이……

심씨    에고! 퍼뜩 진지나 드시이소! 그 고래적 호랭이 시집 가는 이야기
        사 저놈의 아들이 알 게 뭔기요!

이노인  알아야지! 우리 집안 역사는 환하게 알아야 하고말고! 그걸 모르
        이 집안 되어가는 꼴이며 세상 돌아가는 꼴이 이 모양 아이가.

에잉…… (그는 수저를 달캉 놓는다)

**심씨** 와 그만 드시능기요?

**이노인** (밥그릇을 들어보이며) 길례야, 이거 가져다 묵어라!

**길례** 야!? (길례는 잽싸게 일어나 할아버지에게 간다)


이때 부엌에서 정숙이가 숭늉 그릇을 들고 나오다가 멈칫한다.


**정숙** 길례야! 그러문 몬 써!

**길례** (뾰로통해져서) 할배가 묵으라카이 우짭니꺼!

**식** (샘이 나서) 작은 어머이요! 길례가 할배한테 밥이 적다카이 일렀답니더!

**길례** 내가 언제……

**정숙** (밥그릇을 이 노인 앞에 놓는다) 아버님이요! 어서 드시이소. 부엌에 밥 있습니더!

**이노인** 아이다! 쥐라. 난 다 묵었다.

**정숙** 괜찮으니 어서 드시이소. 길례야 내 밥 가져올테니 가 있거라.

**길례** 응!

**원례** 작은 어무이요. 나도!

**식** 나도 주이소!

**정숙** 응야! (그녀는 숭늉 그릇을 시부모와 상만의 상에 각각 주고 부엌으로 급히 들어간다)

**박씨** (조카들을 멸시의 눈으로 흘겨보며) 요즘 어린아들은 묵는 것도 와 그래 많이 묵노! 흉년이 들었다카이 걸신이 들었나 보제!

**상만** (숭늉을 마시고 나서) 한창 먹을 나이 아닌가베!

**박씨** 에그, 그라이 난세에는 무자식이 상팔자 아닌기요…… (시어머니를 돌아보며) 어무이요! 안 그렇십니꺼?

**심씨**    (못마땅해서) 유자식이고 무자식이고 간에 칠성당님께서 아시는 일이제 으째 인력으로 되나!

**박씨**    보리흉년에는 사람 입이 호랑이보다 더 무섭다카이 우짭니꺼!

이 사이에 정숙이가 깡보리밥을 떠가지고 와서 세 아이들에게 차례로 나눠주고 있다.

**심씨**    식이 밥은 두었나?

**정숙**    예…… 부뚜막에 안겨뒀십니다.

**심씨**    그 자슥은 어디 갔노? 끼니 때는 같이 와서 먹지 않고. 에고……

**박씨**    (혀를 차며) 에고…… 아새끼만 저래 두고 가버렸으니…… 차라리 낳지를 말거나 가려거던 데리고 가거나 할 일이지 이게 무슨 팔자인가 말입니더! 남은 사람만 고생이제!

**심씨**    뭐라꼬! (하며 사뭇 못마땅한 표정이다)

**상만**    (자기 마누라를 노려보며) 비싼 밥 묵고 잡소리 다 시부렁댄다! 밥 먹었으문 퍼뜩 일어나 설거지나 해라!

**박씨**    (불쑥 화를 내며) 내가 몬할 말이라도 했는기요? 내 입 가지고 내 말도 못합니꺼! 에그, 더럽어서 원…… (박씨가 상을 챙겨들고 마루에서 내려서자 정숙이가 급히 가서 손을 벌린다)

**정숙**    형님이요, 제가 가지고 갈랍니더!

**박씨**    내사 공밥 먹고 싶지 않으니 밥값은 해야제! (하며 휑하니 부엌으로 들어간다)

아이들도 앞을 다투어 자리를 털고 일어나 대문 밖으로 뛰어나간다. 정숙이가 쓸쓸한 표정으로 아이들이 먹고 나간 자리에 떨어진 밥티를 줍고는 상을 챙긴다.

이 광경을 지켜보고 있던 이 노인이 길게 한숨을 내뱉는다.

상만은 부모의 눈치를 보면서 아첨의 미소를 짓는다.


**상만** 그 자슥이 없어지니께 꼭 소낙비가 지나간 뒤 같지예. 흐흐……

**이노인** (아들의 말에는 대꾸도 안하고 며느리에게) 연실이는 어데 있노?

**정숙** (뜰 아래 별채를 가리키며) 아직 자고 있습니다.

**이노인** 마루에서? 감기 들겠다. 방으로 옮겨 눕혀라.

**정숙** 예.


정숙이가 상을 들고 부엌으로 퇴장하자 이 노인은 자기도 모르게 한숨을 내뱉는다.

무언가 가슴에 지피는 고민거리가 생각나는 듯 호주머니에서 담뱃대를 꺼내자 심 씨가 마루 구석에 놔둔 놋재떨이와 성냥갑을 갖다 댄다. 무대가 차츰 어두워지고 이웃집에서 밥 짓는 연기가 울타리 너머로 퍼져 나온다. 멀리서 아이들이 부르는 달마중노래가 처량한 분위기를 돋구어 놓는다.


**상만** (문득 생각난 듯 부모에게 막연히) 상석이가 내려온다는 기별은 없습니꺼?


두 노인은 대답 대신 서로 약속이나 한 듯 긴 한숨을 뱉는다.


**상만** 읍에 다니는 김서방이 서울서 만났다카던데 열사흗날 조부님 제사 때는 내려온다고 하드랍니다……

**심씨** 제사 때?

**상만** 예. 그라이 오늘이 열하루 아닙니꺼!

**심씨**  에고…… 정말 아부님 제향날이 내일모레구먼 예……

**이노인**  (퉁명스럽게) 그것도 모르고 있었나? 할미가 모르는 제삿날을 젊은 것들이 우째 다 외우고 있겠노? 에이……

**심씨**  누가 제사 안 모신다켔습니꺼?

**이노인**  (신경질적으로) 제사를 모실 종자가 있어야 말이제. 그저 집안이라고 철없는 어린아 새끼들만 잔뜩 퍼까놓고…… 우리 집안이 은제부터 이래 궁상이 끼었나 말이다! 잉? 집안을 지켜나갈 종손이 똑똑해야 가문도 번창하는 법인데 이건 우째 된 판이가 말이다! 죽은 놈은 기왕지사 일이지만도 상석이라도 집에 들어앉아 가사를 돌보았던들 이래 망해가지는 안했을기라. 들에 씨를 뿌릴 줄을 아나 거둬들일 줄을 아나…… 자식들 학비 걱정을 하나 조상 제사상 차릴 줄 아나…… 내사마 하루에도 골백번을 죽고 싶지만도 제대로 눈을 감을 수도 없으이 우짜면 좋은가 말이다 …… 이젠 남들 앞에 나가기도 창피스럽어서 못 나가는기라…… 옥돌마을 이 씨 문중하면 옛부터 경상도는 물론 저 멀리 강원도, 충청도까지도 울리던 집안인데 이게 뭐꼬…… 이게……

이 노인은 신경질적으로 담뱃대를 놋재떨이에 두들긴다.
상만은 마치 자기 자신에게 그 모든 책임이 있다는 죄책감에서 고개를 숙인 채 말이 없다.

**심씨**  (위로도 아니요 맞장구도 아닌 어조로) 그걸 낱낱이 일러서 무슨 소용입니꺼! 사람도 운을 타야 하고 집안도 운이 있는 법 아닙니꺼! 우리 집안이사 옛부터 벼슬해온 집안이었지만도 세상이 그걸 몬 알아주는 걸 우째합니꺼! (금시 목이 메이며) 식이 애비만 살아 있었어도 이래 허망하게 망하지는 안했을겝니더……

**이노인**  그라이 죽은 놈은 죽었다 치고라도 살아남은 놈이라도 제정신을 차려야지 않는가 말이제! 우리 두 늙은이가 아직도 목숨이 질겨 살아있게 망정이지…… 오늘이라도 이 자리에서 숨줄 끊어지면 이 집안이 우째 되겠나 말이다. 잉?

상만은 그 이상 듣고만 있을 수 없는지 자리에서 일어나 토방으로 내려선다. 그의 한 다리는 병신이다.
그는 마루 끝에 세워둔 지팡이를 짚더니 절뚝거리면서 뒤뜰로 사라져버린다.
두 노인은 묵묵히 아들의 거동을 지켜본다.
불만과 연민의 정이 뒤엉킨 복잡한 표정이다. 아까부터 부엌 문지방에서 정숙이가 엿듣고 있다.

**심씨**  상만이에게 너무하셨지 뭡니꺼!
**이노인**  (다시 신경질을 내며 놋재떨이를 강하게 친다) 내가 너무한 게 뭐꼬! 자식놈들이 나한테 너무 했제!
**심씨**  에고 깜짝이여! 와 소리는 지르는기요!

이 소리에 마루에서 잠들고 있던 애기가 질겁을 하며 운다. 정숙이가 급히 툇마루로 가서 애기를 안아 젖꼭지를 물리자 애기는 금방 울음을 멎는다.
이 노인은 무슨 애기를 하려다 말고 지팡이를 집어들고 대문 쪽으로 나간다.

**심씨**  어디 가십니꺼?
**이노인**  (무뚝뚝하게) 산에!

이 노인이 나가버리자 별안간 집안이 휑하니 넓고 쓸쓸해 보인다. 애기에게 젖을 물리고 있는 정숙의 얼굴에도 피로와 비애가 갑작스럽게 퍼져서 을씨년스럽다. 심 씨는 대문 밖으로 사라진 이 노인을 원망스럽게 바라본다.

심씨    산에? 흥! 선산에 가면 돈이 나오나 양식이 나온다카나? 땅에 묻힌 귀신이 눈이 있어 보기를 하나 귀가 있어 듣기를 하나 말이제! 에고, 앞으로 우째 살아야 할지 모르겠데잉…… (한숨을 뱉으며) 세상 사람들은 우리가 굶어죽어도 배불러 죽었다칼기라…… 옥돌마을 이참판댁에 양식이 동이 났다케도 안 믿을끼고…… 자식이 무슨 소용이며 손주가 무슨…… (이야기하려다 정숙의 시선과 마주치자 멋쩍어진 듯 토방으로 내려선다. 며느리에게 자신의 약점을 펴보이는 것만 같아 화제를 돌린다) 어멈아, 지난번 과수원집에서 꾸어온 양식은 얼마나 남았노?

정숙    두어 말은 남았을 겁니더.

심씨    두어 말? 대두로 말이가?

정숙    어디예, 소두로입니더.

심씨    (당황한 빛으로) 소두로 두어 말?

정숙    예.

심씨    언제 그래 많이 묵었노?

정숙    (쓰게 웃으며) 어무이도…… 우리 집 식구가 어디 하나둘인기요? 열두 식구 아닙니꺼. 게다가 허드레 식구가 하루도 안 끼는 날이 없으이 벼 한 섬 찧어와도 햇살에 봄눈 녹듯 줄지 뭡니꺼! 어린아들 양도 어른들 마찬가지인걸예!

심씨    (자기도 모르게 한숨을 내뱉으며) 큰일났데잉.

정숙    큰일이라꼬예?

**심씨**　내일모레가 네 시조부님 제삿날 아이가.

**정숙**　(자기도 모르게 불평스러운 어조로) 또 제삿날인기요?

**심씨**　또라니? 뭐가 또란 말이가?

**정숙**　(당황하며) 아 아니라예…… 저지난 삼월달에도 제삿날이 있었는데 한 달도 몬 되어서……

**심씨**　듣거레이.

**정숙**　예!

**심씨**　넌 우리 집안 며느리로 들어온 지가 일 년 남짓하니 잘 모를끼라. 그렇지만 난 이 씨 문중 사람이 된 지가 꼭 쉰다섯 해 아이가…… 말이사 쉰다섯 해 하면 어린아 고추보다 짧다카겠지만도 그동안의 일…… 기가 막힌 곡절도 많았제…… 열일곱에 시집 온 이후 내가 겪어나온 이야기를 책으로 쓰라카면 마…… 〈구운몽〉보다 길고 〈추풍감별곡〉보다도 기막히제. (아득한 옛일을 회상하며) 하기사 여자는 한평생에 십이 년을 병신으로 지내는 법이라카이 할 말도 없지만도……

**정숙**　십이 년을 병신으로예? 그게 무슨 말씀인기요?

**심씨**　여자라카는 건 시집살이 하는 날부터 벙어리 사 년 귀머거리 사 년 그리고 쇠경 사 년이라카지 않더나.

**정숙**　(대답 대신 긴 한숨을 뱉으며 어느덧 젖꼭지를 빨다 잠이 든 애기를 내려다본다)

**심씨**　내가 이 집안에 시집왔을 땐 이 옥돌골 안이 벌컥 뒤집혔제. 잔치가 보름 동안 계속되고 소를 두 마리 잡고 돼지가 다섯 마리에 닭이 …… 말도 몬하제, 말도 몬하제. 시상에 그 아까운 반찬하며 술하며…… 에그…… 흘러가는 냇물보다 더 흔하고 푸짐했제. 그러나 동짓달 그믐께부터는 웬 제사가 그리도 많은지 모르는기라. 고조부님 제사, 증조모님 제사, 큰방 할머님 제사…… 거기다가

정월이 되면 세배 손님이 밤이나 낮이나 끊일 사이 없으니 나는 숫제 부엌에서 새벽 닭 울 때까지 떨었는기라. 시집살이 시집살이 하지만도 느그들은 모를기라. 내가 살아온 시상은 아무도 모른다!

정숙    어무이요…… 그게 무슨 자랑이 됩니꺼?

심씨    (약간 비위에 거슬린 듯) 누가 자랑이라켔나? 거기에 비하문 늬들은 아직도 편타켔제! 안 그러나?

정숙    내사마 안 편해도 좋지만…… 언제까지 이래 살겠니꺼?

심씨    뭐라꼬?

정숙    먼 산만 쳐다보고 한숨 짓는다고 누가 눈썹 하나 까딱하겠는가 말입니더!

심씨    (성을 내며) 그걸 와 이 시에미한테 말하노! 늬 서방한테 말할 일이제.


정숙은 자신의 뜻을 심 씨가 곡해하고 있다고 생각을 하나 그 이상 설명을 할 용기를 잃고 고개를 푹 숙여버린다. 심 씨는 며느리가 풀이 죽었다고 느끼자 좋은 계기가 왔구나 싶어 언성을 높이며 떠들어댄다.


심씨    늬도 눈이 있으면 봤을 기라. 그래 칠순이 넘은 늙은 부모가 집안을 지켜야 속이 시원하겠나? 잉? 늬 서방인가 동방인가 하는 상석이 놈은 무엇하는 위인이고? 잉? 일 년 삼백예순 날 바람개비처럼 타관으로만 싸다니고 부모가 병이 났는지 어린 조카들이 굶는지도 모르고…… 시상에 생각하문 기가 콱 막히제! 하기사 늬 시숙이라도 제 구실을 할 수만 있다문야 내사 이런 얘길 와 늬한테 하겠나, 잉? 허지만 늬 작은 시숙은 6·25 때 저래 다리 병신되었제, 늬 큰 시숙은 그 몹쓸 놈의 돌림병으로 목숨을 잃었으니, 이

집을 지킬 사람은 상석이 뿐이라카는 걸 니도 알것제? 그런데도
서울이다 부산이다 대구다 하고 나다니니 대체 무슨 일이꼬? 잉?
대체 무슨 일을 한다카더나?

**정숙**  제가 우째 그걸 알겠십니꺼?

**심씨**  서방이 하는 일도 모르나?

**정숙**  (무표정하게) 모릅니더!

**심씨**  몰라?

**정숙**  어무이 아들이 언제 저한테 고분고분 얘기하는 걸 보았습니꺼!
내사 모릅니더!

**심씨**  뭐라꼬?

**정숙**  (슬픔과 억울함을 간신히 짓깨물며) 내사 시집 온 지 일 년밖에 더
됩니꺼! 그동안 누가 저한테 따뜻한 말 한마디 던져주셨습니꺼?
어무이 말씀대로 듣지도 보지도 말하지도 못하고 이 씨 문중의
며느리가 될라꼬만 했지 뭡니꺼! (목이 메이며) 친정 어무이도
…… 그래 말씀 안 했습니꺼? 시집을 가는 건 그것도 양반댁 며
느리로 들어가는 건, 죽으러 가는 길이니 다시 살아오리라고 생
각지 말라꼬. 흑…… 흑……

정숙은 품에 안은 애기를 왈칵 얼굴께로 갖다 대고는 흐느껴 운다.
금방 화를 내던 심 씨는 자기 언사가 심했다는 자책감이 들자 돌아서
버린다.

**심씨**  안다. 나도 알고 말고? 뉘가 무슨 죄인가 말이다. 따지고 보면
상석이가 다 뒤집어써야 할 허물이지만도…… (하늘을 쳐다보며)
그러나 저러나 모레 제향날은 우째 넘기나 말이다. 늬 시아버지
는 곧 죽어도 제사상은 제대로 차리라고 고집이실 터인데……

에그…… 양반도 돈 있고 권세 있어야 양반이제 이게 무슨 원수
란 말인고…… (하며 마루로 되돌아가려는데 밖에서 종갑이가 헐레벌
떡 뛰어든다. 들판에서 돌아오는지 지게를 졌다)

종갑  사모님이요! 사모님이요!

심씨  웬 수선을 떠노!

종갑  사모님이요, 오십니더!

심씨  오다니? 종갑아, 누가?

종갑  새서방님이 오십니더!

심씨  상석이가?

종갑  예!

심씨  (반사적으로 정숙하고 시선이 마주치며) 어디……

종갑  손님들하고 지금 시내를 건너오시는 걸 보고 막 뛰어왔십니더.

심씨  손님들이라니?

종갑  모르겠습니더. 면사무소의 이주사는 낯이 익지만도 다른 어른들
은 모르겠십니더.

정숙  (당황하며) 그럼 손님들하고 같이 우리 집으로 오신단 말이제?

종갑  예. 그래 서방님 말씀이 냉큼 가서 닭을 잡아 주안상을 차리라
카던데예. 사모님이요! 우예 닭을 잡십니꺼?

심씨  닭을 잡으라꼬?

종갑  예, 손님이 너댓분 되던데 한 마리 가지고는 모자라지 않십니꺼?

정숙  닭이 어디 있노!

종갑  예? 아이 그럼 서방님께서 시키시는 일인데 우째 합니꺼!

정숙  손님이 있으면 주막집으로 모시고 가지 와 집에는…… 종갑아!

종갑  예?

정숙  냉큼 가서 서방님보고 그래 말씀드리고 집에 들리시라케라. 내
긴히 여쭐 말씀이 있다고. 잉?

| 종갑 | 지금 말입니꺼? |
|---|---|
| 정숙 | 그래. |
| 종갑 | 그렇지만…… |
| 정숙 | 뭐가 그렇지만이고? 퍼뜩 갔다 오라카면 갔다 오는기라. |
| 심씨 | 종갑아. |
| 종갑 | 예? |
| 심씨 | 갈 필요 없다. |
| 정숙 | 어무이요! |
| 심씨 | 급한 건 주안상 차리는 일 아니가. 손님을 데리고 온다카는데 술 안주가 있어야제. (문득) 종갑아, 저기 우물집 필례네 보고 내가 그라더라고 암탉 한 마리만 꿔 달라케서 퍼뜩 목을 비틀어 오너라! |
| 종갑 | 예, 예. 그럼 다녀오겠습니더. |
| 심씨 | 그라고 오는 길에 인천집에 가서 술도 두어 되 가져오고…… 알았제. |
| 종갑 | 예, 예. |

종갑은 신바람이 나서 뛰어나간다. 정숙은 어이가 없는 듯 멍하니 서 있다.


| 심씨 | 뭘 그래 우두커니 서 있노? 어서 들어가서 주안상을 차려야제. 손님이 온다카지 않나! |
|---|---|
| 정숙 | 어무이도, 참 딱하십니더! |
| 심씨 | 뭐가 딱하노? |
| 정숙 | 지금 우리 집 형편에 닭 잡고 주안상 차릴 경황이 있습니꺼? |
| 심씨 | 그렇지만도 손님이 온다카는데 우쨰하노? 상석이 얼굴 봐서가 아니제. 네 시아부이 체면으로 봐서도 그러하고 우리 이 씨 가문 |

으로 봐서도 술상에 오를 안주가 없어서야 우짜겠노? 자 어서 서둘러라.

**정숙**    (가슴에서 치밀어 오르는 것을 꿀꺽 삼키며) 어무이도 아까 하신 말씀하고는 다르십니더.

**심씨**    뭐라고?

**정숙**    아들 버릇을 그래 들여서 우짭니꺼?

**심씨**    버릇이라니? 너 지금 무슨 소리하고 있노?

**정숙**    (눈물이 글썽해지며) 이런 때일수록 버릇을 고쳐야지예. 그 못된 버릇을 말입니더! 우리 집안에 술이 어디 있으며 안주가 어디 있는가 하고 와 말씀 몬하십니꺼? 아들 코가 납작하게 와 호통을 몬 치십니꺼! 그런 식으로 뜻을 받아주시니 나이만 먹었지 철이 안 든 게 아닙니꺼! (입술을 깨물며) 아부이도, 어무이도, 말로만 그러시지 말고…… 정말로, 아들을 생각하신다문…… 좀 더, 좀 더 따끔하게……

이때 대문 밖에 사람들이 와자지껄하게 웃음을 터트린다. 심 씨는 침울해진 표정으로 며느리를 내려다보다가 그 소리에 그만 안절부절 못한다. 상석·윤수·삼보·길용 등이 들어선다. 윤수는 자전거를 끌고 들어선다. 그들은 전작이 있는지 약간 주기가 돌며 언성이 높다.

**상석**    어무이요. (하며 절을 꾸벅 한다)

**심씨**    너 오나!

**상석**    손님들을 모시고 왔습니다.

**일동**    안녕하십니꺼?

모두들 심 씨에게 절을 한다. 정숙은 아랫방으로 들어가 애기를 눕히고 나온다.

**심씨**     어서들 올라오레이.

**일동**     예.

**상석**     아버진 어디 가셨습니까?

**심씨**     응? 응. 산에 올라가셨제.

**삼보**     참봉 어른은 옛날부터 산으로 소풍 나가시는 게 소일거리제. 헛 허……

**윤수**     아무, 그 선산이사 오죽 명당인가 말이다. 앞이 툭 트이고 뒤엔 자옥산이 병풍처럼 둘러있고…… 참 명당 중에 명당인기라!

**길용**     그렇제! 참봉댁이 달리 명문인가! 그게 다 선영 덕이지 뭐겠노! 헛허……

**윤수**     그라이 이번 축산조합장도 문제없이 되는기라! 헛허……

**삼보**     아모! 정가놈이 제아무리 찧고 빻고 했싸도 어림도 없제! 축산조 합장을 할 사람이 따로 있지! 어림도 없제!

**길용**     상석이. 걱정 말게! 이번 축산조합장은 자네한테 틀림없이 떨어질 테니!

**상석**     (계면쩍어 심 씨와 정숙의 눈치를 보며) 글쎄 서울서 강상구 국회의 원을 만났더니 자기도 이번 일에는 적극 나를 밀어줄테니 염려말 라카지만 선거란 뚜껑을 열어봐야지 알겠더라!

**윤수**     글쎄 염려 탁 놓고 우리만 믿는기라. 안 그렇나? 삼보!

**삼보**     윤수 말이 맞다. 더구나 강상구 의원이 뒤를 봐준다카는데 뭐가 걱정이고? 잉?

**길용**     아모! 아모! 오늘은 새로 뽑힐 우리 군의 축산조합장 이상석 선생 을 위해서 한잔 하는기라! 헛허.

**상석**     자, 어서 올라가세. 어무이요, 건넌방으로 들어갈테니 술상을 부탁하겠십니더!

**심씨**　응야…… (손님들에게) 어서 올라들 가제!

**일동**　예.


손님들은 저마다 떠들어대며 상석이의 안내를 받고 건넌방으로 들어
간다.

마당 한 귀퉁이에 서 있던 정숙은 심 씨를 원망스럽게 바라본다. 건넌
방에 이윽고 호롱불이 켜지고 미닫이에 네 사람의 그림자가 비치고
떠들썩한 웃음소리가 터져 나온다.


**심씨**　들었나? 축산조합장이라캤제?

**정숙**　(대답 대신 앞치마를 다시 주워 입는다)

**심씨**　상석이가 축산조합장이 된다카나?

**정숙**　모르겠십니더.

**심씨**　뭐라꼬?

**정숙**　지금까지 안 된다카던 적이 있었십니꺼? 지난봄에 수리조합장은
어떻고, 산림조합장은 어떻고. 인자 콩으로 메주를 쑨다케도 안
믿을랍니더! (하며 부엌으로 급히 사라진다)


심 씨는 괘씸스런 생각이 들면서도 한편으로는 미심쩍게 여겨져 건넌
방 앞으로 다가가서 엿듣는다.

이때 종갑이가 목을 비틀어 축 늘어진 닭을 들고 뛰어온다.


**종갑**　마나님이요. 닭 잡아왔십니더! (하며 닭을 쳐들어 보인다)

**심씨**　퍼뜩 부엌으로 가져가래이!

**종갑**　예. 헷헤…… (하며 마치 명절이나 만난 듯 부엌으로 들어간다)

이때 높다랗게 쌓아놓은 볏짚더미 위에서 불쑥 사람이 일어선다. 어딘지 반항적이며 우울한 표정이다. 건넌방에서 웃음소리가 퍼져나오자 반사적으로 표정이 경직된다. 그는 마당으로 뛰어내린다.


환      할무이요!

심씨    (겁에 질려 돌아보고 환임을 확인하자) 환아…… 도둑고양이처럼 어디서 왔노? 어서 밥 묵으라!

환      (불쾌한 표정으로) 누가 왔능교?

심씨    응? 응, 네 막둥이 삼촌 친구들이다.

환      그라모 삼촌네 방으로 들어가지 와 남의 방으로 들어갑니꺼!

심씨    (어리둥절해서) 뭐, 뭐라꼬?

환      건넌방은 내 방 아닝기요? 삼촌 방은 (뜰 아랫방을 가리키며) 저 방인데 와 남의 방에 들어가는가 말입니더! 기분 나쁘게! (침을 탁 뱉는다)

심씨    환아! 그게 무슨 소리꼬? 한 집안 식구끼리 늬 방, 내 방이 어디 있노?

환      (반항적으로) 와 없능교? 있고 말고예!

심씨    환아!

환      (건넌방 쪽을 노려보며) 어서 나오라카이소!

심씨    환아! 조용조용히 좀 말해라. 손님들한테 들린다!

환      뭐가 무섭능기요? 종손은 난데 누가 뭐라캅니꺼? 안 그런기요? 할무이요.

심씨    (어안이 벙벙하여) 환아, 너 저, 정말 그 그런……

환      막둥이 삼촌이 무슨 꿍꿍이속을 꾸미고 있는지 내사 다 알고 있습니더! 허지만도 그 함정에 빠져들어 갈 내가 아니란 말입니더! 흥! (하며 대문 밖으로 급히 나간다)

**심씨**  환아! 환아! 어디 가노?

**상석**  (고개를 내밀며) 종갑아! 술상 들여라이!

얼마 전부터 부엌에서 정숙이가 나오다가 이 말을 듣고 있다.
건넌방에서 호탕한 웃음소리가 터져나온다.

암전


## 제2장

### 무대

전막과 같음.

전막부터 약 다섯 시간 후 한밤. 무대는 어둠에 싸이고 죽은 듯이 고요
하다. 이따금 산속에서 울어대는 밤뻐꾸기의 울음소리가 처절하리만
치 쓸쓸하다. 뜰 아래채 방만이 호롱불이 켜져 있어 방안이 객석에서
도 환히 보인다. (벽을 무너뜨리게 하는 게 좋겠다) 상석이가 자다가
깨어나 내의 바람으로 자리끼 물을 꿀꺽꿀꺽 들이킨다. 이제야 취기가
가시는 모양이다.

정숙은 호롱불 아래 쭈그리고 앉아서 방바닥만 내려다보고 있다.
아랫목에 애기가 잠들어 있다. 단숨에 물그릇을 비우고 난 상석은 길
게 숨을 뱉는다.

**상석**  아…… 시원하다! (혼잣소리로) 지금 몇 시나 되었노? (그는 일상적
인 버릇으로 담배를 꺼내 물고 성냥을 그어댄다. 그제서야 비로소 아내
가 아직도 잠자리에 안 들고 있다는 것을 의식한다) 아직 안 자나?

**정숙** (대꾸가 없다)

**상석** 와 그라고 있나? 잉? 무슨 일이 있었나?

**정숙** (여전히 말이 없다)

**상석** (비시시 웃으며) 옳제! 내가 너무 오랫동안 집을 비웠다케서 토라졌나 보제? 힛힛…… 이번 일은 그래 되었다. 그렇지만도 다 생각이 있어 그런기라. 내사마 남 보기에는 놀고 다니는 것 같지만도 그게 아니제. (약간 긴장한 눈초리로 바라보며) 얘기 들었제? 이번에 축산조합장 감투 쓰게 될기라는. 잉? 흣흐…… 이번만은 틀림없을 터이니 잠자코 기다려 보레이…… 뒤에서 밀어주는 사람도 있고 앞에서 끌어주는 어른도 있으이 문제없제! (담배를 연거푸 빨아 푹푹 연기를 뱉은 다음) 뭐 읍내 양조장하는 정병석이가 입후보한다카지만도 어림도 없다! 그 자슥 돈이 있다고 뻐기지만도 원래가 상놈 집안 아이가! 6·25 때는 부역을 했고, 일자무식쟁이 아이가! 헹! 거기 비한다면 내사 마……

**정숙** 뭡니꺼?

**상석** (허점을 찔린 듯) 응?

**정숙** 당신은 뭔가 말입니더? 일제시대에 일본 유학 갔다왔다카는 게 그렇게도 자랑인기요? 대사헌을 지내신 십삼대조 조부님의 족보를 팔 작정이신기요? 옥돌마을 이참판댁 가문이 무슨 소용인가 말입니더!

**상석** 이 버르장머리 없는 것 보레이! 누구 앞에서 함부로 쥐둥아리를 놀리노? 잉? (하며 눈알을 굴리며 노려본다)

**정숙** 나도예, 참을 대로 참아왔십니더.

**상석** 늬가 안 참으문 어쩔텐고? 날 쥑이겠나?

**정숙** (똑바로 쳐다보며) 절이 미우면 중이 나가는 거 아닙니꺼!

**상석** 뭐라꼬? 나가?

**정숙**　이상 더 속아서 살 수는 없십니더. 그럴 바엔 친정에 가 있을랍니더!

**상석**　소, 속아 살아? 아니 내가 언제 너를 속였단 말이가? 잉? 언제 내가
…… (그는 아직 반도 안 탄 담배를 문턱에다 부벼 끄며 대든다)

**정숙**　(표독스럽게) 그라문 안 속였습니꺼?

**상석**　아니 갑자기 벙어리가 말문 터졌는가베? 뭘 못 먹어서 이래 앙탈
이고?

**정숙**　당신한테 시집온 지 일 년 동안 난 말 한마디 몬하고 살아왔십니
더. 아니 몬한 게 아니라 안했지예! 어무이 말씀대로 시집살이라
카는 건 벙어리 사 년, 귀머거리 사 년에 쇠경 사 년이라카기에
그래 알고…… 허지만도 거짓말은 참을 수 없십니더! 당신은 하
나부터 열까지 나를 속이고 있다는 게 싫단 말입니더!

**상석**　아니 내가 뭘 속였다카노? 이것이 정말 눈에 보이는 게 없나?

**정숙**　우리들 결혼 자체부터가 그랬지예. 첫 장가라더니 알고 보니까
재취로 나를 데려왔제! 옥돌마을 이참판댁이라면 천석궁 부자라
더니 알맹이는 거들이 난 빈 망태기지예! 게다가 막내아들이니
곧 분가시킬 거라더니 분가는 고사하고 부모없는 조카들 넷이나
떠맡기고 손위 동서에 시부모까지 층층시하로 모시게 되다니
…… 참말이지 나는 이상 더 참을 수 없십니더! 아니 설사 그렇게
되었다 하드라도 남편이 곁에 있어 함께 걱정해주고 위로해주고
감싸준다문야 그 낙으로라도 살겠지만…… (가슴에서 갑자기 오열
이 치솟는 듯) 몬 살겠십니더! 이상 더는 몬 살겠십니더! 흑……
흑……

정숙은 두 손으로 얼굴을 감싸고 흐느껴 운다. 주위가 고요해서인지
그녀의 흐느끼는 소리는 유난스럽게도 크게 들린다. 한동안 뻐꾸기

울음이 뚝 멎더니 다시 울어댄다.


정숙    (울음을 삼키며) 나도 처음엔 다 팔자소관이라카고 단념도 해봤십니더. 친정어무이 일을 생각해서라도 이를 악물고 살아야겠다고 무진 애를 썼십니더. 당신이 취직을 한다, 돈벌이를 한다, 국회의원 누구를 따라 다닌다 하며 밖으로만 돌아다니실 때 나는 기다리는 데 낙을 삼으려고도 했십니더! 그렇지만도 당신이 바라보는 일은 그게 아닙니더!

상석    뭐가 아니란 말이꼬? 늬가 뭘 안다꼬 남자 하는 일에 참견이가 말이다! 옳지. 여학교를 졸업했으니까 나도 인테리다 이 말을 하고 싶어서 그러나?

정숙    뭐라꼬예? 아니 내가 언제 그런 소릴 했십니꺼?

상석    그럼 지금 무슨 얘기를 나한테 하려 드는가 말이다! 대체 내게 대한 요구 조건이 뭐꼬? 속 시원히 말하란 말이다!


그는 손바닥으로 방바닥을 친다.


정숙    하겠십니더!

상석    그래 들어보자!

정숙    (사이) 축산조합장 선거엔 나가지 마시이소!

상석    뭐?

정숙    당신이 언제 축산을 해보셨십니꺼? 언제 소를 길러보고 돼지를 길러봤는가 말입니다!

상석    무슨 개떡 같은 소릴 하노! 아니 축산조합장이라카는 게 뭐 돼지 똥을 치고 다니는 농사꾼이 하는 일인 줄 아나? 적어도 축산조합장이라카는 건 공무원이나 다름없단 말이다. 군이고 도고 뛰어다


313                    활화산

니면서 축산관계의 애로사항을 당국에 건의도 하고 사료 배급도 받고 때로는 외국에서 종돈이나 종우를 들여와서 팔기도 하고 …… 그게 이권이 보통이 아니란 말이다! 축산조합장 자리만 한 자리 해도 우리 식구가 먹고 쓸 돈은 나온다는 걸 모르나?

**정숙** 그런 일은 당신한테 적당하지 않단 말입니더!

**상석** 적당치 않다고? 그런데 왜 나보고 입후보하라는가 말이다. 아까 그 손님들 얘기 못 들었나?

**정숙** 그건 모두가 당신을 이용하려 드는 거지 당신을 위해서 하는 일이 아니란 말입니더!

**상석** 이용한다꼬?

**정숙** 예. 당신 선거 운동 해줍네 하고 술잔이나 얻어마시고 담뱃값이나 타쓰려는 속셈이지 당신을 꼭 축산조합장으로 앉히려는 마음은 눈꼽만치도 없는 사람들이란 말입니더. 두고 보시면 알 테지만 그런 사람은 아마 그 양조장하는 정씨한테 가서도 꼭같은 얘길 하고서 술잔이나 얻어먹는 사람들임에 틀림없십니더! 여보! 내 말을 믿으셔야 합니더, 예? 지금까지 당신이 실패만 하고 다니는 건 바로 그 점입니더!

**상석** 그 점이라니?

**정숙** 귀가 얇습니더. 당신 소신대로 일하는 게 아니라 남이 시키는 대로 휘말려 가는 게……

**상석** (화를 내며) 시끄럽다! 늬가 뭘 안다꼬 시부렁대노!

**정숙** 여보!

**상석** 남자가 하는 일에 간섭 말아! 세상이 아무리 민주주의 시대라카지만도 여자 할 일 따로 있고 남자 할 일 따로 있제!

**정숙** 그라문…… 축산조합장 입후보는 도저히 포기 몬하시겠단 말잉기요?

**상석**　사내 대장부가 한 번 칼을 뺐으면 생사결단을 내는기라. (하며 담배를 뽑아 문다)

**정숙**　그럼 선거 비용은 우째 하실라는기요?

**상석**　선거 비용?

**정숙**　돈 없이 선거가 됩니꺼? 빈 손으로 당신이 될 것 같습니꺼?

**상석**　그, 그야 안 되지.

**정숙**　그라문 그 돈이 어디 있나 말입니더!

**상석**　어머님께 말씀드려서……

**정숙**　(강하게) 그게 틀린 얘기란 말입니더! 안 됩니더!

**상석**　와 안 되노?

**정숙**　당신은 우리 집안에 아직도 돈이 있다고 생각하시는 모양이지만, 어림도 없십니더! 당신은 객지로만 떠돌아 다녀서 모르시제! 지금 우리 집안은 양식도 없어서 꿔다 먹고 있습니더! 조카들 학비는 어디서 끌어대고 집안 살림은 어떻게 하고 있는지 아십니꺼! 모두가 빚이란 말입니다. 빚이라예!

**상석**　그거야 아버님께서 갚을 길이 있으니까이 빚을 쓰는 게 아닌가 베!

**정숙**　(기가 막혀서) 갚을 길이 있어서라꼬예?

**상석**　아모! 그래뵈도 우리 아버님은 계산이 다 되어있는 어른이시라는 걸 알아야제! 없다 없다 하시지만도 다 되는 수가 있으시니까이 헛허…… 원체가 깍쟁이 영감이시라 재산 내용을 안 밝히시지만 아직은 팔아넘길 산도 있고 전답도 있고 말고. 죽은 형 앞으로 된 열다섯 마지기 밭도 있고, 방죽 뒤 대밭도 있고…… 우리 집안이 망했다 해도 아직 뿌리는 남아있는 기라!

정숙은 새삼스럽게 남편의 표정을 지켜보며 자기가 미처 느끼지 못했던 새로운 면을 발견한 사람처럼 멍하니 앉아 있다.

**상석**   뭘 보노?

**정숙**   여보. 당신은……

**상석**   내가 어쨌단 말이고? 훗흐…… 자 그만 자자. 아…… 오랜만에
두 다리 쭉 뻗고 자겠구마. 헛허……

**정숙**   그런 생각을 하고 있으니까 어린 조카한테까지 악담을 듣고 살지
예!

**상석**   (벌떡 일어나 앉으며) 환이가 무슨 악담을 했단 말이고?

**정숙**   자기 앞으로 된 재산을 빼앗으러 왔다고 소문을 퍼뜨리고 다닌답
니더.

**상석**   아니 그 자슥 미쳐도 보통으로 안 미쳤구마! 내가 언제 제놈 재산
을 넘어다봤단 말이고?

**정숙**   글쎄 당신은 결백하다고 우기시겠지만도 환이는 그렇게도 곡해
할 수 있단 말입니더! 선거 자금도 없이 입후보하는 사람도 없을
테지만 당신이 그 선거자금을 아부님한테 대주십사카면 결국은
자기 앞으로 된 전답을 내놓을거라고 생각하겠지예! 안 그렇십니
꺼? 이치가?

**상석**   흥! 아무리 내가 없기로서니 조카 재산을 넘어다볼 만큼 치사한
이상석은 아니다!

**정숙**   그러이 단념하시이소!

**상석**   단념을 해?

**정숙**   예. 이제 우리도 살아갈 궁리를 해야지예. (잠들어 있는 연실을 내
려다보며) 자식이 자라나기 전에 우리도 뭔가 살아갈 길을 찾아야
제 언제까지나 이래 얹혀 살랑기요?

**상석**   그라이 나도 생각 끝에 결심한 일이라카지 않나.

**정숙**　(원망스러운 표정으로) 정말 출마하실랑기요?

**상석**　물론이제! 이번만은 받아놓은 밥상이나 다름없다! (자리에 누워 양 팔을 쭉 뻗어 기지개를 켜며) 두고 보란 말이다! 홋흐……

**정숙**　(볼 메인 소리로) 여보!

**상석**　와 또 징징 우는 소릴 하노?

**정숙**　정 그러시다면 나…… 친정으로 갈랍니더!

**상석**　미친 소리 말아라!

**정숙**　미친 건 바로 당신이제!

**상석**　친정에 가믄 누가 반겨줄라꼬! 흥!

**정숙**　싫소. 싫소!

**상석**　조용히 해라!

**정숙**　흑……

정숙이가 이윽고 울음을 터뜨리자 불꺼진 안방에서 심 씨의 목소리가 들려온다.

**심씨**　(소리만) 아직들 안 자고 뭘 하노! 어서들 자거라……

정숙은 울음을 삼키며 호롱불을 훅 불어서 꺼버린다. 뻐꾸기가 울어댄다.

암전

# 제2막

**무대**

전막부터 약 한 달 후 초여름 낮.

막이 오르면 마당 한구석에 차일이 쳐져 있고 그 아래에는 술상이 드문드문 놓여 있다. 마을 사람들이 삼삼오오 짝을 지어 막걸릿잔을 기울이고 있다. 그러나 아직도 손님이 다 온 것 같지가 않다.

종갑이가 손님 접대하느라고 한 잔 두 잔 얻어마신 술이 제법 거나하게 취했다. 동리 부인네들은 안주 접시와 국수 그릇을 부지런히 나르고 다닌다. 심 씨가 술상을 낱낱이 들여다보며 진두지휘를 하고 있다. 아이들이 경사라도 난 듯 한바탕 뛰고는 밖으로 나간다.


심씨    안주가 없으문 더 가져오라카이소!

남 1    예. 많이 묵었십니더.

심씨    그라고 국수를 드이소. 술은 쪼매만 묵고…… 잉?

남 2    예, 예, 내사 오늘 밤에 마 술통에 빠자뿌리겠십니더!

일동    헛허……

심씨    아모! 오늘 축산조합장 선거만 잘 되문야 술통이 문제겠노? 홋호……

남 3    염려마시이소. 안심탕 잡수시고 푹 잊어버리시는기라요!

심씨    (관심이 쏠리며) 쌍둥이아범! 돌아가는 공기가 어떻더노?

남 3    글쎄 문제 없다카이. (허풍을 떨며) 아까도 선거장에 나가 봤지만도 민심이 천심이라…… 마 양조장 정가네 표가 우리 쪽으로 싹 기울어지는 게 마치 밭이랑에 보리바람 일어가는 격이지 뭡니꺼? 헛허.

| 심씨 | 말도 마소! 선거라카는 건 뚜껑을 열어봐야지 모르는 기라. 우리가 지금까지 선거를 한두 번 치렀는가 말이제. 국회의원 선거, 도의원 선거, 산림조합장…… 그 선거 치르다 집안이 이 모양이지 뭐겠노! |
|---|---|
| 남1 | 이번만은 틀림없을 겝니더. |
| 심씨 | 듣자이 양조장 정가가 돈을 많이 뿌렸다카제? |
| 남2 | 돈은 돈이고 선거는 선거지예. 안 그런기요? 헛허…… |
| 남3 | 요즘은 인심도 변했십니더! 저기서 술 얻어마시고 안주는 이 집에서 먹는 격이라! 헛허…… |
| 일동 | 핫하…… |
| 종갑 | (돼지고기를 손으로 낼름 집어먹으며) 맞십니더! 나도 아까 양조장 앞을 지나가는데 막걸리 한사발 줘서 한숨에 들이키고 왔십니더! 선거만 있으문 술 인심이사 좋지예! 헛허…… |
| 심씨 | 와 받아 먹노? |
| 종갑 | 공짜로 주는데 와 안 먹십니꺼? 헛허…… |
| 남2 | 아주무이요, 그렇지만 우리 쪽엔 강상구 의원이 있잖십니꺼! (동료에게) 그 어른이 뒤에서 밀어준다면야 뭐가 어렵겠노? 서울서 내려온 내 조카아이가 그러던데, 강상구 의원의 말은 서울 바닥에서도 안 통하는 데가 없다카지 뭐꼬? |
| 남1 | 나도 그런 얘기 들었제. 강 의원 명함 한 장이문 여관이고 식당이고 마 무사통과라카지 뭐꼬! |
| 남3 | 그 어른이 상석이를 밀어준다 카문야 입안에서 헛바닥 놀리기라. 안심하시이소! 헛허…… |
| 심씨 | (기쁨을 감추지 못하며) 나도 그렇게 생각은 하지만도 지금까지 선거에 한두 번 데었나 말이제! |
| 남1 | 그리고 돌아가는 얘기가 상석이한테 동정을 많이 하고 있십니더! |

319                                        활화산

| 심씨 | 동정? |
|---|---|
| 남 1 | 예. 어찌 되었건 상석이는 우리 마을에서 나서 우리 고을을 지킨 토박이가 아닙니꺼! |
| 남 3 | 아모! 옥돌마을 이참판댁 문중이라카문 경상도 일대에서 누가 모른가 말입니더! |
| 남 1 | 거기에 비하문 양조장 정가는 타관에서 흘러들어온 뜨내기지 뭐기요! 그 조상이 누구이며 어디서 어떻게 태어난 사람인지도 모르니 이왕이면 다홍치마랏꼬 상석이를 찍어주라카는 중론이 벌써부터 퍼졌습니더! 두고 보이소! 마 이번에 상석이가 조합장이 안 되문 내 마 이 손에 장을 지지겠습니더! |

이 말에 좌중은 다시 한 번 흥분과 자신으로 익어간다. 이때 정숙이가 부엌에서 나와 두리번거리더니 심 씨 곁으로 다가온다.

| 정숙 | 어무이요. |
|---|---|
| 심씨 | 응야? |
| 정숙 | 아버이는 어디 계십니꺼? 점심도 안 잡수셨는디예…… |
| 심씨 | 글쎄…… 안방에 안 계시나? |
| 정숙 | 예. 진짓상을 올리려고 아까부터 방안을 들여다보았지만도…… |
| 심씨 | 어딜 가셨노? (크게) 환아, 환아! |
| 정숙 | 없십니더! 와 그러십니꺼? |
| 심씨 | 혹시 산에 올라가셨는지도 모르제. 누구 보고 올라가 보라케라. |
| 정숙 | 산에예? |
| 심씨 | (한숨) 늬 아부이 마음이사 내가 잘 안다. 겉으로는 태연한 척하시지만도 이번 일이 되고 안 되고에 따라서 우리 집안의 흥망이 매달려 있다고 입버릇처럼 말씀하셨는기라. 그라이 선거 결과를 |

기다리시기가 초조해서 아마 선산에 올라가 계실기라. 이번에 망신하면 차라리 죽는 것만도 못하다고 하셨제.

이때 식이가 책가방을 들고 들어선다.

**식** 작은 어무이요. 밥 주이소.

**정숙** 응아!

**식** 오늘이 무슨 날인기요? 제삿날인기요?

**심씨** 시끄럽다!

**정숙** 참, 식아! 너 심부름 좀 갔다 오래이!

**식** 어디 말인기요?

**정숙** 산에.

**식** 산에는 와?

**정숙** 할배께 점심 잡수시라꼬 모시고 내려오래이!

**식** 그럼 할배 상에서 나도 같이 밥 묵어도 되지예?

**정숙** 그렇제. 오늘은 반찬도 많으이 퍼뜩 다녀오래이!

**식** 예!

**심씨** 산에서 내려올 때 조심해라. 할배 손잡고 천천히 내려오너래이!

**식** 예!

식이가 신바람나게 뛰어나간다. 심 씨와 정숙이가 마루 쪽으로 간다. 종갑이가 부엌에서 술주전자를 들고 나와서 손님들에게 권한다. 이때 대문 쪽에서 정숙의 친정어머니 이 씨가 기웃거린다. 손에는 보따리와 닭과 과일초롱 등속을 들었다.

**종갑** 누굴 찾습니꺼?

| 이씨 | 저…… 연실이 엄마 있는교? |
|---|---|
| 종갑 | (훑어보며) 여, 연실이 엄마라꼬예? 어디서 오셨습니꺼? |
| 이씨 | 나…… 울산서 왔지요. |
| 종갑 | 울산서예? |
| 이씨 | 나 연실이 외할매이지예! |
| 종갑 | (그제야 비로소 알아차리고) 그러십니꺼! 어서 들어오시이소! (크게 소리치며) 아랫방 아가씨! 아랫방 아가씨요! |

마루에서 반찬을 썰고 있던 정숙이가 돌아본다. 종갑이가 뛰어온다.

| 정숙 | 왜 호들갑을 떠노? |
|---|---|
| 종갑 | 손님이 오셨습니다. 울산에서! |
| 정숙 | (반사적으로 일어서며) 울산서? (하며 대문 쪽을 돌아본다) |
| 이씨 | 정숙아! |
| 정숙 | 어무이! (하며 급히 뛰어 내려가서 반갑게 맞는다. 심 씨도 마루에서 섬돌로 내려선다) |
| 심씨 | 에고! 사부인께서 이게 웬일이십니꺼? 잉? |
| 이씨 | (올라서서 심 씨의 손을 맞잡고) 그간 얼마나 심려가 많으셨능교? |
| 심씨 | 심려는 무슨…… 어떻게 이 먼 길을 오셨는기요? |
| 이씨 | 진작 못 찾아뵈서 사부인 뵐 낯이 없십니더. |
| 심씨 | 어서 올라오시이소! (정숙에게) 시원한 꿀물이나 타오제 뭐하고 있노! |
| 정숙 | 예! (하며 급히 부엌으로 퇴장. 이 사이에 심 씨와 이 씨가 대청마루로 올라간다) |
| 이씨 | 선거 치르시느라고 얼마나 염려가 많으셨습니꺼? |
| 심씨 | 어데예. |

| 이씨 | 진작 기별을 받고도 어디 그래 됩니꺼! 홀어미 혼자서 이집 저집 아이들 집으로 묻혀 사는 신세이고 보이…… |
|---|---|
| 심씨 | 그러실겝니더. |
| 이씨 | 이 서방은 어디 갔습니꺼? |
| 심씨 | 예. 이제 곧 돌아올겝니더! |

정숙이가 순갈로 꿀을 저으며 부엌에서 나온다.

| 정숙 | 자 드시이소. (하며 꿀물을 권한다) |
|---|---|
| 이씨 | 옹야. (뜰에 차린 것들을 내려다보며) 투표는 아직 안 끝났는기요? |
| 심씨 | 하마 기별이 올 때도 되었는디예! |
| 이씨 | (정숙에게) 우짜노? |
| 정숙 | 글쎄예. 돌아가는 여론은 틀림없을 거라 하지만도 우째 압니꺼! 지금까지 경험으로 봐서는 몬 믿겠고…… |
| 심씨 | 틀림없을끼라 하더라. 우리 상석이가 그래도 마을 사람들한테 인심은 안 잃어서 말입니더. 홋호…… |
| 이씨 | 이번만은 무슨 일이 있어도 당선되어야지예! 이 서방도 나이가 마흔인데 자리를 잡아야지 언제까지 이렇게만 살겠습니꺼! 안 그런기요 사부인! |
| 심씨 | 그럼예! (한숨) 기왕지사 이제 와서 걱정한들 무슨 소용입니꺼! 앞으로 우리 집안이 잘되고 몬되고는 상석이 어깨에 매달려 있십니더. 그래서 상석이 아부이도 처음에는 반대하셨지만도 결국 마지막 기회다 싶어서 남은 전답을 다 팔아서 선거자금으로 댔지 뭡니꺼! |
| 이씨 | (어떤 충격을 받으며) 저도 멀리서나마 이번 일만은 성공하기를 부처님께 빌었십니더! 그리고 참 이거…… (하며 보따리 속에서 꼬깃 |

활화산

꼬깃 접은 봉투를 꺼내서 심 씨 손에 쥐어 준다) 받으시이소.

**심씨**   아니 이게 뭐기요?

**이씨**   사부인. 우리 성의이니 쬐금이지만도 받아두시소. 이런 일 치르시느라문 뭐니 뭐니 해도 돈이 필요할끼라 해서 아이들하고 의논 끝에 모아왔십니더!

**심씨**   (감격해서) 사부인!

**이씨**   말이야 바른 말이지만도 다 (정숙이 등을 쓰다듬으며) 우리 정숙이를 생각해서이지 뭡니꺼! 막내로 태어나서 아무 철도 없는 걸 시집보내 놓고 내사마 단 하루도 편할 날이 없었십니더. (콧등이 시큰해지며) 6·25 때 바깥 양반이 빨갱이들에게 그 꼴만 안 당하셨던들 내사 아무 걱정도 없지예. 그래도 즈이 언니나 오빠들은 다 편했을 때 결혼했지만도 정숙이는 우리 집안으로서는 가장 어려울 때라서…… (목이 메어) 해줄 것도 몬해 주고…… 참말이제 가슴이 아팠십니더. 홀어미로서…… 말 몬할 슬픔이…… 메주덩어리처럼 뭉쳐서…… 흑…… 흑……

**정숙**   (화를 내며) 어무이요! 그런 얘기 할라고 오셨능교?

**이씨**   윽……

**심씨**   (이 씨 눈치를 보며) 부모 마음이사 다 마찬가지 아닙니꺼…… (정숙에게) 늬가 화낼 건 또 뭐꼬?

**정숙**   흘러간 물길을 거꾸로 돌이킬 순 없는 거 아닙니꺼!

**이씨**   (겨우 눈물을 닦으며) 옹야! 내가 방정맞게 눈물을 흘렸다. 오늘 같은 날 울긴 와 우는지…… (억지로 웃으며) 이래서 늙은이는 주책이 없다카지 않습니꺼? 사부인! 홋호……

**심씨**   홋호……

**이씨**   참 연실이는 잘 자라노?

**정숙**   예.

| 이씨 | 접때 백일 때 선물해 온다카고 몬했제. 그래 이번에 가져왔다. (하며 보따리를 풀어 꺼낸다) |
|---|---|
| 정숙 | 뭘예? |
| 이씨 | (누비포대기를 펴보이며) 연실이 포대기다. |
| 정숙 | 뭘 이런 걸 가지고 오십니꺼. |
| 이씨 | 외할미가 해줄 게 뭐가 있노. 그래 느이 큰언니보고 천을 끊어달라케서 내가 재봉틀로 누볐제. 인자 눈이 어두워서 그 짓도 몬할 짓이라…… |
| 심씨 | (약간 미묘한 심정에 젖으며) 역시 손자는 외할매가 알뜰하게 생각하는 법이다. 난 그걸 생각할 경황도 없이 지내왔십니더! |
| 이씨 | (멋쩍어지며) 그 그럴 리가 있습니꺼! 외할머니가 가난하다보이 겨우 한다는 게 이 정도지예. 사부인께서야 그것과는 비교할 수도 없이 큰 사랑을 주셨을테지예…… |
| 심씨 | (정숙에게) 연실은 어디 있노? |
| 정숙 | 형님이 업고 계십니더! |
| 심씨 | (성을 내며) 이 북새통에 부엌에서 일이나 보지 와 연실이는 업고 있노! (자리에서 일어나 멀리 뒤뜰을 향해 소리친다) 보래! 큰아가…… 용이 엄마야! |
| 박씨 | (소리만) 예! 와 그러십니꺼? |
| 심씨 | 연실이 데리고 오래이! 연실이 외할매 오셨다! |
| 박씨 | (역시 소리만) 예…… |
| 정숙 | 천천히 보셔도 되지 않습니꺼! |
| 심씨 | 모르는 소리 말아. 외할매로서는 손주 얼굴 보고 싶어서 오셨지 사위 선거 구경 오셨겠나! 안 그런기요? 헛허…… |
| 이씨 | 어데예. 임도 보고 뽕도 딴다카는 말도 있지예. 홋호! |
| 정숙 | 어무이도…… |

이때 박씨가 애기를 업고 좌편에서 들어선다. 그녀는 이 집 분위기와는 동떨어진 사람마냥 무관심해 보인다. 술을 마셨는지 볼이 상기했고 말투가 약간 거칠다.

**정숙**  형님! 연실이 보시느라고 고생 많십니더. (하며 뒤로 돌아가 애기를 안는다)

**박씨**  (포대기를 풀며) 아까 보채는 게 오줌을 쌌는지도 모르제. 아이고 무슨 아가 그리도 무겁노! 다듬잇돌 같제! 허리가 꽉 뻐게진 것 같구마…… 아이구 허리야…… (하며 허리를 친다)

**정숙**  (애기를 이 씨에게 가져다주며) 보시이소!

**이씨**  어디 보제이…… 아…… 곤하게 잠들었구나…… 홋호…… 그 것 꼭 즤 아버지 닮았제…… 홋호……

**박씨**  (무뚝뚝하게) 눈 위로는 아배 닮고 눈 아래로는 어매 닮았으이 아 주 공평하게 닮았지예!

**심씨**  에그, 알기도 잘 알제!

**박씨**  어무이요! 그러지 마시이소! 나도 아들을 낳아봤지 안능기요! 우 리 용이를 낳았을 제 아부이께서 얼마나 기뻐하셨습니꺼! 칠월 열사흗날 밤에 방죽에서 큰 용이 솟는 꿈을 꾸셨다 해서 이름도 용이라고 지었지 않는기요. (금시 쓸쓸해지며) 그리도 잘생긴 놈이 …… 지금쯤 어디서 뭘 하는지…… 그 6·25가 아니었던들 우리 용이는 흑……

**심씨**  (눈을 흘기며) 무슨 짓이고! 사부인 앞에서…… 어서 들어가 술안 주도 손봐줘라!

**박씨**  용이 생각만 하문 난 미치제! 난 미치제…… 그리도 잘생긴 놈이 어디로 갔나 말이다! (크게) 용아…… 용아! (하며 통곡으로 변한다)

**심씨**  이 아이가 미쳤나!

| 박씨 | 아이고…… 아이고…… |
|---|---|
| 정숙 | (심 씨에게) 아까 보이 막걸리를 마시나 봅니더. 그라이…… |
| 심씨 | 막걸리를 마셔? (호통을 치며) 이 난리통에 술 마시고 주정하기가? 잉! (부엌을 향해) 거 아무도 없나? |
| 박씨 | (여전히) 용아! 이 자슥아! 살았으믄 엽서라도 주제…… 용아! |
| 정숙 | 형님! 자 들어가입시더…… (하며 억지로 일으킨다) |
| 박씨 | 동생은 내 마음 몰라! 내 마음 누가 아노…… 이 설움 뉘가 아는가 말이다! 아이고…… |

좌중이 수군거리고 부엌에서 일하던 아낙네들이 고개를 기웃거리고 숙덕거린다.

| 심씨 | 어서 데리고 들어가거라. 창피스럽다. 이제 곧 손님들 오실텐데 이게 무슨 꼴이고! 상주댁! 상주댁! |
|---|---|
| 상주댁 | (크게) 예! (하며 부엌에서 나온다) |
| 심씨 | 용이네를 퍼뜩 데리고 가지 뭘 하고 있노! |
| 상주댁 | 예! (박씨를 부축하며) 이러지 마시이소! 우째 우는기요! |
| 박씨 | (따라 일어서며) 아이고 내 신세야! 아이고 분해라…… |
| 상주댁 | 그라이 내가 뭐라고 하든기요! 술이 독하니 너무 마시면 취한다 카지 안했는기요. |
| 박씨 | 취하라고 술 마시제! 아이고 내 신세야! |

상주댁이 가까스로 박 씨를 끌고 좌편으로 퇴장하자 좌중은 다시 천천히 처음 분위기로 돌아가고 부엌에서 도마소리도 드높아간다.

| 이씨 | 큰 살림 꾸려 나가시자믄 별아별 고충도 많을겝니다. |
|---|---|

**심씨**  에그, 말도 마이소. 차라리 내놓고 아무렇게나 살아가는 농군이
면야 무슨 고생이겠습니꺼! 허지만 옥돌골 이참판댁 하믄 천하가
다 아는 가문이라 골치가 이만저만 아픈 게 아닙니더! (한숨) 양반
이 뭣인지 원⋯⋯

**이씨**  그러실 겝니더.

이때 문밖에서 사람들의 노기에 찬 소리며 흥분된 말소리가 들리더니
선거장에 갔던 사람들이 몰려든다. 모두들 살기가 등등하며 어떤 사람
은 윗도리를 벗어 제치고 금방이라도 죽일 것 같은 분위기이다. 집안
사람들은 순간적으로 어떤 불길한 분위기에 싸인다.
맥이 빠진 상석은 마루 끝에 주저앉아 머리를 싸맨다.

**삼보**  (술상을 탁 치며) 선거를 다시 해야 한다! 그런 선거가 어디 있노!
**일동**  그렇제!
**삼보**  아니 검표위원이 없는 선거가 어디 있나 말이다!
**길용**  그것보다도 죽일 놈은 강상구다!

이 말에 모두들 긴장하며 수군거린다.

**정숙**  (부엌에서 나오며) 우째 된 일인기요? 여보!
**윤수**  (절망적으로) 파입니더! 파이!
**정숙**  예?
**삼보**  이건 처음부터 완전히 계획적으로 이루어진 사기제! 배반당한기
라!
**정숙**  배반을 당해예? 누구한테 말입니꺼?
**삼보**  그 강상구지 누군 누군기요!

다시 좌중이 술렁인다. 심 씨가 가까스로 마음을 가다듬고 다가온다.

**심씨** 여보게들! 목마른데 목들이나 축이고 나서 천천히 얘기들 하제!

**길용** 아니다! 강상구가 배반한 게 아니라 우리 편에 정가의 스파이가 있었능기라!

**일동** 스파이?

**길용** 아모! 지금 생각하이 모두가 그 자슥이 정가와 강상구와 내통을 해서 이쪽 조직을 팔아 묵은기라!

**윤수** (술을 따르며) 그럼 그놈이 누군가부터 집어내야제. 안 그렇나? (하며 마치 남의 일 얘기나 하듯 술잔을 기울인다)

**삼보** 그렇지! 그놈 입에서 진짜 소리가 나오도록 두들겨 팬 다음에 선거를 다시 해야 한다!

**윤수** (안주를 덥석 집어먹으며) 그게 어데 쉬운 일인가 말이다! 우리가 선거에 진 건 기정 사실이고 물적 증거가 없는 바에야 고소를 할 수도 없제! 아니 고소를 한다케도 그 골치 아픈 것을 우째 당하노? 잉? 언젠가 국회의원 선거 때 부정 선거를 고발한 윤가네 꼴 몬봤나. 집 기둥까지 뽑아 없애고도 끝을 못보고 자살했제…… 에이 빌어먹을…… 모든 게 파이다! 파이! 자 술들이나 묵자! 잉? 삼보! 자네 한잔 들고 자…… (하며 술잔을 내민다. 그러나 아까부터 삼보는 증오와 의구에 찬 눈으로 길용을 노려보고 있다)

**길용** 와 보노? 삼보!

**삼보** ……

**길용** 내 얼굴에 똥파리가 설사라도 했나? 잉?

**삼보** 길용아!

**길용** 와…… 어서 술잔이나 받으라!

**삼보** (술잔을 털어 버리며) 비겁한 자슥!

길용  뭐라꼬?

윤수  와들 이라노? 잉?


좌중이 다시 술렁거린다.


심씨  삼보! 조용조용히 의논하래이! 선거는 선거고 친구는 친구제!

삼보  이 자슥은 친구가 아닌 박쥐 새끼입니더!

심씨  뭐라꼬?

길용  박쥐?

삼보  그렇제! 이쪽 쓸개에 붙었다가 저쪽 간에 붙었다가 하는 박쥐란
      말이다! 더러븐 자슥! (하며 길용의 뺨을 후려치자 길용이가 멍석 바
      닥에 쓰러진다. 좌중이 불안에 싸인다. 그러나 길용은 이즈러진 웃음을
      뺄고는 다시 자작해서 술을 마신다)

윤수  삼보! 와 그라노, 잉? 길용이가 어쨌다고 이래……

삼보  이 새끼가 바로 배반했제!

윤수  뭐라꼬?

삼보  정가한테 십오만 원에 팔린 남자 갈보란 말이다.

길용  (태연하게) 십오만 삼천 원이다.

일동  뭐라꼬?

길용  와들 그라노? 이제 시원하나? 아니 정가한테 매수 당한 게 나 혼
      자뿐인 줄 아나? 잉? 알고 싶으면 내가 다 이름을 대주제! 잉?

삼보  드럽어서 말도 하기 싫다! 너 같은 놈하고 누가…… 얘기하겠다
      노! 퉤! 퉤! (길용의 얼굴에다 침을 뱉는다)

정숙  (재빨리 삼보를 말리며) 와 이러십니꺼? 말씀으로 하시이소! 뭐가
      우째 되었는지 얘길 해주시이소! 네? 오늘 선거가 우째 되었는기
      요? 졌는기요? 이겼는기요? 그것부터 얘기해 주시이소!

삼보    (돌아서며) 참패입니더!

정숙    참패라꼬예?

삼보    여든일곱 표 가운데 상석이를 찍은 게 열일곱 표고 일흔 표가 정가를 찍었으니 참패가 아닌기요? 나 더러버서…… 나 술 한잔 도고!

부락민이 잽싸게 술을 따라주자 단숨에 마신다.

정숙    (점점 힘이 풀리는 것을 의식하면서도 침착하려고 애쓰며) 그라문 비등비등할끼라는 예상은 전혀 근거가 없었단 말입니꺼?

윤수    그게 아니지예. 선거장에서 그 강상구가 이 고장 출신 국회의원이라고 인사를 하니까 그만 분위기가 확 돌아버렸지요!

정숙    강상구는 연실 아버지를 민다카던데…… 도지사한테 명함까지 써주고……

삼보    그게 다…… 그 족제비의 농간이었습니더! 그 자슥의 임기가 내년으로 끝이 나는데 내년에 다시 국회의원으로 입후보하기 위해서는 우리 면을 위해 뭔가 업적을 남겨야겠다고 궁리 끝에 다리를 놓기로 했답니다.

정숙    다리?

삼보    예. 냇물이 여름이면 범람해서 교통이 마비되니까 여기다 다리를 놔주면 누가 보드라도 자기 업적이 두드러지게 나타나리라고 믿고 그걸 하기로 했지예.

심씨    나도 그 얘기 들었제. 강 의원이 다리를 놔준다카는……

윤수    그렇지만 알고 보니 그 돈의 일부는 양조장 정가가 부담하기로 하고 그 대신 축산조합장은 정가한테 주기로 묵계가 되어 있었다지 뭡니까!

**정숙**  (상석에게) 여보. 그라믄 당신은 여태 그것도 모르고 있었단 말입니꺼? 예? 그토록 문턱이 닳도록 강 의원 집을 드나들면서 그래 여태 그것도 모르고……

기가 차서 이상 더 말을 못 잇고 앞치마로 얼굴을 감싸고 운다. 상석이가 이윽고 고개를 들더니 삼보와 길용에게 말을 건다.

**상석**  이제 그 얘긴 그만 하고 어서 술들이나 들게! 응? 어무이요, 안주 쫌 더 내오라카이소!

**심씨**  (화가 치밀어서) 미쳤나? 선거에 지고서 무신 술이고? 에그…… 망했구나! 에고…… (하며 마룻장을 치고 통곡한다)

**이씨**  사부인! 이러지 마시이소!

**심씨**  내 마음은 아무도 모릅니더! 우린 이제 죽었십니더! 아이고……

**이씨**  (정숙에게) 애야. 어서 술안주를 내와! 어서!

**정숙**  (멍하니 허공을 바라보며) 어무이 난…… 난…… 누굴 믿고 삽니꺼? 이래 팍팍하게 살라꼬 시집 보냈십니꺼? (차츰 흥분하며) 옥돌 마을 이참판댁으로 시집가면 안 굶고 살 줄 알았습니꺼? 어무이! 이 허수아비 같은 인생을 우째 이겨내라고 우째…… 흑…… 흑……

좌중은 어느덧 한 사람 두 사람 자리를 뜨기 시작한다. 이때 밖에서 식이가 찢어질 듯한 비명을 지르며 뛰어든다.

**식**  할메요…… 할메요!

**심씨**  식아, 와 그라노?

**식**  할배가…… 할배가……

| | |
|---|---|
| **심씨** | 할배가 어쨌단 말이고? |
| **식** | 산에서 내려오시다가, 그만 기절을…… 어서 가 보시이소! |
| **정숙** | 기절을? |
| **식** | 예. 말도 몬하시고 길바닥에…… |
| **정숙** | 여보! 어서 가 보시이소! |
| **상석** | 응! 어디고? 가자…… |
| **식** | 예! |

모두들 대문 밖으로 뛰어나간다. 술렁거리는 분위기 속에서 심 씨가
불길한 예감에 돌처럼 서 있다.

| | |
|---|---|
| **심씨** | 영감! 영감! |

-막

# 제3막

**무대**

전막부터 오십일 후 여름밤. 대청마루엔 상청이 차려져 있다.

이미 고인이 된 이 노인의 사진에 촛불 빛이 반사되어 이상야릇한 분위기를 발산한다. 병풍에 상복이며 물건들이 줄래줄래 걸려 있다.

그 앞에 심 씨가 소복을 하고 우두커니 앉아 있다. 손에는 부채가 들려 있다. 심 씨의 얼굴에는 슬픔보다는 차라리 과거에 대한 미련과 삭막한 현실에서 오는 허탈감이 더 짙게 나타나 보인다.

마당 한가운데 대로 엮은 평상이 놓여 있고 그 위에 식, 원례, 길례가 나란히 누워서 밤하늘을 쳐다보고 있다.

저만치 오지그릇에 모깃불이 피어오르고 있다. 석류알처럼 빨간 불씨가 어둠 속에서도 유난히 눈에 띄며 보랏빛 연기가 한가롭게 허공으로 피어오르고 있다. 바람 한 점 안 부는 무더운 밤이다.

아래채 마루 끝에 상석이가 담배 연기만 뿜어내고 있다. 그 옆에 역시 소복을 한 정숙이가 애기에게 젖을 물리고 있다. 그들의 표정은 역시 어둡고 짜증스럽게 보일 뿐 슬픔 따위는 찾아볼 수가 없다.

집 앞 논에서 우는 개구리 소리가 간헐적으로 들려온다.

**길례**　(반 노래조로) 별 하나, 나 하나

**원례**　(역시 같은 가락으로) 별 두나, 나 두나……

**식**　　별 세나, 나 세나……

**일동**　별 네나…… 나 네나……

**식**　　(큰 발견이나 한 듯) 야…… 별똥이다!

**원례**　어데?

식     저기! 몬 봤나?

원례   몬 봤다. 빨리 가르쳐 주제.

식     바보 같은 소리 말아! 별똥이라카는 건 되게 빠르다. 늬 보라고
       기다리지 않는기라.

길례   작은오빠.

식     응?

길례   별똥은 정말 별이 똥을 싸는거가?

식     응.

길례   그 별똥은 어디로 떨어지제?

식     지구로.

길례   지구 어디로?

식     그걸 우째 아노.

길례   그걸 줏으면 좋겠지예?

식     뜨거버서 몬 줏는다 카드라.

원례   식으문 줏을 수 있제.

식     식으문 쇠가 된다카제. 그라이 맨 먼저 별똥을 줏는 사람은 큰
       부자가 되는기라.

길례   별똥은 구린 냄새 안나나?

식     헛허…… 별똥이 무신 구린내 나노? 돼지 똥인 줄 아나?

길례   똥은 똥 아이가!

원례   똥은 똥이라도 깨끗한 기라. 우리 선생님이 그러시던데 훌륭한
       사람이 돌아가시문 별이 하나 떨어진다카드라.

길례   정말?

원례   응. 아까 그 별도 아마 누가 이 세상 어느 구석에서 죽었다는 신
       호이겠제……

길례   아니다. 그건 우리 할배일 게다!

**원례**    할배?

**길례**    어제가 무슨 제사라켔제, 작은 오빠?

**식**    사십구제!

**길례**    그 사십구제를 올린다카이 할배가 하늘에서 정말 제사 지내나 안 지내나 보실라고 내려오신게라.

**원례**    거짓말도 잘 꾸며댄다.

**식**    네가 무슨 동화를 짓나?

**길례**    (배를 깔고 마루 쪽을 보며) 할매, 그렇지예?

**심씨**    (멍하니 하늘을 바라보며) 길례 말이 맞다. 느이 할배는 좋은 곳으로 가셔서 큰 별이 되셨을 기라……

**길례**    (원례에게) 그것 보래이! 아까 그 별은 할배라카제.

**심씨**    느이 할배는 이 세상에서 한 번도 남을 괴롭히거나 원한을 사시는 일은 안 하셨으니 극락으로 가셨을기라. 커다란 연꽃 잎사귀 안에 앉으셔서 우리 손자들 잘되게 보살피실 게다. 그라이 느이들도 할배를 잘 모셔야제.

**아이들**    예!

**심씨**    이제 사십구제 지냈지만 내년에는 소상, 내명년에는 대상! 그리고 탈상! (한숨) 그래야만도 할배도 마음놓고 눈 감으실기라!

**길례**    (호기심에서) 할매, 그라문 할배는 눈 안 감았는기요?

**심씨**    아모! 탈상 전에는 할배 영혼이 우리 집을 드나드시면서 지켜주실기라.

**원례**    아이 무서워라. (하며 길례를 안는다)

**길례**    아이 싫다이! (떠민다)

**심씨**    (또 한숨) 그렇제. 할배 혼은 살아계시고 말고! 그라이…… 사십구제 지냈다고 다 끝난 건 아니다.

이 말에 정숙의 얼굴에는 복잡한 그림자가 스쳐간다. 그녀는 남편의 표정을 살핀다. 상석은 아내의 시선을 피하는 눈치이다.


**정숙** 여보. 지금 말씀드리시이소.

**상석** (담배 연기만 내뱉는다)

**정숙** 시간이 흐르면 흐를수록 말하기가 거북해진다카는데 와 그러고 있는기요?

**상석** (대꾸가 없다)

**정숙** 이런 일은 당신이 얘기 몬하면 누가 합니꺼? 잉? 우리만 잘 살자는 겁니꺼? 예? (신경질을 내며) 내 말이 안 들립니꺼! 뭐라고 대답 좀 하시이소!

**상석** (화가 나서) 와 또 나만 들볶노?

**정숙** 들볶아예?

**상석** (담뱃불을 신바닥으로 부벼 끄고 일어서며) 당신이 얘기하면 될 게 아이가! (하며 저만치 피해 선다)

**정숙** (경멸의 눈으로) 에그, 지지리도 몬났네! 저래가지고도 사내라카고 나다닌단 말인가! 쯧쯧……

**상석** (반사적으로 눈을 부릅뜨고) 뭐라고?

**정숙** 내 말이 틀렸능기요? 와 사내답게 자기 소신대로 말 몬하는가 말입니더! 누가 쥑인답데까? 당신은 이집 자손이 아닌가 말입니더! 우리 집안을 위하는 일이라문 말 몬할 건 또 뭡니까!

**상석** (쏘아붙이며) 그렇게 목마르문 늬가 말하라!

**정숙** 할랍니더. 나라고 말 몬할 게 뭡니꺼! 흥! 당신 같은 사람을 남편이라고 믿고 살아온 내가 원망스럽습니더!

**심씨** 아니 무슨 짓들이노? 잉? 사십구제가 끝났다고 벌써부터 집안서 언성을 지르가? 쯧쯧……

상석과 정숙은 서로 말문 열기를 회피하듯 눈치만 본다.

심씨　에미야! 무슨 얘기인데 서로 밀고 당기고 그라노? 어디 말해 보래
　　　이! 잉? 보아하니 나한테 할 얘기가 있나보제? 그제?

정숙　예.

그녀는 애기를 마루에 눕히고 옷매무새를 고치며 마루 쪽으로 간다.
상석은 몸둘 곳을 몰라 안절부절 못한다.

심씨　무슨 얘기고? 잉?

정숙　(가능한 한 냉정과 공손을 잃지 않으려는 듯 애쓰며) 한 말씀 드릴 일
　　　이 있습니다. 이건 결코 다른 맘이 있어서가 아니고예 우리 가문
　　　과 그리고, 온 식구들을 위해서 하는 일이니 어무이께서 오해 없
　　　으시기 바랍니더. (하며 마루 끝에 걸터앉는다)

심씨　우리 집안을 위하는 일이라문 말 몬할게 뭐꼬? 들어보자.

정숙　(약간 망설이다가 결심이라도 한 듯) 아부이 복은 오늘로 벗도록 하
　　　는 게 어떻습니꺼?

심씨　(미처 못 알아듣고) 아부이 복을 벗다니?

정숙　예. 사십구일제로서 탈상을 대신 하자는 말입니더.

심 씨의 표정이 갑자기 경직되며 그녀의 손에 들렸던 부채가 마룻바닥
에 떨어진다.

정숙　어무이요. 물론 앞으로 소상도 대상도 지내는 게 자식된 도리이
　　　며 예법인 줄은 저도 잘 압니더. 그렇지만도……

심씨　(무섭게 노려보며) 뭐꼬?

정숙  우리 집안 형편으로 보나 요즘 세상 형편으로 보나 번거로운 구
    습은 고쳐나가는 게 좋을 것 같아서……

심씨  (호령을 하며) 이년! 어디서 그따위 쥐둥아리를 놀리노?


평상 위에 누웠던 아이들이 벌떡 일어나 앉아서 겁에 질린 얼굴로 쳐
다본다.


상석  (급히 다가가며) 어무이요. 제가 말씀드리겠습니다!

심씨  듣기 싫다! 알고 보니 네 것들이 궁리해낸 일이란 게 고작해서
    그거란 말이가? 잉? 이 천하에 못배워 먹은 것들! 아니 세상이
    변했다케서 자기 부모상도 제대로 지내지 말라는 법이 언제 생겼
    노? 누가 소상 대상을 사십구제로 때우라카난 법을 만들었나 말
    이다! 군수가 그랬나? 경찰서장이 그러더나? 잉? 내가 가서 따지
    제! (하며 토방 위로 내려서자 상석이가 뛰어가 말린다)

상석  어무이도, 제 말씀 듣고 나서……

심씨  (뿌리치며) 시끄럽다! 들어도 알고 안 들어도 안다. (정숙에게) 응,
    알고보이 며느리를 데려온 게 아니라 상놈의 집안에서 상것을
    데려다 밥을 먹였구나! 고등학교를 나왔다카이 그래도 예의범절
    쯤은 익혔겠거니 하고 은근히 바랬는데 알고보이 순 상것 아이
    가! 울산 포구바닥에서 보고 배운 게 고작해서 그것뿐이가? (다시
    광기를 내며) 시아부지 탈상을 사십구제로 때우자는 예의범절은
    어디서 배워온 학문이제? 잉? 우리 이 씨 가문에는 없는 법이다!
    옥돌마을 이참판 문중에서는 약에 쓰려고 찾아도 없는 일이란
    말이다! 아니 시아부지가 눈을 감아버리니까 이제는 이 집안 법
    까지도 네 마음대로 뜯어고치겠단 말이제? 잉? 네가 장손 며느리
    가? 네가 이 집의 뭐꼬? 잉? 뭐꼬? (하며 함부로 삿대질을 하자 상석

이가 사이에 들어서 말린다. 그러나 정숙은 말 한마디 안 하고 돌처럼 앉아만 있다. 심 씨가 마구 떠드는 소리에 상만이가 절뚝거리며 나온다. 그 뒤에 박씨도 나온다. 그녀는 소복을 입었다)

**박씨**　어무이요! 와 이러십니꺼? 예?

**심씨**　세상에 별일 다 보겠다!

**상만**　(멍청하게) 뭘 보았습니꺼?

**박씨**　(눈치를 차리고 정숙에게) 어무이한테 무슨 얘길 했노? 응? 잘못되었으문 잘못되었습니더 하고 어서 빌제! 잉?

**상만**　제수씨! 와 그러는기요?

**심씨**　글쎄 늬 아부이 삼년상을 집어치우자카잖나?

**상만**　삼년상을예? 하긴 요즘엔 삼년상이 길다카는 사람도 있긴 있지예.

**심씨**　(노려보며) 아니 그럼 너도 그게 옳다고 생각하나?

**상만**　아 아닙니더, 내사 마 어무이 좋으시다카는대로 따르지예. 제가 뭘 안다고 배놔라 감놔라 하겠습니꺼! 헷헤…… (박씨에게) 안 그렇나? 여보!

**박씨**　그렇고 말고예! 우리 집안이 어디 보통 집안하고 같습니꺼? 돌아가신 아부지께서도 늘상 가풍을 지켜야 한다캤는데예!

**심씨**　(정숙에게) 들었지에? 네 시아버지는 돌아가셨지만도 그 혼령은 아직 살아계시단 말이다. 삼년상을 지내기 전에는 이 집안에 혼령이 살아계시단 말이다. 그런데…… 그런데…… (울음이 터지며) 세상에 이게 무슨 말이꼬. 세상에 이런 원통한 말이 어디 있노. 아이고, 영감! 영감 한 사람 가시니…… 집안이 이 꼴이요…… 영감! (하며 상청 앞에서 대성통곡을 한다. 상석은 상석대로 상만은 상만대로 매우 난처한 표정이다)

**정숙**　(담담하게) 어무이요! 제 말씀을 그런 뜻으로 들으셨다면 제가 사과드리겠십니더. 허지만도 이것만은 꼭 알아주셔야 하겠십니더.

**상석**  (화를 내며) 그만 두라카는데 와 자꾸 시부렁거리노!

**정숙**  (정면으로 쏘아보며) 할 얘기는 해야겠십니더!

**심씨**  (울음을 멈추고 돌아보며) 해라! 듣자! 무슨 얘기고 해라!

**정숙**  (차근차근히) 우리 집안이 지금 어떤 형편에 있는지 아십니꺼? 아니 이번 사십구제를 올리기 위해서 진 빚이 얼마나 되는지 아십니꺼? 제가 여기에 이렇게 다 적어 놨십니더. (하며 치마말 사이에서 쪽지를 꺼내 보인다)

**상석**  이게 미쳤나? 그걸 어무이한테 알려서 우째 하겠노?

**정숙**  우리 집안 일은 우리 모두가 함께 걱정하고 의논하고 이겨나가야 하지 않습니꺼? 이게 어디 개인의 빚인기요? 살아도 같이 살고 죽어도 같이 죽는 게 가족이지 뭡니꺼! 한집에서 한솥밥 먹으면서 누구는 알고 누구는 모르고 해서는 안 됩니더. 다 같이 알고 있어야 하고 다 함께 연구를 해야 합니더! 안 그렇습니꺼? 어무이!

심 씨, 박씨, 상만은 정숙의 당당한 태도에 위압을 느낀 듯 말이 없다. 그러나 상석은 심 씨의 눈치를 살피느라고 아직도 안절부절 못한다.

**상석**  그만 치어뿌리라!

**정숙**  (쪽지를 읽으며) 백미 두 가마하고 한 말…… 술이 한 말 가웃 …… 돼지고기 열 근…… 북어 두 쾌…… 상어 세 마리, 양은 그릇 세 죽…… 광목 두 필 여섯 자…… 이걸 돈으로 치면 십삼만 오천 칠백 원입니더!

**박씨**  (눈이 둥그레지며) 십삼만?

**정숙**  여기다가 잡비하고 인건비까지 다 합하면 십팔만 칠천 삼백 원입니더.

**상만**   그게 빚이란 말인기요?

**정숙**   예. 게다가 지난 봄 장례식 때 진 빚 이십만 원까지 합치면 현금으로 삼십팔만 칠천 삼백 원입니더. (사이) 어무이. 이 빚을 누가 갚아야 되겠습니꺼?

**심씨**   나보고 갚으라카나?

**정숙**   아니지예. 어무이 아들들이 갚아야겠지예! 시숙님하고 그라고 …… 연실 아범하고…… 그라고 경우에 따라서는 환이도 말입니더!

**박씨**   그렇지! 상주가 책임을 져야지예!

**정숙**   그게 모두 누굽니꺼? 어무이 아들이요 손자 아닌기요? 어무이 아들이나 손자가 무슨 재주로 이 빚을 갚습니꺼? 내년에 소상 때는 또 그만큼 빚을 져야 하고 다음 대상, 탈상 때는 또 그만큼 빚을 져야 합니더. 그럼 그 돈이 얼마겠습니꺼? (차츰 열이 오르며) 그게 모두가 효도하기 위해서라지만 결국 효도하다가 그만 빚에 눌려 일어서지도 몬하고 쓰러질겝니더! 어무이 아들이며 손자가 그래 되도 괜찮겠십니꺼? 어무이요! 아부이께서는 그걸 우째 생각하시겠습니꺼? 아까 어무이 말씀대로 아부이 혼령이 우리 집에 살아계시다카면 그걸 보실겝니더! 빚을 못 갚고 쩔쩔 매는 자식들을 보시고 만족하시겠습니꺼? 내 아들 손자들이 참 잘하고 있다고 탐탁하게 여기시겠습니꺼? 아닐 겝니더! 이대로 가다가는 우리 집은 망합니더! 아니 진작부터 망하고 있습니더! 집안이 망하고 자식들이 죽어도 좋다는 부모가 어디 있겠습니꺼! (눈물이 글썽해지며) 어무이요. 저기 저…… 식이랑 원례, 길례가 제대로 먹지도 입지도 몬하고, 아니 학교에도 몬 가고 집에서 썩는 꼴을 보면서도 제사상만 쓰러지게 차리면 속이 후련해지겠습니꺼? 어무이, 그건 몬합니더! 나는 굶어도 좋지만 우리 연실이가 그런 알거지가 될 바엔 차라리…… 차라리…… 이 자리에서 농약이라도 마시고 죽을랍니더! 흑…… 흑……

정숙이가 토방에 엎드려 통곡을 하자 모두들 숙연해진다. 박씨는 어느덧 정숙을 안아 일으킨다.

**박씨**   동생. 동생 말이 맞제. 그라이 난세에는 무자식이 상팔자라고 했제. 흑…… 흑…… 세상에……

심 씨는 다시 죽은 영감의 사진 앞으로 가더니 멍하니 사진만 바라본다.

**심씨**   영감! 이게 웬말인기요? 옥돌골 이참판댁이 이렇게 되다니…… 이제 누굴 믿고 살겠십니꺼? 우린 우째 살라하고 영감 먼저 가셨능교? 영감! 흑. (하며 마룻바닥을 치며 통곡한다. 정숙이가 마루로 올라온다)

**정숙**   어무이, 그렇지만 아직도 살 길은 있습니더. 우리가 지금부터, 하고 마음만 달리 먹고 합친다면 우리는 살 수 있습니더! 자기 스스로 일하고 일어서는 사람을 하늘은 결코 저버리지 않습니더! 어무이요! 그라이 저한테 모든 일을 맡겨 주시이소! 예? 어린 아들을 굶길 순 없잖는기요? 빚에 눌려 아이들 장래를 짓밟아버릴 순 없잖습니꺼! 우리는 다 살았다케도 아이들에게는 먼 장래가 있습니더! 어른들은 이제 다 산 목숨이지만도 어린 아이들에게는 빚을 안겨줘서는 안 됩니더! 자식들한테 원망을 받아서는 안 됩니더!

**심씨**   (서서히 고개를 돌리며) 그래 우째 하겠노?

**정숙**   저한테 맡겨 주시겠습니꺼?

심 씨는 대답 대신 다른 사람들의 얼굴을 차례로 돌아본다. 의견을 묻는 눈치이다.

**상석** 어무이. 부끄러운 말씀이지만도 연실 어멈에게 모든 일을 맡겨 주시이소! 내일부터라도 연실 에미가 하겠다는 대로 말입니더! 집안이 이래 망한 것도 따지고 보면 제 책임 아닝기요? 그 대신 연실 에미가 전부터 생각하는 일이 있다카이 눈 딱 감고 맡겨 보시이소!

**박씨** (정숙에게) 그래 어디서 돈이라도 나올 구멍이 있나베?

**정숙** 돈이 나올지 독이 나올지는 우리가 힘쓰기에 따라서 다르지예! 형님!

**박씨** 어무이! 무슨 일인지는 모르지만도 그래 빚을 지고 살 바에야 동생에게 맡겨주시이소!

**심씨** 그래, 사십구제로 탈상을 대신 하잔 말이가?

**정숙** 먼 훗날 우리가 잘 살게 되면 탈상보다 더 크게 대사를 치를 수 있지 않습니꺼? 그러니 저한테 맡겨주시이소? 예?

얼마 전에 밖에서 들어오던 환이가 기둥 뒤에서 엿듣고 있다가 불쑥 참견을 한다. 그의 입에서는 술냄새가 풍기고 발걸음이 약간 휘청거린다.

**환** 난 반대입니더!

**상석** 환아!

**환** 작은 어무이한테 맡기다니 뭘 맡긴단 말입니꺼? 우리 집 문서입니꺼, 아니면 전답 문서입니꺼? 예? 도대체 뭘 맡기시겠다는 겁니꺼!

**정숙** 환아! 너 술 마셨나?

**환** 마셨습니더! 잘못 되었능교? 작은 어무이 돈으로 마신 건 아니니 염려 마시이소.

**심씨** 환아! 네가 벌써부터 술을……

**환** 나라꼬 술 마시지 말라는 법이 어디 있능교? 우리 마을에서 사내나이 열여덟이면 술 마시고도 남지예! 헛허.

**박씨** 환아…… 이게 무슨 짓이고? 할매 앞에서……

**환** 뭐가 잘못입니꺼? 불효막심하다는 뜻입니꺼? 말 마이소! 기왕에 망쪼가 든 집안인데예!

**심씨** (화를 내며) 이놈 그 쥐둥아리 좀 못 닫겠나? 우리 집이 망하긴 와 망해?

**환** 작은 어무이 애기 몬들으셨는기요? 우린 이제 겉깝대기만 남았습니더! 허수아비라예! 옥돌골 이참판댁 집안도 옛말이지예! 그러기에 이런 노래도 있지 않습니꺼…… 노세 노세 젊어노세! 늙어지면 못노나니 화무십일홍이요 차던 달도 기우나니……

**상석** (엄하게) 환아! 시끄럽다!

**환** 시끄럽으면 귀를 막으시소!

**상석** 뭐라고?

**환** 흥! 작은 아부지는 작은 어무이 말에는 찍소리도 못하문서 조카는 마구 휘어잡을라꼬 하십니꺼! 헛허! 어림도 없습니더!

**상석** 이놈의 새끼! (하며 환의 멱살을 휘어 잡는다. 모두들 뜯어 말린다. 그러나 심 씨는 제자리에서 못박힌 채 앉아 있다)

**심씨** 그 자슥을 쥑여라! 때려 쥑여버리란 말이다!

**박씨** 어무이!

**심씨** 애비 에미도 없이 자란 조카를 불쌍한 조카를…… 늙은 할미 앞에서 이렇게 손찌검을 해야 시원하겠노? 잉? 예끼 몹쓸놈!

심 씨의 역정에 상석은 손이 와들와들 떨리자 그대로 환을 뿌리치고

활화산

밖으로 나가버린다. 환은 먼지를 털며 일어나더니 평상 위에 가서 큰 대 자로 눕는다. 아이들이 겁에 질려 한쪽으로 몰려 오들오들 떤다.

환    (절규도 아니요 노래도 아닌 소리를 뱉는다) 고향이 그리워도 못 가는 신세 저 하늘 저 산 아래……

그는 노래를 부르다 말고 제 풀에 슬픔과 분노에 젖어 동물적인 울음을 터뜨린다.

심씨    가엾은 것, 불쌍한 것……

개구리 울음소리가 극성스럽게 시끄러워진다.

-막

# 제4막

**무대**

전막부터 약 4개월 후 늦가을. 감나무 잎이 물들었고 감이 주렁주렁 열렸다. 집안에 큰 변화가 일어나고 있다. 헛간 옆으로 돼지우리가 들어섰고 마당 한구석에 가마니 짜는 연장이며 짚단이 널려 있다. 집안 전체는 전보다 훨씬 생기가 돌고 마루에 있었던 상청은 보이지 않는다. 다만 이 노인의 사진이 정면 벽에 걸려 있다.

막이 오르면 동리 아낙네들 4, 5명이 돼지우리 앞에서 우리 안 구경을 하고 있다. 돼지 새끼들이 꿀꿀대는 소리가 들린다.


**아낙네 갑**(감탄하며) 세상에! 돼지 새끼가 우째 저래 예쁜기요!

**아낙네 을** 예쁘문 사위 삼으라!

**일동**　　홋호⋯⋯

**아낙네 병** 사위가 아니라 며누리제!

**일동**　　홋호⋯⋯

**아낙네 을** 사위인지 며누리인지 우째 아노?

**아낙네 병** 에고, 보면 모르겠나? 쌈지가 처져 있는 놈이 수돼지고 쌈지가 없으문 암돼지 아인가베! 홋호⋯⋯

**아낙네 을**(무슨 말인지 미처 못 알아듣고) 응? 쌈지? 쌈지가 어데 있노? 우리 시어무이 갖다 드릴란다!

**아낙네 갑** 이 병신 좀 보래이! 돼지 사타구니에 매달린 쌈지도 모르나! 헛허!

**일동**　　홋호⋯⋯ (모두들 간드러지게 웃어 제낀다)

**아낙네 갑**(정색을 하며) 이참판댁 며누리가 돼지를 먹인다카는 소문은 들었지만도 이래 건사하게 키우는 줄은 몰랐제!

**아낙네 을** 그러게 말이다. 울산에서 고등학교까지 나왔다카는 양반댁 며느리가 우째 돼지를 다 키우겠노!

**아낙네 병** (수군거리듯) 나이는 아직 젊지만도 성질이 보통이 아니라카제! 글쎄 자기 아버지 같은 남편을 마구 휘어 잡는데는 마치 밀가루 반죽하듯이 한다카데예.

**아낙네 정** 에고…… 그러이 내외간의 나이 터울은 너무 많아도 안 좋은기라! 열네 살이나 터울이 지니!

**아낙네 병** 홋호…… 그래도 이불 속에 들어가문 구름 속에 달이라카지 않더나…… 홋호!

일동은 다시 까르르 웃어제낀다. 부엌에서 심 씨가 삶은 고구마를 양은그릇에다 담아 들고 나온다.

**심씨** 뭐가 그래 우습노?

**아낙네 정** 영순네가 쌈지 하나 달라카지 않습니꺼! (하며 킬킬거린다)

**심씨** 쌈지를? 아니 우리 집에 무신 쌈지가 있다꼬?

**아낙네 병** 수돼지는 큼직한 쌈지가 달렸지예! 홋호.

**일동** 홋호……

**심씨** (따라 웃다 말고) 자아 고구마들 묵으라!

이 말에 모두들 겉으로는 사양하는 척하면서도 마루 쪽으로 몰려든다.

**아낙네 을** 에고! 귀한 고구마를 와 내놓는기요? 어린 아들이나 주시지예 …… (하며 냉큼 한 개를 들어 반쪽을 낸다)

**심씨** 우리 며느리가 시험삼아 지난봄에 뒷산 밭에다 심어논 건데 한 가마니나 캐냈제.

**아낙네 을** 한 가마니나예?

**심씨** 응! 땅이 황토 흙이라 고구마가 잘 된다카데. 그래 내년에는 많이 심으라 카더라.

**아낙네 병** (먹으며) 이거 밤고구마네예! (베어 먹고) 맛이 좋구면예! (문득 나무에 열린 감을 보며) 에고…… 저 감 좀 보레이! 한 개 따먹었으문 좋겠다!

**심씨** 큰일 날 소리 다한다.

**아낙네 을** 와요? 하나 따먹읍시더! (하며 일어서려고 한다)

**심씨** 안 된다카이! 우리 작은 며느리가 날마다 세보는기라. 저 감도 섣달 대목에 장에 가서 판다카지 않나!

**아낙네 갑** 마나님은 복도 많으십디더. 자부께서 그래 부지런하이…… (하며 서로들 탄복한다)

**심씨** 글쎄! 사람이 그래 변하는 것도 처음 봤다! 시아부지 상을 치르고부터는 아주 마 이집 대들보인기라……

**아낙네 정** 어디 갔습니꺼? 작은 며느리는……

**심씨** 응…… 돼지밥 걷으러 갔제!

**아낙네 정** 돼지밥을예?

**아낙네 갑** 돼지밥을 자부가 직접 걷으러 나갑니꺼?

**아낙네 을** 세상에! 옥돌마을 이참판댁 며느리가 돼지밥을 걷으러 다니다니 세상에…… 종갑이나 누굴 시키지 않고.

**심씨** 종갑이는 군대에 갔제! 그라고 상주댁도 내보냈다!

**아낙네 을** 어디로예?

**심씨** 사람을 샀주고 부릴 여유가 없다카는데 우째 하겠노? 사람 부리고 삯을 주고 할 바엔 우리 식구가 손수 놀지 않으면 몬할께 없다면서…… (가벼운 한숨) 말이사 이치에 맞지만도 어디 그게 쉽나?

**아낙네 갑** 그럼예! 게다가 남도 아닌 이참판댁 며느리가…… 돼지밥까지!

이때 대문을 열고 정숙이가 들어선다. 남자 작업복 차림에 작업 모자까지 쓰고 돼지 밥통을 지게에 지고 기우뚱거리며 들어온다.

아낙네들의 시선이 일제히 정숙에게 쏠리더니 서로 시선을 마주치며 경탄도 한탄도 아닌 이상한 표정으로 엇갈린다.


**심씨**  이제 오나?

**정숙**  예. (지게를 부려놓고 돼지 밥통을 들어 큰 드럼통에다 붓는다)

**아낙네 갑** 수고가 많제!

**정숙**  (힐끗 쳐다보고) 어데예! 어서들 오시이소!


그녀는 조리로 먹이를 휘휘 저은 다음 돼지 우리간에 있는 먹이통에다 고루 부어준다.

돼지들이 극성스럽게 꿀꿀댄다. 정숙의 작업 솜씨를 보고 있던 아낙네들의 표정이 차츰 동정으로 변한다.


**아낙네 정** 쯧쯧…… 어쩌면 저 꼴이 되었노!

**아낙네 을** 다 세상 탓이제! 옛날 같으면사 손끝에 물방울 하나 안 묻히고 호의호식할 팔자인데 말이제!


문득 심 씨의 표정이 굳어지는 것을 눈치채자 모두들 일어선다.


**아낙네 갑** 이만 가볼랍니더.

**심씨**  더 놀다 가거라.

**아낙네 을** 어데예. 우리도 가서 생각해 볼랍니더!

**정숙**  (손을 털고 다가오며) 제가 일하다보이 손님들한테 대접이 이래 되었습니더. (모자를 벗어 털며 감나무를 점검한다)

**아낙네 정** 어데…… 연실 엄마가 돼지를 친다카는 소문을 듣고도 긴가민가 했제. 허지만 오늘 와서 보이…… 참말로 희한하구면예!

**정숙** 고맙십더, 그래 알아주시니.

**아낙네 정** 나도 마 돼지 키울 생각이 있제.

**정숙** 참말입니꺼?

**아낙네 정** 석달 키워서 저래 크다면야 지금 장에 나가 팔아도 안 되겠나?

**아낙네 병** 에고! 키우기 전에 팔 생각부터 하나?

**일동** 홋호……

**정숙** 시작할 때는 좀 힘이 듭니더! 허지만 매사가 시작이 반이라카지 않던기요. 몬 산다 몬 산다 하고 하늘만 쳐다보고 한숨만 쉴 게 아니지예. 우리도 뭔가 해보고 나서 판단을 내려야지예…… 그 동안 마을 사람들이 내가 돼지를 키운다카이까네 흉도 많이 본 줄 압니더! 만도 우리 농촌사람이 가난에서 벗어날라문 뭔가 해야지 않겠십니꺼! 빈손 쥐고 하늘만 쳐다본다카이 누가 보리 한 톨 보태줍니꺼?

**심씨** 게다가 우리 집처럼 식구가 많고보이 한 달 양식 주는 것도 무서운 기라……

**아낙네 갑** (공감을 하며) 아모…… 사람 입 하나가 어딘데예……

**아낙네 을** (정숙에게) 그래 돼지 새끼 한 마리문 얼마나 하노?

**정숙** 재래종은 싸지만 그 대신 잘 자라지 않지예…… 그래 돈을 좀 더 주드라도 외국종을 사야지예!

**아낙네 을** 그 돈이 어디 있나 말이제!

**정숙** 그래서 실은 나도 면사무소에 가서 사정을 해봤지예…… 돼지 새끼를 외상으로 나눠줄 수 없는가고예!

**일동** 외상으로?

**정숙** 예…… 라디오에서 들으니까이 그런 길이 있다카던데…… 그래 연실 아버지보고 면사무소에 가서 물어봐오라켔지예!

**아낙네 갑** 나도 한 마리 사주이소!

**아낙네 을** 나도 꼭 부탁하제!

**아낙네 병** 난 두 마리 부탁한다.

**정숙** 훗호…… 그게 어디 내 마음대로 됩니꺼! 아무튼 여러분들이 그렇게 소원이시라믄 말씀드려 보지예!

**아낙네 정** 그렇지만 돼지 먹이가 문제 아이가! 사람도 제대로 못 먹는 판에 무얼 먹이냐 말이제! 안 그러나?


일동은 새로운 난관을 발견하자 고개를 갸웃거린다.


**정숙** 그렇십니다. 그렇지만 길이 없는 건 아니지예……

**아낙네 갑** 뭐꼬?

**정숙** 모두들 뜻만 맞는다면 방법은 있습니다!

**아낙네 을** 그게 뭔가 말이제!

**정숙** 공동으로 키우는 방법이지예!

**일동** 공동으로?

**정숙** 예! 돼지우리를 한 곳에다 함께 짓고 먹이도 같이 나누어 먹이고 하문 그만큼 시간도 아껴쓰고 허술도 줄어든답디더! 외국에서는 많이들 한다카던데예! 공동사육장이라카는 게 있답니다!


모두들 감탄을 한다.


**아낙네 갑** 그렇게 할 수 있나?

**정숙** 우리가 하려고 마음만 먹으문야 어려울 건 없지예! 요는 우리 마음먹기에 달렸지 뭡니꺼! (쓰게 웃으며) 사실 내가 이래 옷을 입고 나서니까이 집안에서부터 흉봅니더! 시아버지 상을 당한 며느리가 상복 대신 작업복을 입었다고 말입니더! 그렇지만 난 우겼습니더! 사람이 살려고 든다면 작업복 아니라 가시복이라도 입어야지 않겠는가고 말입니더. 여기 (심 씨를 가리키며) 우리 어무이께서도 많이 꾸짖었지예. 허지만 저는 마음속으로 울고 얼굴로는 웃었습니더. 사람이 나 자신을 위해 살지 남을 위해 살아 줍니꺼? 자기 일은 자기가 알아서 해야지 남에게 맡길 수도 없고 맡겨서도 안 되는 법입니더. 농촌 사람이 아무리 몬 산다고 아우성쳐도 우리들 자신 이외에는 아무도 걱정해줄 사람은 없십니더! 내가 작업복을 입건 유똥1)치마를 걸치건 그게 다 내가 마음에서 우러나오는 일이라문 부끄러울 게 어디 있습니꺼! 안 그렇습니꺼? 이래 고생하다가도 잘 살게 되문야 그때 가서는 입으라캐도 이까짓 작업복 안 입을랍니더! 기름 뿌려 불살라 버릴랍니더. 우리 아들 딸들한테는 이런 험한 꼴 안 보여야지예. 안 그렇습니꺼.

어느덧 정숙의 열변은 울음 섞인 어조로 변하고 회의적으로 듣고 있던 아낙네들의 눈에도 이슬이 맺힌다. 멀리 까마귀가 울고 지나간다.

**심씨**   (마루 끝에 앉아서) 까마귀는 울지만 우리 집에 울 사람은 없을기라······ (아낙네들에게) 어서들 가보제. 집에서들 기다리시겠다 잉.

**일동**   예.

**아낙네 갑**(정숙에게) 그럼 아까 그 일 부탁하니 꼭 좀 들어주소!

**아낙네 병** 나도!

**정숙**   예? 예. 살펴들 가이소!

---

1) 뉴똥의 비표준어. 빛깔이 곱고 부드러우며 잘 구겨지지 않는 명주실로 짠 옷감.

아낙네들은 심 씨와 정숙에게 인사를 하고 나간다. 정숙은 모자를 벗고 어깨에 앉은 먼지를 턴다. 석양빛이 감나무에 빤히 반사되어 더 붉다.

정숙  어무이. 시장하시지예? 내 곧 저녁 지을랍니더.
심씨  아니다! 너 시장하제? 부엌에 고구마 찐 거 있으니 묵어라.
정숙  괜찮습니더. 저 우물가에 가서 물 좀 길어 올랍니더!
심씨  응.

정숙이가 물동이를 이고 나가자 심 씨는 그 뒷모습을 바라보다가 측은한 생각에 젖는다.

심씨  에그! 남의 집 귀한 자식 데려다가 이게 무슨 짓이고. 에그……
(하며 안방으로 들어간다. 무대가 잠시 비자 대문에서 환이가 도둑고양이처럼 집안을 살피며 들어선다. 부엌 안까지 가서 인기척이 없음을 확인하자 돼지우리간으로 간다. 그는 다시 한 번 주위를 살피더니 주머니에서 마대를 꺼내들고 돼지우리 안으로 들어간다. 돼지가 꿀꿀댄다. 미닫이를 열고 고개를 내민 채) 누구꼬? (뜨락을 둘러보고는 다시 미닫이를 닫는다. 잠시 후 환이가 마대에 싼 돼지를 들고 나와 급히 대문 밖으로 나간다. 좌편에서 상만이가 절뚝거리며 나온다. 그 뒤에 박씨가 쫄랑대며 따라나온다)
박씨  잊지 말고 면사무소 김주사한테 꼭 좀 물어보이소! 잉?
상만  알아다카이! 몇 번 말해야 아노!
박씨  알았다 알았다 하지만 말고 이번만은 아주 뿌리를 뽑아 버려야지 큰일납니더 잉?
상만  글쎄, 알았다카이.

박씨 (낮게) 상속이라는 건 법률상 딱 정해 있다카지 않던 기요. 큰아들 얼마, 둘째 아들 얼마, 셋째 아들 얼마…… 아무리 우리 집이 망했다케도 산도 있고 밭도 있으이 이 기회에 연실 아버지하고 딱 나눠서 갈라집시더! 잉? 언제까지나 이래 한울타리 안에서 살겠십니꺼?

상만 알았단 말이다!

박씨 게다가 요즘은 연실 엄마 설치는 꼴은 더 못 보겠십니더! 고구마를 심는다, 돼지를 키운다 하더니, 뭐, 인제 뽕나무를 심어서 누에를 키운다카지 않는기요! 내 참!

상만 누에를?

박씨 (더 흥분이 되어서) 예. 그라이 우물쭈물하다가는 몽땅 빼앗기고 맙니더. 상속이고 뭐고 없다카면 우짜겠는기요? 그라이 우린 대구고 부산이고 멀리 떠나버립시더! 내사 마 타관에 나가면야 무슨 일인들 몬하겠십니꺼! 술장사도 좋고 밥장사도 좋고 아무거나 할랍니더! 당신하고 나하고…… 두 목구멍이서 우째 못 먹고 살겠십니꺼! 안 그런기요?

상만 응!

박씨 그라고 타처에 나가면 혹시 압니꺼? 우리 용이 소식이라도 알게 될지…… 이런 산골에선 백년 살아봐야 굼벵이 재주밖에 몬합니더! 그라이 단단히 물어보시소.

상만 응. 그럼 다녀올테니께. 나를 찾으문 바람쏘이러 갔다케라 잉?

박씨 예. 퍼뜩 다녀오시소. 잉?


상만이가 대문 밖으로 나가자 박씨도 뒤따라갔다가 되돌아온다. 문득 감나무에 열린 감을 보자 마른 침을 꿀꺽 삼킨다. 그녀는 안방 쪽의 기색을 살피고 나서 헛간에서 대막대기를 들고 나와 조심스럽게 감을 따기 시작한다. 간신히 한 개를 꺾어내는데 성공한다.

**박씨**  츳츠…… 보기만 해도 먹음직스럽더니 손에 만져보이 더 먹음직스럽데이! 헛허……

그녀는 치맛자락으로 감을 문지른 다음 베어 먹는다. 만족스러운 표정이다.
이때 대문 밖에서 상석, 면장, 마을 청년들이 들어서자 박씨는 먹던 감을 치마폭에 감추며 돌아선다.

**상석**  형수 씨! 거기서 뭘 하고 계십니꺼?
**박씨**  아, 아니예. 아무것도……
**상석**  연실 엄마는 어디 나갔는기요?
**박씨**  모, 모르겠는데예? 나, 나도 지금 막 나와서. 모르겠십니더! (하며 좌측으로 도망치듯 퇴장한다. 상석은 의아하게 생각하면서 손님들을 돌아본다)
**상석**  자. 누추하지만 들어가……
**면장**  방은 무슨…… 여기서 잠깐 얘기하면 되제. (청년들에게) 앉제.
**일동**  예.

모두들 평상에 걸터앉는다.

**상석**  (반 농담조로) 면장 어른을 이래 푸대접해서 우짭니꺼!
**면장**  이 사람! 자네와 나는 이 마을에서 어려서부터 같이 자란 불알 친구가 아닌가? 헛허……
**상석**  그래도 지금은 다르지 않나! 자네는 면장이요 난 면민 아닌가!

| 면장 | 미친 소리 다 한다. 피우라. (하며 담뱃갑을 꺼내 권한다. 모두들 담배를 피운다) |
|---|---|
| 상석 | 그래, 얘기란 뭐꼬? |
| 면장 | 응. (주위를 돌아보며) 아주머니는 어디 나가셨나? |
| 상석 | 글쎄…… 아마 돼지밥 거두러 갔겠지. 와 그러나? |
| 면장 | 응. (말을 꺼내기가 거북한 눈치이다. 청년들은 돼지우리 쪽으로 가서 돼지 구경을 하며 얘길 한다) |
| 상석 | 얘기해 보소. 무슨 일이꼬? |
| 면장 | 단도직입적으로 말하제. (사이) 아주머니가 필요하네. |
| 상석 | 내 처가 필요하다꼬? |
| 면장 | 그렇지. |
| 상석 | (씨익 웃으며) 아니 내 처하고 결혼하겠단 말이가? |
| 면장 | (어이없다는 듯) 싱거운 소리 말아! 이래 뵈도 내겐 2남 1녀를 낳은 현모양처가 있다! 헛허…… |
| 상석 | 그런데 와 그러노? |
| 면장 | 그건 농담이고 말이다. 이번에 우리 면에서 청년회를 조직했는데 부녀부장을 맡아줄 사람이 없지 않나! |
| 상석 | 부녀부장? |
| 면장 | 아모! 부녀부장이라카이 뭐 대단한 것은 아니지만도 그래도 부녀 층에 침투해 들어가서 설득도 시키고 또 교양도 할라카문 그만한 통솔력이 있어야 않나? 그런데 우리 면에서는 그 자리를 지켜 나갈 만한 부녀자가 없는기라. 175가호 중 성인 부녀자로서 여학 교를 졸업한 사람이 어디 있나? |
| 상석 | 그래서? |
| 면장 | 그래 엊그제 간부회의에서 자네 부인을 추천하는 사람이 있어서 만장일치로 받아들이기로 하고 오늘 내가 이렇게 담판지으러 왔 |

네. 승낙해 주겠제? 잉!

**상석** 그걸 와 내가 승낙하노?

**면장** 자네 부인 아이가?

**상석** (빤히 바라보며) 모르는 소리 말아.

**면장** 응?

**상석** 내 아내는 내 말이라카면 믿지 않는다.

**면장** 뭐라꼬?

**상석** 정말이다! 지금 우리 집에서는 내 아내가 가장이요 왕초인기라. 아내가 명령하고 우리는 복종하는 처지에 있으이 난 그건 승낙할 자격도 권리도 없는기라. 지금 우리 집은 옛날 껍데기를 벗는 일로 꼼짝도 못하고 있는 처지라서 난 뭐라고 말할 수 없제!

**면장** 그거야 다 마찬가지 아이가! 우리 청년회가 바라는 것도 바로 그 옛날 껍데기에서 벗어나는 운동을 하자는 기다. 세상이 고양이 눈처럼 변하고 발달하는데 우리 옥돌마을 사람은 예나 지금이나 무사태평 안일무사주의를 일삼고 있으니 답답증이 나서 못 견디겠다! 그라이 자네 부인의 생각이나 우리 생각이 꼭 들어맞지 뭐꼬. (어느덧 청년들이 다가와서 두 사람의 얘기를 듣고 있다)

**청년 A** 그렇십니더! 우리 마을이 잠을 깨려면 부녀자들이 먼저 깨야 합니더!

**청년 B** 여자들의 협력 없이는 농촌운동은 안 됩니더!

**청년 C** 사모님은 여학교도 졸업하셨고 또 이렇게 실천력이 있으시니까 꼭 나와주셔야겠십니더!

**상석** 글쎄, 자네들의 뜻을 잘 알겠지만도 결정권은 집사람에게 달려 있으니 나로서는 당장에 대답을 하기 힘들제. 안 그러나? (하고 면장을 본다)

**면장** 그럼 자네가 일단 승낙하는 걸로 하고 자네가 부인을 설득시켜

주겠나? 우리 마을을 위해서 꼭 부탁하네!

얼마 전 물동이를 이고 들어서다가 이 말을 듣고 있던 정숙이가 선뜻 대꾸를 한다.

정숙  그러실 필요 없습니더!

일동은 당황하며 돌아본다. 정숙은 물동이를 내려놓고 면장에게 절을 한다.

정숙  면장 어른 나오셨습니꺼!
면장  아이고. 안 계신데 이래 실례하고 있습니더!

청년들도 저마다 정숙에게 절을 한다.

정숙  우물가에서도 그 얘기 들었습니다만도…… 난 그런 일 몬합니더, 사양하겠습니더.
면장  그렇지만……
정숙  나 같은 사람이 뭘 안다고 부녀부장을 합니꺼! 내사 그런 감투 쓸 자격도 없고예 욕심도 없십니더!
면장  겸손의 말씀을 다.
정숙  어데예. 겸손이 아니라 진심입니더. 내사마 부잣집이라고 시집 은 왔습니다만도 아무것도 아는 것도 없이 그저 울타리 안에서만 살아왔십니더. 시아부지께서 세상을 뜨시고 나서 집안 형편이 말 이 아니라서 우선 내 집안부터 바로잡아야겠다고 나섰을 뿐입니다.
면장  바로 그 점이 우리가 바라는 점이지예!

**정숙**  제 얘기를 들으시이소. 저는 무슨 운동이니 무슨 부장이니 그런 거창한 거 모릅니더. 저는 다만 내가 살고 있는 집안을 바로 지키는 일 뿐입니더! 내 집을 바로잡고 나서는 그런데 눈을 돌릴 수도 있겠지만 지금은 안 되겠십니더! 지금은 내가 해야 할 일이 너무나 많아서 남의 일을 돌볼 사이가 없습니더. 그러니 그리 아시고 용서하시이소. 참말입니더! 다만 여러 어른들의 뒤에서 심부름은 하라칸다면 하겠지만 앞에 나서서 부녀부장이니 하는 감투는 싫습니더. 아시겠지예? 그럼 이만 실례하겠십니더. 아이들이 학교에서 돌아올 시간이라서······

정숙은 상대편의 대답을 들을 필요도 없다는 듯 총총히 부엌으로 물동이를 들고 들어가 버린다. 면장과 청년들은 눈에 보이지 않는 어떤 힘에 압도당한 사람처럼 한동안 멍하니 서 있더니 면장이 깔깔대고 웃는다.

**면장**  핫하······

**상석**  뭐가 우습나. 잉?

**면장**  헛허······ 상석이 자네의 고충을 충분히 이해하겠네!

**상석**  고충? 아니 무슨 말이꼬?

**면장**  엄처시하에서 얼마나 고생이 많은가 말이다. 헛허······

**상석**  원, 망할 친구! 헛허······

**면장**  그러나 미안하지만 상석이 자네한테는 과분한 부인이제!

**상석**  뭐라꼬?

**면장**  자네처럼 우유부단하고 게으른 남편에겐 과분하단 말이다! 차라리 부부가 바뀌었더라면 좋았제! 헛허.

일동은 깔깔대고 웃는다. 방에서 심 씨가 미닫이를 열고 의아한 표정을 짓는다.

면장　그러나 상석이. 오늘은 이대로 물러가지만 우리가 단념한 건 아니네. 우리 마을을 위해서는 자네 부인이 꼭 앞장서주셔야 한다는 원칙은 변함이 없다는 걸 기억하게! 그럼 또 들리겠네. 자네도 부인께 계속 권유 좀 하게. 알았제!

상석　엄처시하에 있는 내사 발언권이 없다는데 와 나보고 그라노? 헛허……

면장　부탁한다.

청년들에게 가자고 눈짓을 하자 청년들도 상석에게 인사를 하고 대문 밖으로 나간다.
상석의 표정이 서서히 굳어지기 시작한다. 그는 뜰 한복판에 서서 허공을 쳐다보며 상념에 잠긴다.

심씨　(방에서 고개만 내밀고) 면장이 머라카더나?

상석　(비로소 돌아보며) 아 아무 일도 아닙니더.

심씨　연실 에미보고 뭐라카던데?

상석　예! 뭐 부녀부장을 맡아달라카는데 싫다고 해도 한사코……

심씨　부녀부장이 뭐꼬?

상석　어무이는 몰라도 됩니더.

심씨　(짐작대로) 연실 에미더러 무슨 회의에 나오라카는 일이제?

상석　예?

심씨　아범아, 그것만은 안 시키는 게 좋제! 자고로 암탉이 울면 집안이 망한다고 안하더나. (한숨) 집안에서 부지런히 일하는 거야 말리지 않지만도 여자가 밖으로 나다닌다카는 건 몬 쓰는 기라! 양반 가문에는 있을 수 없는 일이라.

**상석**   알고 있습니더. 그래 거절한 거 아닌기요?

**심씨**   거절해야지. 남 보기도 험상궂지 뭐꼬……

이때 대문 밖에서 떠들썩한 여자의 소리에 환의 말소리가 섞여 들린다.

**인천댁**   (소리만) 놔요! 이 손 놔!

**환**   (소리만) 들어가면 안 된다!

**인천댁**   (소리만) 놔라! 내가 들어가서 따질 게다. 왜 나라고 들어가면 안 돼?

**환**   안 된다면 안 된다카이!

이윽고 인천댁과 환이 들어선다.

그 뒤에 화선이가 따라온다. 상석과 심 씨가 깜짝 놀란다. 인천댁은 살기가 등등하며 팡파짐한 가슴이 거친 숨으로 들먹거린다.

**인천댁**   (건성으로) 실례합시다!

**상석**   아니 이게…… 인천댁 아닌기요?

**인천댁**   마침 계셨군요? (마루에 걸터앉으며) 도대체 어떻게 된 거예요?

**상석**   무슨 얘긴기요?

**인천댁**   그래 양반댁 장손은 외상술값 안 갚아도 좋습니까?

**상석**   외상술값?

**심씨**   (마루로 나오며) 누가 술을 묵었단 말이꼬?

**인천댁**   (환을 가리키며) 도련님께서요! 흥! 나도 참을 만큼 참았고 기다릴 만큼 기다렸습죠! 예! 그런데 일 년이 다 되어가는 외상값을 미친

년 속가랑이 자락 끌듯 질질 끌더니 그래 고작해서 돼지 새끼 한 마리라?

**상석**　돼지 새끼?

**인천댁**　그래 외상값이 얼만데 돼지 새끼로 상쇄합니까? 예?

부엌에서 정숙이가 나온다. 환은 감나무 밑에 서 있고 화선은 시무룩하게 땅만 내려다보고 있다.

**인천댁**　하기야 따지고 보면 외상을 준 우리에게도 책임이 있겠습죠! 예 …… 저 화선이란 년이 눈이 맞아가지고 나 몰래 준 외상술이 자그마치 이만 원이에요!

**상석**　이만 원?

**인천댁**　그리고 내가 준 게 만 칠천 원이고요. 그런데 돼지 새끼 한 마리로? 당치도 않아요!

**상석**　그게 정말인기요? 환이가 댁에서 삼만 칠천 원어치나!

**인천댁**　내 말이 안 믿어지거던 저애보고 물어보시구려! (앙칼지게) 화선이 늬가 말해 봐!

**화선**　(난처해서) 뭘 말해유!

**인천댁**　늬가 준 외상값이 얼마냔 말이다!

**화선**　이만 원이라고 했지 않아유? 아줌마도 다 알고 있으면서 괜시리 나보고 말하라고 한디야…… (하며 입을 쫑긋거린다)

**인천댁**　이년아! 그러기에 내가 뭐랬어? 물장사란 건 정을 줘서는 안 된다고 했잖아? 그것도 상대편이 어엿한 직업이 있다거나 자기 밥벌이를 하는 사내 같으면 또 몰라요. 그래 어디서 저런 젖비린내나는……

**환**　(더 참을 수 없다는 듯) 집어치라! 누굴 우찌보고 하는 소리고 잉?

(하며 윽박지르자 인천댁은 잽싸게 상석에게 구원을 청하듯 도망친다)

**인천댁** 사, 사람 살려요!

**상석** (분노가 터지며) 환아! 이게 무슨 지랄이고! 잉?


그는 환을 마구 때린다. 환은 매질을 피하려다가 그만 땅바닥에 주저 앉아 버린다.
상석은 사정없이 발길로 차고 때린다.


**상석** 죽어! 죽어! 너 같은 놈은 죽어!

**심씨** 상석아!

**정숙** 여보! 무슨 짓인기요! (하며 뜯어 말린다) 참으시이소! 여보!

**상석** 이런 자석은 쥑여야제! 그래 외상을 갚기 위해 돼지 새끼를 훔쳐 내다니! 이런 새끼는…… (하며 다시 발길로 차려 하자 정숙이가 말 린다)

**심씨** 환아! 이게 무슨 창피인가 말이다. 옥돌마을 이참판댁 종손이…… 이놈아! 차라리 혀를 깨물고 죽어라! 죽어. 네 조부님한테 가서 백배 사죄하라, 이놈아! (하며 실성한 듯 외친다)

**정숙** 어무이요! 진정하시이소!

**심씨** 아니다! 빚을 갚기 위해 돼지를 훔쳐내다니…… 썩 죽어! 죽어!

**정숙** (인천댁에게) 아주머니요! 그 외상은 내가 책임지겠십니더!

**인천댁** 책임을 져요? 아니 말로 책임을 지나요?

**정숙** 내가 돼지를 더 팔아서라도 갚아드릴 테니 오늘은 이만 돌아가시 이소. 예? 환이가 잘못한 걸 내가 이래 대신 사과하겠십니더!

**인천댁** 정말 댁에서 책임지겠어요?

**정숙** 예. 며칠만 기다리시이소! 다음 장날엔 내가 돼지를 팔아서 그 자리에서 갚아드릴 테니! 그러면 됐지예?

**인천댁**  (잠시 눈치를 보더니) 좋아요! 나도 비록 물장수를 하고는 있지만 사람을 볼 줄은 알아요. 아주머니 같으면야 믿을 수 있지요. 그럼 다음 장날입니다?

**정숙**  예.

**인천댁**  (화선에게) 화선아, 가자!

**화선**  그렇지만……

**인천댁**  뭐가 그렇지만이니? 에그, 등신 같은 게 미련하긴 꼭…… 어서 가자! 그동안에 가게 비었으니 누가 몽땅 훔쳐가도 모르겠다! 어서 가! (하며 화선의 등짝을 쾅 치며 밀고 나간다. 화선은 미련이 남은 듯 환을 돌아보며 나간다. 상석은 돼지우리로 가서 확인을 한다. 환은 아직도 고개를 못 들고 땅바닥에 엎드리고 있다. 정숙이가 가까이 가서 어깨를 털어주며 일으킨다)

**정숙**  (담담하게) 환아, 걱정 말어라…… 내가 책임진다카이. 그까짓 돼지 새끼 한두 마리가 문제겠나? 요는 앞으로 네가 새사람이 되는 기라. 조부님 시대도 아부님 시대도 아닌기라. 앞으로는 이 집은 환이가 이어 나가야제! 안 그러나? 잉? 그럴라카문 네가 정신 차리야제! 어린 동생들을 위해서도 말이다. 너는 고등학교를 나왔으니까이 마음먹기에 따라서는 대학에도 갈 수 있었제. 네가 게을러서 몬간기라! 지금 세상에 남에게 책임 돌리지 말아라! 모든 게 내 잘못이라카고 사는 기라! 잉? 알겠나?

**환**  작은 어무이요…… 흑…… 흑……


환은 동물적인 절규를 부르짖으며 밖으로 뛰어나간다.


**심씨**  환아! 환아!

**정숙**  어무이요, 다 잘될 깁니더! 잘 되고 말고예!

정숙의 얼굴에 눈물이 흘러내린다. 상석은 아내의 새로운 면을 발견한 듯 감동어린 시선으로 바라본다.

-막

# 제5막

## 제1장

### 무대

전막부터 4년 후 겨울 낮. 겨울 날씨치고는 봄날처럼 포근한 날씨이다. 감나무는 잎이 떨어진 채 가지만 남았다.

막이 오르면 뜰에 부녀자 십여 명이 모여서 가마니치기를 하고 있다. 모두들 머리에 수건을 쓰고 유쾌하게 작업을 하고 있다. 한편에서는 남자들이 가마니를 규격대로 묶어서 경운기에 싣고 있다. 일하는 사람들의 표정 뿐 아니라 상석의 집 둘레에 있었던 초가지붕이 모두 슬레이트 지붕으로 바뀌어지고 무너진 담도 말끔하게 손질이 되어 있다. 대문이 서 있던 자리가 훤히 헐리고 퇴비장이 섰다. 그 앞에 퇴비장이라는 푯말이 붙어 있다. 한길에서 집 뜰로 화물차가 자유롭게 드나들 수 있을 만큼 넓혀져 있고 부엌 옆에 연초건조장이라는 푯말이 붙은 창고가 반쯤 보인다.

막이 오르면 다섯 살 난 연실이가 밖에서 깡총거리며 들어온다. 연실의 손에 편지가 들려 있다.

**연실**　(큰 소리로) 엄마! 엄마!

**아낙네 갑**　연실아, 어디 갔다 오나?

**연실**　엄마!

**아낙네 을**　연실이 엄마는 면사무소에 가서 아직 안 왔제! 이장님이요! 이장님이요!

가마니를 경운기에 싣느라고 청년들과 얘기하고 있던 상석이가 무심코 돌아본다.

그는 초록빛 스포츠 모자에 잠바를 차려 입었다.


**상석**　와 그러십니꺼?

**아낙네 갑**　연실이가 엄마를 찾습니더!

**상석**　연실아, 왜 그러나?

**연실**　아부지 편지! (하며 손에 들었던 편지를 쓱 내민다)

**상석**　편지? 어디서 가져왔노?

**연실**　우체부 아저씨가 줬어!

**상석**　그래? 누구한테 온 편지고?


그는 때묻은 장갑을 낀 손으로 편지를 받아 겉봉을 본다. 다음 순간 그의 얼굴이 밝아진다.


**상석**　(큰 소리로) 어무이요! 어무이 계십니꺼?

**아낙네 정**　아까 연초건조장에 계시던데예……

**상석**　연실아! 너 저기 창고에 가서 할매 나오시라케라!

**연실**　할매?

**상석**　응, 환이 오빠한테서 편지 왔다고……

**연실**　응!


연실은 할매를 부르며 건조장 쪽으로 뛰어간다. 상석이가 장갑을 벗어 놓고 편지를 펴서 읽는다. 그 사이에 경운기에 가마니를 실은 청년이 모자를 벗고 절을 한다.

**상석**  응! 수고하게.

**청년 B**  예.

**상석**  그라고! 면장님 만나거던 내가 할 애기가 있으니 집에 들려주십 사고 전하게. 교량 가설 문제로 의논할 일이 있다고.

두 청년은 경운기에 발동을 걸더니 한길 쪽으로 몰고 간다. 상석은 편지를 읽기 시작한다. 이때 연초건조장에서 심 씨가 연실의 손을 잡고 나온다.
전과 다른 점이라면 지팡이를 짚고 다닌다는 점 뿐이고 외모는 아직도 정정해 보인다.

**심씨**  환이한테서 편지가 왔다고?

**상석**  (힐끗 쳐다보고는 여전히 편지를 읽으면서) 예……

**심씨**  어젯밤에 돌아가신 조부님이 꿈에 보이시더니 편지가 왔구나. 츳 츠! 꿈에 느이 조부님이 보이면 꼭 좋은 일이 있는기라! 홋호……

**아낙네 갑**  마나님이 생전에 시아버님을 극진히 공대했나 봅니다…… 홋호 ……

**심씨**  공대했제…… 내사 마 어려서부터 시집 어른 잘 모셔야칸다는 가르침밖에 안 받았으니까네! 그저 옛날 어른들은 자나깨나 어른 모시는 애기밖에 안 하는기라! 거기에 비하문 요즘 젊은아들은 정말 편한 세상 사는 기라……

**아낙네 병**  에고! 이렇게 아침부터 저녁까지 일을 하는데 편한기요?

**심씨**  어림도 없제! 우리 시집살이하던 애기 하자카문 하늘과 땅인기라 …… 너희들은 그래도 호강에 초친 애기데이……

**일동**  홋호……

**상석**  (편지를 다 읽고 나서) 어무이요.

**심씨**　응?

**상석**　환이가 군대에서 편히 있다는 사연입니더!

**심씨**　에그, 그 자식 되게 추위도 타는데! 군대는 안 춥다켔나?

**상석**　예. 그리고 군대에서 우연히 라디오를 들었는데 옥돌마을 얘기가
　　　나와서 신바람이 났다면서 내년 봄에 제대하는 날이 지금부터
　　　기다려진다꼬예.

**심씨**　홋호…… 그 자슥 인천댁집 막걸리 생각나서 우째 군대생활하는
　　　지 모르겠다! 홋호……

**아낙네 갑**　할매가 막걸리를 위문품으로 보내시이소……

**일동**　홋호……

**상석**　그리고 제대하게 되면 저도 고향을 위해 힘껏 일하겠다면서예
　　　…… 할매보고 오래오래 살으시라켔십니더……

**심씨**　(마음속으로는 반가우면서도 부러 눈을 흘기며) 응, 망할 자슥이 할매
　　　가 노망해서 오줌똥 싸는 꼴 보고 싶다켔을기라.

**아낙네 을**　노인은 와 저래 마음씨가 요래 (손가락을 꼬부려 보이며) 되었는지
　　　모르제. 홋호.

**심씨**　흥…… 늙은이 흉보문 저승에 가서 벌 받는데이. (마루로 올라가
　　　며) 연실아!

**연실**　응?

**심씨**　나하고 방에 들어가자.

**연실**　싫다.

**심씨**　싫어?

**연실**　또 할매 등 긁으라고?

**심씨**　할매 등 좀 긁어주는 게 싫단 말이가?

**연실**　싫다. 난 엄마 오는가 볼란다! (하며 뛰어나간다)

**상석**　연실아…… 쬐금만 놀다 오래이…… 곧 점심 때인기라…… 알

았제?

상석은 연실이가 나가는 쪽을 한동안 바라보더니 가마니를 다시 묶기 시작한다.
이때 한길 쪽에서 길용이가 등장, 옷차림새가 제법 때를 벗어서 얼핏 보기엔 누군지 분간하기가 힘들 정도이다. 길용은 뜰 안을 기웃거리다가 상석을 발견하자 입에 물었던 담배를 버리고는 들어선다.

**길용**  상석이!

**상석**  (미처 못 알아보고) 예? 뉘신기요?

**길용**  이 사람! 나를 몰라 보나? 잉? 나 길용이제!

**상석**  길용이? (잠시 살펴보더니 그제야 알아차린 듯) 오…… 길용이가! 우짠 일이제?

**길용**  헛허. 모처럼 고향을 찾아 봤제? 헛허.

**상석**  아주 몰라보겠구먼!

**길용**  상석이는 여전하군 그래! (집을 둘러보며) 많이 변했어! 하긴 옥돌 마을 자체가 4년 전에 비해서 굉장히 변했지만 말이야. 헛허…… 모두 자네 덕분이라카는 건 다 알제, 헛허! (가마니를 짜던 아낙네들이 서로 수군덕거린다)

**상석**  참, 그래 보이 자네가 서울로 올라간 지가 그때 그 선거 소동이 났을 때였제?

**길용**  그렇지.

**상석**  서울 재미가 좋으나?

**길용**  그저…… (담배를 권하며) 피우제?

**상석**  안 피운다.

**길용**  그래? 그럼 술이나 할까? 내 할 이야기도 있고 해서……

**상석**  술? 춧츠…… 우리 마을엔 술집 없어진 지 오래 되었제!

**길용**  (놀라운 표정을 지으며) 그래?

**상석**  술집에 손님 발이 끊겨서 장사가 안 되니 우째 하겠노? 헛허 ……

**길용**  그때 그 인천댁이 하는 주막이 있었제?

**상석**  응…… 문 닫고 벌써 부산으로 떠났제……

**길용**  그래? 난 도무지 소식을 모르고 있었구먼! 하기사 서울서 살다보니 고향이 타관이 되더구먼…… 헛허……

**상석**  (뭔가 심상치 않은 예감을 품으며) 그래 우짠 일로 내려왔제?

**길용**  응? 응…… 그저……

**상석**  할 얘기가 있다 했잖나?

**길용**  응. 실은…… (주위를 살피며) 상석이! 자네를 만나고 싶어 하는 사람이 있지!

**상석**  나를? 누구꼬?

**길용**  강상구 의원.

**상석**  강상구 의원?

**길용**  어때 시간 좀 내주겠나?

**상석**  아니 그럼 자넨 그 사람하고 같이……

**길용**  (변명하듯) 같이 일했다기보다 서울서 사업을 하려다 보면 아무래도 그분의 신세를 지게 되고 해서…… 헛허……

**상석**  (냉담하게) 용건이 있으면 여기로 찾아오면 될 게 아이가!

**길용**  그, 그야 그렇지만…… 사람들의 이목도 있고 해서 말이지…… (바싹 다가서며) 밤에 읍내로 나오게. 성일옥 안방에서 기다리고 계실 터이니!

**상석**  성일옥?

**길용**  뭣하면 강 의원 자가용차를 보내줄 수도 있으니까!

**상석**  그럴 필요는 없제! 그렇지만도 강상구 의원이 와 나를 만나자는 건지 내막이나 알아야 가제! 안 그러나?

**길용** 내막은 무슨…… 헛허…… 그때 그런 일도 있고 해서 자네한테 미안하게 되었다고 늘 입버릇처럼 말하던데!

**상석** (쓰게 웃으며) 그일 같으문야 난 벌써 잊었제! 그런 일로 신경을 쓰고 있을 여유도 없는 기라…… 자네도 보다시피 우리 농촌 사람들은 밤이나 낮이나 잘 사는 일이 무엇이고 그 길이 어디에 있는가 찾아내는 일로 꽉 차 있는기라! 도회지 사람들처럼 한가롭게 다방에서 만나서 얘기하고 지나간 추억담이나 늘어놓고 할 정신적 여유가 없단 말이다. 난 그때 일 같으면 벌써 강물에 띄워 보낸기라. 그런 일 같으면 강상구 의원을 만날 필요도 없제! 안 그렇나?

**길용** 그렇게 따지는 식으로 나오면 나도 할 말이 없다! 허지만도 내가 알기엔 (눈치를 보며) 강 의원께선 자네가 벌이고 있는 사업을 돕고 싶어서……

**상석** 내가 벌이고 있는 사업?

**길용** 얘기 다 들었다. 다리를 놓는다제? 저 자옥산 줄기에서 내린 물로 해마다 물사태 모래사태가 나잖는가?

**상석** 어디서 들었나?

**길용** 고향 일인데 왜 모르겠나? 헛허…… 자네가 마을 이장으로 들어서고 참 자네 부인께서 그렇게 열성적으로 마을 일을 보살피고 있다는 것도…… 다 알지…… 그러고 보니 상석이 자네도 옛날의 상석이가 아니야. 변했어! 정말 변했어, 헛허……

**상석** (빈정대며) 안 변한 건 자네뿐이제? 잉? 훗흐……

**길용** (당황해 하며) 그 그럴 리가 있나. 나도 많이 변했지! 헛허! 그럼 아까 그 얘기 기다릴테니 꼭 나오게! (하며 행길 쪽으로 나가는데 정숙이가 들어선다. 손에 설계도를 말아서 들었다)

길용    (반갑게) 안녕하십니꺼! 헛허……

정숙    누구시지예?

상석    길용이 아닌가베!

정숙    어머, 우짠 일인기요?

길용    예. 그저…… 그럼 또 들리겠십니더!

정숙    안녕히 가십시더. (길용을 보내놓고는 금시 표정이 딱딱해지며) 저 남자는 와 왔는기요?

상석    응? 응.

정숙    저런 인간은 보기만 해도 징그러버서……

상석    그건 그렇고 면에 간 일은 우째 되었노? 시멘트와 철근은 배급해 줄 수 있다고 하던가예?

정숙    나 기가 막혀서 말도 몬하고 듣고만 있다 왔십니더!

상석    무슨 소리제?

정숙    글쎄…… 그 강상구가 벌써 손을 썼지 뭔기요.

상석    손을 쓰다니? 지난 선거 때 기공식만 해놓고 다리는 4년 동안 방치해 놓은 위인이 무슨 손을 쓰노?

정숙    뻔하지예! 내년 봄에 선거가 닥쳐오게 하는 수작 아닌기요! 자기가 이번에는 책임지고 다리를 놔줄테니 자기를 밀어달라는 얘기가 아니고 뭡니꺼! 속셈이 뻔한 기라!

상석    (문득 생각이 나서) 옳제! 그래서 아까 그 친구가……

정숙    예? 누구 말인기요?

상석    실은 길용이가 와서 강 의원이 나를 만나자고 한다면서 저녁때 성일옥으로 나오라카지 않던가베.

정숙    그래 나간다켔십니꺼?

상석    아니.

정숙    그럼 거절했는기요?

**상석**    아니.

**정숙**    (화를 내며) 무슨 대답이 그렇십니꺼? 희면 희고 검으면 검제 희도 검도 않는 게 세상에 어디 있나 말입니더! (하며 설계도를 마루에 내던진다)

**상석**    (도리어 화를 내며) 와 나한테 화풀이하나! 잉?

**정숙**    당신은 아직도 그 미지근한 성질을 몬 고쳤는기요? 와 딱 잘라서 거절을 안 하는기요?

**상석**    만나봐야 무슨 얘기인지 알제!

**정숙**    아니 그럼 만나서 얘기가 될 만하면 강상구의 요구조건을 들어줄 작정인기요?

**상석**    누가 요구조건을 들어준다켔나? 만나자고 하이 밑져야 본전이다 싶어서······

**정숙**    (단호하게) 그만 두시소!

**상석**    뭐라꼬?

**정숙**    (준엄하게) 남자가 남자답게 처신하제 그게 뭡니꺼. 4년 전에 그 강가 때문에 우리가 당한 일 생각도 안 납니꺼? 축산조합장을 시켜준다카는 말을 철석같이 믿고 마지막 남은 재산을 다 팔았다가 홀랑 날린 일! 그것 뿐인기요? 아버님께서 와 돌아가셨는기요? 잉? 당신이 선거에서 떨어졌다는 소식을 듣고 인사불성에 빠지신 채 세상을 뜨신 일을 벌써 잊었는기요? (앙칼지게) 자신을 망치고 우리 집안을 망친 그 인간에게 아직도 미련이 있어 만나자고 했는가 말입니더! 당신이 남자인기요? 쓸개가 있나 말입니더······ (정숙이가 마구 악을 쓰고 대들자 상석은 반사적으로 정숙의 빰을 때린다)

**상석**    듣기 싫어!

**정숙**    당신이 나를 때렸제? 나를 와 때리는기요?

이때 아낙네들이 우르르 달려와서 정숙을 뜯어 말린다. 분에 못 이겨 정숙은 짚단 위에 얼굴을 파묻고 흐느낀다. 아낙네들은 보기가 민망한 지 서로 눈짓을 하며 슬슬 밖으로 나간다.

**아낙네 갑** (상석에게) 와 손찌검을 합니꺼! 얘기로 하면 안 되는기요? 사내들
은 건뜻하면 손찌검부터 하는지 모를 일이제…… (정숙의 등을
어루만지며) 연실 엄마! 우리 이따가 올테이께…… 고분고분 말로
하이소! 잉? 이장님도 마음속으로는 다 생각이 있어서 그러는 일
이제…… 에그…… (하며 한길 쪽으로 나간다. 상석은 울고 있는 아
내를 보기가 민망한 듯 뜰로 내려선다)

**상석** 여보! 내 얘기 들어봐! 나도 감정이 있는 인간이란 말이다! 낸들
왜 강상구를 미워하지 않겠는가 말이오…… 인간이 한 번 배반을
당하고도 또 배반 당하기를 원하는 등신이 어디 있겠나 말이다.
그러나 내가 그를 만나겠다는 데는 그럴 만한 까닭이 있었는기
라…… 해마다 장마철이 되면 냇물이 범람해서 아이들도 통학길
이 막히고 때로는 인명까지 앗아가는 저 냇가에 다리가 있어야겠
다는 건 우리 마을 사람들의 오래 전부터의 소망이었잖소? 6·25
때 빨갱이놈들이 부숴버리고 간 뒤 오늘날까지 누구 한 사람 돌
봐주지도 않은 채 버림받은 상처를 우리는 너무나 뼈저리게 알고
있지예…… 그러기 때문에 당신과 나는 우리들의 힘으로 다리를
놔야 한다고 역설했지 않나? 그러나 마을 사람들의 힘이 아직은
거기까지 미치지 못하고 있단 말이오!

**정숙** 그게 왜 절망입니꺼? 우리가 필요한 다리를 우리 힘으로 놓겠다
는데 뭐가 안 되는기요? 강상구처럼 선거 때만 되면 터무니없는
공약을 내걸고 표나 얻으려는 그런 인간들은 벌써 없어져야 했는
기라요! 그런데도 아직까지 그런 사람들이 활개를 펴고 큰소리

치는 건 그런 사람에게 아첨하고 협력하는 사람이 있기 때문입니더…… 여보! 우리는 마음을 독하게 먹어야 합니더…… 누가 시켜서가 아니라 우리 스스로의 힘으로 일어서야 합니더…… 우리 자신밖에 믿을 수 없습니더…… 마을 사람들의 호주머니를 털고 노동력을 강제적으로 요구하는 건 어려운 일이라카는 건 저도 잘 압니더! 그렇지만도 강상구 같은 인간의 도움을 받는 것보다는 몇 갑절 마음 편합니더! 남이 질러 준 불이 아니라 내 마음속에서 솟구치는 불길이 더 뜨겁고 거센 법이 아닙니꺼? 여보! 강상구를 만나서도 안 되고 만날 필요도 없습니더…… (하며 남편에게 매달린다)

**상석**  그렇지만…… 마을 사람들이 만약에 응하지 않을 경우는? 또 그 지긋지긋한 물난리를 겪어야겠소?

**정숙**  그럼 오늘이라도 마을 사람들을 모아놓고 의견을 물읍시더!

**상석**  의견을?

**정숙**  (설계도를 가리키며) 여기 이렇게 설계와 예산이 산출되었으니 우리들의 힘으로 할 수 있겠는가를 마을 사람들에게 물어야 합니더! 그러면서 면이나 읍에 얘기해서 물자 원조를 받아야지 처음부터 원조가 나오기를 기다리다가 내년 여름이 오기 전에 다리를 놓는다는 건 어렵지 않는기요? 예?

**상석**  좋소! 당신 얘기대로 점심시간에라도 다 모여서 마을 회의를 엽시다.

**정숙**  그렇게 하십시더!

## 제2장

**무대**

전막과 같음. 전막으로부터 약 두 시간 후.

백여 명의 주민들이 뜰에 빽빽이 들어섰다. 마루에는 서툴게 만든 브리핑 차트와 다리 공사 설계도 등속이 걸려 있다.

막이 오르면 상석이가 열변을 토하면서 상황 설명을 하고 있다. 무겁고도 심각한 분위기가 장내에 꽉 차 있다. 동리 아이들이 저만치 나무에 올라서거나 담에 앉아서 구경을 하고 있다. 마루 한 귀퉁이에 앉아서 청년이 회의 기록을 하고 있다.

**상석**　따라서 결론적으로 말씀드리자면 우리는 잘 살기 위해서는 무슨 짓을 해서라도 이 다리를 놔야겠습니더! 조상들이 방치해 둔 채로 그대로 또 우리 후손들에게 물려줄 순 없지 않겠습니꺼! 뒤늦게나마 4년 전부터 우리가 마을을 새로 가꾸고 일깨우는 사업을 벌이고 있는 것도 바로 그런 탓에서가 아닙니꺼! 그러믄 이 다리를 놔야 한다는 원칙에 대해서는 반대가 없지예?

여기저기서 "없습니다" 하고 소리 지르는 소리가 터져 나온다.

**상석**　좋습니다. 그럼 우리는 내년 여름에 장마가 오기 전까지는 다리를 놓기로 결의했습니다. (하며 기록을 하는 청년에게 눈짓을 보낸다)

**청년 A**　(손을 번쩍 들며) 한 가지 물어보겠습니더!

**상석**　말씀하시오!

**청년 A**　다리를 놓는 건 좋지만도 그 비용은 우째 마련합니꺼? 우리가 부담해야겠는기요?

여기저기서 바로 그것이 문제라는 듯 웅성거리기 시작한다.

**청년 B**  불평조로 당국에 가서 잘만 얘기하면 다리를 놔줄 수 있는 거 아닙니꺼? 양산 마을에서는 그곳 출신 국회의원이 말 한마디 하니까예 다리도 서고 도로 포장도 해줬던데 우리 마을은 이게 뭔기요? 면장이나 읍장은 뭘하고 있는기요? 우리 농민들은 뼈빠지게 일하고도 몬 사는데 우째 다리까지 놓겠는가 말입니더! 여러분들은 안 그런기요?

여기저기서 옳소 하며 외치는 소리가 나오자 또 한 번 장내가 술렁거린다.

**상석**  조용하시오…… 조용히 합시더……
**청년 C**  이장! 이장! (손을 번쩍 든다)
**상석**  말씀하시오.
**청년 C**  다리를 놓는 것도 좋지만 우리가 시급한 건 비료입니다! 비료가 없으문 농사도 몬 짓는 거 아닙니꺼! 퇴비 증산 퇴비 증산 하지만도 일손이 모자라는데 우째 그것만 하고 있습니꺼. 당국에 얘길 해서 비료 좀 싸게 외상으로 주라고 합시더!

외상이라는 말에 여기저기서 폭소가 터져 나온다.

**상석**  지금은 비료 얘기를 하고 있을 때가 아니라고 봅니더! 오늘 모인 것은 다리 가설 문제로 모인 것이니 우선 그 문제부터 마무리를 지읍시더!

주민들은 다시 수군거리기 시작한다. 이때 정숙이가 손을 번쩍 들고
나온다.

**정숙**　　제가 한 말씀 드리겠습니다!

상석은 약간 난처한 표정을 지으나 정숙은 본 체 만 체하고 군중들을
향해 선다.

**정숙**　　지금 보니까니 다리를 놓는 데는 이의가 없지만도 그 다리를 우리
힘으로 놓는 것은 반대라는 의견이 많은 모양입니다만…… 그 점
에 대해서 제가 한 가지 말씀드리겠습니다! (한 번 군중을 둘러보고
서) 여러분들은 이 자리에 어떤 독지가가 나와서 다리를 놔주기
를 바라고 있을 겝니다. 여러분들은 다른 사람의 힘으로 우리 마
을에 다리가 서기를 바라고 있을 겝니다. 그런 방법이 없는 것도
아닙니다. 찾으면 있을 게고 또 실제로 그런 사람이 나타났습니다.

여기저기서 그게 누구냐고 묻는 소리가 터져 나온다. 상석이가 난처한
표정으로 발언을 중지하라고 하나 정숙은 태연하게 대답한다.

**정숙**　　말하지예…… (사이) 강상구 의원입니다.

장내가 다시 한 번 술렁인다.

**정숙**　　4년 전 선거 때 우리 손으로 뽑은 국회의원입니다…… 그분이
오늘 사람을 시켜서 그 다리를 이번에는 무슨 일이 있어도 완공
시키겠다고 전해왔습니다.

다시 장내가 술렁거린다.

**청년 D**  그게 정말인기요?

**청년 E**  얼마를 내놓겠다겠는기요?

**청년 F**  강 의원이 직접 왔습니꺼?

**정숙**  여러분! 조용히 하십시더! 제가 여러분에게 묻고 싶은 건 만약에 그 강상구 씨의 제의가 조건이 붙어 있을 경우와 무조건의 경우를 생각해봅시더. 강상구 씨가 그 다리를 세워줄 테니 내년 선거 때 자기를 밀어달라고 했을 경우 우째 하겠습니꺼?

**청년 D**  다리를 놓는 걸 보고 찍어주지예! (장내에서 폭소가 터진다)

**청년 H**  우리 돈 안 들이고 다리가 선다면야 얼마나 좋습니꺼?

**부녀 A**  그렇지만 그걸 우째 믿을 수 있는기요?

**부녀 B**  맞십니더! 말뚝만 박아놓고 기공식만 해놓고서 4년 동안 허송세월한 그 양반이 다리를 놔주다니 어림도 없는 기라.

장내가 다시 술렁인다.

**청년 J**  그런 돼지 방귀소리 같은 말은 믿을 수 없십니더, 치아버립시더!

폭소가 터진다. 장내가 전에 없이 술렁거리며 질서가 흔들려진다.

**정숙**  여러분! 조용히 합시더! 바로 그 점입니더! 제가 분명히 말씀드리고 싶은 건 이 자리에서 강상구 씨를 욕하자는 말은 아닙니더. 요는 우리들 자신의 일입니더! (차츰 열변으로 변하며) 우리 자신이 능력이 있어도 안하는 것과 능력이 없어서 몬하는 것을 분명히 하자는 것입니더. 우린 가난하게 살아왔습니더! 다섯 마지기 농토를 가진 사람이 불과 20가호도 못되는 빈촌입니더. 그래도 우리는 이 마을에서 조상 대대로 살아왔습니더! 이 가난한 살림에서 돈이나 양식으로 경비를 대고 또 노력 동원에 나가는 건 힘겨운 일입니더! 피눈물 나는 일일겝니더! 허지만 한가지 기쁨이 있고 보람이 있다카면 그건 우리 자식들에게 자랑스러운 유산을 남겨준다는 점일겝니더! 먼 훗날 우리 자식들이 그 다리를 지나갈 때마다 이 다리는 우리 아버지 어머니가 손수 쌓고 손수 문질러 만든 다리라고 기억해주는 보람입니더. 그러나 어떤 특정인이 자기의 일신상의 영달이나 명예를 얻기 위한 대가로 다리를 놔줬을 때 그것은 하나의 상품이 될 뿐입니더. 그것도 상품이 되리라는 보장은 없습니더. 자기를 국회의원으로 뽑아주면 해준다는 장삿속을 누가 믿고 누가 보장하겠십니꺼! 우리 가난하고 몽매한 농민들은 해방 이후 매번 그런 식으로 속여 왔고 속아 왔습니더! 그래서 우리 옥돌마을은 이렇게 못 살고 이렇게 뒤떨어진 게 아닙니꺼! 이제는 아무도 믿을 사람은 없습니더. 오직 있다면 우리 자신 뿐입니더! 세계의 역사가 그렇게 돌아가고 있지 않습니꺼? 강대국 등살에 약소국은 항상 밥이 되어 왔습니더! 여러분! 이제 다시는 속아서도 속여서도 안 됩니더! 달콤한 사탕발림 속에 독이 들어 있습니더. 독약일수록 그 겉은 달콤한 사탕으로 옷을 입혀 먹기 편하게 만든 법입니더! 지금 당장에는 쓰고 고되드라도 우리의 머리와 우리의 손과 우리의 마음으로 일하는 게 생명이 될겝니더! 평소에는 들여다보지도 않고 있다가 선거 때만 되면 생색을 내고 친절해지는 사람은 믿을 수 없습니더. 우리가 진심으로 믿을 수 있는 사람이란 바로 여러분의 이웃입니더. 우리와 같은 농민입니더. 우리가 우리끼리 믿고 힘을 합쳐서 안 되는 일이 어디 있겠습니꺼? 없습니더! 하면 됩니더. 농민은 가난하지만 무식하지는 않습니다! 우리는 억눌려 왔기 때문에 고개를 쳐들지 못했을 뿐 뿌리는 땅속 깊이 뻗고 있습니다! 우리는 가난해서 겉으로 번질 구멍이 막혀 있었을지언정 안에서 타오르는 불씨는 가지고 있었습니다! 이제 그 불길이 밖으로 번져나갈 때가 온 겝니다! 화산에서 불길이 솟아오르듯 우리 농촌에도 새로운 화산이 숨쉬기 시작했습니다. 우리는 죽은 화산이 아니라 살아있는 화산입니다. 그 누구의 힘에서가 아니라 오랜 세월을 땅 속에서 이글거리다가 솟구치는 화산입니다. 여러분! 우리는 일어서야 합니다. 밀어야 합니다. 우리는 가난을 몰아내야 합니다!

정숙의 초인간적이며 전신투구하는 정열에 어느덧 장내는 조용해지더니 이윽고 여기저기서 오열이 터지고 마침내 열광적인 박수가 터져나온다. 정숙은 자기 자신도 모르게 어떤 걷잡을 수 없는 충격으로 그 자리에 주저앉아 울음을 터트린다.

**상석**    여보! 이게 무슨 짓인기요! 퍼뜩 들어가지 못하겠나! (하며 찔벅거리자 정숙은 얼굴을 감싸고 여자들이 서 있는 쪽으로 숨어버린다. 장내의 분위기는 완전히 하나의 길로 뭉쳐 있다. 여기저기서 청년들이 외치기 시작한다)

**청년 A**    우리 힘으로 일어섭시더!

**일동**    옳소!

**청년 B**    다리는 우리가 놓아야 합니더!

**일동**    옳소!

**청년 C**    우리는 다시는 속을 수 없다.

**일동**    옳소!

**청년 D**    우리는 가난을 이겨내고 몰아내자!

| 일동 | 옳소! |
| 청년 E | 여러분! 우리들은 이 길로 면에 가서 우리 옥돌마을의 의사를 전하고 내일부터 공사에 착수합시다. |
| 일동 | 옳소! 갑시다. |

한 청년이 앞장을 서자 군중들은 손에 손에 농구를 들며 행길로 나간다. 그것은 마치 밀물이 썰물로 변해가듯 조용한 가운데 큰 힘을 나타내 준다. 합창 소리가 들리기 시작한다.
어느덧 뜰은 텅 비고 상석과 정숙만이 남는다.
두 사람 눈에는 눈물이 핑 돈다.

| 정숙 | 여보! |
| 상석 | 잘 됐제. |
| 정숙 | 죄송합니더! |
| 상석 | 뭐가? |
| 정숙 | 제가 그만 너무 흥분해서…… |
| 상석 | (자기도 모르게 아내에게 이끌리며) 고맙소! 오늘의 당신은 훌륭했소! |
| 정숙 | 정말 그렇게 보십니꺼? |
| 상석 | 그럼! 훌륭했어! (하며 손목을 꼭 쥐어 준다. 정숙은 감격의 눈물을 흘린다. 농민들의 노랫소리가 멀리 벌판으로 울려퍼진다) 우리도 잘 살 날이 올기라! |

-막

# 약산의 진달래 (5막)

- **등장인물**

  마미자 여사(49), 송학여관 주인. 사금융업을 겸한 과부

  옥단(25), 마 여사의 맏딸. 활달하고 명랑하긴 하나 지능발달이 낮다.
  패션모델이 소망이다.

  금단(22), 마 여사의 둘째 딸. 상냥하고 차분한 성격이 언니와는 대조
  적이다. 여관 경리를 겸했다.

  구승룡(40), 여관 지배인. 마 여사 앞에서는 충성을 다하나 아랫사람
  에게는 승냥이 같은 성격.

  유신일(26), 자칭 재일교포. 유병오의 아들. 미남형이다.

  강동기(27), 유신일의 친구. 사교적이며 기지가 풍부하다.

  오마담(35), 마 여사와 금전거래하는 살롱 주인

  용식(18), 송학여관 종업원. 눈치가 빠르고 명랑한 소년

  이가(55), 복덕방

  숙박객(30)

  청년(22), 옥단을 따라다니는 청년

  취객(40)

  중년 남자(50)

  젊은 여자(20)

- **때**

  현대. 봄

- **곳**

  서울 종로 뒷골목

# 제1막

**무대**

종로 뒷골목에 있는 송학여관.

무대 우편은 여관이며 안집이 좌편으로 잇달아 있다.

원래가 재래식 한옥이었던 것을 2층으로 개수한 여관의 건축은 어딘
지 어색하고 불안하다.

여관 출입문 앞은 골목길이며 복덕방, 중화요리점, 세탁소 등등의 간
판이 즐비하고 겨우 자전거 하나가 드나들 수 있는 노폭이다.

출입문 위에는 멀리서도 알아볼 수 있을 만큼 멋없게 큰 간판이 붙어
있고 밤이면 원색 네온이 온천 마크와 여관 이름을 나타낸다.

현관은 비교적 넓어 명색뿐이긴 하나 비닐제 소파가 한 개 있고 옆에
사무실이라고 표시가 붙은 유리문이 칸을 막았다. 말하자면 이 방이
손님을 받는 지배인과 종업원 용식이와 경리를 맡은 금단이가 상주하
는 방이다.

방안에는 캐비닛, 손금고, 전화, 열쇠장 그리고 간단한 응접대가 놓여
있다. 다만 눈에 잘 띄는 곳에 '외상사절' '신용본위' '청결제일'이라는
표어가 붙어 있어야 한다.

현관에서 사무실 뒷면 쪽으로 계단이 있어 2층으로 통한다. 사무실을
지나면 출입문이 있어 우편 안집으로 통하게 되어 있다. 안집은 재래
식 한옥 그대로이다. 여관 2층 창에서 집안이 빤히 내려다보이게 되어
있다. 그래서 2층 객실 창에서는 나무로 창갈이가 되어 있고 못 내려다
보게 되어 있다.

서너 평 넓이의 뜨락을 빼놓으면 사방이 꽉 막힌 집이다. 흡사 난쟁이
가 끼어 있는 격이다.

건넌방과 마루와 안방만 보이고 부엌과 대문은 보이지 않는다.

무대 전면은 한길로 설정하여 사람이 통행할 수 있도록 하면 좋겠다. 따라서 우편 골목에서 무대 전면을 지나 좌편은 길이 뚫려 있다고 봐도 무방하다.

때는 봄이 한창 익어가는 4월.

막이 오르면 화창한 날씨의 아침나절.

한편 안채에는 햇빛이 아직 안 드나 우편 여관의 2층과 현관 유리문에는 햇볕이 담뿍 내리쪼이고 있다. 이맘때 시간이면 여느 직장은 이미 집무에 바쁜 때이지만 골목 안 여관은 이제 겨우 눈을 떠서 하루의 일과가 시작되는 시간이다.

용식이가 양동이에다 대걸레를 풍덩 적셔 웬만큼 물을 뺀 다음 바닥을 문지른다. 그 솜씨는 매우 익숙하며 생활화되어서 옆에서 보기엔 어떤 융통성을 느끼게 할 정도다. 뿐만 아니라 용식이가 노래를 부르는 품이 마치 일하는데 즐거움을 느낀다는 인상이다.

용식　(노래) 약산에 진달래가
　　　제아무리 고와도
　　　이 가슴에 피어나는
　　　순정만은 못해요
　　　백년 두고 보아도
　　　천년만년 두고 보아도
　　　어허…… 어허……
　　　이 가슴에 피어나는
　　　순정만은 못해요.

이 노래를 부르는 동안 2층에서 숙박객이 헝클어진 머리를 쓰다듬고 단추를 잠그며 내려온다. 아직도 잠이 덜 깼는지 술이 덜 깼는지 눈두 덩은 항아리만큼 부은데다가 입안에서는 단내가 풍길 것만 같다.

**손님**   신 줘…… (하고는 기지개를 켠다) 아……

**용식**   (힐끗 보고는 잽싸게) 예잇! 212호죠?

**손님**   그래……


용식은 신장 안에서 마치 마술사가 비둘기라도 끄집어내듯 능숙한 솜 씨로 신을 뽑아 바닥에 놓는다.


**손님**   숙박료는 치렀다.

**용식**   예!

**손님**   (신을 신고 나서며) 해장국집이 어디쯤 있니?

**용식**   골목 벗어나면 복덕방이 있는데 그 다음 집이에요.

**손님**   알았어. (가려고 하자 용식이가 잽싸게 막아선다)

**용식**   헷헤……

**손님**   뭐야?

**용식**   (머리를 쓱쓱 긁으며 손님의 구두를 가리킨다) 신 닦은 삯…… 헷헤.

**손님**   임마 누가 닦으라고 했어?

**용식**   그렇지만 황토 투성이던걸요. 그래서 제가 헷헤……

**손님**   임마! 시키지도 않은 일을 왜 네 마음대로 해? 돈 없어……

**용식**   에이 아저씨두…… 밖에서 닦으시면 30원이지만 여기선 특별 할 인으로 20원이면 됩니다! 헷헤……

**손님**   자아식! (하며 호주머니를 뒤진다. 잔돈이 없는 모양이다. 손에 5백 원 짜리가 잡힌다)

**용식**   (잽싸게) 거스름돈 있어요! 일루 주세요. (하며 주머니에서 돈을 꺼낸다. 백 원짜리가 한 뭉치에 동전 소리가 짤랑짤랑 난다. 예상 외로 많은 돈을 보자 손님 눈이 놀란 토끼모양 커진다) 여기 있습니다.

**손님**  (5백 원을 주며) 너 돈 많구나!

**용식**  헷헤…… (돈을 받자마자) 안녕히 가세요. 또 오세요. (하며 정중하고도 민첩하게 현관문을 열어준다)


손님은 어처구니가 없다는 듯 실소를 하며 용식의 이마를 툭 치고 나간다. 용식이는 소파에 앉아서 돈을 꺼낸 다음 조그마한 수첩에 기입하고는 돈을 헤아린다. 자못 행복한 표정이다. 이때 구 지배인이 한길 쪽에서 들어온다. 이발소에서 나왔는지 머리에는 기름이 번지르르하고 피둥피둥한 피부가 환하게 돋보인다.


**구지배인**  용식아! 뭘 하고 있어?

**용식**  (반사적으로 돈을 감추며) 지, 지배인님 나오세요?

**구지배인**  (양동이와 걸레를 보며) 아이 여태 청소도 안 하고 뭘 하는 거야? 응? 사장님 나오시면 어떻게 하려구……

**용식**  예, 다 했어요. 2층부터 다 해내려왔지요. 예…… (하며 급히 걸레를 집어 든다)

**구지배인**  유리도 닦았어?

**용식**  예…… 이 바닥만 끝나면 다 해요. (하며 신나게 문지른다)

**구지배인**  사장님께서 아침 순시라도 나오시면 걱정 없겠니?

**용식**  예…… 객실도 다 하고요.

**구지배인**  복도에 재떨이며 중국요리 접시는 없겠지?

**용식**  에그…… 지배인님도! 그런 걸 여태 놔두었다가 사장님께 들키면 어떻게 하게요. 헛허…… 저도 그런 눈치는 있으니 염려마세요.

**구지배인**  (사무실 안으로 들어가며) 너도 너지만 이 여관에서 일어난 일은


약산의 진달래

이 구승룡 지배인의 총책임하에 있다는 걸 알아야 해!

**용식**   예.

**구지배인**   우리 사장님께서 내세운 여관 경영방침이 뭣인지 알겠지? 1조는
……

**용식**   (크게) 외상사절!

**구지배인**   2조는……

**용식**   신용본위!

**구지배인**   3조는……

**용식**   청결제일!

**구지배인**   그래 바로 그 청결이야! 깨끗해야 해. 마음도 몸도 그리고 환경도
깨끗해야 한다는 걸 잊지 말아.

**용식**   물론이죠! 그래서 남녀동반 손님은 절대로 못 받기로 되어 있지
요. 주민등록에 부부로 되어 있는 사람 이외에는 말이에요.

**구지배인**   그게 우리 송학여관의 자랑이자 전통이요 전통이자 사명이라는
걸 너도 알아야 한다.

**용식**   예.


이때 전화벨이 울린다. 구 지배인이 수화기를 든다.


**구지배인**   예 송학여관입니다…… 예? (사이) 사장님이요? 아직 안 나오셨습
니다만…… 예? (사이) 아니요. 지금 안집에 계실 겁니다. 예……
실례지만 뉘시라고…… (사이) 아…… (크게) 오 마담이시군요. 헷
헤…… 예…… 나 구 지배인입니다. 헛허…… 요즘 사업 경기가
어떻습니까? (사이) 음…… 그래요? 그거 다행이군요. 아무튼 오
마담의 사업수단이야 누가 따릅니까…… 예? 아, 아닙니다. 예
…… 그럼 전화를 안집으로 돌려드리지요. 예. (구 지배인이 수화기

를 놓고 용식에게 말을 건다) 용식아.

**용식**　예.

**구지배인**　안집에 가서 사장님께 전화왔다고 말씀드려. 마담한테서 왔다고.

**용식**　아…… 그 용 싸롱의 오 마담이라고요?

**구지배인**　그래! (다시 수화기에 대고) 잠깐만 기다리세요. 그쪽으로 돌려드
릴 테니까요. 예…… 예…… (하며 스위치를 돌린다)

이 사이에 용식이가 사무실 뒤쪽으로 난 사이문을 열고 안채 뜰을 내
려가 안방 쪽으로 간다. 안채의 조명이 밝아진다.

**용식**　사장님! 사장님. 전화 받으세요.

**마여사**　(소리만) 어디서냐?

**용식**　서린동이라나 봐요.

이윽고 분홍빛 가운을 걸친 마미자가 안방에서 나온다. 중년기의 여성
다운 풍만한 육체가 한층 더 그녀의 관록과 여유를 돋보이게 해준다.
마흔아홉 살이라는 나이에 비해 훨씬 젊어 보인다. 언행이 여성적이라
기보다는 도리어 남성에 가깝다. 피우던 담배를 그대로 손가락 사이에
낀 채로 마루 한구석에 있는 전화를 받는다. 용식은 다시 여관 쪽으로
돌아간다. 구 지배인은 그동안 거울 앞에서 콧수염을 족집게로 뽑기도
하고 머리 손질을 한다.

**마여사**　아…… 나야! (별로 반가운 눈치도 아니다) 아니. 지금 막 나가려던
참이지. (사이) 응? (그 사이에 담배를 빨고) 2백이나? 아니 그런 큰
돈을 어디다 쓰려고 그래…… 응? (사이) 살롱을 확장해? (사이,
담배를 피우고) 글쎄…… 그게 잘 될까? 물론 요즘 일본 관광객들

이 많이 몰리기는 하지만…… (사이) 여행사에서 전속계약을 하
자고? 아니 그걸 믿을 수 있어? (사이) 글쎄 난 애당초부터 남자
말을 안 믿기로 하고 살아왔으니까! (사이)

물론 우리나라의 독특한 술과 음식을 외국 관광단에게 소개하자
는 건 좋지만 말이야…… 그걸 주선하겠다는 남자들의 속셈이
나는 믿을 수 없다는 게지. 더구나 그러기 위해서 2백만 원이나
투자하자는 게 어쩐지…… (사이, 담배를 끄고)

좌우간 만나서 얘기하자. 응? 돈? 돈이야 있지. 한강에 물이 말랐
으면 말랐지 이 마미자 주머니에 돈이 마르겠어? 헛허…… 알았
어요. 난 오 마담이 또 어떤 놈팽이에게 도매금으로 넘어갈까봐
걱정이 되어서 말이야…… 글쎄 나는 남자는 안 믿는 몸이라니
까…… 응…… 응…… 그래, 나와요. 오늘 오전 중엔 여관에 있
다가 낮에는 한 바퀴 돌아야지…… 받을 것도 있으니까……
응…… 응…… 알았어!

그녀는 지겹다는 듯 전화를 끊는다. 부엌에서 금단이가 설거지를 끝냈
는지 에이프런을 풀며 나온다.

**마여사**  금단아…… 옥단이는 아직 안 돌아왔느냐?

**금단**  곧 올 거예요. 목욕하고 미장원에 들러서 온다더군요.

**마여사**  에그…… 미장원엔 하루가 멀다고 다니니 어떻게 하겠다는 거냐?

**금단**  예뻐지기 위해서라면 다녀야죠. 언니는 그게 소원이니까요. (하며
씨익 웃는다)

**마여사**  예뻐지면 뭘 하니? 여자 예쁜 건 옛부터 동네 북이란다.

**금단**  예? 동네 북이라뇨?

**마여사**  (자기 말이 너무 지나쳤다는 걸 깨우친 듯 얼버무리며) 벌써 스물다섯

이면 시집 갈 나이잖아! 그런데 밤낮 그 패션모델인가 뭔가 된답
시고…… 미용체조다 요가다 마사지다…… 난 그런 꼴 못 본다.
아무리 내 자식이지만 그건 차마 볼 수가 없어요.

**금단**  패션모델도 좋은 직업이래요.

**마여사**  직업?

**금단**  우리나라도 이제 그 방면에 인식이 달라졌거든요. 패션모델도 잘
만 하면 한 달에 10만 원 벌이는 너끈히 된다더군요.

**마여사**  얘…… 누가 너희들 보고 돈 벌어들이라더냐? 응? 돈은 나 혼자
벌어도 충분해! 난 너희 형제 키워오면서 돈 걱정은 안 시켰다.
20여 년 여자 혼자서 고생해서 지금은 그래도 이만큼 하고 사니까
돈 걱정은 없어.

**금단**  그렇지만 언니의 개성이나 취미가 그렇다니까 내버려둬요. 어머니.

**마여사**  (화가 나서) 그러다가 사자 밥이 돼도 내버려둬?

**금단**  아이 어머니두!

**마여사**  그렇게 거들거리고 다니다가는 못된 사내놈들에게 걸리기 십상
이지 뭐냐? 지금이 어떤 세상인데…… 금단아, 내가 너를 대학
공부 안 시킨 것도 다 그것 때문이야. 그까짓 등록금이 아까워서
가 아니다. 돈도 얼마든지 있어! 다만 너한테 남자 벌레가 붙을까
봐서 그게 겁이 나서 학교에 안 보낸 거야. 그 대신 좋은 신랑
만나서 결혼을 한다면 난 무엇이든지 해주겠다. 집? 자가용? 그
게 문제가 아니란 말이다. 나는 남자가 믿을 수 없고 추잡해서
그러는 거야.

**금단**  그렇지만 역시 언니는 하고 싶은 대로 내버려두세요. 언니도 그
만한 지각조차 없겠어요? 나이가 나이인데요.

**마여사**  늦게 배운 도둑 날새는 줄 모른다는 말 들었니? 나이가 문제가
아니다. 그러니 너도 지금 여관 일이며 집안일을 돌보는 걸 고생으

약산의 진달래

로 여겨서는 안 돼!

**금단**  저는 아무래도 좋다니까요! 처음에는 대학에 못 가는 게 한도 되었지만 이젠 아무렇지도 않아요.

**마여사**  (얼굴빛이 펴지며) 정말 그렇게 생각하니?

**금단**  그럼요! 처음엔 엄마를 원망했지만 이렇게 집안일을 보며 여관 경리도 맡아 보니까 심심찮아요.

**마여사**  그렇지! 남을 데려다 써도 월급을 줘야 하는데 그걸 네 결혼 밑천으로 적금을 들었으니 여북하겠니? 게다가 남을 부린다는 게 어디 쉽니? 사람을 믿을 수가 있어야지? 이건 생도적놈들만 끼고 사는 격이니 원…… 그래서 난 숫제 가사도우미도 안 두고 여관 경리도 네게 맡기는 게 아니냐! 물론 나도 믿을 수 있는 사람이 나타난다면야 왜 안 쓰겠니? 응? 그렇지만 자고로 머리 검은 짐승은 거두지 말랬다고 사람 잘못 쓰다간 신세 망친단다. 더구나 여관을 하자면 말이야……

**금단**  그렇지만 구 지배인이랑 용식이랑은 믿을 수 있잖아요?

**마여사**  구 지배인? (그녀는 반사적으로 여관 쪽을 보고는) 믿을 만한 위인은 못 된다.

**금단**  예? 아니 왜요?

**마여사**  나도 마음에 짚이는 점이 있어서 그래. 금단아. 그러니 너도 구 지배인을 너무 믿어서는 안 된다. 알겠어? 잘 감시해.

**금단**  그, 그렇지만 제가 보기엔……

**마여사**  그게 바로 모든 남성들의 술책이야. 자기보다 강한 사람 앞에서 굽실거릴 때는 마치 심장이라도 곧 빼줄 것처럼 충성을 다하지만 일단 이용가치가 없어지거나 약하다고 내다보이면 빈 담뱃갑 구기듯 하니까. 그게 바로 남자라는 동물의 본성이라고…… 그러니 너는 정신 바짝 차려야 한다. 절대로 믿어선 안 되는 게 남자의 마음이다. (한숨을 내뱉고 먼 과거를 회상하듯) 너희들은 모른다. 내가 왜 이렇게 되었는지…… 세상 사람들은 내 마음을 몰라. (그녀의 얼굴에 어떤 어두운 그림자가 깔린다)

이 사이에 구 지배인은 신문을 읽다가 잠이 들었다. 옥단이가 골목 안에서 나온다. 핫팬츠에 샌들을 신었고 머리엔 헤어넷트를 썼다. 그녀의 걸음걸이며 시선이며 일거일동은 항시 주위사람이 자기를 주시하고 있다는 의식 속에서 이루어진다. 따라서 그녀는 자신의 모든 것을 조작적으로 예쁘게 보이려는 습성에 젖어버렸다.

옥단은 한 손에는 조그마한 플라스틱제 세숫대야를, 다른 한 손에는 주간지를 펴들었다. 지금 그녀는 주간지에 실린 외국 여성의 날씬한 사진에 매혹이 되어 있다. 자신도 그 사진에 비해서 별로 손색이 없다고 자신감과 도취감에서 춤추듯 걸어 들어온다.

그녀는 여관 현관 쪽으로 들어서면서 주간지에 실린 사진을 본따서 포즈를 취해 보인다. 2층 계단에서 휘파람을 불며 내려오던 용식이가 장난기어린 시선으로 바라본다.

용식    날씬하십니다! 헷헤!
옥단    (시선은 여전히 주간지 사진에 둔 채로) 이만하면 내 다리도 백만 불짜리는 되겠지? (하며 포즈를 취한다)
용식    다리가요?
옥단    용식아. 이 사진 좀 봐.
용식    (가까이 와서 사진을 보고) 이것이 백만 불이에요?
옥단    그럼. 이 여자 다리에 백만 불이라는 보험금이 붙어 있다지 뭐니? 글쎄…… (자신의 다리를 뻗어보이며) 내 다리도 여기에 비하면 손색이 없다고 생각지 않니? 네 의견은 어때?

용식은 어느덧 쭈그리듯 앉아서 옥단의 다리를 아래쪽에서 위로 향해 쳐다보고 있다. 그의 속셈은 다리를 보려는 게 아니기 때문이다.

옥단    아니 너 뭘 그렇게 보고 있어?

용식    이 사진의 다리보다 더 긴지 짧은지 측량 중이에요.

옥단    그런데 왜 아래서 위로 들여다보니?

용식    그것도 모르세요?

옥단    뭐라구?

용식    아래서 위로 치켜봐야 더 길게 보이고 멋있어 보이지요. (하며 더 가까이서 몸을 쭈그리고 앉아 치켜본다. 그 속셈을 안 옥단이 용식의 이마를 치자 그대로 바닥에 엉덩방아를 찧는다)

옥단    앙큼한 것!

용식    헷헤……

옥단    뒤통수에 피도 안 마른 게 벌써부터 그런 생각하면 못 써!

용식    (눈을 접시처럼 크게 뜨며) 어렵쇼, 내가 피도 안 말라요? 이래 뵈두 만으로 18세하고도 3개월이 넘어요.

옥단    그래도 미성년이라는 딱지도 안 떨어졌다.

용식    천만에요! 미성년자 입장불가라는 딱지가 붙은 영화를 보러 가도 누구 하나 붙잡지도 않는 걸요. 헹……

옥단    어린 게 벌써부터 그런 생각만 하니 말세야! 말세야!

용식    남자 아이 18세가 어립니까?

옥단    에그 한심스럽다! 나이를 속이는 건 경범죄에 안 걸리나? (하며 사이문 쪽으로 나가려는데 마 여사가 들어선다. 그녀는 가운을 벗고 한복 차림에다 안경까지 썼다)

마여사    (매섭게) 옥단아. 너 그런 꼴로 어디에 함부로 드나드니?

옥단    왜요?

**마여사** 여관에 들어와서는 안 된다고 했잖아! 여기가 어디라고 함부로 들어와, 오긴!

**옥단** 아이, 어머니도! 여기가 남의 여관인가요? 우리 여관인데 뭘 그러세요?

**마여사** 남들이 보잖니? 남들이 말이다.

**옥단** 보면 어때요? 저는 그걸 더 바라고 있는 걸요.

**마여사** 아니 얘가 정말……

**용식** 백만 불짜리니까 볼만도 하지요.

**마여사** 백만 불이라니?

**용식** 사장님! (옥단의 다리를 가리키며) 저게 백만 불이래요.

**마여사** 미친 것! 어서 안으로 들어가. 누가 들어오면 어떻게 하려구 그래! 어서 들어가래두!

**옥단** (입을 삐쭉거리며) 알았어요! 자기 집에서도 인정 안 하는데 누가 알아준담! 흥! (하며 사이문을 열고 안집으로 들어간다)


마 여사가 사무실 안으로 들어선다. 소파에 비스듬히 누워서 신문을 읽다가 졸고 있던 지배인을 발견하자 순간적으로 핏대가 오른다. 그녀는 의식적으로 문을 쾅 하고 소리나게 닫는다. 그 서슬에 구 지배인이 기겁을 하며 벌떡 일어난다.


**구지배인** 불이야…… 불!

**마여사** (침착하게) 불이 아니라 일이에요, 일!

**구지배인** (정신이 번쩍 들자 허리를 굽신거리며) 사장님 나오셨습니까? 예……

**마여사** (의자에 앉으며) 간밤에 뭘 했기에 한낮부터 졸고 있소?

**구지배인** 요즈음은 봄이라서 그런지 어쩌나 몸이 노곤하고 팔다리가 우지끈한지…… 헛허…… 아마 이것이 갱년기 장애라는 증상이래요.

　　　　　　　　약산의 진달래

**마여사** 갱년기 장애?

**구지배인** TV 약광고에 나오더군요. 그래서 나도 그 부부가 함께 젊어진다는 약을 사먹었는데도 도무지 좋아지지가 않는군요. 헷헤……

**마여사** 지배인 지금 무슨 얘길 하고 있어요?

**구지배인** 예. 건강을 위해서는 역시 아침 산책이 좋다는군요. 해장국집 코주부도 환갑이 지났는데 글쎄 지금도 일주일에……

**마여사** (엄하게) 지배인.

**구지배인** 예?

**마여사** 객실 청소는 다 했죠? (하며 장부를 뒤진다)

**구지배인** 그럼요!

**마여사** 복도에 재떨이나 빈 짜장면 접시 나부랭이가 있는 건 아니죠?

**구지배인** 그럼요!

**마여사** 아베크 손님을 안 받았겠죠?

**구지배인** 그럼요. 숙박계를 쓸 때 주민등록증을 꼭 확인하니까요.

**마여사** 7호실 손님은 어떻게 되었어요? 장기 투숙자일지라도 그날 그날 숙박료를 계산하라고 했는데 일주일씩이나.

**구지배인** 그, 그건 오늘 다 청산하기로 했습죠. 네…… 오늘 시골서 소 판 돈을 가지고 온다나요. 헷헤…… 그 친구도 얘길 들어보니까 사정이 딱하더군요. 중학 선배가 취직을 시켜준다는 말에 가지고 온 돈을 몽땅 바치고 나니까 글쎄 그 선배란 게 생판 백수건달에 몸에 지닌 것이라고는 마늘 두 쪽밖에 없는……

**마여사** 지배인. 남의 걱정은 두었다 해요.

**구지배인** 예…… 예……

**마여사** 복덕방 영감이 보증 선 50만 원 건은 오늘이 이자날이에요. 기억하시죠?

**구지배인** 그럼요. 안 그래도 아까 골목 어귀에서 만났는데 자진해서 말하더군요. 사장님하고의 돈 거래는 일 분 일 초도 실수를 안 한다구요! 헷헤…… 그런데 그 영감은 보통이 아니던데요.

**마여사** 뭐라구요?

**구지배인** 사장님께서 4부로 가져간 50만 원을 5부로 해서 푸줏간 전씨한테 내줬거든요.

**마여사** 할 수 있다면야 6부도 좋지요.

**구지배인** 예?

**마여사** 뛰는 놈 위에 나는 놈 있다는 말도 못 들었소? 돈 버는 데는 이치대로 안 돼요. 그러니 개처럼 벌고 정승처럼 쓴다지 않아요?

**구지배인** 지당하신 말씀입니다.

**마여사** 참, 서린동 오 마담 말이에요.

**구지배인** 예…… 아까 전화하셨죠?

**마여사** 지배인은 어떻게 생각하오?

**구지배인** 뭘 말입니까?

**마여사** 글쎄 2백만을 융통해달라는군요.

**구지배인** 2백만이요?

**마여사** 외국인 관광객 상대로 한국 고유의 술과 음식을 대중가격으로 파는 업체로 바꾸겠다나?

**구지배인** 그게 될까요?

**마여사** 오 마담 얘기로는 관광회사의 전무가 뒤에서 봐주겠다나요.

**구지배인** 말하자면 그 관광회사와 합작인가요? 기술제휴인가요?

**마여사** 그걸 누가 알우? 요즘 일본 관광객 사이에는 기생 파티가 인기이지만 그건 돈이 많이 들어서 노랭이들은 싫어한다나요. 그래서 박리다매로 한국 고유의 술이나 음식을 파는 살롱으로 바꾸겠다는군.

**구지배인** 좋지요. 그 마담은 아직 나이는 젊은데 장삿속으로는 비상한 데가 있지요. 헛허……

**마여사** 왜 지배인 마음에 들어요?

**구지배인** 원 별 말씀을 다…… 헛허……

이때 골목 안에 유신일과 강동기가 들어선다. 그들은 집을 찾는지 골목 양편을 두리번거리며 걸어온다. 유신일은 날씬하고 핸섬한 청년이다. 어딘지 겁이 많아 보인다. 어깨에 카메라를 걸치고 옷도 말쑥하다. 그의 크고 검은 눈을 습관적으로 껌벅거린다. 거기에 비하면 강동기는 어깨가 짝 벌어지고 키가 작달막한 게 통이 크고 민첩해 보인다. 송학 여관이라는 간판을 먼저 발견한 동기가 신일을 보고 손짓한다.

**동기** 이 집이야. 송학여관…… 틀림없지?

**신일** (손에 든 쪽지와 간판을 대조하고 나서) 응……

**동기** 생각보다는 큰 여관이군. 안에 있을까? (하며 유리문에 가 이마를 대고 안을 들여다본다. 유신일은 어딘지 소심해서 안절부절 못하는 눈치이다) 아무도 안 보인다. 자 들어가지……

**신일** 그렇지만……

**동기** 용기를 내. 여기까지 와서 되돌아설 순 없잖아. 일단 만나는 봐야지! 응? (하며 신일의 어깨를 툭 치며) 행운이 있기를 빌어……

**신일** (내키지 않는 걸음으로) 응……

이때 세탁소에서 손님 양복바지를 다려가지고 팔에 걸치고 오는 용식이가 두 사람을 보자 의아하게 여기며 다가온다.

**용식** 들어가시지 왜 여기 서 계세요?

**동기** 응? 응…… 저……

**용식** 깨끗한 방 있어요. 들어오세요!

| | |
|---|---|
| 동기 | 그, 그게 아니라…… 누굴 좀 만나러 왔는데…… |
| 용식 | 손님을요? |
| 동기 | 아니…… 이 여관 주인. |
| 용식 | 사장님을요? |
| 동기 | 송학여관 주인이 여자분이지? 마미자 씨가 틀림없지? |
| 용식 | (선뜻) 예 그래요. 어디서 오셨지요? |
| 동기 | (신일에게) 틀림없어! |
| 신일 | 그래? |
| 동기 | (용식에게) 지금 계셔? |
| 용식 | 예, 계실 거예요. 어디서 오셨죠? |
| 동기 | 응? 응…… (신일을 한 번 돌아보고 나서) 실은 일본에서 손님이 한 분 오셨는데…… |
| 용식 | 일본서요? (신일을 보며) 이분이 일본서 오셨군요? |
| 동기 | 응? 응…… |
| 용식 | 어쩐지 스타일이 다르다고 했지…… 헛허…… 어서 들어오세요. 교포시군요? |
| 동기 | 그래 재일교포야! |
| 용식 | (급히 안으로 들어가며) 사장님! 사장님, 손님이 오셨습니다. |
| 마여사 | 웬 호들갑이냐? |

이 사이에 신일과 동기가 현관으로 들어선다. 그들은 심각한 문제를 숙의하는 사람 같다. 용식의 보고를 듣고 난 마 여사는 의아한 표정이다.


| | |
|---|---|
| 마여사 | 재일교포? |
| 용식 | 아주 멋지게 생겼어요! 저기 보세요. |
| 마여사 | (유리문 너머로 내다보며) 누굴까? 일본서 나를 찾아올 사람이라곤 |

약산의 진달래

없는데…… 어쨌든 들어오시라고 해.

**용식** 예. (현관 쪽으로 급히 나온다) 들어오십시오.

**동기** 응……

그는 사무실 안으로 들어서면서 신일에게 귀띔을 한다. 마 여사는 동기와 신일을 번갈아 보면서 매우 오만한 표정이다. 용식은 2층 객실 쪽으로 올라간다.

**마여사** 나를 찾아오셨다구요? (동기에게) 댁이신가요?

**동기** 아, 아니올시다. 제가 아니라…… 이 친구올시다. (신일에게) 명함…… 명함……

**신일** (재빨리 명함과 편지봉투를 안주머니에서 내면서 서투른 한국말로) 저…… 초움 뱁겠습니다. 나…… 이름 야나기 신이찌입니다.

**마여사** (명함을 받아보며) 야나기 신이찌?

**동기** 예. 그건 일본식 이름이고요. 우리말로는 유신일이죠. 예.

**마여사** 유신일? 글쎄요. 잘 모르겠는데요.

**동기** 그러실 테죠. (신일에게) 편지, 편지를 어서 드려요.

**마여사** 편지?

**동기** 예. 실은 이 친구의 아버지께서 사장님께 전하라는……

**마여사** (편지를 받아 뒷면을 보더니 눈이 크게 뜨이며) 유병오?

**신일** 예…… 우리 아보지입니다.

**마여사** (손이 금세 떨리며) 유병오 씨가 바로 추, 춘부장이시라고?

**신일** 예, 그렇습니다. 우리 아보지입니다.

**마여사** 아, 아니 이거 어떻게 된 거야? 이게 유병오 씨가…… 유병오 씨가 ……

마 여사가 편지봉투를 손에 든 채 안절부절 의자에 앉았다 섰다 한다.

**구지배인**  사장님! 사장님! 왜 이러십니까?

**마여사**  지배인…… 나 물……

**구지배인**  예. (그는 잽싸게 물주전자에서 물을 따라 바친다. 마 여사가 한숨에 마신다)

**마여사**  한 잔 더.

**구지배인**  (무슨 영문인 줄 모르고 떨리는 손으로 물을 따라 준다)

**마여사**  지배인! 침착해요!

**구지배인**  침착해야 할 분은 사장님입니다.


마 여사는 물을 마시고는 눈을 지그시 감고 있다. 그 사이에 동기가 신일에게 뭐라고 귀띔을 한다. 구 지배인은 세 사람의 표정을 뚫어지게 지켜본다.


**신일**  제가…… 찾아와서…… 실례가 되었습니까?

**마여사**  (여전히 눈을 감고 있다)

**신일**  아보지께서…… 한국에 가면…… 마미자 여사…… 꼭 만나보고 오라고 해서…… 저는 왔습니다.

**마여사**  (여전히 움직이지 않는다)

**동기**  (불안해지며) 그렇습니다. 동경에 계시는 유병오 사장님께서는 이번에 한국에다 회사 지점을 설치하시기 위해 아들을 일차 서울로 내보내신 거죠. 장차 사업은 아들에게 물려주고 자신은 은퇴하시겠다면서요. 그래서…… 옛날에 알고 있는 사람이라고는 마 사장님밖에 없으니…… 안부도 여쭐 겸 꼭 만나보고 오라고 이렇게 편지까지 써보내신 모양입니다.


약산의 진달래

**구지배인** 사장님…… 그 편지나 읽어보십시오.

**동기** 마 사장님.

**신일** 자세한 이야기는…… 그 편지에…… 다 썼다고 하셨습니다. 지난날의 여러 가지 일들…… 사과드린다고 말씀하셨습니다. 우리 아보지…… 그 편지 주시면서…… 눈물을 흘리는 걸 보았습니다.

**마여사** (눈을 떴으나 돌처럼 앉은 채로) 사과를 했어? 눈물을 흘리셨다고?

**신일** 예, 그리고…… 만나 뵙게 되면 절대로 폐를 끼치면 안 된다고 하셨습니다.

**마여사** (서서히 일어나며) 그분이…… 지금까지 나를……

**신일** 예…… 어서 편지를 읽어보시면 모든 걸 알게 됩니다.

**마여사** (울음이 터지며) 그럴 리가…… 그럴 리가…… 흑…… 지배인…… 나 좀…… 나 좀…… 흑흑…… (하며 의자에 쓰러져서 운다. 얼마 전부터 금단이가 현관 쪽에서 안을 기웃거린다)


암전

# 제2막

**무대**

전막과 같음.

같은 날 저녁.

골목 안은 어둠이 가득 찼으나 송학여관의 네온사인이 한결 화려하게 빛을 발산하고 있다. 안집에도 불빛이 훤하게 차 있다.

막이 오르면 사무실 안에는 구 지배인과 오 마담이 마주 앉아 있다. 오 마담은 누구를 기다리는지 초조하게 손목시계를 들여다보며 있다.

구 지배인, 오 마담을 음탕한 눈초리로 건너다보고 있다. 현관 의자엔 용식이가 트랜지스터의 리시버를 귀에 꽂고서 신나게 손님의 구두를 닦고 있다.

안집 안방에서 웃음소리가 크게 흘러나오고 있다. 마치 잔칫집 같은 분위기다.


**오마담**  (응석을 부리듯) 지배인님! 한 번만 더 애를 보내보세요. 잠깐만 얘기하면 된다니까요.

**구지배인**  글쎄 보내나 마나예요. 지금 우리 사장님은 정신이 휑 돌으셨다니까 그러시네.

**오마담**  오전에 전화로 연락을 했으니까 알고 있다구요. 내가 올 줄……

**구지배인**  글쎄 오늘은 오 마담 아니라 하늘나라의 옥황상제가 오셨다 해도 안 나오실 거예요. 아까 나한테도 분명히 말씀하셨거든요.

**오마담**  뭐라구요?

**구지배인**  (흥을 내며) "구 지배인! 오늘은 어떤 사람이 와도 면회사절이에요! 아시겠어요?" 헛허……

**오마담** 아…… 도대체 누가 왔길래 그렇게 담을 쌓고 잔치일까? (하며 창 쪽으로 가서 안집 뜰을 내려다본다. 다시 웃음소리가 들려온다)

**구지배인** (문득 낮의 생각이 나서) 헛허…… 홋홋……

**오마담** 뭐가 우스워요?

**구지배인** 정말 알다가도 모를 일이야! 난 지금까지 10년 가까이 사장님을 모셔왔지만 말씀이야 우리 사장님께서 그렇게 감격적인 눈물을 흘리는 건 처음 봤다구요…… 홋흐……

**오마담** 왜 울어요?

**구지배인** 왜는 왜입니까? 기쁨의 눈물이자 감격의 눈물이죠! 헷헤……

**오마담** 아니 도대체 누군데요?

**구지배인** 재일교포!

**오마담** 재일교포?

**구지배인** 그것도 멋진 청년 신사죠. 우리 용식이 말을 빌리자면 알랭 들롱하고 신성일을 합쳐서 둘로 딱 쪼개놓은 미남자죠!

**오마담** (황홀해지며) 어머 그렇게도 멋있는 남성이 왔다면 나도 좀 봐야 겠네요! (하며 나가려 하자 구 지배인이 펄쩍 뛴다)

**구지배인** 천벌 떨어집니다! 절대 면회사절인데 어딜 가십니까? 오 마담! 내일 나오세요! 오늘은 틀렸어요.

**오마담** (힘이 풀리며 다시 시계를 보며) 아이, 속상해 죽겠네. 내일까지 2백이 있어야 하는데……

**구지배인** 게다가 그 청년의 아버지가 바로 사장님의 옛날의 (엄지손가락을 세워보이며) 이거였으니까 얘기는 하나마나지 뭡니까! 헛허…… (하며 담배를 피워 문다)

**오마담** 아니 그럼 그 일본서 큰 기업을 한다는 유병오 씨의 아들이 왔어요?

**구지배인** 오 마담이 그 얘길 어떻게 아십니까?

**오마담** 왜 몰라요! 이래 뵈도 마미자 여사의 신상문제라면 누구보다도 내가 잘 알죠! 홋호……

**구지배인** 놀랐는데요? 오 마담이 언제 그것까지……

**오마담** 마 여사의 순정담이야 아는 사람만이 아는 비밀이죠. 홋호……
유병오 씨하고는 결혼하기로 굳은 약속까지 해놓고도 집안에서
반대하는 바람에 마 여사의 사랑은 깨진 셈이지만…… 그래서 부
모가 시키는 대로 마음에도 없는 남자와 결혼했는데 마음은 언제
나 콩밭에 있었지요. 그러다가 그 남편이 바람이 나서 떠돌아다
니다가 객사까지 했거든요. 말하자면 옥단이와 금단이만 댕그랑
남겨놓은 채예요.

**구지배인** (흥미를 느끼며) 오 마담은 어떻게 그리 속속들이 잘 아시오? 이거
흥신소를 차리실 걸 잘못하셨군. 헛허……

**오마담** 살림에는 눈이 보배요 장사에는 귀가 보배지요. 물장수를 하다
보면 귀동냥만 늘어서 모르는 게 없어요. 게다가 마 여사처럼 돈
많은 과부가 되고 보면 주변에서들 입방아에 오르는 게 오죽하겠
어요?

**구지배인** 그렇지만 우리 사장님은 남자라면 질색이지요! 아주 병적이리만
큼 결백하세요!

**오마담** 그게 다 이유가 있지요.

**구지배인** 이유?

**오마담** 못 잊을 사랑! 홋호……

**구지배인** 헛허……

**오마담** (시계를 보고) 에그 내 정신 좀 봐. 내가 이러고 있을 때가 아닌데!
(핸드백을 집어들고) 지배인님! 그럼 전 이만 가보겠지만 마 사장
한테 잘 좀 얘기해주세요. 내일 또 연락하겠다구요.

**구지배인** 그럼요! 어느 분의 명인데요! 헛허……

**오마담** 그 대신 제가 맥주 사 드릴게요.

**구지배인** 아이구…… 말씀만 들어도 취합니다. 헛허……

두 사람이 현관으로 나오자 용식이가 반사적으로 일어서며 귀에 꽂은
트랜지스터 리시버를 뽑아서 감춘다.

**구지배인** 임마! 넌 밤낮 그 라디오만 듣고 있을 거야? 이제 손님들이 몰려들
시간인데 객실도 둘러봐야지……
**용식** 다 했어요. 재떨이, 물주전자, 성냥 다 챙겨놓구요.
**구지배인** 2층 화장실에 재떨이 치웠어?
**용식** 그럼요.
**오마담** 그럼 안녕히 계세요.
**구지배인** 아닙니다. 저 행길까지 제가 바래다 드리지요.
**오마담** 아이 괜찮아요. 바쁘실 텐데……
**구지배인** 아니에요. 밤길에 오 마담 같은 미인이 혼자서 가는 건 위험합니
다. 핫하……
**용식** 핫하…… 아직 초저녁인데 뭐가 위험해요?
**구지배인** 임마! 네가 뭘 안다고 그래? (눈을 부릅뜨고 노려본다) 사무실 잘 지켜!
잠깐 나갔다 올 테니까!
**용식** 예.
**구지배인** 그리고 사장님이 찾으시면 복덕방에 일이 있어 나갔다고 해! 알
았지?
**용식** 예.
**구지배인** (오 마담에게) 자 나가시죠. 헷헤……
**용식** 안녕히 가세요.

구 지배인과 오 마담이 밖으로 나가자 용식은 해방감에서 트랜지스터

를 다시 튼다. 쏠 음악이 터져 나오자 흥에 겨워 춤을 추면서 사무실로 들어간다. 이때 좌측 안집 안방에서 웃음이 터져 나오더니 이윽고 금단이가 도망치듯 방에서 나온다. 수줍음과 가벼운 흥분으로 양 볼이 빨갛게 상기되어 있다. 그녀는 마루 끝에 걸터앉아서 어떤 환영을 그리듯 허공을 쳐다본다. 잠시 후 마 여사, 신일, 동기가 방에서 나온다. 금단이가 재빨리 비켜선다.

**마여사**  아니 왜 벌써 일어나요? 초저녁인데.

**신일**  아닙니다. 너무나 많이 놀았습니다. 실례했습니다. (하며 연신 허리를 굽힌다)

**마여사**  에그, 귀한 손님이 오셨는데 아무런 대접도 못해서 어떻게 합니까? 음식도 많이 드시지 않구……

**신일**  한국 음식 참 맛있습니다. 동경서 먹어본 불고기보다 몇 배 몇십 배 맛있습니다.

**마여사**  홋호…… 정말이에요?

**신일**  예…… 그리고 기무치 맛 최고입니다. 아주머니 음식 솜씨 훌륭하십니다.

**마여사**  홋호…… 그 칭찬은 나보다 저 애한테 하세요. (하며 금단을 돌아본다. 신일과 금단의 시선이 마주치자 금단은 고개를 푹 숙인다)

**신일**  오, 따님이 음식 다 만드십니까?

**마여사**  그럼요! 저 애가 우리 집 살림을 도맡아서 하지요. 가정부도 없이 고생은 되지만 그래야 다음에 시집가서도 잘 살 수 있으니까요!

**동기**  마 여사도 알고 보니 구두쇠 정신이 철저하시군요. 헛허……

**신일**  구두쇠? 그게 무슨 말이지요?

**동기**  서울 장안에서 사업하는 사람치고 마 여사의 돈을 안 빌려 쓴 사람이 없을 만큼 부자이신데 가사도우미도 안 두고 따님이 손수

약산의 진달래

부엌일을 한다니 놀랍지 않아? 부자가 더 무섭지.

**신일** 아니지! 그 마음가짐을 존경합니다. 동경서도 웬만큼 잘 사는 사람은 가사도우미 안 둡니다. 미국도 마찬가지입니다. 인건비가 비싸니까요. 우리 아버님도 늘 말씀하십니다.

**마여사** (금단에게) 그것 봐! 너희들은 나보고 노랭이라고 하더라만 신일 씨 얘기 좀 들어봐!

**금단** 제가 그랬어요? 옥단 언니가 그랬지?

**동기** 큰 따님은 아직 안 돌아왔어요?

**마여사** 에그…… 한 집안 식구 같으니까 얘기지만 이제 적당한 자리만 나면 시집이라도 보내야지 안 되겠어요.

**동기** 뭐가 걱정이십니까? 마 여사의 따님이라 하면 신랑감은 얼마든지 있을 텐데요.

**마여사** 그렇지만 사람 마음을 어떻게 알 수가 있어요?

**동기** 헛허…… 의심이 많으십니다.

**마여사** 의심이 아니라 조심스러워서죠.

**동기** 그럼 제가 신랑감을 추천하면 믿으시겠습니까? 핫하……

**마여사** (신일을 힐끗 보며) 믿고말고요. 친구분도 많으실 텐데 소개하세요.

**신일** 자네나 총각을 면하는 게 현명할 걸…… 헛허……

**일동** 헛허……

**신일** (시계를 보며) 자 그만 가보겠습니다.

**마여사** 그래 숙소는? 어느 호텔에 들어있소?

**신일** 호테루?

**동기** 아, 아닙니다. 우리 집에 묵고 있습니다. 이 친구는 짧은 동안이지만 한국에 대해서 보다 많은 걸 알고 배우고 싶다기에 누추하지만 우리 집에서. 헛허!

**마여사** (감탄하며) 어머…… 그래요?

**동기**  역시 인간의 핏줄은 못 속이나 봐요. 신일 군도 사실 따지고 보면 일본 교육을 받았고 그 사회에서 자랐으니까 일본 사람이나 다름 없을 텐데도 조국에 대한 동경심과 애착심은 대단해요. 어딜 가나 한국적인 것만을 찾는답니다.

**마여사**  (탄복하며) 어머 그래요?

**신일**  나 이번 조국 방문에서 배운 것 너무 너무 많습니다. 우리 아버님께서도 그 점을 강조하셨으니까요. 너의 몸에는 한국 사람의 피가 흐르고 있다. 그러니 한국 사람의 자랑이 무엇이며 한국 사람의 특색이 무엇인가를 배워야 한다고 하셨습니다.

**마여사**  그렇고말고요! 아버님께서는 능히 그렇게 말씀하실 수 있는 분이지요. 젊었을 때부터 민족의식이 강하셨으니까!

**신일**  (눈이 빛나며) 그렇습니다. 우리 아버님 지금도 사업을 크게 하시지만 일본 사람에게 지고 싶지 않다는 욕심뿐입니다.

**마여사**  어머나…… 참 아버님께서 많이 늙으셨겠지요?

**신일**  아닙니다. 저……

**동기**  이럴 줄 알았으면 사진이라도 한 장 가지고 올 걸 그랬나 보지?

**신일**  나…… 깜빡 잊었습니다.

**마여사**  (마음속으로는 흐뭇하면서도) 사진은 무슨…… 난 그 어른이 지금도 건재하신다는 그 소식만으로도 충분해요. 그리고 신일 씨를 보니 아버님을 만나뵌 거나 다름 없구요.

**신일**  그렇지만 내 얼굴 아버지 안 닮았지요?

**마여사**  글쎄요……

**동기**  어머니를 닮았다고들 합니다.

**마여사**  어머니가 미인이신가 봐.

**신일**  예…… (쓸쓸하게) 그러기 때문에 일찍 돌아가셨지요. 미인박명이라는 말처럼……

**마여사** (놀라며) 아, 그럼 아버님께서는……

**신일** 홀아비죠. 주위에서 재혼을 하시라고 권해도 안 들으셨습니다.

**마여사** 그래요?

**동기** 자네 어머니를 못 잊어하시기 때문이겠지.

**신일** 아니야! 그게 아니야!

**동기** 아니라니?

**신일** (마 여사의 눈치를 살피며) 아버님 마음 속에 그리는 여성이 있으신 것 같습니다.

**마여사** 어머나……

**동기** (과장해서) 애인이 있었단 말이지? 그게 누군데?

**신일** 모르겠어. 다만 옛날부터 서로 사랑하던 여성이 있었던 건 사실인 것 같았어.

**동기** 동경에?

**신일** 아니 서울에.

**마여사** 서울에? 아니 그게 정말이에요?

**신일** 예…… 우리 아버님은 말씀은 안 하시지만 지금도 마음속 깊이 사랑하고 있는 것만은 틀림없습니다. 나는 이번 여행에서 그분이 누군가도 알고 싶습니다. 아주머니…… 혹시 모르시겠습니까?

**마여사** (당황하며) 모, 모릅니다. 내, 내가 어떻게 그것까지……

**동기** 아주머니께서 그렇게 당황하실 건 뭡니까? 얼굴이 붉어지면서까 지 말이에요. 헛허……

**마여사** 붉어지긴요. 아까 맥주 한 잔 마신 탓이죠. 홋호……

**신일** 아무튼 나는 꼭 그분을 알아내고야 말겠습니다. 그래서 우리 아버 님의 꿈을, 인생의 마지막 꿈을 이루게 해 드리겠습니다.

**동기** 그렇지. 그게 바로 효도하는 게지. 안 그래? 헛허……

**신일** 응.

| 마여사 | 저…… 뭣하면 우리 집에서 유하는 게 어때요? 여관에 특실도 있고 하니…… |
|---|---|
| 금단 | 아이, 어머니두…… 어떻게 여관에 계세요. 불편하실 텐데…… |
| 마여사 | 그럼 건넌방을 치워드릴 테니 우리 집에서 묵도록 해요. |
| 신일 | 호의는 감사합니다만…… 사양하겠습니다. |
| 마여사 | 왜요? 마음에 안 들어요? |
| 신일 | 아버님께선 서울에서 혹시 마 여사를 찾아뵙게 되더라도 절대로 신세를 지거나 폐를 끼쳐서는 안 된다고 말씀하셨습니다. |
| 마여사 | 그게 무슨 신세며 폐예요? 난 지난날 아버님께 진 신세를 갚기 위해서요. |
| 신일 | 우리 아버님에게 신세를 졌습니까? |
| 마여사 | (얼버무리며) 꼭 그렇게는 말할 수 없지만…… 적어도 내 마음속으로는 그런 생각이 들어요. 그러니 모처럼 서울까지 온 신일 씨를 며칠 동안 편히 쉬게 한다고 해서 그게 무슨 폐라고 하겠어요? 다른 생각일랑 말고 우리 집에 있어요! 부담스럽게 생각지 말고, 응? 이건 내 진심이니까! |
| 동기 | 신일이! 어떻게 하겠나? |
| 신일 | 글쎄…… 우리 아버님께서…… |
| 마여사 | 그건 내가 편지를 쓰겠어요. 이건 어디까지나 내가 우겨서 한 것이니까 오해 없으시기 바란다고…… |
| 동기 | 아주머니께서 이토록 간청하시는데 그렇게 하지. |
| 마여사 | 혼자 있기 뭣하면 친구분하고 같이 있어요. |
| 동기 | 아닙니다! 저는 괜찮아요. |
| 마여사 | (바쁘게 설치며) 얘 금단아! 뭘 그렇게 우두커니 서 있어? 어서 들어가서 용식이더러 2층 특실을 치워놓으라고 해라. 침구를 새 것으로 바꾸도록 하고! |

약산의 진달래

**금단**   예. (하며 급히 현관 쪽으로 간다)

**신일**   (난처해서) 이러시면 안 되겠는데요.

**마여사**   글쎄 내 말대로 해요. 짐은 많은가요?

**신일**   아, 아닙니다.

**동기**   간단한 백뿐입니다. 그건 내일이라도 내가 가지고 오죠! 신일이, 남의 호의를 한사코 사양하는 것도 실례니까 며칠 동안 여기서 유하도록 하지! 그 대신 사업관계 연락은 내가 심부름할 테니까.

**신일**   응, 그렇게 하지.

**마여사**   고마워요. 잘 생각했어요. 그럼 객실을 챙길 동안 사무실로 가세요.


마 여사가 앞장을 서서 사이문을 열고 사무실 쪽으로 간다. 이때 골목 쪽에서 옥단이가 도망치듯 나온다. 마치 패션쇼에서 나온 모델처럼 요란스럽게 차렸다. 그녀는 뒤를 돌아본다. 누군가가 뒤를 밟아오는 눈치이다. 옥단이는 급히 가로등 뒤로 숨는다. 잠시 후 한 청년이 나타난다. 마치 닭 쫓던 개처럼 이리저리 휘둘러본다. 차림새는 경박해 보이나 불량한 것 같지는 않다.


**청년**   응? 어딜 갔을까? 여관으로 들어갔을 리는 없고! 이상하다! 하늘로 솟았나, 땅으로 숨었나……


옥단이가 전신주 뒤에서 나와 말없이 막아서서 노려본다.


**청년**   아니……

**옥단**   왜 남의 뒤를 밟는 거야? 당신이 수사관이에요? 흥신소원이에요? 도대체 뭐예요?

| 청년 | (킬킬거리기만 한다) |
|---|---|
| 옥단 | 웃어? |
| 청년 | 그럼 울어볼까요? |
| 옥단 | 기가 막혀서…… 도대체 나한테 무슨 용건이 있기에 졸졸 따라다니요? |
| 청년 | 커피 한 잔 하자는데 왜 피하십니까? |
| 옥단 | 댁이 누구신데 나한테 커피를 사겠다는 거예요? |
| 청년 | 할 얘기가 있다니까요. |
| 옥단 | 얘기하면 되잖아요. |
| 청년 | 노상에서 어떻게 얘기합니까? 어디 다방이나 가서 음악을 들으면서 얘기하죠. 오랜 시간을 뺏지는 않을 테니까요. |
| 옥단 | 사양하겠습니다. (하며 가려고 하자 청년이 막아선다) 왜 이렇게 거머리처럼 붙어 다닐까? 정말…… |
| 청년 | 헷헤…… 그게 바로 내 성격이자 특성이죠. 홋흐…… |
| 옥단 | 성격? |
| 청년 | 난 한 번 마음먹으면 기어코 하고야 마는 성질이지요. |
| 옥단 | 그럼 뭘 하겠다는 거예요? 나한테 뭘 요구하겠다는 거예요? |
| 청년 | 힛히…… |
| 옥단 | 기분 나쁘게! 그 웃음 좀 치워요! |
| 청년 | 기분 나쁘세요? 그렇게 화내는 게 꼭 칼멘 같군요. 홋흐…… |
| 옥단 | 칼멘? |
| 청년 | 옥단 씨! |
| 옥단 | 어머머, 아니 내 이름은 어떻게…… |
| 청년 | 자기가 좋아하는 여성의 이름도 모르고 따라다닐 만큼 어리석지는 않습니다. 홋흐…… |
| 옥단 | (어리둥절해서) 뭐, 뭐라구요? |

**청년**　나하고 사귀어 주시지!

**옥단**　싫습니다! 흥!

**청년**　좋은데! 훗흐……

**옥단**　뭐요?

**청년**　나는 옥단 씨가 좋다구! 좋아서 못 견딜 정도로 좋은데 어떻게 해요!

**옥단**　엿장수 마음대로?

**청년**　승낙할 때까지 따라다닐 걸요.

**옥단**　경찰에 고발하겠어요!

**청년**　죽어도 좋아요!

**옥단**　어머머! 무슨 남자가 이렇게 뻔뻔하고 유들유들하고 찔근찔근할까.

**청년**　그래서 내 별명이 낚싯줄이지요.

**옥단**　낚싯줄?

**청년**　좀체로 끊어지지 않으니까…… 훗흐…… 오늘 안 되면 내일, 내일 안 되면 모레…… 아시겠어요?

**옥단**　몰라요! 마음대로 해요. (하며 여관 쪽으로 간다)

**청년**　(허점을 찔린 듯) 아니 여관으로 들어가시게요?

**옥단**　못 들어갈 게 뭐예요?

**청년**　아직 그 단계는 아니에요.

**옥단**　흥. 등신 같은 소리만 하는군…… 여긴 우리 집이에요! (하고 여관으로 급히 들어가며 비명을 지른다) 사람 살려요!

이 서슬에 청년이 놀라 도망쳐 버린다. 옥단의 비명소리에 사무실 안에 있던 마 여사, 신일, 동기가 긴장을 한다. 옥단이 사무실로 뛰어들자 모두들 놀란다.

**마여사** 웬일이냐?

**옥단** 글쎄 어떤 놈팽이 녀석이 내 뒤를 따라오더니만 글쎄…… (한참 떠들어대다가 문득 손님이 있는 걸 눈치 차린다. 다음 순간 신일의 모습에 시선을 꽂는다) 어머!

**마여사** 무슨 짓이냐? 손님 앞에서……

**옥단** 실, 실례했습니다.

**마여사** (신일과 동기에게) 내 딸이에요.

**동기** 아…… 옥단 씨라던가요?

**옥단** 옥단이에요. (마 여사 귀에 대고) 누구예요? 이분?

**마여사** 이분은 유신일 씨라고 동경서 오신 분이고……

**옥단** 어머! 재일교포시군요! 어쩐지 다르다 했지! 홋호…… 앞으로 많이 부탁해요. 나 일본말도 쬐금 할 줄 알아요. 홋호……

**동기** 강동기라고 합니다. 신일 군의 친구죠!

**옥단** 멋진 친구를 두셔서 행복하시겠어요.

**동기** 제가 행복하다구요?

**옥단** 나도 진작부터 펜팔이나 해서 외국 사람하고 사귀어 볼 생각이 있었지만 그게 잘 안 되데요. (신일에게) 우리 집에 투숙하셨군요? 홋호…… 정말 성질도 괴짜시다!

**마여사** 옥단아! 그게 무슨 소리냐?

**옥단** 그렇지 뭐예요. 서울 시내에 초현대식 호텔이 얼마든지 있는데도 왜 이런 구질구질하고 미식미식하고 고리타분한 종로 뒷골목 싸구려 여관엘 드셨으니 말예요. 홋호……

**마여사** 말조심해! 우리 송학여관이 어때서…… 뭐 구질구질하고 미식미식하고 고리타분해?

**옥단** 그렇죠! 그러니 우리도 이 여관을 헐어버리고 호텔로 지어요! 그래야 이런 멋진 외국 손님들이 많이 오실 게 아니에요! 요즘은 관광

붐이라 달러를 벌 수 있단 말이에요! 달러를……

**마 여사** 이분은 단순한 관광객이 아니에요!

**옥단** 어머…… 그럼 특수 사명을 띤 분이군요?

**동기** 헛허……

**신일** 나…… 우리 아버님 편지 가지고 어머님 뵈러 왔어요.

**옥단** 편지를요?

**신일** 예.

**옥단** 엄마…… 어떻게 된 일이에요?

**마 여사** 어떻게 되긴…… 차차 알게 될 테니 걱정 말어.


이때 금단이가 2층에서 내려와 사무실로 들어선다.


**금단** 어머니! 준비 다 되었어요.

**마 여사** 응! 그래? 깨끗하게 치웠어?

**금단** 예.

**마 여사** (신일에게) 그럼 올라가실까요? 한국식 여관방이 어떤 곳인가도 구경하시죠. 그래야 동경에 가서도 아버님께 자랑거리가 될 테니까요.

**신일** 예. 그렇지만 우리 아버님한테 꾸중 들을까 걱정입니다.

**마 여사** 천만에요. 자 가십시다.

**신일** (금단에게) 여러 가지로 감사합니다. 실례합니다.

**금단** 아, 아니에요. 불편한 점이 있으시면 언제든지 말씀하세요.


마 여사의 안내로 신일, 동기가 2층으로 올라간다. 금단과 옥단은 각각 다른 생각으로 그들을 바라본다. 옥단은 마치 감전된 사람처럼 멍하니 서 있다.

| 옥단 | (허공을 향해) 멋있는데! |
|------|------------------------|
| 금단 | 응? |
| 옥단 | 오…… 그렇게 멋있는 남성은 처음이야! 오…… 원더풀! 홋호…… |
| 금단 | 언니가 칭찬할 남성도 있수? 합격인가 봐. |
| 옥단 | 얘, 합격이 뭐냐? 합격 치고도 수석 합격이다, 얘! 홋호…… 왜 저런 남성이 안 나타났을까? 아…… |
| 금단 | 그렇지만 그분은 며칠 후에 일본으로 돌아간데. |
| 옥단 | 일본으로? |
| 금단 | 아까 저녁을 먹으면서 그러던데. |
| 옥단 | 아니 너하고 저녁을 먹었어? |
| 금단 | 언니두…… 엄마가 집으로 초대했어. |
| 옥단 | 왜? |
| 금단 | 왜는 왜예요? 그분의 아버지하고 엄마하고 옛날에 잘 알던 사이였다나 봐. 그래서 이번에 서울에 나오면서 엄마를 찾아보라고…… |
| 옥단 | 말하자면 엄마의 옛 친구의 아들이라…… |
| 금단 | 응. 그래서 어머니는 그분보고 집에서 묵으라고 하신 거예요! |
| 옥단 | (태도가 돌변하며) 기분 나쁘다! |
| 금단 | 응? |
| 옥단 | 어째서 그런 중요한 자리에 나는 제쳐놓고 둘이서 결정했니? |
| 금단 | 누가 제쳐놨어! 언니가 늦게 들어왔지. |
| 옥단 | 나도 엄연한 이 집 식구란 말이야! 그런데 왜 그런 중대한 파티에 나를 안 끼웠어. 그렇게 멋진 남성하고 정다운 대화는 생각만 해도 가슴이 울렁거리는데…… (다시 황홀해지며) 아! 멋있어! 아 내가 찾던 남성! |

암전

# 제3막

**무대**

전막과 같음.

전막부터 이틀 후 낮.

사무실에는 금단이가 장부 정리를 하고 있다. 한가한 시간이다.

잠시 후 좌측 행길에 마 여사가 장바구니에 가득 찬거리를 담아 들고 땀을 뻘뻘 흘리며 들어선다. 갈비, 생선, 살코기 등 겉으로 보기에도 푸짐한 찬거리들이다.

반대편 골목에서 복덕방 이가가 나온다.


**이가**  아이구! 사장님이 웬일이십니까? 손수 저자를 보시다니!

**마여사**  (장바구니를 내려놓고 숨을 훅 몰아쉰다) 예, 그렇게 되었어요. 복덕방 아저씨!

**이가**  참, 뭐 듣자니까 재일교포 한 분이 드셨다구요?

**마여사**  (긴장의 빛을 보이며) 아니 그걸 어디서 들었어요?

**이가**  헷헤…… 그거야 왜 모릅니까?

**마여사**  옳아…… 우리 구 지배인이 나팔을 불고 다녔군요.

**이가**  헷헤…… 다 좋은 일인데…… 나팔을 불면 어떻습니까? 헷헤 ……

**마여사**  구 지배인은 그 입이 싸서 틀렸어요. 남자란 얘기해도 좋은 일과 안 해도 되는 일을 엄연히 구별할 줄 알아야 해요. 세상에는 28년 동안 가슴 속에 숯불 파묻듯이 푹 안고서 말을 안 하는 그런 위인도 있는가 하면 그 구 지배인처럼 귀로 들어오기가 무섭게 입으로 흘려버리는 팔랑개비 인생도 있으니…… (한숨) 그러기에 사람은 겪어봐야 알고 고기는 씹어봐야 알죠. 에이그…… 속상해.

**이가**    (무슨 영문인 줄 몰라 눈을 깜박거리며) 아니 지금 누구 얘기를 하시는 거예요?

**마여사**    누군 누구예요? 가랑잎보다 더 가벼운 구 지배인 얘기지!

**이가**    아니죠. 그 28년 동안 가슴 속에 숯불 파묻듯 말을 안 하는 사람이 누구냐구요?

**마여사**    누군 누구예요? 그저 그럴 법한 사람도 있을 법도 하다 이거죠. 아이구…… (하며 장바구니를 든다)

**이가**    제가 댁까지 들어다 드릴까요?

**마여사**    아, 아니에요. 그것보다 어제 50만 원 이자 5백 원이 모자랐어요.

**이가**    예? 그럴 리가 없는데요. 내가 분명히 5백 원짜리로 마흔 장을 ……

**마여사**    서른아홉 장!

**이가**    아니죠. 2만 원이죠.

**마여사**    만9천5백 원이었어요.

**이가**    그럴 리가 없는데!

**마여사**    구 지배인도 복덕방 영감이 주신 그대로 가져왔다던데……

**이가**    그럴 테죠.

**마여사**    그런데 그 가운데 한 장이 3분지 1쯤 떨어져 나갔어요! 그걸 어디서 누가 받습니까? 그러니 한 장이 부족한 1만9천5백 원이지! 안 그래요? 나중에 5백 원 보내셔야 해요. 안 그러면 이번 달 야경비 안 내겠어요. (하며 상대방의 얘기도 들으려 하지 않고 쏜살같이 여관으로 들어간다)

**이가**    (입을 떡 벌린 채) 좌우지간 저 여자는 돈에 대해서는 난 여자야. 핫하…… 그것 한 장 끼워둔 걸 어떻게 또 족집게로 뽑아내듯 쏙 뽑는담! 맙소사. (하며 좌편 한길로 퇴장)

**마여사** (현관으로 들어서며) 용식아…… 용식아……

**금단** (급히 일어나며) 어머니세요! (하며 현관으로 나온다)

**마여사** (장바구니를 놓고 의자에 주저앉는다) 후유…… 아이구 팔이야.

**금단** (웃으며) 그러기에 제가 시장에 가겠다니까 한사코 가시더니……
흠……

**마여사** 얘, 말도 말아라. 세상에 불경기다 돈 없다 하고 우는 소리 하는
건 말짱 거짓말이더라.

**금단** (찬거리를 뒤져보며) 왜요?

**마여사** 동대문 시장엘 갔더니…… 어이구 눈이 빙빙 돌 지경이지 뭐냐
…… 모두가 눈에 쌍심지를 켜고서 덤비는데…… 아이구……
오랜만에 시장에 나갔다가 하마터면 밟혀 죽을 뻔 했다. 후유
……

**금단** 홋호…… 그래 사실 건 다 샀어요?

**마여사** 오늘은 갈비찜에다 고기산적 하고 도미 소금구이를 해야겠다.

**금단** 이러다간 신일 씨 배탈나겠어요. 홋호……

**마여사** 그렇지만 우리가 그 사람을 즐겁게 해주는 길은 그것밖에 없지
뭐냐…… 내 힘으로 안 되는 일은 못해도 될 수 있는 한은 대접해
고 보내야지. 참 어디 나갔니?

**금단** 2층에 계셔요.

**마여사** 혼자서?

**금단** 언니하고요.

**마여사** 뭣이? 옥단이가? 아니 그 기집애는 왜 또 그 방에 들어가 있어?
(하며 벌떡 일어나서 2층 쪽을 노려본다)

**금단** 잘 됐지 뭐예요.

**마여사** 잘 돼?

**금단** 신일 씨도 심심찮고 언니도 밖에 나다니지 않으니 잘 되었죠. 게

다가 신일 씨가 사진을 찍어준다면서 옥상으로 올라갔어요.

**마여사**  애, 또 그 아랫도리 다 내놓는 옷차림으로 말이냐?

**금단**  홋호……

**마여사**  이웃 사람이 보면 어떻게 하려구 옥상에는 올라가니? (크게) 옥단
아! 옥단아!

**금단**  내버려두세요.

**마여사**  안 된다! 여자란 언제나 몸가짐이 얌전해야 돼요. 에그…… 어쩌
면 같은 형제간인데도 너와 옥단은 그렇게도 모든 게 반대냐! 쯧
쯧……

**금단**  천성인 걸요.

**마여사**  옥단이는 그저 사정없이 휘어잡을 신랑을 만나야 할 텐데.


이때 2층에서 옥단과 신일의 호들갑스러운 웃음소리가 들리더니 이윽
고 계단을 내려온다. 신일은 카디건과 터틀넥의 스포티한 차림이고
옥단은 초미니 스커트를 입었다. 신일의 손에는 카메라가 들렸다.


**옥단**  엄마! 나 사진 찍었다!

**마여사**  그 꼴을 하고 사진을 찍어? (하며 흘겨본다)

**옥단**  어때요? (포즈를 취하며) 신일 씨가 그러는데 한국 여성의 각선미
는 동경에다 내놓으면 천하일품이래요! 홋호. 그렇죠? 신일 씨!

**신일**  예! 한국 여성의 아름다움은 정말 신비스럽습니다. 고전과 현대
가 알맞게 조화되고 서양과 동양이 알맞게 조화를 이룬 상태라고
나 할까요?

**옥단**  그것 보세요, 엄마! 제 말이 거짓말은 아니죠?

**마여사**  글쎄 너도 이제 속차려. 그런 차림으로 객실에 드나들면 어떻게
하니?

**옥단** 우리 집인데 어때요? 안 그래요, 신일 씨!

**신일** 이 정도의 미니스커트는 이제 상식화되었습니다.

**옥단** 에그, 그러니 기성세대는 틀렸다구요! 세상이 자꾸 변한다는 걸 모르니 한국 사람은 틀렸어! 안 그래요, 신일 씨.

**신일** (입장이 난처해지며) 그, 글쎄요. 나는 한국 사람에 어두워서 잘 모르겠습니다.

**마여사** 어서 가서 옷 갈아입고 나오너라.

**옥단** 예? (성급하게) 어디 가세요?

**마여사** 가긴 어디 가! 손님 점심 지어야지. 어서 부엌으로 가자.

**옥단** 그걸 어떻게 제가 해요? 그건 금단이가 해야지.

**금단** 어머니! 제가 할게요.

**마여사** 아니야. 넌 사무실을 지켜야지. 구 지배인이 세무서에 다녀올 동안은 말이다.

**금단** 그렇군요. 언니 미안해요.

**옥단** 이젠 부엌에서까지 부려먹을 작정이군! (나가면서 신일에게) 신일 씨! 점심 먹고 나서 우리 창경원에 가서 사진 찍어요.

**신일** 예? 예…… 좋으실 대로.

**마여사** 안 돼요. 신일 씨는 푹 좀 쉬셔야 한다. 그렇죠?

**신일** 예? 예……

**옥단** 엄마는 팬시리 내 얘기는 반대더라! (하며 나가버린다)

**마여사** 애, 장바구니 가져가! (신일에게) 저렇게 철따구니 없답니다. 홋호…… (하며 장바구니를 든다)

**신일** 명랑해서 좋습니다.

**마여사** 좋긴요…… 그럼 올라가서 쉬세요. 내 곧 맛있는 점심을 지어드릴 테니!

**신일** 예. 강 군도 오기로 했으니까 여기 있겠습니다.

| 마여사 | (문득 금단의 눈치를 보며) 예! 우리 금단이에게 동경 얘기도 들려주세요. 저 앤 도무지 말이 없고 암떠서 바깥 세상 물정을 모른다우…… 홋호. |
|---|---|
| 금단 | 어머니두…… (수줍어 돌아앉는다) |

마 여사가 안채로 퇴장하는 동안 금단과 신일은 두어 번 시선이 마주친다. 금단은 야릇한 감정에 사로잡혀 장부를 건성으로 뒤치기만 한다. 신일도 담배를 뽑아 물고 성냥을 더듬어 찾는다. 금옥이가 재빨리 눈치채고 성냥을 꺼내어 준다. 옥상에서 용식이가 부르는 〈약산의 진달래〉가 구성지다.

| 신일 | 고맙습니다. (그는 담뱃불을 붙이고 나서 담배 연기 너머로 금단의 얼굴을 훔쳐본다) 저…… |
|---|---|
| 금단 | (반사적으로) 예? |
| 신일 | 아, 아닙니다. |
| 금단 | 흠. (간신히 웃음을 참는다) |
| 신일 | 뭐가 우습죠? 내 얼굴에 뭐가 묻었습니까? |
| 금단 | 아니에요. 실은…… 신일 씨 아버님 편지 생각이 나서요. |
| 신일 | 우리 아버님 편지? |
| 금단 | 어머니께서 감추어둔 걸 몰래 꺼내서 읽었어요. 흠…… |
| 신일 | (당황하며) 안 됩니다. 그런 짓을 하다니…… |
| 금단 | 어머니께서 읽고 또 읽고 하시니까 호기심이 생기더군요. 그래서 어머니한테는 죄송하다고 여기면서도 그만…… |
| 신일 | 알고 보니 금단 씨도 악취미군요. 남의 편지를 훔쳐 읽다니…… |
| 금단 | (문득 다른 생각이 떠오르는 듯) 그런데 저는 이상한 느낌이 들었어요. |
| 신일 | 예? 뭐가요? |

　　　　　　　　　약산의 진달래

금단　신일 씨 아버님이 그렇게 젊을 수가 있을까 하고요.

신일　아니 우리 아버님이 젊어요? 그걸 어떻게?

금단　편지에서 금방 느낄 수가 있었어요. 그 필적이며 문장이며 감정이 여간 풍부하신 게 아니었어요.

신일　(얼굴이 화끈 달아오르며) 그, 그거야…… 나이는 들어도 마음은 젊다는 말이 있지 않습니까? (억지로 웃어보인다) 헛허……

금단　그렇지만 그 편지에 나타난 젊음이나 정열은 진짜 젊은 사람이 쓴 편지 같았어요. (황홀해지며) 마치 고등학생이 쓴 연애편지처럼 달콤하지 뭐예요. 게다가 30년 가까이 외국에서 생활하신 분이 어쩌면 그렇게 한국말을 잘 알고 계신지…… 게다가 맞춤법도 제대로 쓰셨더군요.

신일　(매우 당황한 표정으로) 예…… 우리 아버님은…… 지금도 한국에서 온 신문이며 잡지를 다 읽으십니다. 그리고 원래가 민족의식이 강하신 분이라서요.

금단　그건 어머니한테 들어서 알고 있어요. 신일 씨는 정말 행복하시겠어요.

신일　예? 제가 행복해요?

금단　그런 아버님 밑에서 마음껏 배우고 또 자유스럽게 행동하시니……

신일　아니 그럼 금단 씨는 감옥에 갇혀 있단 말입니까? 헛허……

금단　(얼굴빛이 어둠에 싸이며) 사실 이런 얘기는 어머니 앞에서는 할 수 없지만…… 왜 신일 씨 아버님 같은 훌륭한 분과 결혼을 안 하셨을까 하고 원망스럽기만 해요.

신일　(눈이 휘둥그레지며) 그럼 금단 씨와 나와는 남매간이 되었게요?

금단　그렇게 되었으면 얼마나 좋았겠어요…… (쓸쓸하게 웃으며) 사실인즉 저는 외로웠어요. 언니가 있다고는 하지만 모든 면에서 다르고 보면 꼭 남남 같아요. 게다가 어머니는 사업 관계로 밖으로 나다니시고…… 그래서 나는 온종일 이 사무실을 지키거나 아니면 부엌일까지 도맡아야 했으니까요. 일이 고되서가 아니에요. 뭔가 바람직한 일을 해보지도 못하고 새장 안에 갇힌 인생이고 보면 누구하고 얘기를 나눌 수도 없었지요. (한숨을 길게 내뱉고) 외롭다는 건 정말 견디기 어려워요. 사람과 사람 사이에 오가는 소리가 없다는 건 생명이 없다는 게 아니겠어요? 돌이나 나무처럼 혼자서 제자리를 지키고만 있으려니까 어떤 때는 숨이 막힐 지경이었어요.

신일은 지금까지 몰랐던 새로운 사실을 금단에게서 발견한 듯 뚫어지게 바라보고만 있다. 손끝에서 타들어가는 담배가 다 타고 있어도 모르고 있다.

**금단**    (문득 신일의 시선과 마주치자 수줍음이 되살아나며) 어머…… 제가 왜 이런 얘기를 하는 걸까요? 신일 씨 앞에서 왜 이런……

**신일**    아닙니다! 재미있습니다.

**금단**    예?

**신일**    금단 씨의 말소리는 꼭 음악소리 같아요. 듣는 사람에게 묘한 감흥을 느끼게 합니다.

**금단**    어머! 놀리지 마세요. 저는 언니보다 배우지도 못했고 아는 것도 없어요!

**신일**    아닙니다. 금단 씨는 옥단 씨와는 다른 목소리를 가지고 계십니다. 그래요! 옥단 씨의 목소리가 트럼펫이라면 금단 씨의 목소리는 플루트이지. 옥단 씨의 목소리가 폭포수 소리라면 금단 씨의 목소리는 봄비 소리라고나 할까요? 그 소리를 듣고 있으면 나도 모르게 마음이 촉촉하게 젖어오고 아늑해집니다. 달밤에 라일락 향기가 바람결에 실려오듯 금단 씨의 목소리는 듣는 사람으로 하여금……

그는 어느덧 금단에게 바싹 다가와 앉는다. 그것을 피하는 금단이 자리에서 일어서는 찰라 반동적으로 신일은 마룻바닥에 엉덩방아를 찧고 만다. 얼마 전부터 동기가 유리문 너머로 그 광경을 보고 있다가 자기도 모르게 폭소를 터뜨린다. 그 소리에 신일과 금단은 소스라치게 놀라 저만치 떨어져 선다.

**동기**　(사무실 안으로 들어와서 시치미를 떼고) 들어가도 괜찮겠습니까?

신일과 금단이 서로 시선을 마주친다. 그리고는 우연히도 대답이 일치된다.

**신일·금단**　예.

그렇게 대답하자 제풀에 얼굴이 뜨거워진 금단이가 사무실을 나와 안채로 도망치듯 들어간다.

**동기**　핫하……
**신일**　남의 얘기를 엿듣는 건 신사답지 못한 행동이야……
**동기**　(과장해서) 그걸 미처 몰랐습니다. 도련님! 헛허……
**신일**　이건 농담이 아니라구! (그는 정색을 하며 지금까지의 말투와는 다른 본연의 자세로 돌아온다)
**동기**　너 정말 화났구나?

**신일**    이제 막 클라이맥스로 도달하려는데 네가 들어왔지 뭐니?

**동기**    (의자에 앉아서) 담배나 있으면 내놔!

**신일**    (주머니에서 고급 담배를 내서 던진다) 옛다!

**동기**    아니 이건 양담배 아니냐?

**신일**    마 여사가 갖다 줬어. 내게 무슨 돈이 있어서 그런 고급 담배를
          사서 피우겠니?

**동기**    (담배를 피우고는) 힛히…… 연극은 제대로 되어 가니?

**신일**    음…… 글쎄……

**동기**    대답이 신통치 않구나. 끝까지 조심해야지. 눈치 못 차리게 말이다.

**신일**    (그도 담배 연기를 내뿜는다) 글쎄……

**동기**    (노려보며) 야! 무슨 대답이 아까부터 그래? 미친년 방귀 소리마
          냥…… 젠장.

**신일**    글쎄다. (길게 담배 연기를 뱉는다. 그의 표정엔 어떤 고민과 후회의
          그림자가 역력하다)

**동기**    아! 너 마음이 변한 건 아니겠지?

**신일**    글쎄!

**동기**    넌 글쎄라는 대답밖에 모르니? 이제 서서히 본론으로 들어가야
          할 차례라구! (주위를 살핀 다음) 오늘은 행동 개시해야 돼. 알겠
          어? (위협조로) 그따위 좆비린내 나는 기집의 손목이나 잡고 씨도
          먹히지 않는 넋두리를 할 때가 아니란 말이야! 이제 사흘째가 되
          었어! 매사란 찬스가 있다는 걸 잊지 말어……

**신일**    (자기 나름대로의 생각에서) 그렇지! 찬스라는 게 있지!

**동기**    (그 말이 자기 의견에 대한 동의로 속단하고) 자식! 알긴 아는군! 힛
          흐…… 그럼 오늘은 시작해! 알았지?

**신일**    뭘 시작해?

**동기**    뭐라구?

**신일**  뭘 시작하는가 말이야! 이미 시작하고도 상당한 정도까지 진척이
되었는데.

**동기**  (혹해서) 그래? 정말?

**신일**  음…… 연극으로 치면 2막이 끝났지! 아니 3막 중반이 지났을지
도 모르지!

**동기**  핫하…… (자기 목소리가 너무 크다고 느끼자 소리를 죽이며) 자식!
너 알고 보니 담이 보통이 아니구나! 처음엔 벌벌 기고 떨고 하더
니만……


신일은 자리에서 일어나서 창 너머로 안채를 내려다본다. 얼마 전부터
금단이 마루 끝에 앉아서 상추며 쑥갓 등속의 채소를 다듬고 있다.


**동기**  (허공으로 담배 연기를 둥글게 내뿜으며) 더도 말고 30만 원만 타내.
그러면 우선 두 달치 방세 갚고 싸전과 연탄가게 외상 갚고 그리
고 보증금도 충당할 수 있을 테니까! 보증금을 3만 원씩 내야 외
판사원으로 채용한다니 어떻게 하니! 그 길밖에 없잖아!

**신일**  (눈을 감는다)

**동기**  참…… 카메라 빌린 값도 있지?

**신일**  (담배 연기만 피운다)

**동기**  갑자기 꿀먹은 벙어리가 되었니?

**신일**  (무겁게) 동기야……

**동기**  응?

**신일**  나…… 그만 두겠다.

**동기**  (펄쩍 뛰며) 그만 두다니?

**신일**  이번 연극 말이다. 나는 역시 배우가 될 소질이 없는 것 같아! 내
가 재일교포의 아들이라니…… (실소를 하며) 웃기는 짓이지! 홋

흐……

**동기**  아니 너 미쳤니? 돌았어?

**신일**  (똑바로 보며) 돌았다.

**동기**  뭐라구?

**신일**  이상 더 사기를 칠 수 없어!

**동기**  이게 왜 사기니?

**신일**  남을 속이는 게 왜 사기가 아닌가 말이야!

**동기**  그걸 이제 와서 따지면 어떻게 해? 응? 우린 당분간 그 돈을 빌리는 거야. 벌어서 갚는다는 걸 전제로 해서 말이야! 〈죄와 벌〉에 나오는 라스꼬르니꼬프가 아니지만 마 여사가 필요 이상으로 가지고 있는 돈을 잠시 빌려 쓰고 나중에 갚자고 했잖아! 지금 서울 바닥에서 우리 같은 처지에 있는 놈이 어디서 돈을 구하니? 담보가 있다면야 은행에서 돈이라도 빌리겠지만 시골서 올라올 때 가지고 온 취직자금도 그 황가놈에게 홀랑 빨렸으니…… 이 방법을 생각해내기까지 그래도 우리 나름대로의 양심은 있었다고 본다. 우린 빌려 쓰는 거야. 갚는단 말이다. 너도 그렇게 말했잖아!

**신일**  동기야! 그땐 그때고 지금은 생각이 변했다니까!

**동기**  왜?

**신일**  (다시 창 너머로 금단을 보며) 차마 그럴 순 없어! 그렇게 속일 순 없어!

**동기**  (눈치를 차리고) 음…… 너 빠졌구나?

**신일**  빠지다니?

**동기**  금단인가 공단이한테 혹해서 그 잘난 양심의 발동 때문에 그런다 이 말이겠지?

**신일**  양심? 글쎄 우리에게도 양심이 있었는지 모르겠군!

**동기**  있지! 있고말고! 도둑에게도 양심이 있고 창녀에게도 양심이 있

다는데 우리라고 왜 없겠니? 신일아! 두 눈 딱 감고 해내는 거
야…… 그 돈을 허비하는 게 아니고 그것으로 우리 두 사람이
힘줄을 잡아 일어선 다음 갚으면 되잖니? 그렇게 약속했잖아? 이
건 기한부의 범죄나 다름없어!

**신일**  기한부 범죄라!

**동기**  그렇지! 그 기한 내에 피해자에게 손해배상을 해주면 뭐가 나빠?
막말로 마 여사 같은 돈 많은 과부가 돈 30만 원 없다고 곧 어떻게
되는 것도 아니잖아! 그걸 우리가 잠시 빌려쓰는 건데 뭐……

**신일**  동기야, 안 되겠어! 난 그동안 생각했지만 이 집 식구들이 온통
나를 위해 친절하게 대해주면 줄수록 내 용기가 꺾이는데 어떻게
하니? 난 못해! 못해! (하며 괴로워한다)

**동기**  (냉혹하게) 그럼 어떻게 하겠니? 자수하겠니? 아니면 마 여사에게
자백하겠어?

**신일**  자백?

**동기**  우리가 여기서 자백하거나 성사 뒤에 우리 정체가 탄로나거나
매일반이야! 우린 이미 범죄를 저질렀어! 흥! 그런데 이제 와서
양심이니 순정이니! 그따위 맥주에다 말오줌 탄 얘기는 하지도
말아! (자리에서 일어나며) 나 오후에 전화로 연락할 테니까 그때까
지 해놔! 알았지? (하며 나가려 하자 신일이가 막는다)

**신일**  안 돼!

**동기**  안 돼?

**신일**  (주위를 살피며) 우리 여기를 빠져나가자! 도망치는 거야!

**동기**  돌았니?

**신일**  꼬리가 밟히기 전에 도망치는 길밖에 없어……

**동기**  (강하게) 임마! 꼬리를 밟히면 도리어 머리를 물어야 해……

**신일**  꼬리를 밟히면 머리를 물어?

동기  지금이 어떤 세상인데 양심이니 양보니 하는 젖비린내 나는 말만 뇌까리니?

신일  아니야. 나하고 같이 가!

동기  넌 남아있어!

신일  나는 못해! 겁이 나서 못해!


이때 2층에서 용식이가 객실에서 홑이불을 뜯어서 한 짐 어깨에 지고 내려온다. 그는 역시 콧노래를 부르며 사뭇 유쾌한 표정이다. 유리창 너머로 두 사람을 보자 굽실한다.


용식  안녕하세요? 헛허……

동기  (손을 번쩍 들며) 잘 있었어? 총각!

용식  예! 오늘 날씨가 좋습니다. 창경원엔 사람 홍수 나겠죠? (하며 안 채로 들어간다. 이 사이에 신일은 겁에 질린 사람처럼 벽에 이마를 대고 서 있다. 동기가 가까이 가서 어깨를 친다)

동기  신일아! 다시 한 번 생각해! 마 여사보고 일본 가면 곧 송금하겠 다고 하면 그까짓 돈 30만 원쯤은 애기들 알사탕 값으로 내놓을 거야. 마 여사의 머리 가운데는 지금 유병오 생각으로 꽉 차 있어! 네가 유병오의 아들이라는 점 하나만으로도 그 여자는 지금 열병 을 앓을 지경이라니까! 마 여사가 번 돈은 여관업도 업이지만 고 리대금업에서 얻은 거야! 따지고 보면 그 돈이 결코 떳떳한 건 못 돼요! 그걸 우리가 거짓말을 했기로서니!

신일  (휙 돌아보며) 그 거짓말이 무서워졌다니까! 이상 더 거짓말을 해 낼 용기가 안 난단 말이야! 이건 엄살도 위선도 아니야! 내 본심 이란 말이다.

동기  그럼 지금까지 진 빚은 어떻게 갚니? 그리고 외판원 취직은 포기


약산의 진달래

하겠니?

**신일**　(진퇴유곡이라는 듯 불쑥 주저앉는다) 모르겠다! 몰라······

**동기**　네가 모르면 누가 알아? 용기를 내란 말이다······

**신일**　(반항적으로) 나 좀 괴롭히지 말어! 나를 혼자 있게 해줘······

**동기**　아니 이 새끼가 며칠 동안 고기반찬에 스테미너가 생기니까 발광인가? 누구한테 큰소리냐?

이때 마 여사가 행복한 미소를 지으며 들어서다가 언성이 높은 걸 듣고 급히 들어선다. 부엌에서 나온 길이라 머리에 흰 스카프를 쓰고 앞치마를 둘렀다.

**마여사**　아니 왜들 이러세요? (두 사람을 번갈아보며) 다투셨어요?

**동기**　아, 아니올시다.

**마여사**　츠츠······ 남자분들은 너무 친해도 싸운다더군요. 부부싸움이 사랑을 더 두텁게 하듯이······ 홋호······

**동기**　예, 저 실은 좀······ 어려운 일이 생겨서요······

**마여사**　어려운 일이라뇨?

**동기**　(신일에게) 말씀드려. 솔직히!

**신일**　(당황하며) 뭘 말이야······

**동기**　마 여사님은 한집안 식구나 다름없으니까 말씀드릴 수 있잖아······

**신일**　안 돼······ 안 돼······

**마여사**　(약간 심각해진 분위기를 느끼며) 무슨 얘긴지 모르지만 말해요. 내 힘이 필요하다면 언제든지! (동기에게) 무슨 일이 있었나요?

**동기**　예······ 실은······

**신일**　안 돼!

**마여사** 괜찮다니까…… 아버님과 나의 관계를 생각한다면 뭣이든 돕겠어요. 무슨 일이죠?

**동기** 다른 게 아니라…… 분실했습니다.

**마여사** 분실?

**신일** 동기!

**동기** 예. 신일 군이 패스포트 안에 5백 달러를 넣어두었는데 그만 어디서 떨어뜨린 것 같아요.

**마여사** 어머나! 아니 그걸 왜 나한테 지금까지 비밀로……

**동기** 이 친구는 원래 성격이 여성적이어서요…… 그래서 나도 지금 그 얘기죠. 왜 그럼 진작 마 여사님에게라도 말씀 안 드렸는가고 소리를 질렀지요. 헷헤…… 그래서 언성이 높아진 거예요.

**마여사** 그랬으면 그랬지. 두 분이 다투실 리가 없지! 그건 그렇고 우리 집에서 잃어버렸나요? 그럼 곧 서에 연락해서 수사를……

**신일** 아, 아닙니다. 그, 그게 아니라……

**동기** 여기 오기 전날 술집에서 술을 마셨는데 아마 거기서 빠뜨렸을 것 같아요.

**마여사** 그게 어느 술집이죠? 우리 관할 파출소에 잘 아는 형사가 계시니까 부탁드리면……

**동기** (당황하며) 아, 아닙니다. 그게 확실치가 않아요. 술집인지 택시 안에서인지…… 아니면 화장실인지가……

**마여사** (신일에게) 그렇게 취했었어요?

**신일** (고개만 숙인다)

**동기** 그래 동경으로 전보를 치던지 전화를 걸어서 돈을 부쳐달라고 해야 할 텐데 글쎄 이 친구 마음이 약해서 그걸 못 하겠다는군요. 이렇게 순진하니 어디 사업을 해나가겠어요?

**마여사** 아니죠! 그게 얼마나 좋습니까!

**동기**   예? (하며 신일에게 팔꿈치로 꾹 찌른다. 경고의 표시다)

**마여사**   순진하다는데 얼마나 좋으냐구요! 막말로 자식이 부모를 속이고 남편이 아내를 죽이고 제자가 스승을 등치는 세상에 신일 씨 같은 청년이 있다는 게 얼마나 아름답습니까? 안 그래요?

**동기**   지당하십니다.

**마여사**   물론 동경에 계시는 아버님께 알리면 그까짓 5백 달러가 문제예요? 편지에 보니까 큰 기업체가 셋이나 되는 유병오 선생께서 아들이 객지에서 돈을 잃었다면 아마 5천 달러라도 곧 보내주실 거예요. 안 그래요?

**동기**   지당하신 말씀입니다.

**마여사**   그런데도 신일 씨가 한사코 아버님한테 알리지 않겠다는 그 마음씨는 또 얼마나 기특한 효성입니까? 부모님께 걱정을 안 끼치겠다는 거지 뭐예요. 안 그래요?

**동기**   예. 맞습니다. 바로 그 점입니다!

**마여사**   나도 딸자식이 둘이나 있지만 자식도 어렸을 때 일이지 나이를 먹어가면 남이 되는 거예요. 더구나 결혼해버리면 이건 구정물통에 도토리 떠가듯 전혀 통하지가 않아요.

**동기**   (안타까워서) 저…… 마 여사님!

**마여사**   (자기 도취되어) 그런데도 신일 씨가 그 많은 돈을 잃고도 안 알리겠다는 효성은…… 정말…… (목이 메이며) 난…… 감격했어요…… 윽!

**동기**   저…… 사장님!

**마여사**   자식의 이 마음씨를 부모가 안다면 얼마나 흐뭇하겠어요? 이런 때 부모는 천지간에 아까울 게 없지요! 살도 베어주고 눈도 뽑아주고 싶은 심정이 되는 거지요!

**동기**   (신일에게 재촉하며) 네가 말해!

436

**신일**  뭐라고 해!

**마여사**  다 알고 있어요! 나한테 무슨 얘기를 하려는지 다 알지요! 홋호
······

**동기·신일**  예?

**마여사**  (길게 숨을 몰아쉬며) 드리죠!

**신일**  예?

**동기**  정말입니까?

**마여사**  외국에 와서 돈이 없다면 말이 되겠어요? 드리죠! 염려마세요. 그
런 정도라면 눈 감고 냉수 마시기지요!

**동기**  (마룻바닥에 덥석 주저앉아 무릎을 꿇는다) 감사합니다! 사장님! 감
사합니다! (하며 금방 눈물이 쏟아질 듯 연방 땅바닥에 이마가 닿을
정도로 절을 한다)

**마여사**  (의아하며) 아니 그런데 왜 댁께서 이렇게 감격하십니까?

**동기**  (벌떡 일어나며) 그건 바로 제 책임이자 우정이니까요. 헷헤······

**마여사**  예?

**동기**  서울에 체류 중 모든 책임은 나한테 있는 거나 다름없으니까요.
(신일에게) 이렇게 고마울 때가 어디 있나? 응? (하며 어서 고맙다는
말을 하라는 듯 팔꿈치로 찌른다)

**신일**  뭐라고······ 드릴 말씀이 없습니다.

**마여사**  아니에요. 홋호······

**신일**  동경에 돌아가면 즉시 보내드리겠습니다.

**마여사**  그럴 필요 없다니까요.

**신일**  그렇지만 우리 아버님께서는 절대로 마 여사에게 폐를 끼쳐서는
······

**마여사**  그 얘기 같으면 이제 귀에 못이 박힐 지경이에요. 홋호······ 그럼
우선 내가 돈을 드리죠.

그녀가 손금고를 열고 있는 돈을 다 긁어모은다. 동기와 신일은 서로 엇갈린 상태에서 눈이 둥그렇게 커진다.


**마여사** 우선 11만 5천 원이에요. 나머지는 있다가 구 지배인이 오면 은행에서 찾아오라고 하지! 자! (하며 돈을 내밀자 동기가 손을 쓱 내민다. 차분하나 가시 돋친 어조로) 이 돈은 마미자가 유병오 선생의 아드님께 주는 돈이에요. 자…… (하며 신일에게 준다. 신일은 어리둥절해서 받고 동기는 멋쩍어진다)

**신일** 이 은혜 죽을 때까지 안 잊겠습니다.

**마여사** 홋호…… 이래 뵈도 난 인색할 때를 제하고는 언제나 항상 너그럽게 마음을 쓴답니다. 홋호……


이때 옥단이가 급히 부엌에서 나오며 마당 한가운데서 큰소리로 사무실을 향해 외친다.


**옥단** 엄마! 식사준비 다 됐어요! 빨리 내려오세요! 배고파요!

**마여사** 에그…… 저 버르장머리 없는…… (창가로 가서 안을 내려다보며) 이웃사람 들으면 뱃속에 걸구 들었다고 흉보겠다!

**옥단** 수염 대자라도 먹어야 양반이죠! 홋호…… 안 그래요? 신일 씨! 홋호……

**마여사** 에그…… 저 말괄량이는 어느 놈이 데려다 길들일까?


암전

# 제4막

**무대**

전막과 같음. 전막부터 이틀 후 밤 10시경. 골목 안에 취객이 지나간다. 네온사인이 유난히도 반짝거린다. 사무실 안에 있는 의자엔 용식이가 트랜지스터를 귀에 꽂은 채 무료하게 앉아 있다.

이윽고 중년 남자와 젊은 여자 손님 한 쌍이 들어온다. 여자는 남의 이목을 피하는 눈치이며 중년 남자가 뭐라고 두어마디 속삭거리자 못 이긴 척하고 여관 안으로 들어선다.

중년 남자는 점잖게 거드름을 피우고 젊은 여성은 될수록 자기 얼굴을 안 보이려는 듯 벽 쪽을 바라본다.

**용식**   (창을 열고) 어서 오십시오.

**남자**   방 있니?

**용식**   (두 사람을 번갈아보며) 어떻게 되시죠?

**남자**   어떻게 되다니?

**용식**   두 분의 관계 말이에요.

**남자**   뭐, 관계? (하며 반사적으로 여자 쪽을 돌아본다)

**용식**   헷헤…… 우리 여관 규칙이 그렇게 되어 있어요. 주무실 거죠?

**남자**   아, 아니야. 잠깐 쉬어가겠어! 옥자야 한 시간 정도면 되겠지? (하며 여자에게 호응을 바라듯 돌아본다. 여자는 수줍음을 이기지 못해 고개를 푹 숙인다)

**용식**   한 시간이요?

**남자**   그래…… 마지막 버스로 인천에 가야 해. 그래서 그동안 쉬어가려고 말이야.

**용식** (눈치를 살피듯) 주민등록증 있으시죠?

**남자** 그럼…… 여기 있지! (하며 주머니에 손을 넣는다)

**용식** (여자에게) 손님도 있으시죠?

**여자** 뭐 말이에요?

**용식** 주민등록증

**여자** 아이, 별꼴이야.

**용식** 예?

**여자** 아니 당신이 뭔데 주민등록증까지 보자는 거예요?

**용식** 우리 여관의 규칙이라니까요. 두 분의 관계를 확인해야……

**남자** 내 조카딸이야. 옥자야 그렇지?

**용식** 그러니까 주민등록증을……

**여자** 관둬요. 시시하게 여관 따위로 와서 창피야! 흥! (하며 나가버린다)

**남자** (뒤쫓으며) 이봐…… 옥자! 미스 권! 나 좀 봐. (하며 급히 나간다)

**용식** 헛허…… 미스 권? 좋다 말았구나!


골목 안에 구 지배인과 오 마담이 어깨를 나란히 하고 들어온다. 그는 술이 거나하면 웃음이 헤퍼지는 성미다.


**구지배인** 헛허…… 염려말아요. 제가 언제 오 마담한테 허튼소리 하던가요? 헛허……

**오마담** 그저 저는 구 지배인만 믿겠어요! 오늘밤엔 꼭 만나야겠으니까요.

**구지배인** 그럼요. 일본서 온 청년이 내일이면 옮긴다니까 지금쯤 사장님도 집에 계실 거예요. 헛허……

**오마담** 글쎄 어제도 전화하니까 같이 드라이브 갔다 밤에는 뭐 구경 갔다고 하니 코빼기도 볼 수가 있어야죠.

**구지배인** 글쎄 나한테 맡기시라니까! 난 오 마담한테 술을 얻어마셨대서가
아니라…… 헛허……

**오마담** 에그…… 정 부족하게 무슨 말씀을 그렇게 하셔요. 홋호……

**구지배인** 헛허…… (시계를 보고) 10시니까 지금쯤은 들어와 계실 겁니다!


두 사람이 여관 앞에 왔을 때 여관 담에다 오줌을 누고 있는 취객를
보자 구 지배인은 버럭 소리를 지른다.


**구지배인** 이봐요! 여기가 어딘 줄 알고 함부로……

**취객** (혀 꼬부라진 소리로) 여기가…… 서울이지 어딘 어디…… 윽!

**구지배인** 서울인 줄만 알았지 송학여관 담벽인 줄은 몰라? 응?

**취객** 송학여관이…… 뭐…… 문화재 이름인가? 사정이…… 바쁘게
됐는데…… 그럼 어떻게 해! 윽……

**구지배인** 길거리에서 함부로 싸갈기면 벌금이 얼마인 줄도 모르냐? 응? 세
상이 어떻게 돌아간 줄도 몰라? 경범죄를 모르냔 말이야!

**취객** 공중변소 절대수가…… 확보되기 전에는…… 별 수 없지…… 나
도…… 그만한 양심은 있다구……


취객은 앞을 틸고는 단추를 잠그며 돌아선다. 그리고는 유유히 그러나
비틀비틀 사라진다.


**구지배인** (어이가 없어서) 뭐 양심?

**오마담** 저런 인간은 그저 굴비두름처럼 엮어서 망신을 시켜야 해요!

**구지배인** 그저 오며가며 담벼락에다 깔기니까 숫제 일 년 열두 달 저 담은
젖어 있다구요! 에잇! 망할 자식들! (그는 여관으로 들어서며 용식이
를 부른다. 오 마담도 뒤따른다)


약산의 진달래

용식아! 용식아!

**용식** (반사적으로 벌떡 일어나서 손님을 맞는 버릇으로) 어서 옵쇼! 2층에 조용하고 깨끗한 방 있습니다! (하며 허리를 꾸벅 굽힌다)

**구지배인** 임마!

**용식** (유리 너머로 살피더니) 아…… 지배인이시군요. 그럼 그렇다고 말씀하셔야죠? 헷헤……

**구지배인** 뭘 말해! 말하긴……

**용식** (오 마담을 힐끗 보며 낮게) 아베크 손님인 줄 알았는 걸요! 헛허……

**구지배인** 임마! 우리 송학여관에서 아베크 손님 안 받는다는 건 상식인데도 그따위 소리 하기냐? (두 사람은 사무실 안으로 들어선다)

**용식** 그렇지만 지배인께서 10시 넘으면 슬쩍 받으라고 했잖아요. 사장님 모르게!

**구지배인** (오 마담을 경계하며) 이 자식아! 누가 너더러 그런 보고까지 하랬어!

**용식** 헷헤…… (주머니에서 돈을 꺼내며 소곤거리며) 지배인님! 아까 두 쌍 받았어요! 숙박료…… 맞죠?

**구지배인** (냉큼 돈을 받아 넣으며) 아무도 안 봤겠지?

**용식** 그럼요!

**구지배인** 알았어! 자 이거 넣어둬! (하며 백 원 한 장을 나눠준다. 크게) 용식아! 나가서 담벽 좀 닦아라!

**용식** 어떤 놈이 또 갈기고 갔나요?

**구지배인** 그것도 양심적으로 갈기고 갔다! 젠장!


용식이가 밖으로 나가 담벽을 보고는 현관 구석에 놔둔 손잡이 솔로 두어 번 문지른 다음 안으로 들어온다.

**오마담**  사장님 계신지 물어봐요. 안집에 있는지……

**구지배인**  아…… (크게) 용식아!

**용식**  (2층으로 올라가려다 말고 창구를 들여다보고) 왜 그러세요?

**구지배인**  사장님 계시니?

**용식**  벌써 나가셨는 걸요.

**구지배인**  어딜?

**용식**  동경서 오신 손님과 옥단 누나와 셋이서 나가셨죠.

**구지배인**  셋이서?

**오마담**  (짜증을 내며) 그것 보세요!

**구지배인**  (신경질을 내며) 그래 어딜 가신다고 하더냐 말이다.

**용식**  워커힐에 가시나 봐요.

**구지배인**  워커힐?

**용식**  그리고 옥단 누나가 그러는데 근방에 가서 반지도 사자고 하던데요.

**구지배인**  (오 마담과 시선을 마주치며) 뭐, 반지?

**용식**  힛히…… 난 처음부터 그럴 줄 알았어요! 헷헤……

**구지배인**  뭘 알아, 알긴?

**용식**  옥단 누나가 보통 열이 아니었지요. 그렇게 게으른 여자가 새벽같이 와서 방을 치워준다, 밥상을 나른다 하고는…… 그리고는…… 호호……

**구지배인**  그리고는 뭐야?

**오마담**  (흥미를 느끼며) 반했단 뜻이겠죠? 안 그래?

**용식**  예…… 반해도 보통으로 반한 게 아니던데요. 아주 눈을 딱 감고 죽이든 살리든 마음대로 하라는 식이죠. 헛허……

**구지배인**  임마! 어린 놈이 그런 소리 하면 못 써!

**용식**  아니 제가 왜 어립니까? 이래 봬도 만 18세 3개월인데요……

**오마담**  지배인님! 그래 그 동경서 왔다는 청년이 그렇게 멋있어요?

**용식**  (냉큼) 예…… 얼굴 하나는 잘났어요. 알랑 들롱하고 신성일을 하나로 합쳐서 둘로 똑깍 나눈 것처럼. 헛허……

**오마담**  어머! 이 집 사람들은 그저 보는 눈이 만장일치군요! 나도 한 번 봤으면……

**구지배인**  (생각다 말고) 그럼 그 친구 되는 사람도 같이 간다던?

**용식**  아, 아뇨! 아까는 밖에서 전화가 걸려왔더군요. 아직도 안 돌아왔느냐구요.

**오마담**  친구라뇨?

**구지배인**  재일교포의 친구라고 모개 덩어리처럼 생긴 게 늘 붙어다니죠.

**오마담**  모개 덩어리?

**용식**  예. 그림자처럼 따라다니는데…… 두 사람만 있을 때는 그 사람 끗발이 더 센가 봐요. 뭐라고 윽박지르면 꼼짝 못하던데요.

**구지배인**  음…… 그래? (이때 벨이 울린다. 구 지배인은 담배를 피우며 용식에게) 받아봐!

**용식**  예…… (전화를 받는다) 예, 송학여관입니다. 예? (긴장하며) 아…… 사장님이세요? 예…… 예…… (사이) 아……

**오마담**  사장님?

**구지배인**  어디 계시니?

**용식**  그래요? 아직 안 오셨어요? 사장님하고 같이 나가셨잖아요? 예? 어디로 사라졌어요?

**구지배인**  애, 수화기!

**용식**  지배인님하고 바꾸겠습니다. (수화기를 내주자 구 지배인이 받는다)

**구지배인**  구 지배인입니다.

**오마담**  내가 와 있다고 말씀해요.

**구지배인**  (긴장된 빛으로) 예? 화장실에 간다 하고 없어졌어요? (사이) 아니 지금 어디 계십니까? 예? (사이) 워커힐에서 시내로 나오셨어요?

(사이) 그것 참 귀신 곡할 노릇이군요. 그럼 곧 경찰에 연락해서 수배를…… (깜짝 놀라 귀를 막는다. 저쪽에서의 소리가 너무 크기 때문이다. 그는 풀이 죽어가며) 예…… 예…… 예…… 예…… (하며 서서히 수화기를 내려놓고 한숨을 푹 쉰다)

**오마담** 어떻게 된 일이에요?


구 지배인 심각하게 생각한다. 마치 탐정이 어떤 사건을 추리하듯 방안을 왔다갔다 한다.


**오마담** 지배인님! 뭐가 어떻게 되었는지 알고나 지냅시다. 예?

**구지배인** (확증을 얻은 양) 옳지! 바로 그거야!

**오마담** (깜짝 놀라며) 에그머니! 귀청 떨어지겠어요!

**구지배인** 이건 처음부터 계획적인 범행이다.

**오마담** 예? 계획적이라뇨?

**구지배인** 용식아! 열쇠!

**용식** 어느 열쇠 말입니까?

**구지배인** 2층 특실! 그 가짜 재일교포가 묵고 있는 방 말이다.

**용식** 그 사람이 가짜라구요?

**구지배인** 그렇지! 나도 어쩐지 첫인상이 수상하다 했지! 그런데도 사장님은 유병오 씨 아들이라니까 금이야 옥이야 하더니만…… 용식아! 안집에 금단 아가씨 계신가 봐!

**용식** 나오시라구요?

**구지배인** 응! 난 그 사이에 2층 방에 가서 소지품 조사를 해봐야겠다.

**오마담** 지배인님! 마 여사는 오는 거예요, 안 오는 거예요?

**구지배인** 지금 10분 내로 오시겠대요. 자동차로 오신다고 했어요. 잠깐만 기다리세요.

구 지배인은 열쇠를 가지고 2층으로 퇴장. 용식은 안집으로 간다. 오마담은 마치 도깨비에게 홀린 사람처럼 멍하니 허공만 바라본다.

**오마담**　(주문 외우듯) 이상하다…… 알랑 들롱에 신성일…… 모개 덩어리 …… 알랑 들롱! 신성일…… 모개 덩어리…… 음…… 이상하다 ……

이 사이에 안방에서 금단이가 급히 나온다. 마루 끝에 서 있던 용식과 몇 마디 주고받더니 깜짝 놀란다.

**금단**　어머니한테서 전화가 왔었다구?

**용식**　예.

**금단**　그럼 신일 씨가 행방불명이 되었단 말이냐?

**용식**　행방불명이 아니라 처음부터 계획적이라는군요.

**금단**　뭐가 계획적이란 말이냐?

**용식**　그것도 모르세요? 그 놈팽이 둘이서 사장님한테 돈을 울거내려 고 온 거죠 뭐……

**금단**　그럴 리가 없어!

**용식**　예?

**금단**　그분은 절대로 그런 분이 아니란 말이야! 그분은 마음씨가 고운 분이야! 나는 알아!

**용식**　그렇지만 사실이 드러난 걸 어떻게 합니까? 좌우간 나와보세요. 사장님도 곧 오신다고 전화왔어요.

**금단**　가자.

두 사람이 황급히 사무실 쪽에 건너올 때 2층에서 구 지배인이 역시 쏜살같이 뛰어 내려온다. 손에 몇 장의 사진이 들려 있다.


**구지배인** 망할 새끼! 매미가 허물 벗듯 깨끗하군!

**오마담** 예?

**구지배인** 가방 안에도 아무것도 없어!

**금단** 신일 씨 가방에요?

**구지배인** 예. 책상 위에 이것만 있고…… (하며 사진을 내주자 금단이가 받아 본다)

**금단** 언니 사진이군요.

**용식** (어깨 너머로 기웃거리며) 그저껜가 옥상에서 찍은 사진이군요. 헛 허…… 멋있는데!

**오마담** 나 좀 봐요! (오 마담이 몇 장의 사진을 차례로 본다)

**금단** 저는 믿을 수가 없어요! 신일 씨는 절대로 그런 분이 아니라고 봐요! 그래서 어머니께서는 옥단 언니와 약혼을 시킬 작정까지 하셨어요.

**구지배인** 약혼이요?

**금단** 예! 저한테만 그 얘길 하시더군요! 그래서 저도 신일 씨 같은 분 이라면……

**오마담** (비명에 가까운 소리) 어머머! 이게 누구야? 이게……

**구지배인** 아십니까?

**오마담** (사진을 가리키며) 예. 이게 재일교포예요?

**구지배인** 그렇죠!

**오마담** 유병오 씨의 아들이란 말이에요?

**금단** 예. 우리 어머니와 젊었을 때 서로가……

**오마담** 홋호…… 헛허…… (세 사람은 오 마담의 웃음소리가 너무나 당돌해 서 그마나 멍하니 서 있다) 헛허…… 재일교포? 헛허……


약산의 진달래

**구지배인** 오 마담! 아십니까?

**오마담** 잘 알지요!

**금단** 어머나!

**오마담** 이 친구들 늘 우리 살롱에 와서 아침부터 진을 치는 건달이에요!

**금단** 예?

**구지배인** 예? (그는 반사적으로 사진을 들여다보며) 이렇게 반듯하게 생긴 놈이?

**오마담** 그 같이 다니는 미스터 강도 형편없구요.

**구지배인** 오 마담! 똑똑히 봐요! 틀림없나? 응?

**오마담** 글쎄 미스터 유와 미스터 강! 틀림없어요! 알랑 들롱에 신성일을 합해서 둘로 쪼갠 사나이가 미스터 유고요, 모개 덩어리가 미스터 강이에요. 우리 집에 외상값이 천오백 원인가 있었는데 그저께 와서 갚더군요. 시골서 돈이 왔다면서……

**구지배인** 야…… 정말 서울은 넓고도 좁구나!


이때 성장한 마 여사와 옥단이가 골목 안에 들어선다. 그러나 두 사람 다 피가 머리에 치밀어 눈에 살기가 등등하다. 옥단의 손에는 카메라가 들려 있다. 옥단은 현관 의자에 주저앉는다.


**마여사** 지배인! 지배인! (하며 뛰어든다)

**금단** 어머니!

**구지배인** 사장님! 어떻게 되었습니까?

**마여사** 열쇠! 열쇠를 가지고 와요!

**구지배인** 특실엔 가봤습니다.

**마여사** 소지품 가지고 와요.

**구지배인** 이것밖에 없었습니다. (하며 힘없이 사진을 준다)

**마여사** (사진을 보자마자 찢어버리며) 사기야! 사기! 배임횡령! 아이구 분

해! (하며 의자에 주저앉는다)

**구지배인** 바로 보셨습니다! 사장님!

**마여사** 누구 약올리는 거요?

**구지배인** 아닙니다. 증인이 있습니다.

**마여사** 증인이라니?

**구지배인** 유신일이 재일교포 유병오의 아들이 아닌 놈팽이 건달이라는 사

실을 그 누구보다 잘 아는 증인 말입니다. (하며 오 마담을 가리킨다)

**마여사** 오 마담이?

**오마담** 마 여사! 어쩜 마 여사 같은 눈이 그거 하나를 눈치 못 차렸을까?

찔러도 피 한 방울 안 나오고 눈 감고 걸어도 넘어지지 않을 만큼

정확한 마 여사가…… 어떻게 된 일이야?

**마여사** 누굴 약올리는 거예요?

**오마담** 진정하라구요. 이 친구들이 며칠 전에 나보고 카메라를 빌릴 데

가 없느냐고 해서 보증금만 5천 원 내고 구식 페츄리 카메라까지

빌려줬다구요.

**마여사** 카메라? 옳지! 그 자가 워커힐에서 카메라를 두고 갔어요. 옥단

아, 카메라 어디 있니? (옥단이가 카메라를 들어보이자 용식이가 황급

히 가서 가지고 온다)

**마여사** 이게 틀림없어?

**오마담** 내가 빌려준 거예요.


이 말에 마 여사는 모든 게 끝장이 났다는 듯 한꺼번에 힘이 풀리자

그대로 기절을 한다.


**마여사** 아……


　　　　　　　　　　　　　　　악산의 진달래

**구지배인** 사장님! 사장님!

**금단** 어머니! 어머니!

**오마담** 마 여사! 죽으면 안 돼! 나한테 2백만 원 돌려주기로 했잖아······

**마여사** (헛소리처럼) 아······ 금단아······ 옥단······ 금단아······ (슬픔이 살아나오며) 아이고 분해라······ 아이고 원통해라······

현관 소파에 앉아 있던 옥단이가 야수처럼 발작하는 통곡을 한다. 얼마 전부터 현관 밖 전신주 주변에 신일이가 사람의 눈을 피해 나타난다. 그는 현관 유리문 너머로 여관 안을 기웃거리더니 옥단이가 얼굴을 파묻고 통곡하자 급히 물러선다. 이때 골목 안에서 동기가 들어선다. 그는 신일을 발견하자 저만치 끌고 간다.

**동기** 임마! 미쳤어? 너 여기서 서성거리다가 붙들리면 어떻게 하려고 그래! 가자! (하며 팔을 잡아 이끈다)

**신일** 아니야. 난 만나야겠어!

**동기** 누굴 만난다는 거야?

**신일** 금단 씨에게 한마디 얘기를······

**동기** 이 새끼가 정말 돌았나? 무슨 한마디야? 어서 돌아가!

**신일** 놔! 놔! 이럴 순 없어!

**동기** 임마! 가!

**신일** 금단······ (소리를 지르려 하자 동기가 그의 입을 틀어막으며 억지로 끌고 나간다)

옥단이가 슬피 통곡하자 금단이가 위로하듯 그녀의 어깨를 어루만진다. 옥단은 마치 야수처럼 흐느낀다.

**금단**  언니! 잊어버려! 언니가 나쁜 건 아니야! 잊어버려요. (그녀의 눈에
이슬이 맺힌다)

암전

# 제5막

**무대**

전막과 같음. 전막부터 이틀 후 오전. 여전히 맑은 날씨. 그러나 여관 현관문에는 '당분간 휴업'이라는 딱지가 붙어 있어 현관이며 사무실 안에 찬바람이 감돈다.

용식이가 소파에 누워서 하모니카를 불고 있다. 〈약산의 진달래〉 곡이다. 그러나 처음과는 달리 쓸쓸하고 을씨년스럽게 들린다. 안집 마루 끝에는 옥단이가 넋이 나간 사람처럼 기둥에 기대 앉아 있다. 전처럼 화장도 않고 있어 헝클어진 머리가 환자 같다. 마당 끝에서 금단이가 빨래를 짜서 줄에 널고 있다. 엿장수의 가위소리가 한가롭다 못해 노곤하게 들린다.


금단    언니, 오늘은 밖에 나가요. 바람도 쏘일 겸. 한 번 그렇게 되었는
　　　　걸 어떻게 하우. (웃으며) 응?

옥단    금단아, 나 죽어버릴까봐.

금단    언니답지 않게 무슨 소리.

옥단    아니다. 진심이야. 그런 자식들한테 농락당한 것도 분하지만 20
　　　　만 원하고 블랙스타 반지를 사기 당한 게 더 분하단 말이야.

금단    그 얘긴 몇 번째예요? 그까짓 돈이 뭐요? 언니가 그 이상 농락을
　　　　안 당한 걸 다행으로 알아야지.

옥단    그러고 보면 엄마 말이 옳아.

금단    예?

옥단    사내는 모두 도둑놈이라는……

금단    (쓰게 웃으며) 그걸 분간 못한 여자가 더 못났지요.

| 옥단 | 그럴까? |
|---|---|
| 금단 | 어머니도 언니도 그리고 나도 처음부터 그 사람들을 믿어버렸으니까 할 말 없지 뭐. |
| 옥단 | 아, 사람을 믿는다는 게 왜 잘못이란 말이냐. 아 답답해. (하며 벌떡 일어난다) |
| 금단 | 믿는 게 왜 죄겠어요. 믿음을 짓밟은 사람이 죄지. |
| 옥단 | 금단아. |
| 금단 | 예? |
| 옥단 | 그런데 나는 솔직히 말해서 그 사람이 밉지가 않으니 어떻게 된 일이냐? |
| 금단 | (일손을 멈추며) 신일 씨? |
| 옥단 | 응. (긴 한숨) 배반을 당했는데도 안 밉다니 정말 여자란 바보인지 몰라. |
| 금단 | 그건 사실이에요. |
| 옥단 | 응? |
| 금단 | 저도 마찬가지예요. |
| 옥단 | (새로운 사실을 발견한 듯) 마찬가지라니? |
| 금단 | (마루 끝에 앉아 앞치마를 벗으며) 신일 씨가 밉다는 생각은 없어요. 미워하려고 털어버리려고 하면 그럴수록 더 가까이 다가오는 것 같아요. |
| 옥단 | 왜 그렇지? |
| 금단 | 모르겠어요. |
| 옥단 | 금단아, 너 그 사람을 사랑한 모양이구나? |
| 금단 | (대답 대신 한숨을 뱉는다) |
| 옥단 | 그렇지? 신일 씨를 좋아했지? |
| 금단 | 그랬을지도 몰라요. |

옥단	뭐라구?

금단	사람이 사람을 좋아하는 거야 누가 대신 해줄 수는 없지요. 이 세상에서 남이 대신해서 해줄 수 없는 게 있다면 그건 싫는 일과 사랑하는 일이니까.

옥단	싫는 일과 사랑하는 일?

금단	예. 그 두 가지 일만은 대신할 수도 없고 부탁받을 수도 없다고 봐요.

옥단	제법 철학적이구나. 흥. (하며 못마땅하게 돌아선다)

금단	언니.

옥단	알았다구!

금단	예?

옥단	그러니까 나보고 양보해달라는 이야긴가 본데 난 양보 못한다.

금단	(어이가 없어) 언니!

옥단	그래 너는 이 언니가 처음이자 마지막으로 찾은 사랑인데 그걸 가로채야 속이 시원하겠니?

금단	제가 언제 가로챘어요?

옥단	네 입으로 분명히 말했잖니? 신일 씨를 사랑했다고.

금단	(조용하나 또렷하게) 그건 사실이에요.

옥단	그것 봐. 나도 사랑했단 말이야.

금단	그렇지만 그 사람은 지금 없어졌단 말이에요. 우리 앞에서 사라 졌는데 양보고 뭐고가 어디 있단 말이에요?

옥단	(맥이 풀려) 그, 그건 그래. 그 사람은 삼십육계 놔버렸으니까.

금단	그러니 사랑한다는 건 두 사람이 다 사랑하지 않아도 된다는 얘 기죠. 내 가슴 속에 타오르는 사랑이야 나 혼자만이 아는 게지 누구에게 보일 필요도 없고 누가 안 알아줘도 돼요. 그걸 상대방 에게 강요하려니까 이런 결과가 되는 게 아니에요.

**옥단**  난 도무지 네 얘기는 뭐가 뭔지 몰라. 난 복잡한 건 싫다구. 간단

하게 얘기해라. 아, 답답해.


옥단은 안방으로 들어간다. 금단은 쓸쓸하게 웃으며 문득 사무실 쪽에

서 들려오는 하모니카 곡조에 귀를 기울인다.

이때 마 여사와 복덕방 이가가 골목에 들어선다. 마 여사의 차림은

수수하다. 그들은 집 매매에 대한 얘기를 하는 중이다.


**마여사**  글쎄 평당 30만 원 치고도 연 60평인데 뭘 그래요. 게다가 건물

값이.

**이가**  건물이라야 낡아서 어디 제 값을 받을 수 있나요. 헷헤.

**마여사**  하다못해 유리 값에 철물 값을 치더라도 값이 없을 수 없지요.

**이가**  그야 그러시겠죠만······

**마여사**  (여관을 보며) 나도 뭐가 좋아서 10년 가까이 살아온 이 여관을

처분하겠어요? 돈을 벌자는 게 아니라구요.

**이가**  알겠습니다. 그 심정이야 누구보다도 제가 알아요.

**마여사**  그러니 잘 생각해서 거간을 놔 봐요. 요즘 부동산 경기가 없다고

핑계대지 말고요.

**이가**  예, 예.

**마여사**  막걸리 값은 톡톡히 낼 테니까.

**이가**  헷헤. 별 말씀을 다. 그럼 내 오늘이라도 원매자를 찾아보겠습니

다, 예.

**마여사**  부탁해요.

**이가**  예. (이가는 골목을 빠져나가고 마 여사는 현관으로 들어선다. 다음 순

간 그녀의 표정에 침울한 빛이 돈다)

**마여사**  어이구.


약산의 진달래

**용식**  (누운 채로) 여관 안 합니다. 당분간 휴업이라고 되어 있잖아요. (이 사이에 마 여사가 사무실 안으로 들어선다. 용식은 질겁을 하고 자리에서 일어난다)

**마여사**  누구 찾아온 사람 없었니?

**용식**  예.

**마여사**  전화도 없구?

**용식**  구 지배인한테서 오고 다른 데는 없었어요.

**마여사**  음. (담배를 피워 물며) 알았으니 나가봐.

**용식**  예. (나가려다 말고) 사장님.

**마여사**  왜?

**용식**  저 여기 그거 사실인가요? 구 지배인 얘기 듣자니까 이 여관도 팔려고 내놓으셨다구요?

**마여사**  그래!

**용식**  그럼 이사하시나요?

**마여사**  응!

**용식**  그럼 난, 난 어떻게 되나요?

**마여사**  좋을대로 해라.

**용식**  예?

**마여사**  다른 일자리를 찾아가든지 아니면 나하고 같이 있든지 네 자유야. 그렇다고 월급을 전보다 더 주겠다는 건 아니야. 너 하나쯤 데리고 있다고 해서 부담이 될 건 없으니까. 그래도 있겠다면 있으라는 게지.

**용식**  제가 그만두면 퇴직금 같은 거 있나요?

**마여사**  퇴직금?

**용식**  구 지배인도 그러시데요. 퇴직금 나오면 그 돈에다 보태서 광주단지 쪽으로 나가시겠다구요. 그쪽에다 하숙집이라도 차리시겠다고 나더러 가자던데요.

마여사  츳츠……

용식  왜 웃으십니까? 사장님?

마여사  이왕이면 호텔을 짓지 왜 하숙집이라던?

용식  돈이 있어야죠. 구 지배인도 알고 보니 수중에 없나 봐요. 어제도 사모님하고 한바탕 전쟁이 났는데 집에는 한 푼도 안 갖다 주시고 다 술값으로 써 버렸다나 봐요.

마여사  그러니 지금 세상은 실속을 차려야지 남의 정신에 살면 못 써. 그러다간 나처럼 속아넘어가기 십상이야.

용식  사장님이 왜 속아 넘어갑니까? 헛허.

마여사  그래 넌 퇴직금 주면 어디다 쓰겠니?

용식  시골로 내려갈래요.

마여사  시골로?

용식  예. 그래 송아지를 사가지고 먹이겠어요. 그러다가 제가 군대에 갔다 오면 그 송아지가 자라 어미소가 되고 또 새끼를 낳으면 큰 벌이가 될 테니까요.

마여사  (감동되어) 잘 생각했다.

용식  예?

마여사  네가 우리 여관에 온 지 얼마나 되지?

용식  이번 7월이면 만 4년이죠. 제가 열네 살 때 왔으니까요. 그땐 농촌에서 살기 힘들었지만 지금은 농촌이 더 살기 좋거든요. 그래서 부모님한테 알리지 않고 송아지를 사가지고 가서 놀라게 해드리겠어요. 헛허.

마여사  그렇게 해라. 내가 송아지 한 마리는 사주마.

용식  저, 정말이세요?

마여사  난 속이지 않을 테니까 염려 마.

**용식**  고맙습니다. 그 대신 암소라야 해요. 그래야 새끼를 낳지요.

**마여사**  오냐.

**용식**  야, 당장에 편지를 써야겠다. 헛허. (하며 2층으로 뛰어 올라간다)

얼마 전부터 금단이가 들어와서 그 얘기를 엿듣고 있다가 용식이가 나가자 사무실로 들어선다.

**금단**  (울먹이며) 어머니 정말 잘 생각하셨어요. (하며 옆에 바싹 앉는다)

**마여사**  (금단의 어깨를 어루만지며) 츳츠…… 금단아, 그동안 너만 고생시켰구나.

**금단**  아니에요. 저는 아무렇지도 않아요. 어머니께서 사업하시랴 집안일 보시랴……

**마여사**  (울컥 울음이 치밀어 오르며) 불쌍한 자식. 너희들은 부모 덕도 없었지. 밥이사 안 굶었지만 남의 집 자식들처럼 한 번도 부모하고 정답게 나들이 한 번 못 가고 이 에미가, 이 에미가 죽일년이었지.

**금단**  어머니 그런 말씀 마세요!

**마여사**  아니다. 난 이 며칠 동안 그 사기꾼에게 속은 일보다도 너희들에게 대해서 무엇을 해왔던가 하고 뉘우치는 일이 더 괴로웠어. 돈 벌 줄만 알고 제대로 쓸 줄도 모르는 난 바보야. 그러니까 속았지. 그 녀석들에게. 흑.

**금단**  어머니! 그 얘긴 이제 잊어버려요.

**마여사**  돈이 아까워서가 아니야. 내가 지니고 온 순정을 짓밟힌 게 억울해서지. 모두 내 잘못이지만.

**금단**  그거야 용살롱의 오 마담 책임이죠. 오 마담이 손님들과 하던 얘기를 듣고서는 꾸민 연극이었으니까. 이제 잊어버려야죠. 그래서 교외에 나가 과수원이며 농장을 경영하면서 살아요.

| 마여사 | 농장을? |
|---|---|
| 금단 | 예. 자연을 상대하는 거죠. 자연은 인간을 속이지 않아요. 인간이 자연에게 베푼 만큼 꼭 보답을 하는 법이니까요. 배신도 없고 욕망도 없는 게 자연이요 흙이라니까요. 예, 어머니! 우리 교외에 나가요. |
| 마여사 | 그래! 네 생각이 좋지. 농장을 하자. 과수도 가꾸고 닭도 기르고 고등 소채도 재배하자. |
| 금단 | 어머니! 정말이지요? |
| 마여사 | 응. 나도 이제 사람을 대하는 게 지긋지긋해졌어. 속이고 속고 안 빼앗기려고 하고 빼앗으려 하고, 아! 피곤한 세상. |
| 금단 | 어머니도 좀 쉬셔야 해요. 여관만 쉬는 게 아니라 어머니 두뇌도요. |
| 마여사 | 그래, 우리 셋이서 설악산에나 갈까? |
| 금단 | 어머! 정말이세요? |
| 마여사 | 못 갈게 뭐냐. |

이때 외출복으로 갈아입은 옥단이가 사무실로 들어선다.

| 옥단 | 아니 우리 집에 경사가 난 거요? |
|---|---|
| 금단 | 언니! 우리 설악산에 가요! |
| 옥단 | 설악산? (하며 눈이 둥그레진다) |
| 금단 | 응, 어머니하고 셋이서! |
| 옥단 | 싫다. 난 안 가. |
| 금단 | 아니, 왜요? |
| 옥단 | 집단 자살은 거절이다. 왜 죽니? 죽긴. |
| 마여사 | 집단 자살? |

옥단    설악산 폭포수에 빠져죽자는 심정은 저도 이해가 가지만, 비겁하
       게 왜 죽어요? 끝까지 살고 봐야지. 난 안 가겠어요.


       마 여사와 금단이가 폭소를 터뜨린다.


옥단    아니 뭐가 우습죠?
금단    집단자살이 아니라 주말여행이죠. 휴양차 새 출발을 겸해서.
옥단    주말여행? 엄마! 그게 정말이세요?
마여사   응. 이젠 우리 셋이서 살자. 어디 가나 우리 셋이서 마음을 합해
       서 사는 거야.
옥단    그럼 결혼은 어떡허구요?
마여사   결혼?
옥단    나나 금단이가 결혼하게 되면 엄마는 어떻게 하시겠냐구?
마여사   그거야 그때 가서 생각해 보지.
금단    난 어머니하고 같이 살지!
옥단    애, 장모하고 같이 살겠다는 남자는 좀 부족하다더라. 의타심이
       많고 게으르고!
마여사   헛허……


       이때 전화벨이 울린다. 금단이가 전화를 받는다.


금단    예, 송학여관입니다. (사이) 어머…… (그녀의 얼굴에 삽시간에 핏기
       가 퍼지더니 차츰 창백해진다. 그건 전화를 받는지 멍하고 있는지 분간
       을 못할 만큼 대답만 되풀이하는 식이다)
옥단    금단아 누구냐?
금단    예…… 예…… 아니에요.

**마여사**  어디서 온 전화야?

**금단**  예…… 예…… 아니에요. 예.

**옥단**  금단아! 누구야?

**금단**  예…… 예…… 아니에요. 예.

**마여사**  아니, 무슨 전화가 그러냐?

**금단**  예…… 예…… 안녕히 계세요. 예.

**옥단**  금단아!


금단은 서서히 수화기를 내려놓고는 허공만 바라본다.


**마여사**  누구냐? 무슨 전화야?

**금단**  어머니, 그이한테서예요.

**마여사**  그이라니?

**금단**  유신일 씨!

**옥단**  뭐?

**마여사**  (살기가 등등하며) 그 사기꾼 어디 있다더냐?

**옥단**  그런데 왜 끊어 끊긴. 그 도둑놈을 잡아야지!

**마여사**  돈 20만 원을 찾아야지!

**옥단**  블랙스타 반지도 시가 25만 원짜리라구. 난 한 번도 끼워보지도
못한.

**금단**  언니, 그이가 돈하고 반지를 돌려보내겠대.

**옥단**  뭣이?

**마여사**  돌려보내다니?

**금단**  돈은 우편으로 송금하고 반지는 소포로 보낼 테니 받아주라고
…… 그리고 자기를 용서하라고. 자기는 그런 뜻이 아니었다면서
……


461                                     약산의 진달래

그녀는 말끝을 맺지 못한 채 울음을 터뜨린다. 마 여사와 옥단은 가슴에 젖어오는 어떤 정감 때문에 콧등이 시큰해진다.

**마여사** 그렇게 되었구나.

**옥단** 믿을 수가 있을까요? 엄마!

**마여사** 직접 전화까지 걸었으면야……

**옥단** 그것도 연극이 아닌지 모르겠어.

**금단** 언니 믿어도 돼요. 틀림없어요.

**옥단** 그걸 어떻게 아니?

**금단** 마음으로.

**옥단** 마음으로?

**금단** 그건 설명가지고는 안 돼요. 내 가슴에 찡하고 오는 게 있어요.

**옥단** 전기가 통하니? 찡하게.

**마여사** 아…… (운다)

**금단** 어머니!

**마여사** 아…… (더 슬피 운다)

**옥단** 엄마.

**마여사** 내 마음은…… 내 마음은…… 아무도 모른다. 아……

저만치 골목에 신일이 나타난다. 고향을 가려는지 싸구려 가방을 달랑 들었다. 그러나 표정은 사뭇 밝다.

**신일** 여러분! 인연이 있으면 또 만납시다. 나도 시골서 일하겠습니다.

─막

# 새야새야 파랑새야 (2부 7장)

• **등장인물**

전봉준(41), 녹두장군

장 박(40), 재판관

우찌다 內田(50), 재경성 일본영사

기천석(27~43), 녹두장군의 수제자

오세정(25~41), 녹두장군의 수제자. 후일 일진회 간부

배보네(50), 주막 여주인

악보(24), 그녀의 아들

은실(18), 그녀의 딸

칠성(20), 동학군

김씨(40), 칠성 모

포졸 갑

포졸 을

민여사(40), 오세정의 아내

가정부(19), 오세정 집 가정부

할아범(60), 오세정 집 행랑할아범

부인 A(30), 민여사 친구

부인 B(35), 민여사 친구

기용태(20), 천석의 아들

검사

기타 마을 사람들

연회 손님들 다수

- **때**

　1부 : 1895년 갑오동학난 직후

　2부 : 16년 후, 1912년

- **곳**

　1부 : 전라북도 어느 산마을

　2부 : 서울

# 제1부

## 제1장

### 무대

무대가 밝아지기 전 주제가 창소리가 울려나온다.
가사는 고 신석정 시인의 〈갑오동학혁명의 노래〉에서

새야 새야 파랑새야.
녹두밭에 앉지 마라.
녹두 꽃이 떨어지면
청포 장수 울고 간다.

징을 울렸다.
죽창도 들었다.
이젠 앞으로 앞으로 나가자.
눌려 살던 농민들의 외치는 소리
우리들의 가슴에 연연히 탄다.
갑오 동학 혁명의 뜨거운 불길
받들고 나가자 겨레의 횃불
오늘도 내일도 더운 피 되어
태양과 더불어 길이 빛내자.

창이 끝남과 동시에 무대에 세 줄기의 핀 라이트가 쏟아지며 장 박 참의와 일본영사 우찌다 內田 그리고 흐트러진 차림의 전봉준을 비춰준다.

바른쪽 다리는 아직도 상처가 아물지 않았는 듯 검붉은 핏자국과 때가 엉기어 운신하기가 부자유스럽다.

**장 박** 듣거라. 오늘 피고 전봉준에 대한 다섯 번째 심문 및 선고를 행함에 있어, 이 자리에는 특별히 경성 주재 일본제국영사 우찌다 선생이 배석하고 계시다. 따라서 지금까지와 다름없이 이실직고할 것을 일러둔다.

전봉준은 여전히 눈을 감고 앉아 있다.
장 박은 우찌다에게 아첨하듯 눈웃음을 보낸 다음 기록 서류를 편다.

**장 박** 이름은?

**전봉준** 전봉준이오.

**장 박** 나이는?

**전봉준** 마흔하나요.

**장 박** 다른 이름도 가지고 있던데.

**전봉준** 전명숙이라고 하오.

**장 박** 전녹두는 누군가?

**전봉준** 아명이오.

**장 박** 아명?

**전봉준** 어려서부터 내 몸체가 작다 하여 그렇게들 불렀나 보오.

**장 박** 주소는?

**전봉준** 태인군 산외면 동곡 泰仁郡 山外面 東谷에서 살다가 고부군 배틀 古阜郡 梨坪面로 이사한 지가 몇 해 되오.

**장 박** (약간 빈정대며) 네가 전라도 동학당 괴수라는데 과연 그러하냐?

**전봉준** 사실과는 다르오.

장 박  사실과는 다르다고?

전봉준  그렇소. 5년 전 서장옥 선생의 수제자 황해일의 소개로 동학에
      입도했고 그 후 고부 접주가 되었을 뿐 동학의 당수는 아니오.

장 박  그럼 동학의 괴수는 누구지?

전봉준  최제우 선생이 교주이시오.


우찌다가 장 박에게 뭐라고 소곤거리자 장 박은 크게 굽실하고는 다시
심문을 계속한다.


장 박  작년 1월 10일 고부에서 동학쟁이와 무지몽매한 농민을 선동 취
      합해서 민란을 일으킨 사실은 시인하나?

전봉준  시인하오. 그러나 그건 민란이 아니라 우리 동학인과 농민들의
      정당한 요구이자 항쟁이었소.

장 박  그 동기와 원인에 대해 말해봐라.

전봉준  직접적인 원인은 고부군수 조병갑의 학정에 견디다 못한 백성들
      의 반항이었소.

장 박  구체적으로 말해라.

전봉준  조병갑이 백성을 괴롭힌 사례는 젖은 바가지에 깨알붙기나 다름
      없었소. 그 가운데서도 부정부당한 처사는 만석보 수세를 강제로
      징수하는 일이었소.

장 박  만석보가 무슨 뜻이지?

전봉준  태인, 고부, 정읍군의 세 군 들판의 만석 농사에 물을 대주는 저수
      지요. 조병갑은 군수로 부임하던 첫 봄부터 그 만석보 위에다가
      필요치도 않는 덧보를 따로 쌓게 하고는 그해 가을부터 농민들보
      고 물세를 내라는 거였소. 물은 쓰지도 않았는데 물세를 내라는
      것도 가당치 않거니와 상답은 한 두락에 두 말, 하답은 한 말씩

수세를 물게 했으니 그것만 해도 7백여 석인데다가 처음엔 황무지를 농민에게 무상으로 경작시킨다더니 역시 그해 가을에 가서 세금을 징수했지 뭡니까. 뿐만 아니라 돈냥깨나 있는 반상들로부터 매호마다 백미 열여섯 말을 고을마다 걷어 인천에 있는 일본 무역상에게 팔아 착복한 돈이 수만냥이오. 그밖에도 조병갑의 비정은 이루 다 헤아릴 수가 없소.

**장 박**  그렇지만 너는 농사꾼이 아니었지?

**전봉준**  예. 내 전 재산으로는 전답 세 마지기뿐이며 마을 아이들에게 천자문이며 동몽선습을 가르치며 호구지책을 세운 사람이오.

**장 박**  그렇다면 농사꾼도 아닌 네가 무슨 사감으로 민란을 일으켰지?

**전봉준**  (비로소 장 박의 얼굴을 응시하며) 사감이라구요?

**장 박**  그렇지 않는가! 농민들은 고부군수 조병갑에게 직접 시달림을 받았다고손 치더라도 너는……

**전봉준**  (강하게) 나는 사사로운 이해관계나 사감에서 거사한 것은 아니오. 사나이 대장부로서 만백성의 원한과 비애와 억눌림을 제거해주기 위해 일어섰던 거요. 수심하여 충고로 본을 삼아 보국안민함이 우리 동학의 길인데 내 형제 동포가 시달림을 당하고 있는데도 어떻게 좌시할 수가 있단 말이오?

**우찌다**  잠깐!

장 박과 전봉준이 우찌다 영사의 개입에 적지 않은 긴장의 빛을 보인다.

**우찌다**  그렇지만 내가 알기엔 피고의 아버지 전창혁 全彰赫은 조병갑 군수에 의해 투옥되어 마침내 장살당했다고 들었는데 그 사원은 없었단 말인가?

**전봉준**  그건 사실이오. 고부군수 조병갑의 서모가 사망하자 부의금으로 매호당 1냥 또는 1냥반씩을 강제 갹출하라는 영이 떨어지자 저의 선친께서는 그 시정을 요구하다 매를 맞아 돌아가셨소! (차츰 분노가 타오르며) 엽전 한 냥을 아끼려다가 목숨까지 잃은 백성은 저의 선친을 비롯하여 수백 수천 명이었소. 사람의 목숨이 엽전 한 냥 값밖에 안 되는 세상에선 이상 더 살 수가 없었던 거요! 당신네 일본 사람의 몸값은 얼마요? 천 냥이지요? 아니 만 냥도 더 넘을테지요? 그렇기 때문에 당신네들은 자기 목숨은 소중히 여기면서 조선 사람의 목숨은 가랑잎 밟듯 했지 뭐요.

**우찌다** 듣기 싫다.

**장 박** 닥쳐라!

**전봉준** 이제 와서 내가 못할 말이 뭐가 있느냐!

**장 박** 뭣이!

**전봉준** 나는 이미 죽음을 기다리는 몸이다. 더 살기도 싫고 살려두지도 않을 줄 잘 안다. 너희들이 나에게 전후 다섯 번에 걸쳐 문초를 했지만 너희들은 나의 결백을 발견하기 위해서가 아니라 너희들이 쓴 각본대로 엮어가기 위해서라는 것도 잘 안다.

**우찌다** 아, 아니 저, 자식이……

**전봉준** 너희들은 내가 동학당의 접주로서 교세를 뻗치고 교파를 늘려서 허황한 명예나 출세욕을 탐낸 나머지 난을 일으켰다고 죄명을 씌우고 싶겠지만 설령 내 목이 달아나고 죄목이 수천 장에 씌어지더라도 세상에서는 안 믿을 것이다. 나 한 사람이 교수대에 매달린다 해서 이 땅에서 동학도의 씨는 마르지 않는다…… 내 죄목이 아무리 무겁게 저울질을 당했다 해도 십육만 동학군의 눈과 귀와 입은 그것을 믿지 않을 것이다. 정읍, 고부, 부안, 전주, 금구에서 동학도를 이잡듯 가려낸다 해도 장성, 순창, 남원, 운봉, 영광, 보성으로 숨어버린 동학도를 모조리 찾아낼 순 없을 것이다!

전라도에서 쫓겨나면 경상도에서 숨고, 경상도에서 못살면 충청도로 빠져갈 것이다. 그것은 사사로운 원한이 아니다. 한울님을 섬기는 믿음이 있기 때문이다. 그러나 듣거라. 우리 동학도인을 죽인 건 관군이 아니라 바로 너희 일본과 청국이었다는 사실이다.

**우찌다** 뭐, 뭐라고?

**전봉준** 무력한 우리 조정에서 동학군을 막기 위해 청국에다 원군을 요청하자 일본은 일본인 거류민의 생명보호와 안녕유지라는 명목으로 인천 앞바다에 군함을 몰고 와서 우리에게 총부리를 겨누었음을 기억할 것이다. 그러나 그것은 표면상의 구실일 뿐 속셈은 그 최신식 무기와 군비의 힘을 과시함으로써 조선 땅을 둘러 삼키려는 야욕이었다고 왜 떳떳하게 말을 못하는가 말이다!

**우찌다** 이놈! 그 입을 당장에 찢어놓을테다! 뉘 앞에서 함부로…… (하며 부들부들 떤다)

**전봉준** (태연하게) 한울님 앞에서는 만인이 평등한 법이다. 두려울 것도 없고 슬퍼할 것도 없다! 양반도 상인도 백정도 꼭같은 법이니 이것이 바로 우리 동학도의 마음이자 믿음이다.

**장 박** 동학은 이미 나라에서 금지된 사교임을 잊었느냐?

**전봉준** 동학이 사교라면 천주교도, 유교도, 불교도, 모두가 사교일진대 왜 하필이면 우리나라 사람에 의해 싹터서 우리 백성에게 뻗어가려는 동학만을 금지하는가 말이다. 서양에는 서학이 있듯 우리나라에는 동학이 있는 게 죄이냐? 제 나라 제 백성의 것을 얕잡아보며 청국이나 왜놈의 것은 두꺼비 파리 삼키듯 넙죽 받아먹는 꼴이 보기 싫어서 나는 끝까지 혈전을 주장했다. 그러나 불행히도 입암산 골짜구니에서 같은 동학도에 의해 밀고를 당해 이꼴이 되었지만 그자가 밉지는 않다. 같은 교도이었고 지난날의 나의 부하였던 김경천이 나를 관군에게 밀고한 것도 따지고 보면 천

낭의 상금이 탐났기 때문이다. 가난했기 때문이다.

그러나 우리에게 있어서 두려울 건 바로 왜놈들의 속 검은 술책이다. 동양의 평화를 외치던 그 입으로 조선 땅을 삼키고 동학군을 막으려는 그 총부리로 조선 동포를 위협하는 그 가증한 배신행위는 백겁에 기억되리라.

**우찌다** 당치도 않다. 죽고 싶으냐?

**전봉준** 나는 안 죽는다.

**장 박** 법을 어긴 자는 사형을 면치 못한다.

**전봉준** 나는 한 번 죽지만 그릇된 법을 집행한 자는 영원히 죽을 것이다. 역사가 기록되고 남아있는 이상 나는 되살아나도 너희들은 영원히 죽을 것이다!

**장 박** 네 죄를 아직도 모르느냐?

**전봉준** 내 죄목이 뭔지 말해라!

**장 박** 뭐라구?

**전봉준** (비틀거리며 일어선다) 농민의 고혈을 당글래질한 조병갑을 응징함이 무슨 죄이며, 백성의 재산을 빨아 쌓은 전곡을 풀어 농민에게 되돌려준 게 무슨 죄인가 말해라! 일본 오랑캐를 축멸하고 성도를 깨끗이 하자는 게 무슨 죄이며, 위기에 놓인 서울로 군대를 몰고 가 일신의 부귀영화에만 눈이 뒤집혀 사직과 백성을 돌보지 않은 악덕배를 내몰자는데 무슨 죄목에 해당하는지 대라! 어서 말해라!

**장 박** 사형이다!

**전봉준** 사형?

**장 박** 그렇다. (일어나서 선고를 한다) 대전회통 형전에 의거하여 군기를 강탈하며 변란을 일으킨 이유로 피고 전봉준을 사형에 처한다.

이와 함께 두 개의 조명은 꺼지고 하나만이 전봉준을 비쳐준다. 그의 표정은 경직된 상태에서 차츰 허탈해지더니 마침내 무아지경으로 변해간다. 어디선가 아련히 주문 외우는 소리가 들려온다. 땅속 깊은 곳이 아니면 하늘 끝에서 울려퍼지며 어떤 오묘하고도 괴기에 싸인 분위기를 자아낸다.

시천주 조화정 영세불망 만사지 侍天主 造化定 永世不忘 萬事知

그러자 무대 한 귀퉁이에 두 인물이 나타난다.
그건 환상으로 나타난 기천석과 오세정이다. 비통하고도 애절한 표정이다.

**기천석**  전 접주님!

**오세정**  전 장군! 아니됩니다. 돌아가시면 아니됩니다!

**기천석**  저희들은 어떻게 살라고 접주님만 가십니까?

**오세정**  동학군을 다시 모아야 합니다. 그렇기 위해서는 전 접주님이 살아계셔야 합니다.

**기천석**  여기서 주저앉을 순 없습니다. 그동안 우리가 세운 뜻과 우리가 심은 씨는 어느 때고 꽃이 필 터인데 전 장군께서 가시다니 아니됩니다. 아니됩니다!

**전봉준**  (조용하나 위엄있는 어조로) 듣거라. 나는 죽지 아니한다. 나는 살아있다. 너희가 살아있는 곳에 나도 함께 살아있겠다. 그러니 너희들은 어디건 가서 살아야 해. 그래서 한울님을 받들고 퍼지게 해라. 인내천이요, 양천주라 했지? 너희들이 살아있는 곳에 백성들도 진리를 깨닫게 될 터이니 어서 떠나거라.

**기천석**  전 장군!

전봉준  어서 가거라. 남쪽으로 가거라. 팔공산, 속리산을 거쳐서 손불산, 무등산, 월출산을 찾아라. 깊은 산이 있으면 맑은 물이 있게 마련이고 맑은 물이 흐르면 순한 인심이 있게 마련이다. 맑은 물 흐르듯 인정도 마르지 않은 세상이 바로 개벽이 오는 때이니라. 그러니 어서 가는 곳마다 전하고 퍼뜨려라. 씨를 뿌리고 가꾸게 하라.

기천석  장군님!

오세정  전 접주님!


이와 함께 호리존트에는 교수형을 당하는 전봉준의 모습이 실루엣으로 크게 투영된다. 주제가가 흐른다.


―막



## 제2장


**무대**

어느 갈림길에 자리한 주막집.

말이 주막이지 방 두 칸 마루 하나의 일자집이다.

안방에서 무대 앞쪽으로 기역자로 꺾여서 이어지는 허술한 술청이 겨우 주막집임을 나타내준다.

술청엔 막걸리 항아리, 술상, 수저통, 술사발, 뚝배기 등속이 놓여 있다.

집앞 마당은 바로 행길이기도 하다.

따라서 술청 우편은 흙벽이며 정면과 좌편은 그대로 툭 트이어 있다.

때는 나른한 봄 오후.

뒷산에서 나무하는 총각들의 구성진 육자배기 가락이 흘러나온다.


새야새야 파랑새야

막이 오르면 악보가 무대 우편에서 등장한다.

몸은 건장하나 아직도 떠꺼머리 총각이라서 그런지 첫눈에도 우직해

보인다.

그의 목청은 언제나 반쯤 쉬어있어서 무슨 말이고 고래고래 소리를

지르는 버릇이 있다.


**악보**  어무이! 어무이! 어디 나갔는가? (부엌으로 가서) 은실아! 어디 갔

느냐?


집에 아무도 없는 것을 알자 그는 술청 마루 끝에 주저앉는다.


**악보**  도둑이 들어와서 몽땅 털어가도 모르겠다. 젠장! 오살놈의 날씨

는…… (적삼 앞섶을 풀어 헤치며) 단오절도 안 지났는데 왜 이리

덥다냐! 아주 시루에 찔 참인감…… 어이구 더워라.


그는 다음 순간 막걸리 항아리에 시선이 멎자 한 번 주위를 두리번하

더니 쏜살같이 뛰어가서 술바가지로 막걸리 항아리를 휘휘 저은 다음

듬뿍 떠서 꿀꺽꿀꺽 마신다. 이때 물동이를 이고 좌편에서 들어선 악

보 어머니 배보네가 질겁을 하며 물동이를 내려놓고 뛰어간다. 몸 전

체가 메주덩어리처럼 비대하다. 그녀는 사정없이 아들의 입에서 바가

지를 잡아뗀다.


**배보네**  아이고 이 지리산 호랭이 물어갈 놈 좀 봐. 그 술이 워떤 술인디

퍼마신디야! 잉?

**악보**  술은 워떤 술, 갑오년 동학난리 치르고는 처음 마시는 술이제. 헷

헤…… (하며 옷소매로 입을 닦는다)

| 배보네 | (깜짝 놀라 질겁을 하며) 이 자석아! 그 동학이라는 말 좀 쏙 빼지 못해! |
|---|---|
| 악보 | (더 크게) 동학 빼서 죽은 조군수 똥구멍에 박게? 헛허…… |
| 배보네 | 아이고 저 저 쥐둥아릴 그냥…… |
| 악보 | (신이 나서) 그럼 동학이 똥학 되고 똥학이 신학 되서 윤선 타고 강으로 나가 왜놈하고 정종마시게! 헛허…… |
| 배보네 | 악보야! 어쩌자고 너는 밤낮 그 모양이여! |
| 악보 | 내가 위째서 그려? |
| 배보네 | 할일 없으면 뒷산에 가서 나무라도 하든지 냇가에 나가서 피리새끼라도 잡든지 하면 말이여. 노는 겸에 염불이라고 피리 지져서 술안주라도 하게. 어쩌자고 넌 바깥으로만 기어나갈라고 하나? 잉? |
| 악보 | 내가 뭐 잘못했는감? |
| 배보네 | 자잘못이 워디 있다야? 얘기도 못 들었냐? 눈이 있으면 봤을 거 아니여? (소리를 낮추어) 동학쟁이 잡으러 다니는 관원 나으리들도 못봤어? 이 등신아. |
| 악보 | (아랑곳없이) 동학쟁이 잡는 것하고 나하고 무슨 상관이여! 잡을 사람은 잡고 잡힐 놈은 잡혀서 상투 끝을 들보에 매달리건 손톱 밑에 대침을 박건 다 제제금 팔자소관이제 안그려, 어무이! |
| 배보네 | 아니 이 자석이 정말 푼다 푼다 하니께 하루 아침에 석섬 푼다더니…… (크게) 악보야! |
| 악보 | (크게) 왜 그려! |
| 배보네 | 쥐둥아리 좀 못 닥쳐? |
| 악보 | 제 입 가지고 말도 못하는감! |
| 배보네 | 말 한 번 잘못했다간 곤장이 열 대란 말 못 들었냐? 제발 동학이라는 말 좀 하지 말랑께! |
| 악보 | 내가 동학쟁인감! |

| | |
|---|---|
| **배보네** | 동학쟁이가 아니라도 귀에 걸면 귀걸이 코에 걸면 코걸이다. 녹두장군이 죽고 나니께 집집마다 포졸들을 풀어 곡식을 뒤지고 다니다가 쌀만 나오면 재작년 조 군수 수세 되찾아간 것이라고 몰수했제…… 자석놈이 동학군이 되었다고 팔순 노인 혼자 사는 집 방돌을 괭이질해서 보신짝 뒤집듯 활짝 뒤집었제…… 아이고 시상에…… 동학난리가 끝났다 했는디 웬통 난리는 지금부터지 뭐여. |
| **악보** | (불쑥) 어무이. |
| **배보네** | 잉? |
| **악보** | 나 엽전 쉰 냥만 주소. |
| **배보네** | 뭐, 뭣이 어쩌? |
| **악보** | 쉰 냥만 주랑께 그려. |
| **배보네** | 뭘 하게? |
| **악보** | 노자하게. |
| **배보네** | 노자하다니? |
| **악보** | 노자도 몰라? 노자. 여길 홀딱 떠난단 말이여. |
| **배보네** | 떠나? |
| **악보** | 영광 법성포로 나갈 참이여! |
| **배보네** | (긴장된 눈빛으로) 법성포엔 뭣하러? 그 포구 바다에 누가 있다야? |
| **악보** | 젠장! 답답하고 갑갑하긴 꼭 딸꼬망이 할메 귓속이구먼. |
| **배보네** | 뭣이여? |
| **악보** | 포구바닥에 가야 배를 타고 배를 타야 타관으로 갈 수 있잖은감! |
| **배보네** | 타관으로 간다고? |
| **악보** | 그려! 오살놈의 세상, 여기서 못살겠어! 양반도 못되고 상놈으로 살라면 차라리 포구로 가사제. 거기서 보따리 장수를 하든지 윤선을 타든지 아무데나 떠나서 살아사제. 이 고장은 못살것이구먼이 |

라우. 이판 저판 아닐 바엔 차라리……

**배보네** (단정적으로) 안되어.

**악보** 왜 안 돼!

**배보네** 못간다.

**악보** 가고 말테여!

**배보네** (사정하듯) 이 호랭이 물어갈 놈아! 너는 어쩌자고 네 한 몸뚱이만 생각하냐? 나나 은실이는 워쩐디야? 잉?

**악보** 어쩌긴, 어무이는 술장수하고, 은실이는 시집가면 되제.

**배보네** 시집갈 돈이 워디 있디야?

**악보** 그럼 기생으로나 팔려가면 호강할텐디 뭘 걱정이여.

**배보네** 에끼 순, 돼지똥물에 밥말아 먹을 자석! (하며 악보의 등을 서너 번 때린다. 그러나 악보는 비시시 웃으며 일어난다)

**악보** 흥! 인제 머지않아 돼지똥물에 말아먹을 밥도 구경하기 힘들텐데 뭘 그려! 세상은 끝장났당께!

**배보네** 또 어딜 기어 나가냐? 집에 있으랑께.

**악보** (좌편을 어슬렁어슬렁 나가며) 팔득이네 할아부지 소상이라니께 거기나 가서 놀제. 재수 좋으면 재끼판에서 개평돈이나 뜯고…… (하며 휭 나가버린다)

**배보네** (고개를 살래살래 저으며) 못살아 못살아! 워디서 저런 것이 생겨나서 애간장 썩힌다냐! (물동이를 들고 부엌으로 가며) 차라리 동학쟁이가 되어 따라갈 것이제……


이때 무대 우편에서 등짐장수 차림의 기천석과 오세정이 조심스럽게 등장한다. 천석의 체구가 훤칠하고 어깨가 떡 벌어진데 비해 세정은 어딘지 허약해 보인다. 그러나 두 사람 모두가 눈빛이 날카롭게 반짝인다. 세정은 한쪽 다리를 다쳤는지 약간 전다. 그의 표정은 무언가 고민이

새야새야 파랑새야

있는 눈치이다. 게다가 먼길을 걸어온 탓인지 피로의 빛이 역력하다.

천석    주막인가 본데 좀 쉬어 갈까?

세정    (말없이 집을 둘러본다)

천석    다리도 치료도 해야 할 터이니까…… (하며 술청 마루로 짐을 내려
놓는다. 이때 부엌에서 배보네가 나온다. 군불을 땠는지 연기가 밖으로
피어 오른다. 배보네는 매캐한 연기에 눈물을 짜며 콜록거린다) 쉬어갑
시다.

배보네    야, 좋은대로 하시죠.

천석    (세정에게) 짐 좀 내려놓고 쉬지.

세정    예. (하며 저만치 걸터앉는다)

배보네    워디서 오는 길이죠?

천석    강경, 전주, 정읍을 거쳐 오는 길이오.

배보네    뭣들 하는 양반인디…… (하며 두 사람을 번갈아 본다)

천석    (씨익 웃으며) 왜 동학쟁일까봐 미심쩍소?

배보네    아니라우. 원 별말씀을 다……

천석    포목장수요. 안동포 한산모시 황나, 마포…… 여름철 옷감이오. 막
걸리나 한잔 주시오.

배보네    (금방 희색이 만면해지며) 그렇게 하시지라우.

천석    시어빠진 막걸리는 아닐테지요?

배보네    아이고 벼락맞을 소릴 다 하시네 홋호……

술항아리를 휘휘 저으며 사발에다가 술을 퍼서 내놓는다. 그리고 젓가
락을 두 벌 뽑아 손바닥으로 쓱 훑어 놓고 김치보시기 뚜껑을 열어준다.

천석    음…… 막걸리 빛이 괜찮군. (하며 세정을 본다. 세정도 술 한 잔을

    든다)

**배보네**  술맛 좋기사 두 번 말하면 입이 아프지라우. 힛히…… (그러면서
    두 청년의 거동을 유심히 지켜본다)

**천석**  (한 모금 마시고 나서) 음 괜찮군. 이 고장은 물이 좋아서 술맛도 좋을
    테지요.

**배보네**  워디요. 물맛보다 솜씨가 있어사제 헷헤……

**천석**  (따라 웃으며) 솜씨보다야 술인심이 있어야지요. 헛허……

**배보네**  워메 이 젊은 양반 말하는 것 좀 보소. (일부러 과장해서 혀를 차며)
    보아하니 엽전 한 잎 놓고 술 몇 사발 마시긴 맹꽁이 딸꾹질 하기
    구만 그랴…… 홋호……

**천석**  마음만 내키면야 술항아리 밑바닥 내기는 골마리 풀고 이 잡기지
    요. 헛허……

**배보네**  워따 입담 좋긴 꼭……

**천석**  (냉큼 받아서) 전라감사 김문현이 아니면 고부군수 조병갑이요? 헛
    허……

**배보네**  (눈이 휘둥그레지며) 워따 그것이 무슨 소리여, 큰일 날라고……

**천석**  (반쯤 술을 마신 다음) 말이야 바로 말이지 지난날 그 어르신네들 잘
    잡수셨지요. 그러기에 오죽했으면 녹두장군이 일어났겠소.

**배보네**  (경계하듯) 워디로 가시는 길이요?

**천석**  글쎄요. 우린 장사하는 사람이니까 대중없지요. 물건이 잘 나가면
    며칠이고 머물 게고 그렇지 못하면 또 딴 고을로 가곤 하니까요.
    배없는 뱃사공이요. 임자없는 나룻배지요. 헛허……


배보네는 자신도 모르게 기천석의 재담에 넋을 빨린 채 웃는다.
다음 순간 혼자서 아까부터 씨무룩하니 술만 마시고 있는 오세정을
바라본다.


    새야새야 파랑새야

**배보네** 그런디 이 젊은 양반은 왜 꿀먹은 벙어리냐? 통 말이 없으니. 친 동기간이요?

**천석** 아뇨. 동업이지요. 세정아 다리는 좀 어때?

**세정** 괜찮아요. 형님. (하며 발바닥을 슬슬 문지른다)

**천석** 버선짝 벗어버리고 찬물에다 좀 채워보지.

**세정** 괜찮대두요.

**천석** 더 갈 수 있어?

**세정** 가지요. 형님, 술 다 드셨으면 떠납시다.

**천석** 응. (해를 쳐다보며) 아직 해가 중천에 걸렸는데 천천히 가자.

**세정** 형님! 그렇지만……

**천석** 바쁠 것 없어. 오늘 안 되면 내일 가고 내일 안 되면 모레 가지. 안 그렇소? (하며 배보네를 본다)

**배보네** 그럼요! 소털보다 흔한 날인디 오늘만 날인감? 홋호…… 어서 한 잔씩 더 드시쇼. 그리고 뭣하면 하룻밤 묵으시고 가도 되고요. 내 부뚜막에 가서 안주 좀 가져올테니께요.


하며 자리에서 일어나 마당에 내려선다.
이때 은실이가 빨래를 함지에 이고 우편에서 들어선다. 함지엔 방망이 며 빨랫감이 수북이 쌓여 있다. 야무진 입모습이 고집스럽지만 이마와 눈이 시원스럽다.


**배보네** 은실아! 인자 오냐?

**은실** 야, 손님이 오셨는감요?

**배보네** 응. 그랴! (은실의 머리에서 빨래 함지를 맞들어 내린다) 배고프지야? 어서 뒤안으로 돌아가서 세수하고 요기를 해사제. 샘물 금방 길 러왔으니께 시원할거다.

**은실**  야…… (그녀는 수건으로 이마의 땀을 씻으며 무심코 술청을 돌아본다. 다음 순간 천석과 세정의 시선과 마주치자 본능적으로 시선을 피한다. 그리고 뺨이 홍당무가 된다)

**배보네**  포목장사들이셔! 사고 싶은 생각은 굴뚝같지만 돈이 있냐? (하며 은실의 등을 어루만진다. 은실은 이상한 충격을 느낀 듯 부엌으로 급히 사라진다. 배보네도 부엌으로 들어선다)

**천석**  매가 꿩을 낳았구나.

**세정**  진흙 속에 있어도 연꽃은 연꽃이지요.

**천석**  (의미 있는 미소를 던지며) 세정아, 네 마음에 드냐?

**세정**  형님도! 마음에 들고 안 들고가 문제인가요? (하며 긴 한숨을 내뱉고는 남은 술을 단숨에 마셔버린다)

**천석**  그럼 뭐가 문제이지?

**세정**  형님! 이제 그만 떠납시다. 장성 갈재를 넘기 전에 해가 떨어지면 어떻게 합니까?

**천석**  뭐가 어려우냐? 하룻밤 쉬어가자.

**세정**  여기서요?

**천석**  여기가 안 되면 뉘집 처마 밑이건 연자방앗간이건 아무데나 등을 붙이면 내 집이지. 우린 떠가는 구름이다.

**세정**  (쓰게 웃으며) 구름이 비를 부르니까 문제지요.

**천석**  헛헛! 비가 오긴 아직 멀었어.

**세정**  형님! (주위를 살피며 낮게) 강경에서 정 접주께서 일러주신 김덕삼 어른 집이 어디쯤인지 알아봐야잖겠어요?

**천석**  글쎄.

**세정**  주모한테 물어보면 어때요?

**천석**  좀 더 두고 보자.

**세정**  왜요?

천석    그 여편네는 입이 싸서 아직은 마음을 놓을 수가 없어. 조심해야지.

세정    하긴 누굴 믿을 수가 있어야지요.


이때 부엌에서 은실이가 뚝배기를 두 손으로 받쳐 들고 나온다.
천석과 세정은 말없이 은실에게 시선이 쏠린다.


은실    (뚝배기를 내밀며) 이거 잡숴보시래요.

천석    아니 뭔데…… (하며 냉큼 받는다)

은실    붕어조림이지라우.

천석    고맙소.

은실    (수줍음을 이겨내며) 잡수시고 모자라면 말씀하시오. 부뚜막에 있으니께요.

천석    돈은 안 내는 거지요?

은실    (웃으며) 돈은 무슨 돈이어라우. 그전 같으면 술국도 공으로 드릴텐데 난리를 치르고 나서는 그리 못해서 죄송하구먼요.

천석    (넌지시) 오면서 듣자니까 이 고장도 동학 난리가 그렇게도 심했다면서요?

은실    야! 이루 다 말할 수 없지라우.

세정    처자 집안에는 별일 없었소?

은실    야.

천석    (마음을 떠볼 양으로) 동학쟁이를 싫어하나보군!

은실    야? (라며 눈빛이 번뜩인다)

천석    집안에 동학쟁이가 있었던들 관에서 내버려뒀을 리가 없지. 헛허……

세정    새로 부임한 전라감사며 군수는 어떤가요.

은실    뭘 말이오?

| 천석 | 백성들 다스리는 게 전보다는 낫는가 이 말이지요. |
|---|---|
| 은실 | (풀이 죽어서) 평야 일반이지라우. |
| 천석 | (흥미를 느끼며) 그래? |
| 은실 | 그 소리가 그 소리지 별거 있는감! 백성들한테 미안하다는 말은커 녕 동학쟁이한테 간장 퍼주고 소금 줬다는 사람까지 잡아 가두는 판국인디라우. |
| 천석 | 음…… |
| 세정 | 처자는 녹두장군 얘기 들어본 일 있소? |
| 은실 | (거침없이) 야! 많이 들었지라우! |
| 천석 | 누구한테서? |
| 은실 | 우리 오라버니한테서도 듣고 필순이 아버지한테서도 듣고요. 키 는 작아도 꼬치보다 더 맵다고 하더구면요. |
| 세정 | 그렇지만 녹두장군이 죽어서 인제 세상이 조용해졌지 뭐. (하며 은실의 반응을 눈여겨 지켜본다) |
| 은실 | (표정이 굳어지며) 그렇지도 않다니께요! |
| 천석 | 응? |
| 은실 | 녹두장군이 삼례에서 동학군을 모일 때나 백산 들에서 모일 때나 죄 없는 백성들을 다치게 하지는 않았는디 지금은 그게 아니라니 께요. |
| 천석 | 그게 아니라니? |
| 은실 | (부엌 쪽을 경계하듯) 동학군하고 맞담배 피우고 말만 했어도 굴비 두름 엮듯 산속으로 끌고 가 죽였지라우. |

천석과 세정은 어떤 긴박감에 사로잡혀 서로 시선을 마주친다.

| 천석 | 그럼 이제 이 마을에는 동학쟁이는 한 사람도 없겠구먼. |

은실  그럼요. 동학쟁이를 잡아내거나 관가에 알리면 상금으로 엽전 오백 냥도 주고 삼백 냥도 준다는 바람에 즈이 아버지를 동학으로 몰고 즈이 사돈 영감을 찔러바친 일까지 있었으니께요. (한숨) 정말 별놈의 세상 다 살았지라우.

세정  처자는 어떻게 생각해?

은실  뭐, 뭘 말이라우?

세정  녹두장군이 좋은 사람인지 나쁜 사람인지……

다음 순간 은실의 눈빛이 이상스럽게 빛난다. 천석과 세정은 마치 무안을 당한 사람마냥 멋쩍어진다.

천석  헛허! 그저 지나가는 얘기로 물어본 것뿐이에요.

세정  우리 장사꾼은 여기저기 떠돌아다니다 보면 공연한 오해를 받기도 해서요.

은실  (똑바로 쳐다보며) 댁들은 어떻금 생각하실지 모르제만 싫어할 사람이라곤 없지라우!

천석  정말?

은실  관에서 나온 사람을 빼놓고는…… 모두가……

이때 무대 우편에서 포졸 갑, 을이 포승이 묶인 칠성이를 끌고 나온다. 그 뒤에 칠성 어머니 김 씨가 울부짖으며 따라 나온다. 칠성이는 아직 어린 소년이다. 그 뒤에 남녀 수 명이 따라 나온다.

김씨  칠성아! 이 자식아. 칠성아!

포졸 갑 귀찮게 왜 따라와!

김씨  (매달리며) 나으리들. 이 자식은 아무 죄 없단 말이요. 내 자식은 아무……

**포졸 을** 저리 비켜요. (하며 뿌리치자 저만치 나가 떨어진다)

**김씨** 아니고메!

**칠성** 어메! 어메!

**김씨** 칠성아!

**칠성** (포졸 을에게 대들며) 워째서 우리 어메를 때리는거여 잉?

**포졸 을** 이놈아 내가 때렸어? 제풀에 나가 떨어졌지!

**칠성** 죄 없는 우리 어메는 워째서 밀었는가 말이여!

**포졸 갑** 이 자식이 누구에게 앙탈이여 앙탈이! 에잇! (하며 칠성의 등을 창자루로 후려갈기자 칠성은 땅바닥에 쓰러진다)

**김씨** 아이고 내 새끼야. 칠성아. (하며 다시 우르르 덤비려 하자 포졸 갑이 창을 들이대며 막아선다)

**포졸 갑** 못 돌아가겠어?

**김씨** 여보시오. 우리 칠성이가 무슨 죄가 있다고 이러요? 잉? 그 자석은 우리 마을에서도 소자(효자)로 이름난 아들인디 워째서…… 여기 모인 동네 사람들 보고 물어보란 말이여! 물어봐!

이들을 에워싼 배보네, 은실, 그리고 동네 사람들이 서로 불안과 연민에 싸인 시선으로 바라본다.
천석과 세정은 될 수 있으면 포졸들 눈에 안 띄려고 구석에 돌아앉아 술잔을 기울이면서 이따금 칠성 쪽을 넘어다 본다.

**포졸 갑** 댁의 아들이 똥고집을 부리니까 데려가는 거지 누가 죄가 있다고 했어?

**김씨** 글메 저 자석도 그것만은 모르니께 모른다는디 워째서……

**포졸 을** 몰라? 칠성이가 그 동학쟁이하고 색현리 고개에서 만난 걸 봤다는데도 딱 잡아떼기여? 잉? (하며 으름장을 놓는다. 김 씨는 새로운 공포에 휩싸이며 떨다가 칠성에게 다시 대든다)

**김씨** 칠성아! 그게 정말이여? 잉?

**칠성** (땅만 내려다본다)

**김씨** 만났으면 만났다고 말혀! 그 동학쟁이가 어디로 갔는지 알고 있으면 대란 말이여!

**칠성** (여전히 씨근거릴 뿐 대꾸가 없다)

**김씨** 아이고 호랑이 물어갈 놈아, 어쩌면 고집통이 질긴 것도 네 애비만 쪽 빼다 박았냐! 희면 희고 검으면 검다고 알통이 쑥 불가지게 말하란 말이여!

**칠성** 뭘 말하란 말이여!

**포졸 갑** 이놈아! 네가 만난 그 동학쟁이 김덕삼이가 어느 쪽으로 갔는가 대란 말이다.

**천석** 뭣이?

**세정** 김덕삼?

하며 두 사람은 서로 시선을 마주치고는 들쪽으로 나온다.

**포졸 을** 그것만 말하면 너는 끌려갈 이유도 없고 생고생 안 해도 돼. 그러니 어서 순순히 말해라. 응? 김덕삼이가 어디로 간다더냐?

**칠성** 몰라라우.

**포졸 을** 아니 이 자식이 그래도……

**김씨** 칠성아! 알고 있으면 대란 말이여.

**칠성** (발악을 하듯) 모른다니께 자꾸 그려! 난 몰라, 몰라!

**포졸 갑** 정말 이렇게 버틸 작정인가?

**칠성** 마음대로 혀! 죽이든지 살리든지 마음대로 하란 말이여.

| 김씨 | 칠성아! |
|---|---|
| 칠성 | 김덕삼 어른을 만난 적도 없고 얘기한 적도 없으니께 마음대로 하란 말이여. 해! |
| 포졸 을 | 좋아. 네 그 아가리에서 피가 나올지 똥물이 나올지 어디 해보자. 가자. (하며 개 끌듯 끌고 나간다) |
| 김씨 | 칠성아! 칠성아! (하며 미칠 듯이 외치며 따라간다) |

마을 사람들도 눈물을 닦으며 따라 나선다. 텅 비어버린 뜰에는 배보네, 은실만이 남고 술청에는 천석과 세정이가 서 있다.

| 배보네 | 아니고! 또 한 목숨 죽는구나. |
|---|---|
| 은실 | 어무이. 누가 또 고자질했을까? 김덕삼 어른이 동학이었다는 걸 어떻게 알았을까? |
| 배보네 | 야야! 그걸 왜 모르겠냐? 요새는 관에서 하는 일이라곤 맨날 그 동학 잡아내는 일인디 왜 모르겠냐? 어디서 꼬리가 잡혀도 잡히야! 안 그렇소? 손님들! (하며 천석과 세정을 바라본다) |
| 천석 | 그, 그럼요! 가는 곳마다 염탐꾼들이 짝 깔려 있을 터이니까요. |
| 배보네 | 아이고 언제나 편할 시상 살랑고! (술청으로 오르면서) 한 잔들 더 하시오 잉? (하며 상대편의 의사를 물어보지도 않고 막걸리를 퍼낸다) |
| 천석 | 김덕삼이라는 분이 정말 동학인가요? |
| 배보네 | 금메요. 사람 속이사 누가 알겠습디여! 보신짝 같으면야 할딱 뒤집어 보일 수 있제만 산 사람 마음 속이사 워떻게 알겠소! 홋 호…… 자 드시겨 어서! |

천석과 세정은 불안 속에서 술잔을 든다.
아까부터 은실이가 두 사람의 거동을 지켜본다.

멀리서 아이들이 부르는 동요가 들려온다.


가보세 가보세
을미적 을미적
병신 되면 못 가보리


천석과 세정이가 노랫소리에 귀를 기울인다.


―막


## 제3장


**무대**

전 막과 같음.

그날 밤.

막이 오르면 뒷산에서 울어대는 소쩍새의 소리가 구슬프다. 술청 한 귀퉁이에 등잔불이 콩알만큼 타오르고 있다.

그 불 앞에 세정이가 골똘히 생각에 잠기며 앉아 있다. 저만치서 천석이가 코를 골며 잠에 취해 있다. 세정은 길게 한숨을 몰아쉰다. 어떤 풀리지 않은 수수께끼라도 생각하는 사람 같다.

천석이가 무서운 꿈에서 쫓기기라도 하듯 끙끙거리더니 벌떡 일어난다.


**천석**　아, 꿈을 꾸었구나. (혼잣소리를 하다 말고 앉아 있는 세정을 발견하자 가볍게 놀라는 표정이다) 아직 일어나 있었군?

**세정**　(무릎을 가지런히 세우고 그 위에 턱을 얹는다)

| 천석 | 어서 자. 내일은 일찍 일어나야 갈재를 넘어 담양까지 갈테니까. |
|---|---|
| | (하며 다시 눕는다. 그러나 세정은 요지부동이다) |
| | 안 자겠어? |
| 세정 | (긴 한숨을 몰아쉰다) |
| 천석 | (다시 일어나서) 왜 그래? 무슨 일이라도 있어? |
| 세정 | 아뇨. |
| 천석 | 그럼 왜 청승맞게 앉아 있느냐 말이다. |
| 세정 | 여러 가지 생각을 하고 있는 중이에요. |
| 천석 | 생각? |
| 세정 | 예. |
| 천석 | (씨익 웃으며) 네가 무슨 생각을 하고 있는지 알았다. (놀려대듯) 주막집 처자 생각하는 중이지? 훗흐…… 다 안다. |
| 세정 | (크게) 형님도. (다음 순간 자기 음성이 너무 컸음을 뉘우친 듯 제풀에 놀라 돌아앉는다) 지금 그런 농담할 때인가요? |
| 천석 | 농담이 무슨 죄라던? |
| 세정 | 내가 지금 생각하고 있는 일은 낮에 포졸들에게 끌려간 칠성이라는 아이예요. |
| 천석 | (충격을 받은 듯) 칠성이? |
| 세정 | 그리고 그 칠성이가 죽음을 걸고 행방을 안 대는 김덕삼 어른도요. 우리가 그 김덕삼 선생을 만나서 정 접주가 주신 통문을 전해야 할 터인데 그 어른은 이미 도피해 버렸으니 어떻게 합니까? |
| 천석 | 세정아. |
| 세정 | 얘기를 끝까지 들으세요. 김덕삼 선생이 관으로부터 쫓기고 있다는 걸 알게 되면 다른 동학도인들도 모두 피하고 말테니 그렇게 되면 우리가 연락을 할 길이 없잖아요. 돌아가신 녹두장군님의 뜻을 이어 다시 동학도인의 힘을 모아서 궐기할 일은 어렵게 되 |

|       |                                                                 |
| ----- | --------------------------------------------------------------- |
| 천석    | 었지 뭡니까! (거의 절망적으로) 나갈 일이 막히고 말았습니다.                              |
| 천석    | 그래서?                                                             |
| 세정    | 예?                                                               |
| 천석    | (추궁하며) 그래서 어떻게 하겠다는 거지?                                          |
| 세정    | (대꾸는 못하고 멀거니 쳐다본다)                                               |
| 천석    | 길이 막혔으니 어떻게 하겠는가 말이다.                                            |
| 세정    | ……                                                              |
| 천석    | 되돌아가잔 말이냐?                                                       |
| 세정    | ……                                                              |

천석  김덕삼 선생이 행방을 감추었으니 이제 그만두잔 말이야? (화를 내며) 도대체 어떻게 하는 수작이냐?

세정  (불쾌해서) 수작이라니요? 너무하십니다. 형님!

천석  그럼 그게 수작이 아니고 뭐냐? 칠성이가 김덕삼 선생의 행방을 불지 않는 건 도리어 대견하고 찬양받을 동학도인의 태도이다. 관가에서 우리 동학인을 이잡듯이 헤치고 다니지만 칠성이 같은 사람이 있는 한 김덕삼 선생은 안 잡힌다.

세정  그 대신 칠성이는 죽습니다.

천석  뭣이?

세정  아직 철도 덜 든 어린 것이 대신 죽음을 당하게 됩니다.

천석  (멀거니 바라보며) 너 지금 무슨 얘길 하는 거냐?

세정  (시선을 피하며) 참을 수 없어요. 지난 40일 동안 가는 곳마다 무고한 사람이 죽어가야 하는 실정을 목도하니 이제 더 참을 수가 없습니다. 우리가 하고 있는 일이 과연 옳은지 어쩐지……

천석  (격해서) 닥쳐! (한동안 두 사람은 눈과 눈으로 불꽃 튀기는 싸움을 한다. 소쩍새가 극성스럽게 울어댄다)

세정  형님!

**천석** 이제 알겠다. 겁이 난다는 뜻이지?

**세정** (가늘게 떨며) 그래요. 자신이 없어졌어요.

**천석** 요 며칠새 밥도 잘 안 먹고 한숨만 푹푹 쉬는 게 수상쩍다 했더니만 역시……

**세정** 형님!

**천석** 너 같은 놈하고는 얘기하기조차 싫다.

**세정** (다가앉으며) 형님!

**천석** 가까이 오지 말어! 더럽다. 비겁한 놈. (하며 저만치 피해 앉는다)

**세정** 형님이 뭐라건 달게 받겠습니다. 그 대신 꼭 한 가지만은 들어주세요.

**천석** 들을 필요 없어. 겁이 나거든 혼자서 되돌아가. 동학이 싫어졌으면 그만둬!

**세정** 동학이 싫어서가 아닙니다.

**천석** 나는 모든 동학인을 재규합하는 일에 투신하겠다. (하며 벌떡 자리에 눕는다. 세정은 충격을 당한 사람처럼 멍하니 앉아 있다)

**세정** (침착하게) 형님, 제가 말하고 싶은 건 동학이 싫어졌다는 게 아니라, 동학이 무엇인가를 더 깊게 알아야겠다는 뜻입니다. 같은 동학인이지만 최시형 선생이 인도하는 북접파 北接派와 녹두장군이 인도하시던 남접파 南接派가 서로 뜻이 안 맞았기 때문에 갑오년 동학기포는 실패로 돌아갔다고 봅니다. 한 가지 목표, 꼭같은 뜻을 내걸고 있으면서도 그 주장이 서로 다르다는 것부터가 틀린 일이 아닙니까? 북접파와 남접파가 손을 잡고 생사를 같이 했던들 아마 왜놈들을 몰아낼 수 있었으리라고 봅니다. 그런데도 북접파는 군사부정론을 내세워 녹두장군의 기포\*에 방관적이었

---

\* 起包: 동학 농민 운동 때 농민 등이 동학의 조직인 포를 중심으로 하여 봉기하던 일.

새야새야 파랑새야

고, 녹두장군은 척왜척양 진멸진귀 斥倭斥洋 盡滅盡鬼를 외치면서 직접 무기를 드셨지만 벌써 그때부터 전쟁은 우리가 졌다고 봅니다. 안 그렇습니까? 형님! 저는 솔직히 말해서 녹두장군을 더 존경했습니다. 최시형 선생보다는 더 위대했다고 봅니다. 그러나 지금 생각하니 해월 최시형 선생도 역시 훌륭했다고 봅니다.

**천석**  (서서히 몸을 일으키며) 아니 이 자식이 뭣을 먹었기에 횡설수설이지? 금방 녹두장군이 좋다고 하더니 또 금시 최시형 선생을 존경하다니…… 이놈아! 사내대장부 혓바닥이 무당 속옷 가랭이라던?

**세정**  그게 아닙니다. 재작년 충청도 보은 집회 때 교단 간부들이 최시형 선생에게 국가를 혁신하자고 진언했을 때 최시형 선생께서는 시기상조라고 타일렀고 녹두장군께서 기포했을 때 북접도 보조를 맞춰주기를 간청했을 때도 현기 玄機를 불로하고 심급히 말라 하셨다는 것으로 미루어 보아도 지금은 확실히 그때가 아닌 것만은 분명합니다.

**천석**  그럼 그 때가 언제라던? 응? 언제냐구? 손자 환갑 지나고서야? 흥! 비싼 이팝 먹고 염소 똥덩어리 같은 소리만 내깔겨라! (다시 화가 나서) 겁이 나면 돌아가. 이제 와서 유식한 척 할 것 없어. 생트집이나 구실을 붙이지 말고 썩 돌아가…… 나 혼자 할 테니까.

**세정**  형님 그게 아니라니까요. 저는……

**천석**  그래 녹두장군께서 지난 3월 28일 손화중, 최경선, 성두한, 김덕명과 함께 교수형을 당하시던 일 생각 안 나니? 녹두장군께서 마지막 남긴 말씀을 벌써 잊었어? (생각에 잠기며 읊는다) 때를 만나서는 천하도 내 뜻과 같더니 운 다하니 영웅도 스스로 어쩔 수가 없구나. 백성을 사랑하고 정의를 위한 길이 무슨 허물이랴. 나라 위한 일편단심 그 누가 알리.

시를 읊조리는 천석의 눈에 눈물이 고이고 목소리가 떨린다.

천석 그런데 이제 와서 네놈이, 네놈이…… 그 어른에게 침을 뱉어? 네 목숨이 아까워지니까 녹두장군을 헐뜯어? 이놈아! (하며 세정의 빰을 후려친다. 그러나 세정은 한마디 대꾸도 않고 맞고만 있다) 가거라. 가! 가서 잘 먹고 잘 살란 말이다. 고래등 같은 기와집서 비단옷 칭칭 감고 요조숙녀 데려다가 팔베개 삼아 잘 살아라. 네가 인제 와서 북접주 최시형을 따르겠다면 그건 네 자유다. 가거라. 툇!

그는 침을 뱉고는 뜰로 뛰쳐나온다.
세정은 여전히 화석처럼 앉아서 허공을 향해 조용히 중얼거리듯 말한다.

세정 형님. 그건 오해입니다. 내 자신의 희생이 어려운 게 아니에요. 무고하게 죽어가는 백성이 가엾어서 그래요. 분명히 해둘 것은 지금은 시기가 아니에요. 혁명에도 시기가 맞아야 한다는 최시형 선생의 주장은 일리가 있다고 봅니다. 언제고 이 얘기는 다시 할 때가 올 거요.

이때 술이 거나하게 취한 악보가 노랫가락을 부르며 우편에서 나오다가 천석이를 보자 섬찟 놀란다.

천석 (바튼 기침만 하며 외면한다)
악보 (벌벌 떨면서도 허세를 부리며) 귀신이면 물러가고 사람이면 나오너라. 이놈, 이놈!

천석이가 멋쩍어지자 술청 쪽으로 되돌아가려 하자 악보는 땅에 풀썩
주저앉으며 소리친다.

악보    사람 살려라. 저놈이 내 말 듣고 물러가는 걸 보니께 분명히 귀신
       이제…… 사, 사람 살려라!

이때 안방에서 속옷 바람으로 배보네가 나온다.

배보네  이 자슥아! 아닌 밤중에 웬 발광이냐?
악보    귀, 귀신났당께! 어무이…… 저, 저기. (하며 술청 쪽으로 가는 천석을
       가리킨다)
배보네  에그, 그 어른은 귀신이 아니라 손님이시다! 손님!
악보    손님이요? (하며 발딱 일어난다)
배보네  그려! 장성 갈재 넘으시려다가 해가 떨어져서 하룻밤 묵고 가시게
       했다. 왜 잘못됐냐? 이 등신아!
악보    그랬으면 그랬제! 내가 귀신을 보고 놀랄 리가 있겠소. 사람인께
       놀랐제! 헷헤…… (하며 마루로 온다)
배보네  아이고 동학 난리 때 왜 저런 병신은 안 데려가고 녹두장군만
       돌아가셨을꼬? 어서 기어 들어가 잠이나 퍼 자!
악보    헷헤…… 어무이 혼자 고생 안 시킬려고 안 죽었잉께. 알고 보면
       나도 소자지 뭐겠소. 헛허……
배보네  아이고 고금천지에 없는 소자 아들 둬서 내 팔자도 문어다리 팔
       자다! 육시헐! (하며 아들 머리를 쥐어란다)
악보    아이고메! (하며 엄살을 떤다. 천석이 술청의 등불을 끈다)

—막

**제4장**

**무대**

전막과 같음.

집 안은 산그림자에 가리어 아직도 어둡다.

그러나 멀리 바라보이는 하늘에는 장밋빛 여명이 성큼 다가오고 있다.

술청에 앉아 있는 세정과 천석.

천석은 부지런히 행장을 꾸리고 있고 세정은 말없이 그걸 바라보고 있다.

그들 사이엔 이미 무거운 침묵이 장벽으로 변해 있어 천석의 표정은 굳을대로 굳어버렸다. 천석이 대님을 맨다.


세정  (눈치를 보며) 형님.

천석  (냉담하게) 그만둬.

세정  제 얘기를 들으세요.

천석  (신경질을 내며) 들을 필요가 없다는데 왜 그래?

세정  형님의 오해를 풀기 전에는 못 떠나요.

천석  오해! 홍, 또 어젯밤 얘기를 계속하잔 뜻이겠지만 그건 끝장이 났어. 너는 네 길을 가. 나는 내 길을 갈 테니까. 그럼 되었지 무슨 말이 더 필요한가 말이야!

세정  형님이 가시려는 길은 위험해요.

천석  우리의 길은 애당초부터 위험했다.

세정  허탕칠 줄 알면서 왜 갑니까?

천석  내가 못하면 누가 하니?

세정  (천석의 손을 잡으며) 형님! 고집을 부릴 때가 아닙니다.

천석  이 손 놔!

**세정**　사태를 냉정히 판단하셔야 해요. 남쪽으로 내려가는 길만이 능사가 아니라니까요. 일이 좀 더딘 한이 있더라도 성공할 때와 곳을 가려야 해요.

**천석**　(세정의 손을 매몰차게 뿌리치며) 듣기 싫어. 너는 북접파로 가면 되고 나는 남접파의 남은 접주들을 만나면 되는 거야. 오늘부터 너와 나는 남남이다.

**세정**　그렇지만 이미 남접파는 산산조각이 났잖아요. 대부분 접주는 전사했거나 관가로 끌려가 죽었어요. 여기까지 오는 동안 직접 보시고도 그러십니까? 전주, 고부, 고창, 태인, 남원, 금구, 무장 …… 모두가 메뚜기 떼가 지나간 논밭 꼴이 되고 말았어요. 지난 갑오년 때 기세를 올렸던 동학 농민군의 세력도 이미 옛말이 되고 말았다니까요! 그러니 남은 길은 아직도 그 세력이 남아있는 북접파와 손을 잡고 동학군을 일으키는 길밖에 없습니다. 제가 말하고 싶은 것은 녹두장군을 얕잡아보고 최시형 접주에게 달려가자는 게 아닙니다. 남접파에는 이미 두령이 안 계십니다. 녹두장군도, 김개남, 손화중 등 굵직한 어른들이 안 계시는데 누가 장차 동학을 이끌어 가느냐 말입니다.

**천석**　그렇다고 이제 와서 북접파의 손병희나 최시형, 이용구 아래로 들어갈 수는 없다.

**세정**　어째서 안 됩니까?

**천석**　북접파는 비겁했어! 아니 따지고 보면 녹두장군을 돌아가시게 한 건 바로 북접파였어. 미온적이며 기회만을 노리고 있다가 십만 동학농민군의 목숨을 잃게 한 장본인들이다. 그런데 이제 와서 그 사람들을 찾아가자고? 너는 사내자식으로서 염치도 양심도 그리고 자존심도 없니, 응?

**세정**　(말문이 막혀 묵묵히 앉아 있다)

**천석**  나는 죽었으면 죽었지 그렇게는 못해. 너는 충청도로 가건 강원
도로 가건 마음대로 해! 나는 녹두장군의 뜻을 받들어 처음 예정
했던 길을 가겠다.

**세정**  형님!

**천석**  담양, 보성, 장흥, 강진…… 산이 있으면 물이 있고, 물이 있는
곳이면 동학도인이 있을 거라는 녹두장군의 말씀, 나는 잊을 수
가 없다. 지금도 이 귀청에 쟁쟁하다! 같은 동학이면서도 남접파
와 북접파가 갈라지게 되었을 때는 이미 사람도 그 뜻도 같을 수
가 없어. 너는 너대로 북으로 가, 나는 남으로 가겠다.

하며 자리를 박차고 일어선다. 얼마 전에 물을 길러오던 은실이가 무
심코 두 사람의 얘기를 벽 너머로 엿듣다가 술청에서 나오는 천석과
마주친다.
은실은 당황하며 시선을 피한다. 그리고는 급히 부엌으로 들어간다.
천석은 등짐을 지고 안방 앞으로 다가간다.

**천석**  아주머니! 일어나셨소?

**배보네**  (방에서) 나가요.

천석이 주머니에서 엽전을 꺼내서 셈을 한다.
배보네가 방에서 나온다.

**배보네**  아니 벌써 떠나실라고?

**천석**  예, 오늘은 담양까지 들어가야겠기에…… 자 여기 돈.

**배보네**  (돈을 받으며) 혼자 가시오? 아우님은 어떻게 하시고……

**천석**  (얼버무리며) 여기서 길이 갈라지게 되었죠. 장사를 하자면 때로

는 이익이 남는 곳으로 가게 되나 보죠? 헛허…… 그럼. (하며 휑
나가 버린다)

**배보네** (무슨 뜻인지 미처 알아듣지 못하며) 이익이 더 남는 곳으로 가? 그
야 공자 맹자 말법이제! 장사하잘 때는 이익보고 하는 것인디 뭘
그리여!

이 사이에 세정은 고민을 이기지 못한 듯 돌처럼 움직이지 않는다.
이때 부엌에서 은실이가 조심스럽게 나온다. 어느덧 날이 밝아온다.
멀리 닭이 홰치는 소리.

**은실** 어무이. 손님 가셨소?

**배보네** 응, 갔다.

**은실** 혼자만?

**배보네** 그려, 여기서부터는 각각이란다.

**은실** (술청 쪽을 눈여겨보며) 이상하제?

**배보네** 뭐가 이상해?

**은실** 어무이! 나좀. (하며 한 귀퉁이로 끌고 간다)

**배보네** 아니 이 가스나가 꼭두새벽부터 왜 이리 설친다냐? 얘기사 아무데
서나 하면 위째서…… 아직 귀 안먹었다.

**은실** 어무이!

**배보네** 말혀!

**은실** 저 손님들 말이여.

**배보네** 어서 말혀…… 답답해 죽겠네!

**은실** (조심스럽게) 동학쟁인 겝이여!

**배보네** (크게) 뭐, 도 동학쟁이?

**은실** (겁에 질려서 고개만 꾸벅인다)

**배보네**  아니 그게 정말이여. 너 어떻금 그걸 알았냐?

**은실**  이약하는 걸 들었지라우.

**배보네**  뭐라고 하디야?

**은실**  녹두장군이 어쩌구 너는 남으로 가고 나는 북으로 가고…… 합디다. 정말이어라우!

**배보네**  (술청 쪽을 보며) 그런디 어째서 같이 안 가고 따로 따로……

**은실**  남의 눈에 안 띄려고 그렇지라우!

**배보네**  옳제, 그래서 아까 그렇게 말했는갑다.

**은실**  예.

**배보네**  장사를 하다가 보면 이익이 남는 곳으로 가게 되었다든가……

**은실**  그게 아니라 둘이서 싸웠나부요.

**배보네**  싸웠어?

**은실**  야, 오가는 말소리가 거칠데유. 그러더니만……

이때 세정이가 뜰로 내려서자 배보네 모녀는 몹시 당황한다.

**세정**  저, 말씀 좀 묻겠는데요.

**배보네**  예? 예, 뭔 말씀인디요.

**세정**  그 칠성이라든가 하는 총각 말이에요.

배보네와 은실은 드디어 올 것이 오고야 말았다는 생각에서 부들부들 떤다.

**세정**  그 집이 어디쯤 되는지 가르쳐주겠소?

**배보네**  뭣하게라우.

**세정**  글쎄 그럴 일이 있어서……

배보네   (딱 잡아떼며) 몰라라우!

세정   예?

배보네   그런 동학쟁이 얘기는 왜 꺼내요. 꺼내긴…… 우린 몰라라우.

세정   아니 무슨 말씀을……

배보네   쩍하면 입맛이라고 다 알지라우! 손님이 누군지 다 안단 말이오.


다음 순간 세정은 제자리에 서 버린다.

그리고 구원이라도 구하려는 듯 은실을 본다.

은실은 어떤 자책감에서 시선을 피한다.


세정   아주머니.

배보네   여러 소리 할 것 없이 당장에 나가 주싯쇼.

세정   예?

배보네   여길 떠나란 말이요. 댁도 댁이지만 우리 세 식구 목숨 살려주시
      려거든 얼른 떠나란 말이요. 북쪽으로 가건 남쪽으로 가건 아무
      튼 우리 집에서만 나가면 되니께! 어서요!

세정   (모든 일이 끝장났다는 패배감에서 풀리며) 아주머니 알고 있었군요.
      그럼……

배보네   알지라우! 이래 뵈도 살림에는 눈이 보배요 장사에는……

은실   어무이? (하며 그만 해두라는 듯 치맛자락을 잡아 당긴다)

배보네   내가 못할 말이라도 했는감. 네가 들었다문서…… 아까 그랬지
      야? 우리집에 동학쟁이가 자고 갔다는 소문만 나봐라. 그날로 우
      린 묵사발이 된다. 방돌은 쇠시랑으로 파헤치고 네 오래비는 관
      가로 끌려가 치도곤을 당하고 나는……

은실   어무이, 그만 해두란 말이여!

세정   알겠습니다. 곧 떠나지요.

**배보네**  그럼요. 이번은 내가 사정하것소. 자 어서 떠나요. 그리고 누굴 만나더라도 주막에서 자고 왔다는 말도 말고요! 짐은 내가 가지고 나올 테니 들어서지도 말고…… (하며 배보네가 술청으로 뛰어들어간다. 다음 순간 세정과 은실의 시선이 마주친다. 그것은 애원이자 원망이기도 한 애절한 시선이다)

**세정**  처자가…… 처자가 알고 있었군요? 그렇죠?

**은실**  (안절부절 못하고 돌아선다)

**세정**  그렇다고 처자를 원망하진 않겠소. 다만 우리 동학인을 죄인으로만 보지 말아달라는 간청뿐이오. 동학은 해로운 도가 아닙니다. 녹두장군께서 목숨을 걸고 일어나신 일을 생각해 보십시오. 가난한 농민을 잘 살게 하기 위해서였지요? 처자 눈으로도 보고 귀로도 들었지요? 그런데 어째서, 어째서 녹두장군의 가르침을 따르는 게 죄인가 말입니다. 동학도를 믿는 게 왜 죄인가 말입니다. 믿음을 가지는 게 왜 죄가 됩니까? 전라감사가 막는다고 죄는 아닙니다, 군수가 막고 양호초토사가 말린다고 동학이 없어지지는 않아요! 두고 보십시오! 우리 자신이 잘 살기 위해서 있고 농민들과 상민이 잘 살기 위해 있는 동학은 사람의 힘으로는 막지 못해요. 민심이 천심이라 했습니다. 지난날 안핵사 이용태가 동학난의 뒤처리를 하기 위해 고부 고을로 내려왔을 때 어떠했는지 압니까? 역졸 8백 명을 거느리고 위세당당하게 내려오자마자 뒷수습을 하기는커녕 죄과와 책임을 농민들에게 뒤집어씌워 탄압했습니다. 백성은 굶주림과 공포 속에 몰아넣고 자기는 한벽당 높은 다락에 올라앉아 완산칠봉을 보며 가락을 즐기던 인간을 보고 재차 분노를 터뜨린 녹두장군이 뭐가 잘못인가 말이오? 부정을 보고 일어서는 사람은 역적이고 백성을 괴롭히는 자는 공신이라야 합니까? 네?

새야새야 파랑새야

세정의 눈에는 어느덧 눈물이 고여 흐른다.

은실은 말 한마디 못한 채 흐느끼고 배보네는 세정의 짐을 들고 서 있다.

세정    염려 마십시오. 그렇다고 나는 이 집에 더 있지도 않을 것이고 있을 수도 없는 몸이오. 이 댁에 무서운 재앙이 떨어지는 짓을 왜 하겠습니까! 가겠습니다! (하며 배보네의 손에 들린 짐을 받아 등에 진다)

배보네   그, 그렇지만…… 먼저 가신 손님은 워떻게……

세정    그 형님은 벌써 황룡강을 건너고 계실 테지요. 나는 나대로 가겠소. (주머니에서 엽전꾸러미를 꺼내어 은실에게 준다) 이걸 받아주시오.

은실    예?

세정    이 돈을 칠성이 모친에게 전해주시오.

배보네   칠성이한테?

세정    따지고 보면 칠성이도 돈이 없는 죄로 묶이어 간 게요. 그러니 이 돈으로 풀려나오도록 주선을 하라고 전해주시오. 우리 동학도인 때문에 철없는 아이가 매맞아 죽을 순 없잖소. 그럼 부탁합니다. 신세만 지고 갑니다.

세정이가 급히 퇴장하자 은실은 손에 든 엽전꾸러미를 들고 흐느낀다.

은실    지가! 지가 잘못했지라우. 흑……

배보네   정말 별난 사람도 다 보겠다 잉? 동학쟁이도 사람은 사람인가봐!

이때 금방 잠에서 깨어난 듯 방에서 나오던 악보가 동학이라는 말에 귀가 번쩍 트인다.

| | |
|---|---|
| **악보** | 동학이 쳐들어 왔어라우? |
| **배보네** | 이 등신아, 쳐들어온 게 아니라 겨우 몰아냈다. |
| **악보** | 동학쟁이를? |
| **배보네** | 그려! |
| **악보** | 어디요? |
| **배보네** | 한 놈은 황룡강으로 갔고 다른 한 놈은…… |
| **은실** | (날카롭게) 어무이! 그런 말 안 하기로 했지라우. |
| **배보네** | 아이구메, 요 쥐둥이! 요놈의 쥐둥이! (하며 자기 입을 쓱쓱 비빈다) |
| **악보** | 은실아 그게 무슨 소리지? |
| **은실** | 아무 말도 아니여. |
| **악보** | 그 손에 든 돈은 뭔 돈이여? 어디 보자. (하며 손을 내민다) |
| **은실** | 안되어! 이 돈은 안 돼! (하며 치마폭으로 푹 싸들고 도망쳐 나간다) |
| **악보** | 은실아! 은실아! (하며 뒤따르려 한다) |
| **배보네** | 악보야! 그만둬! |
| **악보** | 어무이 위떻게 된 일이오? 잉? 어디서 난 돈이냐 말이여. |
| **배보네** | (마루 끝에 주저앉으며 멍청하게) 나도 모르겠다. 뭐가 뭔지…… 꼭 귀신한테 홀린 것도 같고…… 세상에 그런 일도 있을거나? |
| **악보** | (답답해지며) 어무이! 뭔 얘긴지 나한테도 하란 말이여. 아까 은실이가 뭐라고 하던디…… |
| **배보네** | 귀신 곡할 일이제. |
| **악보** | 동학쟁이를 몰아냈다고 했지라우? |
| **배보네** | 응? 응…… 저…… 그거…… |
| **악보** | (위협조로) 안하면 관가에 가서 찔러버릴탱께. |
| **배보네** | 악보야, 안 돼! |
| **악보** | 동학쟁이 있는 곳을 알리면 상금이 삼백냥이란 말이여. 그 돈 있으면 난 어디고 갈 수 있단 말이여. |

배보네 악보야! 무슨 개똥같은 소리냐, 아니 그럼 네가 이 에미를 관가에 다 꼬아 바칠 참이냐? 응? 에끼 썩어 문드러진 자석! (하며 등을 친다)

악보 그러니께 나한테도 말하란 말이여. 그 돈이 어디서 생겼는가.

배보네 그건…… 저……

악보 누가 줍디여?

배보네 손님이 주고 갔다.

악보 손님이라니요?

배보네 어제 우리 집에서 자고 간 손님.

악보 그렇게 많이?

배보네 그게 말이여…… (말하려다가 다시 망설여지며) 시상에 그런 일도 있는지 모르겠다.

악보 어허, 복통 터지겠네요. 속 시원하게 말해보란 말이여. 정말 환장하고 미치겠구먼!

배보네 악보야. 미칠 사람은 바로 나다. 나여!

악보 그러니께 말하란 말이요.

배보네 너, 아무한테도 얘기 안 하겠다면 얘기해 주겠다만 네놈의 그 쥐둥이를 어떻게 믿을 수가 있어사제!

악보 나만 알고 있을텡께 얘기해주란 말이여, 아이구 답답한거!

배보네 그럼…… 약속 지켜야 혀!

악보 알았어라우.


배보네가 아들 귀에다 대고 뭐라고 소곤거린다.
악보의 눈이 점점 커진다.


악보 아니 그럼 칠성이를 살리라고……

**배보네**  글메, 그렇단 말이여.

**악보**  어쩨서……

**배보네**  누가 알겠냐. 그놈의 속이사 백양사 아궁이 속이제?

**악보**  (자리에서 불쑥 일어나며) 알았다!

**배보네**  응?

**악보**  그래서 아까 그 황룡강 쪽으로 갔다는 게 바로 그 동학쟁이지라우?

**배보네**  뭐, 뭣이 어쩨?

**악보**  아까 그랬지라우. 한 놈은 황룡강을 건넜을 것이라고…… 예 그
렇지라우?

**배보네**  악보야.

**악보**  이러고 있을 것이 아니라 그놈을 잡아사제.

**배보네**  악보야! (막아선다) 안되어!

**악보**  저리 비켜!

**배보네**  그 사람들은 죄가 없어.

**악보**  동학쟁인데 왜 죄가 없단 말이여.

**배보네**  동학쟁이도 사람 나름이제 다 나쁜 건 아니더라.

**악보**  아니, 어무이도 어느새 그놈들한테 물들었구먼! 저리 비켜요! (하
며 뿌리치고 뛰어 나간다)

**배보네**  악보야, 악보야! 가지 말아! 안되어, 악보야! (부르짖다 말고) 아이
고 이 쥐둥이땜서 망한다니께! (하며 땅바닥에 덥석 주저앉는다)


-막

# 제2부

## 제1장

### 무대

서울에 있는 오세정의 저택. 전막부터 약 16년 후.

봄 어느 날 오후.

한양漢洋 절충식으로 지은 오세정의 사랑채와 정원이다. 우편에 개화기의 양식으로 개조한 응접실이 보이고 좌편으로 한식 마루와 방문이 보인다. 그 앞이 정원이며 온갖 화초가 아름답게 가꾸어졌다. 그 사이에 등나무 의자와 차 탁자가 적당히 배치되어 있다. 막이 오르면 오세정이가 한복 차림으로 화분을 손질하고 있다. 입에 문 상아 파이프며 기름이 번지르한 머리에서 오늘날의 그의 세도를 곧 엿볼 수가 있다. 이미 중년의 고개인데 화색이 좋아서인지 훨씬 젊어보인다. 응접실에서 그의 아내 민 여사와 손님들의 웃음소리가 흘러나온다. 잠시 후 가정부가 약그릇을 쟁반에 받쳐 들고 마루에서 뜰로 내려선다.

**가정부** 영감마님 약 잡술 시간입니다.

**세정** 응…… (계속 일을 한다)

**가정부** (약그릇을 내려놓고) 식기 전에 드셔야 한답니다. 종로 사정목 임씨 약방에서 새로 지어온 보약인뎁쇼.

**세정** 알았어…… (그는 일어나서 손을 털더니 등의자에 앉는다. 그는 가정부가 내민 약을 한숨에 마신다)

숙지황이 좀 많은가 본데……

**가정부** 예. (응접실에서 다시 웃음소리가 흘러나온다)

**세정** (금시계를 조끼에서 꺼내며) 아직도 안 끝났나?

**가정부** 예. 지금 돌아가는 모양입니다.

**세정** 무슨 옷을 맞추는데 그렇게 까다로울까 원……

이때 응접실 쪽에서 사람들이 나오는 인기척이 난다.

**남자소리** (일본 사람 말투로) 안녕히 계십시오.

**민여사소리** 조심해 가요. 그리고 허리를 좀 연구해봐요.

**남자소리** 예…… 예……

**민여사소리** 약속 날짜를 꼭 지켜야 돼요.

**남자소리** 그럼은요. 헷헤……

잠시 후 민 여사가 마루로 나와 뜰로 내려선다. 부잣집 마나님다운 기품과 관록이 엿보이는 풍만한 모습이다. 가정부가 약그릇을 들고 나간다.

**민여사** 아직 뜰에 계셨어요? 영감.

**세정** 무슨 옷이길래 가봉이 그래 오래 걸렸소.

**민여사** 글쎄 구리개에 있는 하야까와 양복점 주인이 한사코 양장으로 해입으라고 해서요.

**세정** 양장을? 그 몸에? 헛허……

**민여사** 예. 재단사 얘기로는 잘 어울릴 거라고 해서 한 벌 맞췄어요. 일본 영사 부인이 입었던 것과 꼭 같은 천으로요. 왜 못마땅하세요?

**세정** 글쎄 난 어쩐지……

**민여사** 다들 입는데요. 더구나 연회에 나갈 때는 역시 양장이라야지 한복은 거북해요. 그래 돌아오는 영감 생일잔치 때 입으려고 큰마음 먹고 맞췄어요. 훗호……

**세정** 그럼 임자 생일잔치겠군…… 헛허……

**민여사** 귀빈들을 우리 집에 초대하려면 저도 몸단장을 해야지요. (문득 생각이 난 듯) 참 오늘밤 이 회장 댁 연회는 몇 시던가요?

**세정** 일곱 시지.

**민여사** 그럼 인력거도 미리 대기시켜야겠군요.

**세정** 아직 시간은 있어요.

**민여사** 양복을 입으시겠어요?

**세정** 한복으로 하겠어.

**민여사** 새로 맞춘 모닝코트를 입으시지 그러세요?

**세정** 오늘 같은 날은 한복을 입어야 해. 오늘밤 이 회장댁 연회에는 총독부에서 경무총감 이하 일본 사람들이 많이 참석한다니까. 이런 때일수록 한복을 입어야 내 존재가 돋보일게 아니요. 홋흐……

**민여사** 영감두…… 그렇지 않으면 누가 오세정 참판을 못 알아볼까 원…… 홋호……

**세정** 그래야 남이 보더라도 내가 얼마나 애국충정이 지극한가를 알 수 있지. 항간에서는 우리 일진회가 한일합방에 큰 지렛대 구실을 한 데 대해서 왈가왈부 말이 많은 모양이지만 말이오.

**민여사** 그래도 일진회 이용구 회장님, 윤시병 부회장님 그리고 영감의 힘이 아니었던들 한일합방이라는 큰일은 도저히 꿈도 못 꾸었을 거라고 하더군요. 아까도 송 대감 댁에서 나온 심부름꾼도, 그리고 가회동 친정집 서생도 그러더군요. 정말 영감께서 큰일을 하셨다고.

**세정** 그런데 알다가도 모를 일이지.

**민여사** 뭘 말씀입니까?

**세정** 일진회가 그토록 이번 일에 대해서 애쓴 공을 몰라 보고 뭐 친일

파니 매국노니 하는 불온한 언사를 쓴다니 원……

**민여사** 왜 친일파입니까? 애국자지요. 우리나라가 번영하고 국민이 평화를 누리는 길이란 오직 일본과 손을 잡아야 한다는 건 삼척동자도 다 아는 사실인 걸요.

**세정** 이 오세정이가 일찍이 약관 20여 세 때부터 동학도에 입도하여 오늘에 이르기까지 20여 년간 단 하루도 나라와 겨레를 생각 안한 적이 있었는가 말이요!

**민여사** 그럼요.

**세정** 모두가 나라와 겨레의 장래를 위해서였지 결코 내 개인적인 욕망이나 명예를 위한 것이 아니라는 건 장담할 수 있소!

**민여사** 누가 그걸 모릅니까? 아무것도 모르는 시정 무식배들이나 이러쿵저러쿵 하지 아는 사람은 다 안답니다. 영감이 얼마나 애국충정에 불타오르는 어른인가는 알고도 남지요!

**세정** (길게 한숨을 내뱉으며) 참 딱할 노릇이야. 진정한 애국이 무엇이며 세계역사가 어느 조류를 타고 흘러가고 있는지도 모르는 주제에 애국이니 매국이니들 뇌까리니…… 이러니 애당초에 자주독립의 능력이 없을 바엔 일본과 합방을 해서 그 보호를 받는 게 상책이 아니고 뭐겠는가 말이야.

**민여사** (문득 생각이 난 듯) 그렇지만 세상이 하두나 어수선해서 어디 잠시라도 마음을 놓을 수 있겠어요? 듣자니까 뭐 데라우 총독을 암살하려는 음모가 발각이 났다지요?

**세정** 미친 지랄이지! 감히 제놈들이 어떻게 그 어른을……

**민여사** 뭐 안중근의 사촌동생 안명근이가 주동자라면서요?

**세정** 아니 당신은 어떻게 그리 속속들이 잘 아오? 마치 수사기관원 같군…… 헛허……

**민여사** 원 영감두…… 천하의 오세정 참판의 내자가 그만한 상식도 없이 어떻게 내조의 공을 세울 수 있겠어요? 이게 모두가 영감을 위한 정성이지 뭐겠어요? 홋호……

세정　헛허……

민여사　(긴장한 빛으로) 그러나 영감도 조심하셔야 해요.

세정　응?

민여사　며칠 전부터 수상한 사람이 집 밖을 어슬렁대고 있다는군요. 행랑채 할아범이 그러더군요.

세정　나를 찾더라구?

민여사　아뇨…… 그저 대문 앞을 기웃거리기도 하고 담 밑에서 비실비실 서성대다가 돌아가드래요.

세정　어디서 내 소문을 듣고 막걸리 값이나 뜯으러 온 놈팽일 테지.

민여사　영감! 몸 조심하셔야 해요. 황해도엔 해서교육총회 海西敎育總會가 평안도에는 신민회 新民會라는 게 조직되어 까다롭게 될 거라는 소문이에요.

세정　흥! (흥분하며) 말로만 독립을 할 수 있다면야 진작 했지! 벌써 16년 전 갑오동란 때 했어! 허지만 지금은 무력이 있어야 해! 군사력이 없이는 독립을 못해요! 한 나라의 독립이란 그렇게 중구난방으로 회의를 하고 토론을 한다고 되는 건 아니야! 이론만으로는 안 통하는 게 현실이라는 걸 몰라서 그렇지! 우리 일진회가 한일합방을 주장한 것도 바로 그 역사적 현실을 내다보았기 때문이지…… 우리도 조선사람인데 뭐가 안타까워 일본 사람에게 국정을 맡기겠소? 세상이 시시각각으로 변하고 서양에서는 과학문명이 발달하여 비행기가 하늘을 주름잡는데 우리는 이제 겨우 제물포에서 경성까지 기차가 뚫린 지가 엊그제인걸…… 이게 다 민도가 낮고 백성이 무식한 탓이라지! 그러니 우리도 일본과 손을 잡음으로써 하루바삐 눈을 떠야 해요!

**민여사**  그러기에 물에 빠진 사람 구해주니까 옷보따리 찾더라는 속담이
　　　　있지 뭐예요. 글쎄……

**세정**  적반하장이지!


이때 할아범이 총총걸음으로 나온다. 그는 뭔가 불안에 쫓기는 사람
같다.


**할아범**  영감마님…… 영감마님……

**민여사**  무슨 일인가?

**할아범**  저…… 어떤 사람이 영감마님을 꼭 좀 뵙겠다고……

**세정**  나를?

**할아범**  예…… 그래 안 계신다니까 아까 낮에 들어가신 걸 봤는데 그러
　　　　느냐면서……

**민여사**  (어떤 예감에서) 할아범. 혹시 그 사람인가? 며칠 전부터 집 밖을
　　　　서성거린다는……

**할아범**  예. 바로 그 사람입죠.

**세정**  어디서 온 누구라던가?

**할아범**  글쎄 그건 대지 않고 만나시게 되면 잘 아실 거라면서……

**민여사**  어떻게 생겼기에?

**할아범**  차림새가 남루해요. 게다가 한쪽 팔이 없는 중노인입죠.

**세정**  누굴까? 외팔이 중노인?

**할아범**  잠깐만 뵙고 가게 해달래요. 만나보시면 영감마님께서도 잘 아실
　　　　만한 사람이라면서……

**세정**  글쎄……

**민여사**  영감…… 제가 대신 만나볼 테니 안으로 들어가세요. 그러다가
　　　　만약에……

| 세정 | 할아범. |
|---|---|
| 할아범 | 예? |
| 세정 | 들어오라고 하게. |
| 할아범 | 만나보시게요? |
| 세정 | 만나 보지. 일루 데리고 와. (할아범이 나간다) |
| 민여사 | 영감. 어떻게 그런…… |
| 세정 | 글쎄 당신은 자리를 비켜요. 중노인에다가 팔병신이라는데 제가 설마 나를 어떻게 하겠소? 건장한 남정네 같으면 또 모르겠지만…… 필시 가용돈이 없어 동냥왔다고 할테니 오십전짜리 은전이나 하나 줘서 보내요. |

이때 할아범이 손님을 데리고 등장한다. 흰 광목 두루마기에 갓을 썼다. 그리고 한쪽 팔이 없다. 얼핏 보기에 촌로 같으나 눈빛은 옛날보다 더 날카로워진 기천석의 모습이다. 나이에 비해 겉늙어보이는 게 세정과는 대조적이다. 세정과 민 여사는 기천석을 못 알아보고 서로 시선을 마주친다.

| 천석 | 실례하겠습니다. |
|---|---|
| 세정 | 나를 찾아오셨다면서? |
| 천석 | 예. |
| 세정 | 어디서 온 뉘신지…… |
| 천석 | (비로소 자기 얼굴을 바로 보이며) 모르시겠소? |
| 세정 | 예? 뉘신데…… |
| 천석 | 나 기천석이오. |
| 세정 | 기천석? |
| 천석 | 예. |

| | |
|---|---|
| 세정 | 기천석? 글쎄요. |
| 민여사 | 혹시 잘못 찾아온 게 아닌가요? 우리 일가 대소가 중에는 도시 기씨라고는…… |
| 세정 | (그때야 비로소 기억이 살아난 듯) 아…… 기천석! |
| 천석 | 알아보시겠소? |
| 세정 | 알고말고요! 알고말고요! 헛허…… |
| 천석 | (악수를 하려다가 제풀에 멋쩍어지며) 고맙소. 나를 잊지 않고 기억해 주시다니…… 헛허…… |
| 세정 | (다음 순간 반가운 생각보다는 경계하는 듯 싸늘하게) 그런데 어쩐 일이오? 나를 다 찾아오시다니…… |
| 천석 | 예. 그저…… 그럴 일이 있어서…… |
| 세정 | (건성으로) 정말 오랜만이군요. |
| 천석 | 그때가 을미년 봄이었으니까…… 어언 16년 전인가 봅니다. 우리가 헤어진 지가…… |
| 세정 | 벌써 그렇게 되었던가요? |
| 민여사 | (낮게) 정말 아시는 분이세요? |
| 세정 | 응? 음…… |
| 천석 | 부인이신가요? |
| 세정 | 내자올시다. |
| 천석 | 처음 뵙겠습니다. 부인께서는 잘 모르시겠지만 우리는 옛날에 같이…… |
| 세정 | (민 여사에게) 차나 내오게 하오. |
| 민여사 | 예. |
| 세정 | 그리고 여긴 아무도 얼씬 못하게 해요. |
| 민여사 | 예. (그녀는 미심쩍어하면서 나간다) |
| 세정 | 앉으시지. |

513

**천석**   예. (하며 등의자에 앉는다. 비로소 집안을 휘둘러본다. 그 사이에 세정
은 상아 파이프에 궐련을 끼어 불을 붙인다. 겉으로는 태연한 척하나 그
의 시선은 시종 천석을 경계하고 있다)

**세정**   그래 무슨 용건이죠?

**천석**   예?

**세정**   내게 할 얘기가 있어 오셨겠지요? 설마 일도 없는데 몇날 며칠
집 밖을 서성거릴 리가 없을 테고……

**천석**   (멋쩍게 웃으며) 그저 부끄러울 뿐이오. 내가 이런 몰골을 하고 찾
아온다는 게 그저 송구스럽기만 해서 몇 번 대문을 들어서려고
마음먹었다가도 그만 옛날에……

**세정**   (딱 잘라서) 옛날 얘기는 안 하기로 합시다.

**천석**   예?

**세정**   현재 얘기로 충분하니까요. 과거지사를 꺼내게 되면 서로가 멋쩍
어질 뿐이죠. 게다가 난 지금 시간이 바쁜 몸이오. 그러니 용건만
간단히…… 아시겠죠? 제 말이 무슨 뜻인지……

**천석**   예…… (그의 표정에 어느덧 어둡고 불쾌한 그늘이 깔린다)

**세정**   지금도 동학당에 관계하시나요?

**천석**   (말없이 세정을 쳐다본다)

**세정**   (경멸의 빛을 나타내며) 그때 내 말을 들었던들 지금쯤 어떻게 되었
을지 누가 압니까? 그러기에 인생이란 장담만으로는 안 돼요. 더
구나 하나의 조직체 속에 몸을 담게 되면 자기 자신을 한 개의
독립된 개체로 봐서도 안 되고 자기 개성만을 내세워도 안 되지
요. 개인은 바로 조직과 직결돼요. 서로의 연관성과 맥락이 중요
해요. 그러기에 내 마음에 내키지 않더라도 어느 선을 잡고 어느
것과 맥락을 이어나가야 안전한가를 계산할 줄 알아야지, 자기
자신의 사상이나 주장만을 고집하다간 사사건건 좌충우돌 끝에

결국은…… (말끝을 내기 건에 천석은 지그시 눈을 감는다. 더욱 자신
만만해지며) 내가 최시형, 손병희 선생이 영도하는 북접파를 찾아
갔을 때도 마찬가지였소! 얼마 안 있어 그 속에서도 이용구 선생
의 그늘에 있어야만이 장래성이 있을 거라고 간파한 나머지 일진
회를 조직하여 동학과는 손을 끊게 되었지요. 매사는 시간이 흘
러감에 따라 해결이 되오. 남접파에서 북접파로 옮기고, 동학당
에서 일진회로 자리를 바뀔 때마다 나는 내 나름대로의 고민이
없었던 것도 아니오. 그렇지만 그 순간적인 괴로움이나 일시적인
번민은 두 눈 딱 감고 높은 담에서 뛰어내리듯 참으면 되오. 그러
면 어느덧 그 아픔도 가시게 되죠. 그건 해내는 사람과 못하는
사람…… 그것이 바로 조직 생활 속의 두 가지 인간형이라고나
할까요? 이를테면 이 오세정과 기천석이지요! 헛허…… (문득 생
각이 난 듯 금시계를 꺼내 보며) 내정신 좀 봐! 과거 얘기는 하지
말자고 해놓구선 내가 먼저 식언을 한 셈이군. 헛허…… 본론으
로 돌아갑시다. 무슨 용건이지요?

천석  부탁이 있어 왔소.

세정  그러실 줄 알았소. 핫하…… 뭐죠? 돈인가요? 얼마면 되오? 일원
이면 우선은 되겠소?

천석  (똑바로 쳐다본다)

세정  그럼 5원이면 족하겠소?

천석  (담담하게) 염치없지만 여기 서명을 하시고 문면을 읽어주시면 고
맙겠소. (하며 두루마기 안에서 두루마리를 내놓는다)

세정  이게 뭐죠?

천석  읽어보시면 알게 됩니다.

세정은 두루마리를 펴서 읽는다. 다음 순간 그의 표정이 굳어지며 그

의 손에 들린 파이프가 탁자 위에 떨어진다.

**천석**     5천 원이란 대금이죠. 그러나 현재의 오세정 참판의 처지로서는 총독부 고관들과 갑송요리집에서 한바탕 놀고 뿌리는 술값일 테니 그만한 돈은…… 허락하시겠죠?

**세정**     5천 원이 뉘집 개 이름인줄 아오?

**천석**     일진회가 한일합방을 적극 주장 추진했다는 조목으로 일본정부로부터 받은 위로금에서 내시면 되오……

**세정**     뭐, 뭐라구?

**천석**     그리고 지난날 나와 함께 동학군으로서 고생을 함께 한 인연과 친분으로 봐서도 그만한 돈은 내실 수 있을 텐데요. 우리는 둘도 없는 동지였지. 전봉준 선생의 죽음을 사흘 동안 울면서 지새우던 순진한 청년이었지. 오직 나라를 위하고 백성을 구하고 농민을 살리기 위해서 죽음을 맹세했던 동지였지. 누가 뭐라 해도 기천식과 오세정은 이승에서 저승까지 함께 있으리라고 부러워하던 동지였지. 그러나 오천 원은 반드시 그런 인연만으로 요구하는 건 아니오. 또 다른 이유가 있소.

**세정**     또 다른 이유라니?

**천석**     보상을 받아야지…… 내 팔을 이 꼴로 만든 보상금 말이오! (하며 자기 팔을 탁 친다)

**세정**     그 팔이 어떻게 되었기에 내가 보상을 해야 한단 말이오?

**천석**     내가 황룡강을 넘어 나루터에서 쉬고 있을 때 그 주막집 아들이 역졸을 데리고 와서 나를 끌고 갔었지. 내가 황룡강 쪽으로 갔다는 걸 알고 있었던 단 한 사람이 누구였겠소? 기억하오? 그때 일을……

**세정**     (벌떡 일어나며) 그건 거짓말이다!

| 천석 | 배신자! |
|---|---|
| 세정 | 나는 몰라! |
| 천석 | 밀고했지? |
| 세정 | 아니라니까! |
| 천석 | 그 자를 시켜 나를 붙들게 해놓고 너 혼자만 북접파를 찾아갔어! 변명은 필요 없다! |
| 세정 | 변명이 아니야! |
| 천석 | 그럼 어떻게 그 자가 나를 뒤좇아 왔는가 말이다! 어떻게 알고 왔는지 말해봐! |
| 세정 | 나는 몰라. 모르는 일이야! 그때 나는…… |
| 천석 | (감정을 가까스로 억제하며) 그렇지! 과거지사는 말 안하기로 했지. 사내가 식언을 해서는 안 되지. 그러니 내가 관가에 끌려가 고문 끝에 팔을 잃은데 대한 보상금을 내주면 그것으로 끝이 나는 거야! 그것뿐이야! |
| 세정 | 만약에 거절한다면? |
| 천석 | 그건 자유다. 허지만 거절은 안 하리라고 믿고 왔지. |
| 세정 | 믿어? 나를? |
| 천석 | 오세정이라는 인간은 조직을 중요시 하니까. 일본 정부가 가지는 조직체에서도 편히 살고 싶고, 조선사람이 가지고 싶어 하는 조직체에서도 행세를 하고 싶어 할 테니까! 그래야만이 이 다음에 세상이 뒤바뀌더라도 나는 조선을 위해서 애국했노라고 떳떳하게 외칠 수 있을 테니까 말이다. 세상은 그렇게 살아야만이 안일과 화평을 누릴 수 있다는 게 오세정의 철학이니까. 자, 그러니 여기 서명부터 해. (하며 두루마리를 내민다. 오세정은 진퇴유곡의 곤경에서 빠져나갈 궁리를 하다가 마침내 안을 향해 소리친다) |
| 세정 | 게 아무도 없느냐? |

새야새야 파랑새야

**천석**    (반사적으로 두루마리를 집어 두루마기 안에 감추며) 비겁한 자식! 끝내 네놈은 왜놈의 주구가 되겠다는 뜻인가? 경찰을 부를 텐가?

**세정**    나는 부당하게 그런 대금을 내야 할 의무는 가지지 않았어. 너희들은 내게서 민족적인 양심의 대가를 바라는 모양이지만 나는 오늘날까지 조선민족을 위해서 살아 왔을 따름이다! 그런 내가 뭣 때문에 네놈들에게 그런 대금을…… 못해! 못해!

　　이때 민 여사가 쟁반에 차를 받쳐 들고 나온다. 세정은 안절부절 못하고 천석을 경계하는 눈치이다.

**민여사**    차를 끓여왔습니다.

**세정**    응.

**민여사**    왜 서 계시나요?

**세정**    응. 들어가봐요……

**민여사**    (천석을 노려보며) 이회장 댁에 나가실 시간입니다.

**세정**    알았다니까.

**민여사**    인력거를 대령시켜 놨으니까 채비를 하십시오. (하며 천석을 바라본다) 바쁘신 일이 아니면 다음 기회에 나오시는 게 좋을 것 같습니다만…… (그러나 그녀의 언행은 매우 거만하고 모멸적이다)

**천석**    얘기는 다 끝났소.

**세정**    뭐라구?

**천석**    마지막으로 한마디만 하겠다.

**민여사**    아니 뉘신지 모르시지만 그런 말버릇을 어디서 함부로……

**천석**    흥. 난 원래가 천민의 자식인 데다가 동학 농민군을 따라다니다 보니 점잖은 어른들의 예절 따위는 몸에 익히지 못해서 죄송합니다.

**민여사**　동학농민군이라니? (세정에게) 여보!

**천석**　그렇소! 일진회 간부 오세정과 한때는 뜻을 같이 했지만 지금은 서로가 먼 거리에 있어서 서로가 몰라볼 정도지요. 말하자면 나도, 오세정 영감도 개인적으로는 가까울 수 있으나 조직체의 일원으로서는 그렇지도 못한 것 같군요.

**민여사**　(노골적으로 불쾌해서) 누굴 어린애로 아오? 용건이 끝났으면 썩물러갈 일이지 왜 씨알도 안 박히는 애기를 늘어놓는 거죠?

**천석**　(부러 탄복한 듯) 알고 보니 오세정 영감보다 부인께서 더 걸출하셨군요. 헛허……

**민여사**　아니 어디서 이런……

**세정**　그만 들어가봐요! 아녀자가 함부로 사랑에 나와서…… 어서 들어가라니까!


민 여사는 분함을 못 이겨 무섭게 노려보며 나간다. 세정은 위기를 모면한 데서 일시에 맥이 풀린 듯 의자에 주저앉는다.


**천석**　서명하겠나?

**세정**　거절하겠다.

**천석**　이유는?

**세정**　이유?

**천석**　그 돈이 어디에 쓰일지 두려워서지? 그럼 말하겠다. 작년 12월 25일 일본놈들은 데라우찌 총독 암살음모사건이라는 터무니없는 조작극을 만들어 7백여 명의 우리 지식인을 검거하고 마침내 이승훈, 안태극 등 지도자들에게 가혹한 체형을 가했던 사실을 너도 기억하겠지? 그건 조선사람으로서는 상상조차 못한 잔꾀였다. 그러나 우리는 왜놈들이 가르쳐준 그 지혜를 실지로 실천하기 위해서 돈이 필요하다. 그러나 이번만은 터무니없는 날조극은 아닐 게다. 데라우찌 총독이 될지, 일진회장이 될지, 아니면 오세정 네놈이 될지 모르지만 가까운 장래에 누군가가 2천만 조선동포의 이름으로 이 땅에서 쓰러질 것이다. 그러니 네가 돈을 못 낸다는 것은 바로 조선민족을 거역한 짓이라는 것만은 알아두기 바란다. 그럼.

기천석은 급히 퇴장한다.
허탈상태에 빠진 오세정은 어떤 환상에 사로잡혀 한동안 멍하니 앉아 있다.

**세정**  (중얼거리듯) 나는 조선 민족을 위해 살아왔을 뿐이다. 나는 내가 몸담고 있는 조직을 위해서 살아왔다니까. 정말이다.

－막


## 제2장

### 무대

전막과 같음. 전막부터 약 한 달 후. 밤. 화려한 잔칫날 분위기가 무대에 가득 찼다. 곳곳에 서양식 등과 청사초롱이 밝혀 있고 마루엔 비단보다 가는 담양 죽렴이 내려져 있어서 그 안에서 춤을 추기도 하고 담소하는 귀빈들의 모습이 아련히 들여 비쳐 한 폭의 그림 같다. 정원에는 주황색 야회복 차림의 민 여사가 손님들과 담소하고 있다. 악단이 연주하는 왈츠곡이 감미롭게 울려 퍼진다.

오세정은 얼근히 취했다. 민 여사를 둘러싼 부인들 가운데 일본 옷차림
도 보인다.


민여사 홋호…… 제 양장이 그렇게 어울립니까?

부인A 예. 부인! 꼭 진짜 서양 사람 같아요. 이 머리, 이 허리, 정말 잘
어울리시네요. 홋호……

민여사 글쎄 허리를 줄이느라고 2주일 전부터 밥을 굶는다, 체조를 한다
고 어찌나 나댔던지 이제 몸살이 날 지경이지 뭡니까! 홋호……

부인B 이만하면 훌륭하지요. 정동 미국 선교사 부인 댁에서 만난 미세
스 마가렛과 비교해서 손색이라곤 없어요.

민여사 어머! 이렇게 칭찬을 해주시니 오늘 밤은 꼭 제 생일날 같군요.
홋호……


이때 낯선 보이(용태)가 칵테일 잔을 쟁반에 받쳐 들고 와서 손님들에
게 정중하게 권한다. 아직 젊지만 눈빛이 날카롭고 몸가짐이 매우 민
첩하고 세련되어 있다. 세정에게 다가서서 술잔을 권한다.


용태 더 드시겠습니까?

세정 (취기가 눈에 올라 가늘게 실눈을 뜨며) 응? 너는 누구지? 보지 못한
얼굴인데……

용태 예. 구리개 청목당 靑木堂에서 나온 보이올시다. (하며 깍듯이 인사
를 한다)

세정 그래? 청목당이라…… (새 술잔을 들자 용태는 다음 손님에게로 옮겨
간다)

민여사 영감! 오늘밤 음식이랑 술은 경성에서 가장 솜씨가 좋다는 청목당
에다 맡겼어요. 쿡크랑 하꾸라이 술에다 통조림까지…… 이만하

면 영감 생일잔치로서 손색이 없겠지요? 저 음악 좀 들어 보세요. 저절로 흥이 나죠? 저도 이제 서양 춤 좀 배워서……

다음 순간 남편이 자기 얘기에는 마음을 안 쓰고 용태에게 시선을 모으고 있음을 발견하자 샐쭉해진다.

민여사 영감! 뭘 그렇게 보셔요?

세정 이상하다.

민여사 뭐가요?

세정 지금 그 보이…… 어디서 꼭 만난 적이 있는 얼굴인데 생각이 안 나는군.

민여사 (어이없다는 듯) 영감도 취하셨어요. 식당 보이니까 청목당에서 손님과 식사를 하시다가 보셨겠지요.

세정 그게 아니라니까…… 분명히 낯이 익은데…… 어디서 봤더라?

민여사 예?

세정 요즘은 이렇게 건망증이 심해서 탈이라니까!

민여사 보약을 정성으로 안 잡수신 벌이지요. 큰일을 하실 어른이 몸을 아끼셔야지요. 영감, 어서 손님들을 대청 안으로 모셔요. 무도회가 시작될 시간입니다.

세정 음. 알았어요! 당신은 저 부인 손님들을 대접해요!

민여사 예……

세정 여러분! 대청으로 들어가십시다.

민 여사는 여성들에게 대청으로 가서 춤을 추라고 권하자 모두들 마루 쪽으로 간다. 세정도 남자 손님들을 대청 마루로 안내한다. 이윽고 다시 음악이 흥겹게 울려오고 남녀가 어울려 춤을 춘다.

이때 대문 쪽에서 승강이를 부리는 소리가 난다.


**할아범**  (소리) 안 된다니까요! 들어가면 안 돼요.

**천석**  (소리) 걱정말아요! 나하고 오 참판은 구면이요. 한 달 전에 찾아왔
던 사람이라는 걸 잊었나? (하며 천석이가 들어선다)

**할아범**  (뒤따라오며) 글쎄 오늘 밤은 안돼요!

**천석**  잠깐이면 돼. 만나볼 사람이 있단 말이야! (천석은 허술한 양복 차
림이다)

**할아범**  글쎄 오늘은 만나보지 못한다니까요. 오늘은 영감마님의 생신잔
치라 총독부에서 손님이……

**천석**  미안하지만 내가 찾고 있는 건 오세정 참판이 아니니 걱정말라
구!

**할아범**  아니 그럼 누굴 만나겠다는 거요? 그런 모습으로……

**천석**  사람을 찾으러 왔어! 오늘 이 댁에 일을 거들어 주고 있는 청년을
만나고 싶어서 왔다니까!

**할아범**  청년이라니요?

**천석**  청목당에서 사람이 나와 있을 터인데…… 보이야…… 어디 있
지?

**할아범**  아니 그걸 어떻게……

**천석**  알았느냐 이 말인가? 흥! 다 알게 되는 수가 있지!

**할아범**  수가 있다니?

**천석**  (춤추는 광경을 보며) 흥! 예나 지금이나 대다수는 한숨에 젖고 소
수는 환락에 취하는구나! (할아범을 돌아보며) 잠깐만 나오라고 전
해주오! 급히 할 얘기가 있으니……

**할아범**  안 돼요. 어떻게 내가 저 안에 들어갈 수 있단 말이요.

**천석**  그럼 내가 들어갈 수밖에 없지! (하며 들어가려 하자 말린다)


새야새야 파랑새야

**할아범**  (막아서며) 안 돼!

이때 용태가 뜰로 나온다. 천석을 보자 섬쩟 놀란다.


**용태**  (다음 순간 천석과 눈이 마주치자 깜짝 놀란다) 아니!

**천석**  용태야. 여기 있을 줄 알았다!

**용태**  아버지 어떻게 여길……

**할아범**  춘부장이시라고?

**용태**  예? 예……

**천석**  그러니까 아까 내가 말했잖아. 만나볼 사람이 있다고……

**할아범**  그럼 진작 아들이라고 할 일이지…… 헛허……

**천석**  이제 마음이 놓인가보군! 헛허…… 잠깐 할 얘기가 있으니 걱정
말고 가봐요. (할아범 약간 미심쩍어하면서 나간다) 용태야 어서
가자.

**용태**  싫습니다!

**천석**  (엄하게) 가! 네가 오늘 여기 갔다는 말을 뒤늦게 네 에미로부터
듣고 부랴부랴 뛰어왔다. (안도의 숨을 내쉬며) 불행 중 다행으로
이렇게 아무 일이 없었으니…… 용태야 가자, 얘기는 집에 가서
도 되니까.

**용태**  안 가겠어요! 제 뜻을 이루기 전에는 못 갑니다. 제 계획을 꼭 이루
고야 (하며 한손으로 품을 어루만진다)

**천석**  (용태의 팔을 잽싸게 붙들며) 안 돼! 그것만은 안 돼!

**용태**  놓으세요. 아버지.

**천석**  가자. (허리를 뒤에서 안듯이 붙든다)
가자! 네가 이런 짓을 꾀하리라고는 생각조차 못했다. 어떻게 네
가 그런 끔찍한 짓을……

용태는 묵묵히, 그러나 끓어오르는 흥분을 억제하며 서 있다.

**천석**  용태야! 경솔한 짓이다. 너는 지금 망상에 사로잡혀 있어…… 너
는……

**용태**  (아버지를 쏘아보며) 아버지!

**천석**  내 애길 들어!

**용태**  싫어요. 들을 필요도 시간도 없어요! (하며 나가려 하자 천석이 막아
선다)

**천석**  용태야!

**용태**  제가 망상에 사로잡혔다구요? 경솔하다구요? 아버지! 저는 지
금……

**천석**  네 심정은 알고도 남지……

**용태**  그런데 왜 말리십니까?

**천석**  그런 일은 나만으로도 충분해! 너까지 앞장서 나설 일이 아니야!
너는 공부나 해! 다시는 이 애비 같은 사람이 되지 말아! 용태야!
(어느덧 용태의 손등을 어루만지며 애원하듯) 미안하다. 애비이면서
애비 구실도, 지아비의 구실도 못한 나다…… 정말 부끄럽다.

**용태**  아버지는 지금까지 해내오신 일을 후회하시나요?

**천석**  아니다! 그건 아니야. 나는 지금도 이 가슴 속에 들끓고 있는 압
덩이 같은 울분과 분노를 억누를 수 없다!

**용태**  저도 마찬가지예요! 아버지께서 일년이면 한두 번 집에 들리실
뿐 만주로 북간도로 숨어 사시는 일이 무엇이었던가를 알게 되었
을 때 저는 이미 각오한 바가 있었어요. 저는 아버지의 원수를
갚겠어요. 배신자의 가슴 깊이……

**천석**  그건 나만으로도 충분하다니까! 변절한 오세정에 대해선 내가 직
접 보복을 하면 돼! 나는 너에게 살인자라는 오명을 씌울 수 없다!

**용태**    저에게도 해낼 힘이 있어요!

**천석**    안 돼! 너는 네 어머니를 모셔야 해! 일 년 열두 달, 아니 20여 년간 단 한 번도 우리 세 식구가 한 자리 한 상에서 식사 한 번 못하고 늙어버린 네 에미에겐 이젠 네가 필요해! 나는 이미 끝이 났어! 갈 길도 막혔고. 나는 평생을 이렇게 살아왔지만, 용태야 너만은…… 너만은……

**용태**    (뭉클해지며) 아버지!

**천석**    (타이르듯) 애비의 뜻을 알겠지? 응? 너는 영리한 놈이니까 알 테지…… 그러니 내 말을 들어! 어서 그걸 내놔! (하며 손을 내민다. 용태가 반사적으로 가슴에 손을 댄다)

다 안다. 오늘 낮에 집에 들렀더니 네 에미가 얘기해주더라. 요즘 네 행동이 미심쩍다고. 네가 오래 전부터 청목당에 취직을 했다는 일, 낯선 친구들과 밤늦도록 얘기하더라는 일, 그리고 다락 속 깊이 있는 고리짝을 뒤졌다는 일. 용태야! 그건 안 돼.

**용태**    아버지! 제게도 신념이 있습니다. 고집이 있어요! 그런 자식을 그대로 살려둘 순 없어요.

**천석**    그건 내가 해도 돼. 그러니 어서 내놔! 오세정은 머지않아 우리 손에 의해 죽게 마련이야! 나는 이미 죽을 몸이지만 너까지 왜놈들에게 죽을 순 없잖아. 응? 대세는 이미 기울어졌어! 조선은 되살아날 순 없어! 조선의 역사는 애비의 세대로 끝장이 난 거야. 그러니 너는…… 너는 평범한 자식으로 어머니를 모시고 살아가거라. 용태야!

**용태**    싫어요! 싫단 말이에요! 우리 젊은이에게도 생각하고 행동할 능력이 있습니다. 두고 보세요! 저는 기어코……

**천석**    (다시 매달리며) 용태야!

이때 뜰로 나오는 세정이 이 광경을 내려다본다.

취기가 아까보다 더 심해 보인다.


세정    거기 누구냐?

천석    아니…… (저만치 피한다)

세정    (가까이 오며) 보이……

용태    예?

세정    손님인가?

용태    예…… 저……

천석    또 왔소.

세정    음? 아니 어떻게 여길……

천석    (용태를 돌아보며 빙그레 웃고) 얘기가 있어서…… 이제 다 끝났으니까…… 용태야 가자.

세정    서로 아는 사인가?

천석    아는 사이? 훗흐…… 글쎄……

세정    (잠시 두 사람을 보다가) 옳지! 이제야 생각이 나는군!

천석    (뜨끔해지며) 뭐라구?

세정    아까 내가 이 보이를 봤을 때 어디서 꼭 본 적이 있다고 생각은 했으면서도 막상 그게 누구던가 기억이 안 나더니……

천석    이제 기억이 난단 말이군?

세정    그렇지! 그렇게 두 사람이 서 있으니까 마치……

천석    부자간 같은가?

세정    꼭 닮았어! 특히 그 날카로운 눈초리 하며……

천석    흥! 잘 봤군!

세정    뭐라구?

천석    내 자식놈이야. 인사드려라. 오세정 참판이시다.

그러나 용태는 증오에 찬 눈으로 세정을 바라본다.

세정    아들이라고? 아니 어떻게 된 건가? 자네 아들이 우리 집엘 어떻게……

천석    용태야! 가자.

용태    싫어요!

세정    (무슨 영문인지도 모르고) 무슨 일인가? 왜 이러는 거야?

천석    비켜! 세정이 저리 비켜! 위험해!

용태    아버지! 이 손을 놔요! (하며 그의 품에서 권총을 꺼낸다) 역적 오세정아!

세정    아니…… 이 이놈이……

천석    용태야. 죽이면 안 돼! 안 돼!

용태    아버지! 이런 놈은 죽여야 해요. 이런 놈은…… (하며 천석을 뿌리치자 천석은 땅바닥에 쓰러지고 세정은 겁에 질려 와들와들 떤다. 음악 소리는 얼마 전부터 더 흥겹고 우렁차게 퍼진다)

천석    용태야! 살인해서는 안 된다. 그것만은 안 돼!

용태    친일파! 매국노! 배신자! 네놈은 조선 동포의 이름으로 죽이겠다. 자! (하며 정면으로 겨누자 세정은 공포에 떨며 입을 채 열지도 못하고 뒷걸음쳐 피한다)

천석    용태야! 애비 말을 들어!

용태    배신자는 죽어야 해요!

세정    제, 제발! 나…… 난……

천석    용태야! (하며 용태에게 비호처럼 덤비는 순간 권총이 불을 뿜고 세정은 비명을 지르며 쓰러진다. 천석과 용태가 쏜살같이 도망친다. 마루에서 춤을 추던 사람들이 춤을 멎고 무슨 소린가 웅성거린다. 민 여사가 먼저 나온다)

**민여사** 거 아무도 없느냐? 무슨 소리냐?

대문 쪽에서 뛰어오던 할아범이 쓰러진 세정을 발견하고 놀란다.

**할아범** 영감마님. 영감마님.

**민여사** (뛰어내리며) 영감! (미칠 듯) 사람 살려요! 사람 살려요!

이 말에 손님들이 뛰어나온다.

**민여사** 영감! 정신 차리세요. 영감!

－막


## 제3장

### 무대

법정. 전막부터 수개월.

두 줄의 핀 라이트가 죄수복을 입은 천석과 검사를 각각 비춰준다.
검사는 냉혹하리만큼 악의에 찬 논조로 선고문을 낭독한다. 그러나
기천석은 지난날 전봉준이가 취하고 있던 그러한 태도로 지그시 눈을
감고 있다.

**검사** 그리하여 피고 기천석은 일찍이 동학당의 괴수 전봉준의 사주와
선동에 의해 악질적이며 부도덕적인 폭력주의를 신봉하였으니
그가 지금까지 살해한 인명의 수는 물경 백 27명에 달하고, 관물

파괴와 불법집회 및 결사에 의해 민심을 교란 오도케 한 건수는 부지기수였고, 그로 인하여 조선민족의 인상을 우방민족에게 마치 야만족이며 호전적인 민족적인 양 오인케 했을 뿐만 아니라, 피고 기천석은 1905년 11월에 성립된 일한협약 5조항과 1907년 7월에 성립한 일한협약 7조항에 불만을 품은 윤치호, 양기탁, 안태국, 이승훈 등과 공모 결탁하여 구 청국 영토 내에 있는 서간도에다 무관학교를 설립하여 국권회복을 위하여 군사교육을 실시했고, 평양과 경성에 세운 태극서관을 번번이 왕래하며 국사를 의논했고, 신민회를 조직하여 애국적인 요인 암살을 기도하였으며, 신민회의 회원은 무려 14만 6천여 명에 달하였다. 특히 1910년 12월 압록강 철교 개통식에 참석키로 한 데라우찌 조선 총독을 암살하려다 미연에 탄로되어 일망타진되었던 끔찍한 사건에서도 크게 암약했던 사실은, 대일본제국의 법정신과 위신을 위해서도 묵과할 수 없는 대역죄라 아니할 수 없다. 뿐만 아니라 피해자 오세정과는 시류와 역사변천에 따라 길을 달리했다고는 하나 한때는 생사를 같이 했던 동지였고 또 피해자로부터 수시로 금품을 갈취해갔음에도 불구하고 그의 아들 기용태와 공모하여 오세정을 살해하려고 했던 파렴치에 이르러서는 동방예의지국을 자랑하는 우리 동양인으로서는 도저히 용서할 수 없는 범죄라 아니할 수 없다. 불행 중 다행으로 피해자 오세정은 구사일생으로 생명을 건졌고 피고의 아들이자 공범인 기용태는 행방을 감추어 범죄 사실의 진상규명에 다소의 미비점은 인정되나 상기한 여러 가지 죄상과 비도덕적인 생활철학에 비춰 마땅히 사형에 처할 것을 검사는 주장하는 바이다.

이와 동시에 핀라이트 하나만이 기천석을 비춘다.

**재판관**   (소리) 피고 기천석은 최후로 할 말은 없는가?

**천석**   없소.

**재판관**   (소리) 마지막으로 진술할 기회를 주겠으니 서슴지 말고 얘기하라.

**천석**   (빙그레 웃으며) 인자하신 말씀이오. 그러나 나는 당신네들의 얘기
는 이제 콩으로 메주를 쑨다 해도 믿지 않을 것이며 믿을 시간도
없소. 그러나 내가 군이 이야기하겠다면 내 아들 딸들에게 남기
고 싶을 뿐이오. 행방을 감춘 내 자식 용태와 공모했다고 하나
그것은 전혀 사실과 다르오. 다만 내가 독립운동을 하다 보니 가
정도 처자도 돌볼 사이도 없었고 그 무방비 상태에서 내 자식놈
의 마음 속에 미움과 반항과 복수의 싹이 움터왔다는 사실에 대
해서 한편으로는 미안하게 그리고 다른 한편으로는 대견하게 생
각할 뿐이오. 역사는 흐르는 것이 아니라 되풀이되는 것이라 했
소. 1894년 동학란 때나 1912년인 지금이나 어쩌면 재판을 하는
사람이나 받는 사람이 꼭같은 소리를 되풀이하는지 모르겠소. 정
말 나는 모르겠소. 아마 앞으로 10년, 20년, 아니 백 년 후에도
꼭같은 재판이 있을 것이오. 그러나 나는 떳떳하게 죽겠소. 어디
에 숨어 있는지 모르겠지만 내 자식 용태도 이 애비의 죽음을
슬퍼하기보다는 일본제국주의에 대한 증오를 더 아프게 배울 것
이오. 16년 전 전봉준 선생께서 하시던 말씀, 지금도 생생하오.

그는 마치 최면술에 걸린 사람처럼 서서히 읊조린다.

**천석**   듣거라. 나는 죽지 아니한다. 나는 살아있다. 너희가 살아있는
곳에 나도 함께 살아 있겠다. 그러니 너희들은 어디건 가서 살아
야 해. 그래서 한울님을 받들고 퍼지게 해라. 인내천 양천주라
했지. 너희들이 살아있는 곳에 백성들도 천리를 깨닫게 될 터이

니 어서 떠나거라.

이때 환상적인 조명이 용태를 비춰준다.

**용태**    (울음을 터뜨리며) 아버지!

**천석**    (태연하게) 용태야. 울기는, 바보 녀석 같으니…… 나는 죽지 않는 다고 했잖느냐? 수심 守心하여 충효로 본을 삼아 보국안민하기 위해 잠시 사라질 뿐이다. 맑은 물이 흐르듯 인정도 마르지 않는 세상이 바로 개벽이라고 말씀하신 녹두장군의 말을 내가 이루지 못하였을 뿐 네가 있으니 슬프지 않다.

**용태**    그렇지만 이미 우리에게는 나갈 길이 없습니다. 개울물이 빠져 흐를 수 있는 구멍 하나 없이 사방이 꽉 막혔습니다.

**천석**    막힌 게 아니라 닫혔을 뿐이다! 닫혀진 문은 언젠가는 열린다!

**용태**    밖에서 잠긴 문이 언제 어떻게 열립니까?

**천석**    반드시 열린다!

**용태**    무엇으로 연다는 말씀입니까?

**천석**    믿음이다!

**용태**    예?

**천석**    믿음이 있으면 열리는 날이 온다. 나를 믿고, 자신을 아끼고, 남 의 힘을 끌어들이려는 간상배가 없어지게 되면 반드시 문은 열린 다!

**용태**    언제입니까? 아버지 그게 언제인가 말입니다!

**천석**    우리들의 노래가 살아 있는 동안은 반드시 열린다. 내가 못다 부 른 노래는 네가 부를 것이며, 네가 미처 못다 부르면 네 자식이 부를 테지. 강줄기가 흐르듯이 노래가 불리우는 한 그날은 온다. 우리는 모두 살아가는 거야. 아니 모두 한번은 죽어서 파랑새 되어 모두 노래하며 살아가는 거야.

용태야. 안 들리냐? 저 노랫소리가…… 저 소리가 살아있는 한 동학은 살아있을 게다. 개벽은 올 것이다.

**용태**  아버지!

얼마 전부터 은은히 들려오던 주제가 차츰 울려퍼진다.

새야 새야 파랑새야
녹두 밭에 앉지 마라
녹두 꽃이 떨어지면
청포 장수 울고 간다

-막